金融业网络安全与信息化“十四五”发展展望论文集

《金融业网络安全与信息化“十四五”发展展望论文集》编委会　编著

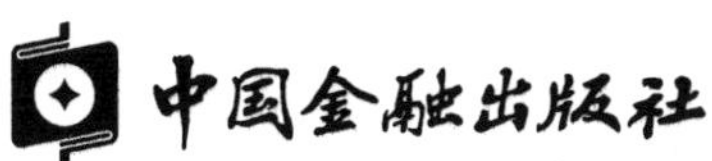

中国金融出版社

责任编辑：吕　楠
责任校对：孙　蕊
责任印制：陈晓川

图书在版编目（CIP）数据

金融业网络安全与信息化“十四五”发展展望论文集／《金融业网络安全与信息化“十四五”发展展望论文集》编委会编著．—北京：中国金融出版社，2021.10

ISBN 978-7-5220-1372-5

Ⅰ．①金…　Ⅱ．①金…　Ⅲ．①金融业—网络安全—文集　Ⅳ．①F830.3-53

中国版本图书馆 CIP 数据核字（2021）第 218277 号

金融业网络安全与信息化“十四五”发展展望论文集
JINRONGYE WANGLUO ANQUAN YU XINXIHUA “SHISIWU” FAZHAN ZHANWANG LUNWENJI

出版
发行　中国金融出版社

社址　北京市丰台区益泽路 2 号
市场开发部　(010)66024766，63805472，63439533（传真）
网 上 书 店　www.cfph.cn
　　　　　　(010)66024766，63372837（传真）
读者服务部　(010)66070833，62568380
邮编　100071
经销　新华书店
印刷　河北松源印刷有限公司
尺寸　185 毫米×260 毫米
印张　21.25
插页　8
字数　463 千
版次　2021 年 12 月第 1 版
印次　2021 年 12 月第 1 次印刷
定价　79.00 元
ISBN 978-7-5220-1372-5

本书编委会

序

习近平总书记深刻指出，“没有信息化就没有现代化”“没有网络安全就没有国家安全”。“十四五”时期，我国金融业网络安全和信息化发展的外部环境和内部条件发生复杂而深刻的变化，机遇与挑战前所未有。站在“两个一百年”奋斗目标的历史交汇点上，金融业要以习近平新时代中国特色社会主义思想为指导，认真落实《中华人民共和国国民经济和社会发展第十四个五年规划和 2035 年远景目标纲要》，把握新发展阶段、贯彻新发展理念、构建新发展格局，以服务金融高质量发展为目标，统筹发展与安全，确保金融业网络安全和信息化工作始终沿着正确的方向前进。

以体系为治，筑牢金融网络安全屏障。金融网络安全是国家安全的重要组成部分，关乎金融稳定与经济社会发展。金融业要坚持总体国家安全观，积极研判全球网络安全新形势，依据《网络安全法》完善金融网络安全相关规章制度、管理办法、实施细则，明确合规底线要求。不断健全风险联防联控机制，加强监管科技应用，有组织、分步骤地构建具备强抗冲击能力和高韧度的防护体系，增强行业整体网络安全态势感知能力。持续加强金融业关键信息基础设施保护，压实主体责任，健全内控制度，加快金融领域关键核心技术攻关，妥善应对极限灾难场景风险，努力实现从被动安全到主动安全、从静态安全到动态安全、从一时平安到长治久安的发展。

以科技支撑，打造新型数字基础设施。数字基础设施顺应信息革命潮流，是新时代金融发展的“数字底座”。金融业要以支撑服务提质增效为导向，以云计算、人工智能、区块链、5G 等技术应用为牵引，建设高技术、高算力、高能效、高安全的新型数字基础设施。综合功能定位、能源结构、产业布局等因素，对金融业枢纽节点、省级数据中心、边缘数据中心等进行分类规划，建立绿色运维管理体系，推动金融数据中心梯次布局与可持续发展。加快软件定义网络、网络功能虚拟化等技术应用，强化算力基础设施建设，推动固移融合、云网融合、算网融合发展，全面增强金融基础设施业务承载能力。加强对金融业基础网络、数据中心、云平台、信息系统的一体化安全防护，为金融高质量发展架设安全稳定的信息高速路。

以数据驱动，加速金融业数字化转型。数字化转型是数字经济时代金融发展的必由之路。作为数据密集型行业，金融业要严格落实《数据安全法》《个人信息保护法》等法律法规，健全数据安全治理体系，强化数据全生命周期安全防护，严防数据误用滥用。推动数据分级分类管理，科学界定数据所有权、使用权、管理权和收益权，明确数据适用范围、应用场景和风控手段，探索运用多方安全计算、联邦学习、差分隐私等技术，实现数据可用不可见、数据不动价值动。深化数据综合应用，加快金融与公共服务领域系统互联和信息互通，鼓励金融机构结合自身禀赋打造数据中台、数据大脑，基于海量多维数据实现信息整合、特征关联和业务洞察，助力提升金融服务效能。

以资源相适，建设金融科技优秀人才队伍。功以才成，业由才广，人才是金融与科技融合发展的第一资源。金融业要贯彻落实人才强国战略，坚持守正向善，树立正确的价值观、伦理观，优化人才需求目录和引进模式，完善以创新能力、质量、实效、贡献为导向的人才评价体系，培养造就复合型、创新型金融科技专业人才。推进体制机制改革，破除论资排辈、求全责备等观念，通过“揭榜挂帅”等激励机制，赋予优秀人才更大的资源支配权和技术话语权，实现选人用人不拘一格、使用人才各尽所能。凝聚产学研用各方合力，探索学科交叉、产用协同等人才培养方式，加强人才梯队建设，形成一批高水平领军人才，为金融科技高质量发展提供智力支持。

2020 年，中国金融学会金融科技专业委员会组织相关单位开展“十四五”金融业网络安全与信息化发展研究。现将研究成果结集成册，内容涵盖金融业网络安全、监管科技、数据治理、信创生态、人才体系建设、核心系统升级等诸多领域，对“十四五”时期金融业网络安全和信息化发展进行展望并提出建议，具有重要参考价值。未来，中国金融学会金融科技专业委员会将坚守金融科技学术组织、行业智库、平台纽带的定位，牢记赋能行业发展的初心使命，通过有深度、有分量、有影响的高质量学术成果，为金融业科技工作持续赋能。

谨以此序推荐给读者，愿书中的研究成果惠及大家。

李伟

2021 年 10 月

“十四五”展望学术会议征文活动说明

“十四五”展望学术会议征文活动由中国人民银行科技司与中国金融学会金融科技专业委员会指导，由中国金融电子化公司金融信息化研究所承办。活动已经落下帷幕，24篇论文脱颖而出。本次论文征集，从2020年5月发布征集通知开始，围绕金融业数字化转型、金融业网络安全等八个主题，面向中国金融学会金融科技专业委员会会员单位、人民银行分支机构、直属企事业单位、金融机构、研究机构、高等院校、行业协会、科技企业等机构，共300余家机构参与，征集260余篇有效论文。

征文活动经过金融信息化研究所初选、人民银行科技司复选、研讨会金科智库30余位专家评审，评选出支撑规划的优秀论文共24篇，现同期入选中国金融出版社出版的金融业网络安全与信息化系列丛书之《金融业网络安全与信息化“十四五”发展展望论文集》一书。

征文活动旨在开门问策，提升决策的民主性。24篇优秀论文涵盖金融业的数字化转型、金融科技发展、网络安全、科技治理、信创与生态、监管科技、数据安全与个人信息保护等领域，从理论和实际出发，探索行业最佳实践，展望“十四五”期间金融业网络安全和信息化的发展，提出“十四五”的发展建议，为行业的发展提供参考和借鉴。

目录

CONTENTS

节选图录

企业级架构数字化管控能力建设研究

李世宁　孙永敬　侯　岳　等①

摘　要：企业级架构是对企业多层面、多角度的建模与描述，是企业战略和实际运营之间的桥梁。企业级架构管控，能够有效引领信息系统的建设和管理，支撑业务的不断发展和变化。在传统的企业级架构管控过程当中，存在缺少架构的在线数字化能力，缺少架构的闭环管控能力，缺少架构的展示和交互能力，缺少架构信息在设计、开发等各个领域的深入应用等问题。

基于以上背景，本论文重点对企业级架构数据化管控能力建设方法进行研究，形成了一套以企业级IT架构视图为基础的架构数字化管控方法。该套方法利用可视化、大数据技术以统一视图的方式展示IT架构资产以及运行态数据的全景视图；建立从设计、开发、测试、生产过程中架构数据的自动采集、自动解析、自动绘制、自动比对、快速更新的常态化管控机制；串接从业务规划、架构管控、开发设计、测试投产、生产运维全领域应用。

该套建设方法目前已在建行多个业务领域成功推广。通过该套方法，有效提升了架构数字化的能力，促进了企业级架构知识的共享，助推IT系统高质量可持续性发展，促进了运维模式的改进、效率的提升，深入把握了金融科技战略的科技属性，充分发挥了科技创新的力量，为打造金融服务新格局奠定了基础。

关键词：企业级架构　架构视图　数字化管控

1. 研究背景

伴随我国金融体制改革的不断深化，银行业的竞争日趋激烈，各大银行都在制定企业战略，服务实体经济，促进经济社会全面发展。作为企业战略和实际运营桥梁的企业级架构，在构建银行核心竞争力、加速信息化建设的进程中发挥着不可忽视的作用。

早在2017年，中国建设银行股份有限公司（以下简称建行）用企业级架构方法成功完成了新一代核心系统的建设，形成了一套企业级的IT架构资产。企业级架构是建行科技的核心资产和技术优势，是进行科技治理和架构治理的基础，是建行科技领先于同业的

① 课题组：建设银行运营数据中心（牵头单位）、金融科技部、金科事业群总部。课题组成员：解晶、李永杰、王成才、张珂、张欣等。

主要特质之一。当前，架构资产管理迫切需要增强三个能力以及一个应用，即架构数字化能力、架构管控能力、架构展示能力，以及架构视图在设计、开发、测试、运维等各个领域的深入应用。目前存在的主要问题如下：

1.1 缺少架构数字化能力

传统架构资产仍然使用 Excel、Visio 等传统工具设计，缺少线上数字化能力，同时缺少架构资产数字化的数据标准。

1.2 缺少架构管控能力

信息的不对称、数据的不完整，会导致传统架构设计以及落地难以实现闭环管理，容易产生架构失控的风险。

1.3 缺少架构展示能力

在可视化展示方面，传统的架构界面风格不统一，由于技术水平限制导致展示效果不佳，缺少从业务视角、场景视角、交易视角等多维度直观的可视化展示能力。

1.4 缺少各领域深入应用

在传统的银行系统研发模式中，业务人员只关心业务、技术人员只关心技术，一旦发生冲突，必须沟通碰面才能解决问题，效率低下。这种传统模式割裂了金融业务人员、开发设计人员与生产运维人员之间的关联，缺少以业务应用架构视图为主线，贯彻从设计、开发、测试、投产、运维等各个领域的一体化全流程应用，忽视了架构视图所应承担的业务与技术沟通桥梁作用。

2. 研究方法

基于以上背景，本论文重点对企业级架构数据化管控能力建设方法进行研究，形成了一套以企业级 IT 架构视图为基础的架构数字化管控方法。该套方法利用可视化、大数据技术以统一视图的方式展示 IT 架构资产以及运行态数据的全景视图；建立从设计、开发、测试、生产过程中架构数据的自动采集、自动解析、自动绘制、自动比对、快速更新的常态化管控机制；串接从业务规划、架构管控、开发设计、测试投产、生产运维全领域应用。

架构视图建设可以充分发挥架构信息的作用，实现应用架构视图、技术架构视图的设计、呈现及管控，提升架构信息质量，提高运维能力与效率。形成企业级架构数字化管理的三大能力：

一是提高架构数字化能力，对架构元数据、数据模型、数据接口统一管理，数据质量统一治理；

二是提高架构管控能力，促进架构设计和实现的一致性，实现架构设计在运行态的自动检核；

三是形成架构展示能力，根据模板自动生成架构视图，从应用视角、场景视角展示架构视图。

2.1 架构信息标准化

架构视图建设的首要及核心工作是基于架构资产的数据模型设计。架构视图是在建行新一代数据建模基础上，针对基础架构信息和运维架构信息按主题域细分子类创建的数据模型。这套模型将架构设计态数据、运行态基础设施数据、交易监控数据、告警事件数据等进行有机结合，识别出从最上层业务领域到最下层机房设备的实体和实体间关系，形成了一套从应用架构到技术架构的完整模型。

架构视图元模型包含设计态和运行态两部分，设计态对应基础架构信息，运行态对应运维架构信息，两部分信息以物理子系统作为主要对接点。应用架构视图的描述对象包括应用领域、业务场景、业务功能。技术架构视图的描述对象包括系统（开发和大型机）、网络、存储、资源池、设备，如图1所示。

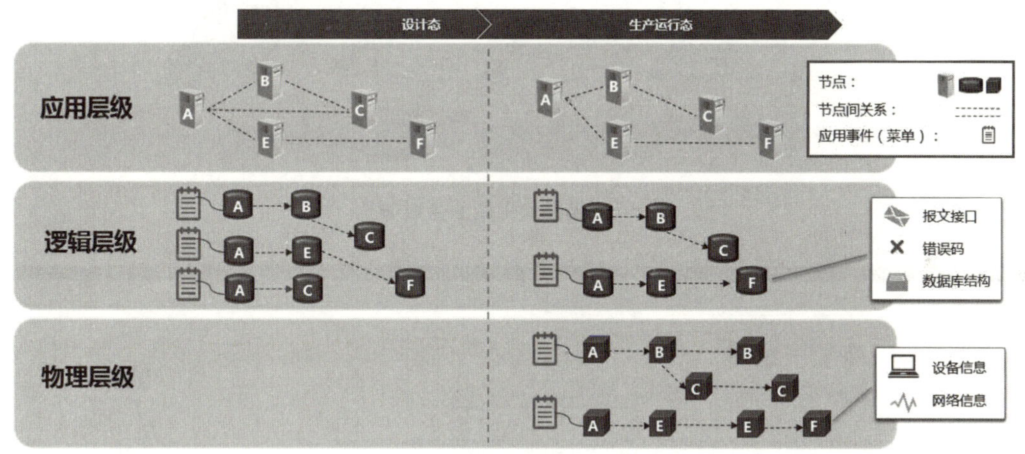

图1 运营数据中心—企业级IT架构视图建设项目—架构资产及其相互关系

在实施过程中逐步建立架构视图规范，包括：视图分类及存储、视图命名规范、图标使用规范、视图布局、版本控制等。架构视图数据模型及设计规范为架构视图的成图展示奠定了基础。

2.2 架构视图展现

架构视图层次多、关系复杂，原有的手工绘图模式已经很难适应现在的架构视图成图展示。我们采用自动成图的技术将架构资产数据进行线上化。以应用对应的设计态业务场景图为基础，逐级分层细化。同时，对接告警信息、监控信息、容量信息等相关的运行态数据，实现IT架构资产以及运行态数据的全景视图。

2.2.1 应用架构视图

架构视图分为两层：业务场景图+交易路径图，如图 2 所示。其中包含基础架构和运维架构两类信息。如图 3 所示，业务场景图由场景数据归类处理后生成，再经各应用系统修改调整。场景是将应用所包含的业务进行分类，是一组业务功能的集合。如图 4 所示，交易路径图由业务场景、功能信息表、发起端交易信息表、交易线信息表经工具生成而来，与业务功能菜单一一对应。

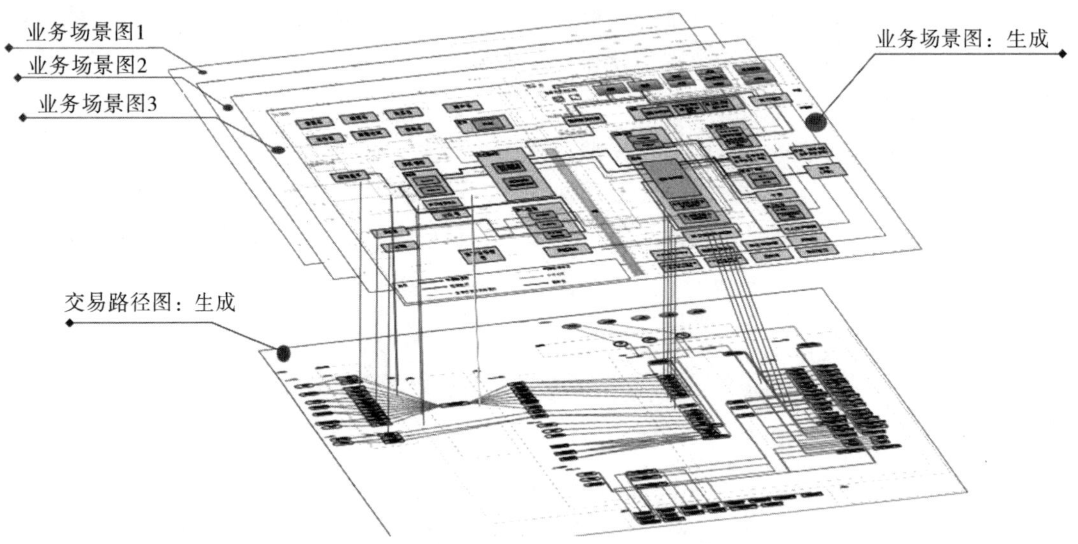

图 2 应用架构视图的生成方法

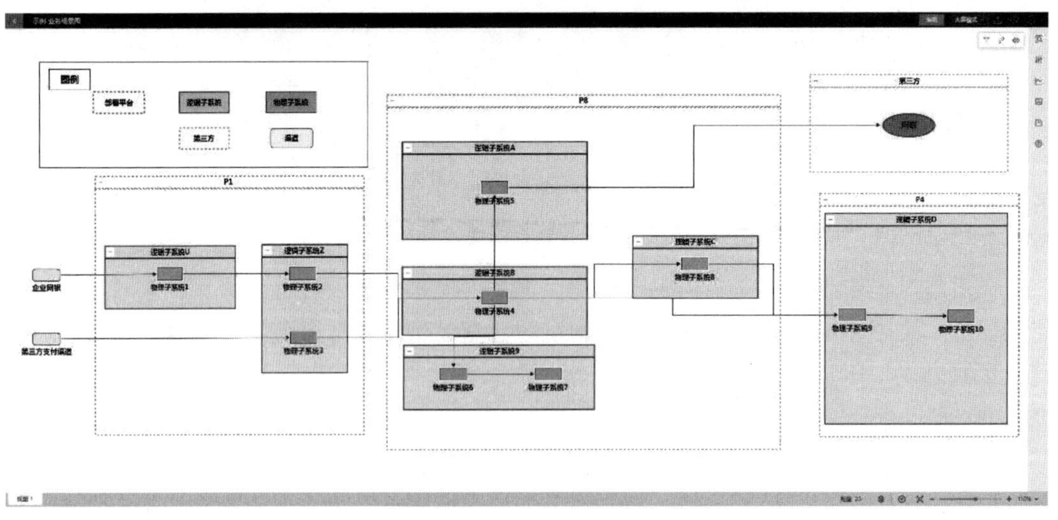

图 3 业务场景图示例

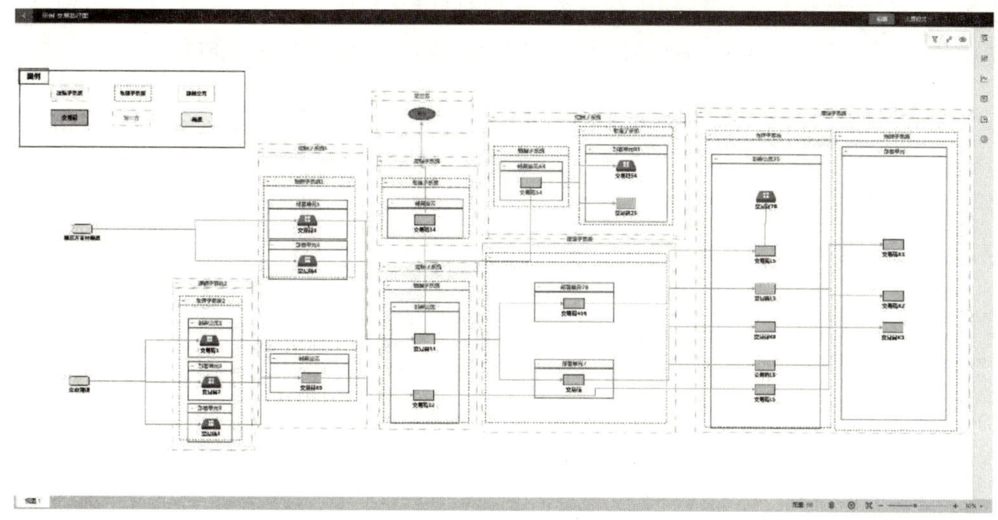

图 4　交易路径图示例

2.2.2　技术架构视图

技术架构视图以运维架构信息为基础，形成应用系统、资源池、网络、存储、机房环境等不同领域、不同层次、不同视角的视图。各领域视图范围从大到小，逐级钻取，展示信息逐步细化。通过系统视图向下与资源池、网络、存储、机房环境等信息进行关联，向上同应用架构视图信息进行串联。如图 5 所示。

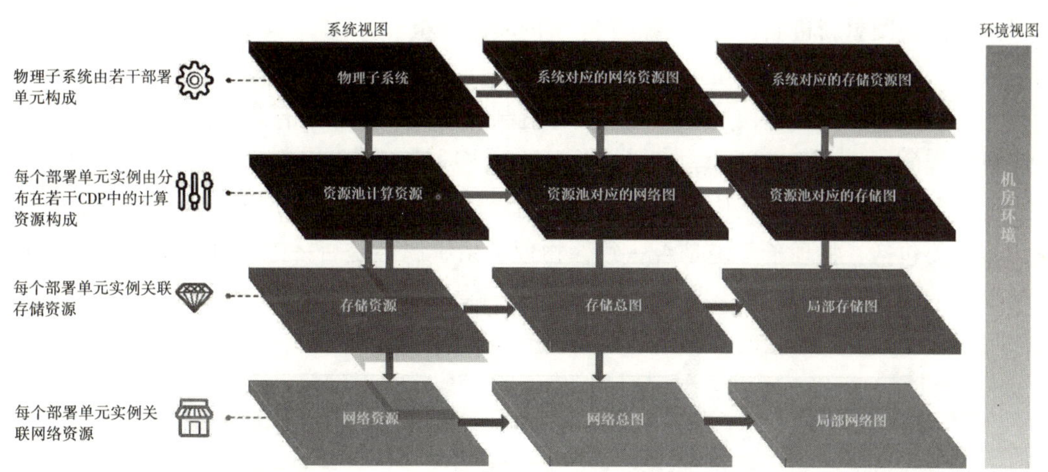

图 5　技术架构视图生成方法

2.2.3　架构视图数字化方法

针对复杂的运维场景，本文提出了将应用架构视图与运维数据对接，进行数字化存储、视图展示的方法，即“设计态+运行态”的多维度展示。设计态对应基础架构信息，运行态对应运维架构信息，两部分信息以物理子系统作为主要对接点。以应用对应的设计态业务场景图为基础，逐级分层细化，横向由基础架构信息延伸至本层运维架构信息，纵向由逻辑子系统、物理子系统细化至菜单项、交易服务粒度，并对应延伸该层级相应的运维架构信息，提供了整体架构视图以及多层次架构视图导航，如图 6 所示。

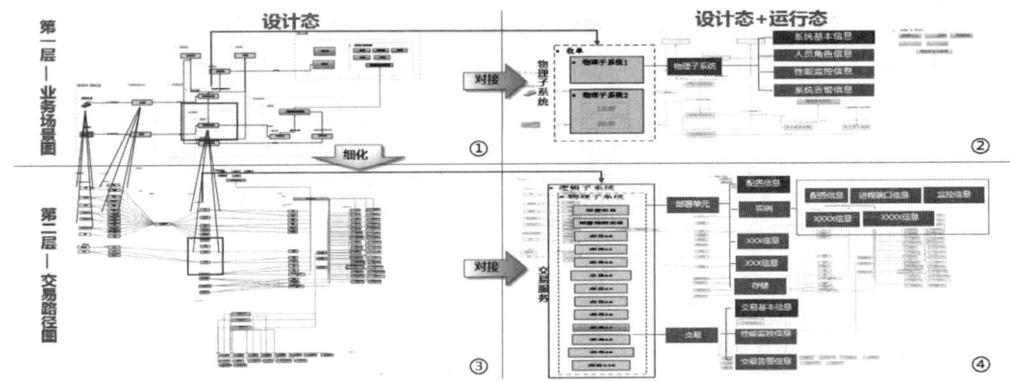

图 6　企业级 IT 架构视图“设计态+运行态”多维度展示方法

2.3　常态化管控

各系统在建设过程中都会持续进行架构设计，但如果未及时有效地更新架构设计，随着系统的不断建设和变化，架构设计会慢慢失效。为了避免架构视图过时和失效，本文建立了一套以工具和流程为基础、IT 架构数据全生命周期的线上检核和维护方法，通过生产态数据与设计态数据进行比对发现数据问题后，鼓励架构师主动更新视图、修订数据，形成常态化的视图更新机制，提高了整个系统的实施质量。

采用非阻断式的工作质量审核机制，保证设计及投产进度的满足，并不断回馈设计落地信息；采用生产红线检核及资产质量检核机制促进设计过程的有效落实，促进生产过程和设计过程的一致。通过设计、测试、生产过程沉淀的资产，以统计、比对、关系校验等方式提升资产质量、回馈架构设计，支持架构治理，常态化管控机制（如图 7 所示）。检核内容主要包括：物理子系统是否一致，物理子系统属性是否一致；部署单元是否一致，部署单元的属性是否一致；交易路径增加是否正确，交易路径变更是否正确等，检核结果通过可视化工具，以高亮的形式显示在视图中，如图 8 所示。

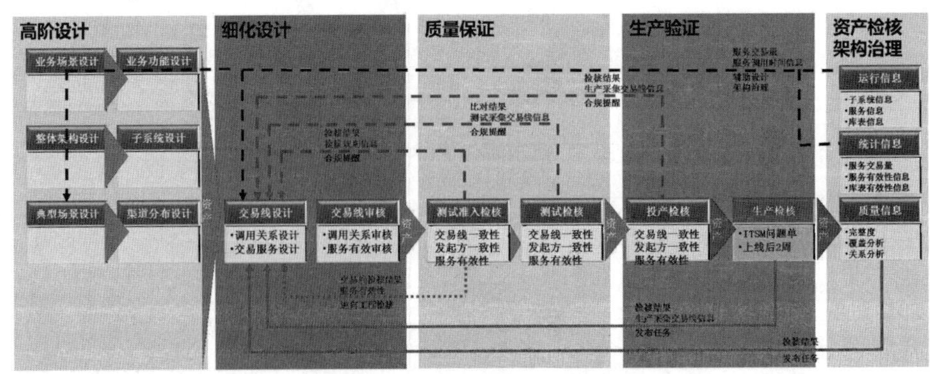

图 7　企业级 IT 架构视图常态化管控机制图示

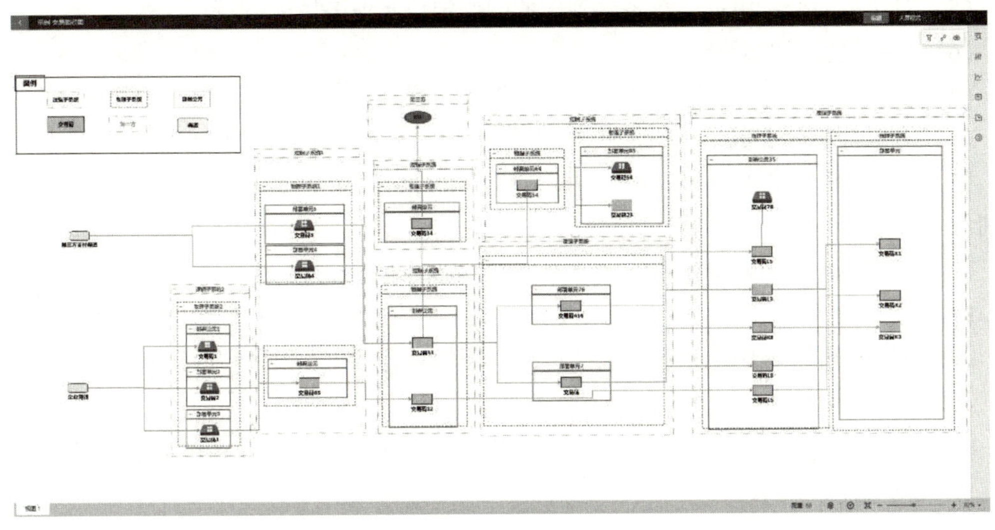

图 8　运营数据中心—企业级 IT 架构视图建设项目—检核结果图示

2.4　应用场景使用

基于架构视图及其数据模型，具备从业务视角、场景视角、交易视角等多维度全视角应用，适用于从业务需求、开发测试到运维管理等各个方面。架构视图包含了业务视角、技术视角、运维视角等全视角应用，具体如下：

2.4.1　业务视角应用

（1）支持根据菜单功能项，进行运行态业务场景图的展示，直观地展示关联系统及相关架构信息；

（2）支持通过业务场景展示交易路径图。

2.4.2　技术视角应用

（1）实现生产版本对应的架构视图上架检核、审核、发布流程，相关影响分析；

（2）关联系统的影响分析，便于测试人员规划测试范围；

（3）立项审核阶段，高亮系统关联影响分析，为立项做出决策。

2.4.3　运维视角应用

依托架构视图可视化特征，通过视图串接智慧运维平台关键能力，呈现业务及基础设施的多层关系；以架构视图作为运维入口，承载故障定位、业务影响分析、应急组织等关键领域的智能运维应用。具体功能包括：

（1）将设计态的架构视图在运行态中展示和交互；

（2）运行态实现交易路径的自动检核，并将结果同步到设计态；展示交易线视图，并能对单笔交易的交易线进行跟踪；

（3）对接应用、计算、网络、存储、安全的配置信息；

（4）对接运行态的告警信息、应用监控信息、资源性能信息，实现在架构视图中动态展示告警信息，并能查看告警详细信息、告警指标状态图及所在物理子系统的性能情况；

（5）对接根因分析服务，具备端到端的问题定位和业务影响分析；

（6）一键式发起电话会议；

（7）实现架构视图、故障定位相关的数据质量管理；

（8）对接自动化变更，实时展现变更计划及执行过程，结合架构视图信息及变更内容、变更操作步骤、变更时间等指标进行变更影响分析，对自动化变更执行异常信息进行识别、分析与推荐；

（9）在移动端展示架构视图和运行态信息，随时随地能应急；

（10）实现了单点登录，针对运维人员具有统一的运维权限管理服务。

图 9 以跟踪某 POS 刷卡消费失败的运维应用场景为示例，展示了故障报送、定位、查询、业务影响分析、应急组织等全流程运维能力。

图 10 以收到告警信息为示例，展示了如何进行根因节点分析、业务影响分析及快速处置。

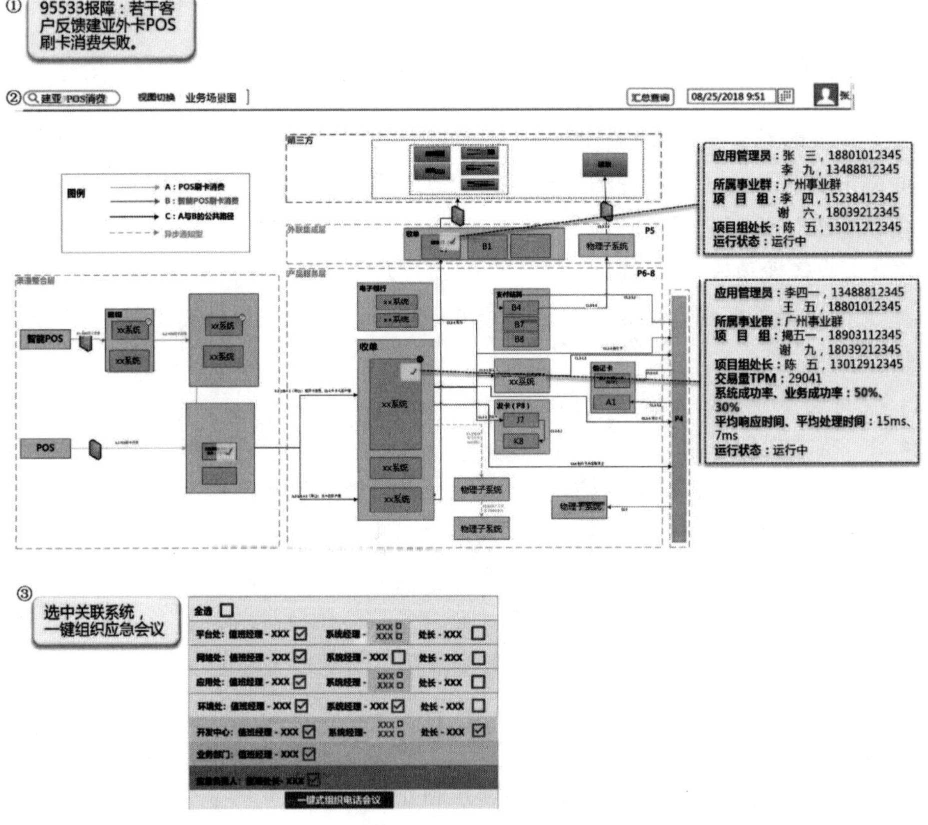

图 9　企业级 IT 架构视图运维应用图示

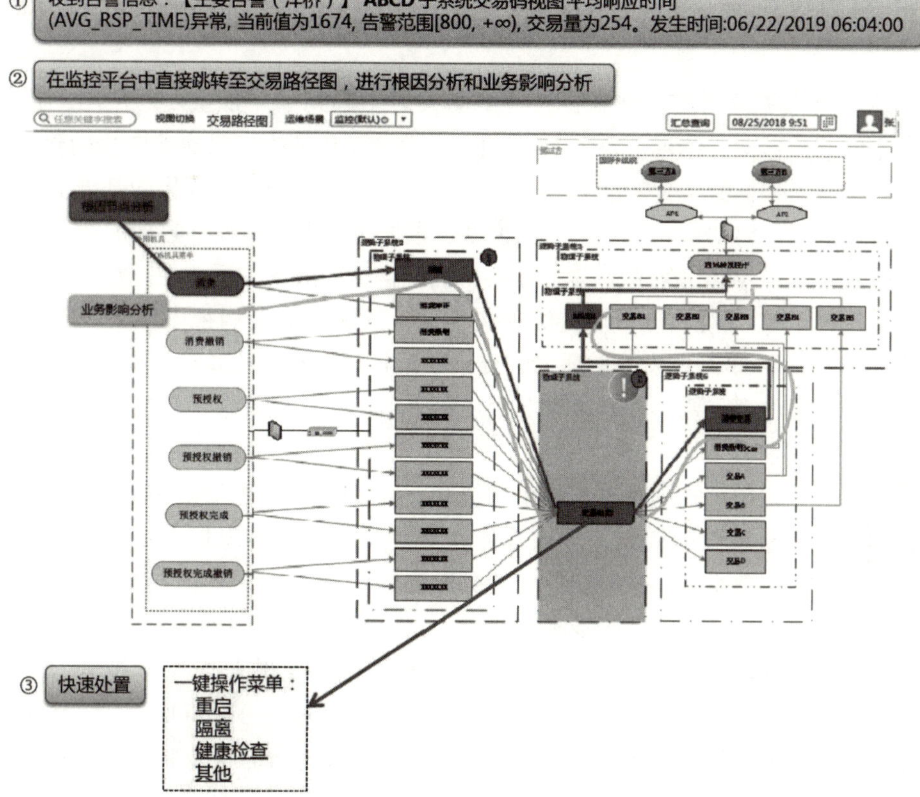

图 10　根因节点分析、业务影响分析及快速处置示例

3. 结论

架构视图利用可视化技术以统一视图的方式展示 IT 架构资产以及运行态数据的全景视图，基于架构视图串接从业务规划、开发设计、测试投产到生产运维全领域应用。架构视图建设可以充分发挥架构信息的作用，实现应用架构视图、技术架构视图的设计、呈现及管控，提升架构信息质量，提高运维能力与效率。

应用架构视图已成功推广至建行对客户服务的多个关键业务应用，实现了包括存款、借记卡、支付结算、贷记卡等在内多个应用领域的业务场景视图和交易路径视图展示。技术架构视图完成了系统、资源池、网络、存储、机房环境等不同领域、不同层次、不同视角的视图展示。随着项目不断开展，架构视图将逐步覆盖到建行所有应用领域，包括营销支持、产品与服务、产品运营、业务支持、报告与决策、风险管理等领域，实现 IT 架构全景视图的全面覆盖。

本文研究成果提升架构资产的数字化、架构管控、架构展示三大能力；实现架构资产从业务设计、功能开发、测试投产，到生产运维、应急组织、故障定位、业务影响分析等各个领域的应用；全面提升架构视图在金融业务知识共享、IT 设计开发、IT 运维支持、IT

架构管控方面的应用效果；使业务人员、技术人员、运维人员对架构设计都有了清晰的认识；培养了一支优秀的架构师团队，启发了创造力，推进了银行各项金融业务的全面开展。

企业级 IT 架构数字管控方法在银行业战略发展中起到了非常重要的作用，它是整个业务和技术的基础框架，体现了整个 IT 建设的数字化基础能力，具有非常大的建设意义：

第一，提升了架构数字化的能力。在“新一代”核心系统建设成果的基础上，采用统一的架构视图标准，对架构元数据、数据模型、数据接口进行管理，数据的质量得到了保证，促进了建行“数字化”转型，提高了各部门间沟通的效率，适于在全行范围内推广。

第二，助推了 IT 系统高质量可持续性的发展。整体化的架构视图使架构易读性得到了很大提高，保证了 IT 系统发布的质量，促进了全行架构知识的共享，推进了“新一代”成果转化，推动了住房租赁、普惠金融等领域各个项目的平稳落地，全力助推三大战略的协同推进和可持续发展。

第三，促进了运维模式的改进、效率的提升。有效融合架构信息和运维信息，发挥架构信息的层次性和易读性形成快速导航作用，有效串联从业务规划、开发设计、测试投产，到生产运维、应急组织、故障定位、业务影响分析等全领域应用，打通自动化运维及智能化决策的各项能力，逐步实现业务级运维。

第四，打造了金融服务的新格局。企业级架构视图在金融业务知识共享、IT 设计开发、测试、架构管控、安全运维等方面的应用效果逐步显现，充分展示了科技创新的力量，满足了金融领域多样化的需求，深入把握了金融科技战略的科技属性，为建行打造金融服务新格局奠定了基础。

商业银行数字化转型路径研究

周衡昌　陶建林　钱立波　刘　迪①

摘　要：当前，商业银行正积极拥抱金融科技，越来越多的银行将数字化转型纳入战略决策，提出了不同的转型方式和战略目标，并开展了许多有益的探索和实践。本文通过研究金融科技时代下商业银行数字化转型路径与措施，分析国内外商业银行数字化转型研究现状以及所面临的挑战，提出构筑商业银行数字化转型的"四梁八柱"，即做好顶层设计，以数字化中台为依托，全方位推进银行数字化转型的若干建议，促使商业银行提升客户服务、业务运营和经营管理等各方面数字化水平。本文提出从公司战略、组织架构、数据和服务治理、配套机制四个方面加强顶层设计，构建云计算平台、共享能力中台、数据中台、智慧中台等基础平台与中台体系，围绕银行线上服务、智慧网点、智能营销、智能风控、移动展业、数据服务、开放生态、用户体验等领域推进数字化转型的战略思考与具体实践。本课题的研究成果为国内中小银行的数字化转型提供可借鉴的参考，同时对"十四五"时期银行业数字化相关政策及发展举措提出建议。

关键词：商业银行　数字化转型　金融科技

1. 绪论

1.1　研究背景及意义

1.1.1　研究背景

目前，在新技术的冲击下，传统商业银行的发展逐渐陷入困境。从市场环境来看，实体经济正遭受严重冲击，众多需要资金支持的中小微企业很难获得银行的贷款支持。从储户数量来看，由于互联网金融，如余额宝、零钱通等异军突起，银行的储户流失率大幅提高，越来越多的年轻人更愿意将钱放在余额宝或零钱通里，而非银行。此外，手机的广泛普及，使得越来越多的用户更加倾向于使用手机银行办理业务，导致银行线下网点不断被撤销。与此同时，银行与用户之间的金融供需关系也发生了巨大变化，一方面随着数字化技术发展，用户有关金融方面的需求逐渐发生变化；另一方面传统商业银行的线下网点不再能满足用户随时随地的金融服务需要，用户尤其是企业用户对商业银行数字化转型的要

① 课题组：上海农商银行。课题组成员：周衡昌、陶建林、钱立波、刘迪。

求日益迫切。波士顿咨询机构的调查研究表明，70%以上的企业认为影响商业银行服务水平高低的关键因素是银行的数字化、智慧化水平。

在数字经济浪潮逐渐涌现、客户金融需求愈加多样化、行业跨界竞争更加激烈的背景下，数字化转型已经成为商业银行的必然需求。此外，我国改革开放政策不断深入，各种外资金融机构争相涌入，国外银行领先的经验给我国传统商业银行带来了更大的挑战。因此，商业银行亟须探索一条数字化转型之路来适应数字化技术发展下日趋严峻的市场环境。

1.1.2 研究意义

首先，本文针对数字化时代背景提出构建商业银行数字化转型的“四梁八柱”，即以数字化中台为依托，做好公司战略、组织架构、数据治理和配套机制的顶层设计，以线上服务、智慧网点、智能营销、智能风控、移动展业、数据服务、开放银行、用户体验为支柱，全方位推进商业银行数字化转型。对于商业银行数字化转型相关理论的充实具有重要的理论意义。同时，也为商业银行实现自身数字化转型提供了一定的理论借鉴意义。

其次，在数字化时代下，本文为商业银行抓住机遇实现自身转型发展提供了重要的现实意义。面对金融科技的冲击、市场环境恶化、储户数量减少以及用户需求变化等现实条件，商业银行数字化转型路径的研究，有助于商业银行积极研究规划和布局数字化转型之路，加快自身转型发展进程。

1.2 研究内容

本文通过分析商业银行目前面临的“内忧外患”，参考国内外银行数字化转型案例，对商业银行数字化转型路径进行深入研究，提出一种商业银行数字化转型框架。本文各个部分内容如下：

第一部分，绪论。介绍研究背景，阐释研究意义，对国内外研究现状进行分析，详述研究内容，最后指出文章的创新点和不足之处。

第二部分，商业银行与数字化转型。主要介绍商业银行的发展历程、发展阶段，以及数字化技术背景下商业银行数字化转型的必要性。

第三部分，银行数字化转型的顶层设计。对构成银行数字化转型顶层设计的四个方面进行详细论述。

第四部分，全方位推动银行数字化转型。从八个维度对商业银行数字化转型路径进行深入剖析和完善。

第五部分，数字化转型的技术路线。从转型路径的选择、中台战略的构设进行阐释，指出新老体系要结合，要注重科技条线队伍建造。

第六部分，总结与展望。对本文的主要内容进行总结，对未来监管方面提出独到的见解和建议。

1.3 主要创新点与不足之处

1.3.1 主要创新点

（1）研究内容的前沿性

当前金融与科技深度融合的背景下，如何将科技与自身业务相结合，如何更好地利用技术为自身业务服务是商业银行关注的热点问题。本文以商业银行为研究对象，深入分析目前商业银行面临的困境，通过国内外银行数字化转型的对比，研究商业银行的数字化转型路径。提供相关对策建议助力商业银行数字化转型，为商业银行更好地适应新时期发展的要求指明方向。

（2）研究结果的应用性

本文分析商业银行的现状及存在的一系列问题，提出一种商业银行数字化转型框架，对商业银行的数字化转型具有较强的指导意义。本文的研究具有一定的普适性，对其他商业银行也有一定的参考价值。

1.3.2 不足之处

首先，由于技术的发展日新月异，本文的研究仅截至当前的研究时点，对未来可能出现的新技术及新业务难以全面覆盖，前瞻性还有待提高。其次，由于能力水平、统计数据不足等因素的限制，因此未建立模型进行定量分析，相对于专家学者的深层次研究，仍有一定的差距，还需不断进行学习、请教。对于本文所出现的不足，恳请指正。

2. 商业银行与数字化转型

银行是个历史悠久的行业，从第一家现代意义上的银行诞生到现在共430多年的时间，而从最近的30多年来看，银行发展又分为几个阶段。以物理网点为基础的Bank1.0时代、以自助服务为特征的Bank2.0时代、以移动金融为代表的Bank3.0时代，到当今由大数据、人工智能、云计算等新技术助推Bank4.0时代，以及未来可能是Bank5.0时代——开放银行时代。

无论是从历史发展角度还是当下的现实需要，数字化转型已成为银行增强服务能力、扩大经营范围、提高盈利能力的必然选择，是摆在商业银行面前一道必须要回答且必须要答好的题。建行与蚂蚁金服深度合作、农行与百度战略合作、工行与京东携手，都是为了加快自身数字化建设。

商业银行数字化转型并不是简单地将线下产品搬到线上，也不是简单地推出几个数字化产品，而是银行整个架构，从前台渠道、中台架构，到后台数据全方位地数字化、智能化，涉及战略、组织、机制、业务、科技等诸多方面。因此，我们提出一个数字化转型的框架，可以将其概括为“一个底座”“四根梁”和“八大支柱”。

如图1所示，“四根梁”是指银行顶层设计的四个方面，即公司战略、组织架构、数据治理、配套机制。“八大支柱”指银行数字化的八大维度，即线上服务、智慧网点、智能营销、智能风控、移动展业、数据服务、开放生态、用户体验。数字化转型底座即银行数字化中台建设，以数字化中台为依托，全方位推进银行数字化转型。

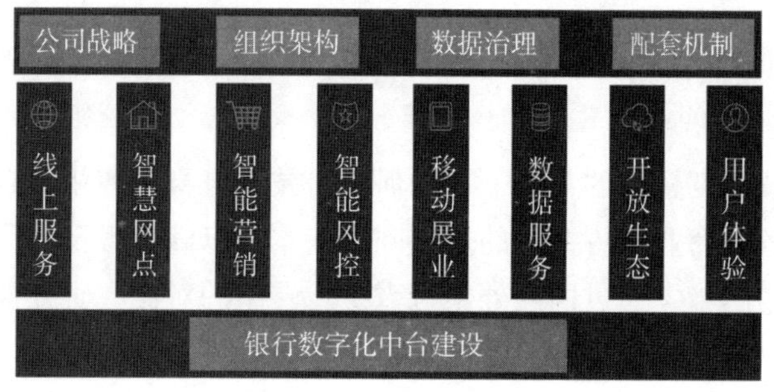

图1　数字化转型的框架

3. 银行数字化转型的顶层设计

银行数字化转型的顶层设计包含四个方面，下文将分别阐述。

3.1　公司战略

战略层面决定转型的高度和维度，局部转型、全面转型、零售转型、公司业务转型等，根据银行的实际，制定明确的愿景与目标、规划清晰的实施路径、配套合理的资源配置、强化各级主体责任。

制定分战略，加强业务目标与技术目标的呼应，业务战略与科技战略的呼应，整体推进业务、科技紧密深度融合。

倡导树立数字文化，培养数据思维，培育数字人才，实现经验型思维向基于数据支撑的科学型思维转变。

3.2　数据和服务治理

数据治理是银行数字化转型的重要基础工作，影响数字化转型的最终效果。数据治理要先行，提倡基于数据支撑的科学型思维，需要准确可靠的数据。数据治理与下文的数据中台建设紧密相关，数据治理是为了让数据变得有价值，无效的数据是不具备价值的，数据中台是为了让数据的价值得到最大化。

服务治理，中台建设的目的是为全行提供公共的业务能力和数据能力，中台能力不是凭空而来，需要业务部门从诸多前台产品中识别和抽象出可复用的能力、流程。一般而言，对于通用性强、使用频率高的服务可以纳入，对于专业性强、使用频度低的服务仍保留原实现方式。另外，制定相应的设计原则和技术规范。标准和规范制定得越清晰，服务的编排和组合就越容易，相关业务也就越能快速地开发上线。

3.3　组织架构

由主要领导挂帅，成立数字化转型领导小组，自上而下地推动全行数字化转型。数字化转型是一个持续性的过程，需要强有力的组织来保证战略的持续推进，一张蓝图绘到底。

数字化转型需要加强跨部门协作，总行是数字化转型的重要枢纽。由总行牵头，加强跨部门协作，前台部门与中后台部门相互协作，科技部门与业务部门密切配合，部门间可以有分工，有边界，部门间可以“扎篱笆”，但不要“砌墙”，提高部门间的高效互动。部门边界不需要特别分明，有时可以“开个口子”，加强部门间的密切合作与交流。

总行要充分了解分支机构的数字化转型需求，了解一线的痛点、痒点、难点，分支机构要积极参与总行的总体规划与项目实施，总分行要有效联动、紧密配合，做到全行一盘棋。

一线员工积极参与，一线员工是数字化转型的实际建设者，也是最终受益者。发动每一位员工的主观能动性，积极建言献策，自下而上地实施，形成数字化转型的良性循环。

3.4 配套机制

金融创新机制，建立全行业务和科技创新体系，建立起包容、鼓励、创新的组织文化；建立创新实验室，成立创新专项基金，允许试错，组织创新大赛，鼓励员工探索新的产品形态与商业模式；研究业务和科技创新前沿趋势和应用。

敏捷组织机制，设立若干个敏捷小组，选择若干代表性的金融科技融合场景，推动金融和科技的融合，比如零售、渠道等，给予资源及考核上的支持。

双速 IT 机制，传统的银行开发以瀑布式开发为主，开发周期以月为单位；对于渠道及市场时效性敏感的系统，通过敏捷开发缩短需求开发周期，开发周期以周或者天为单位。实现金融稳态与敏态的再平衡，提升企业效能。

4. 全方位推动银行数字化转型

银行数字化转型是多方位的，如客户服务、经营管理、业务运营等，本文抛砖引玉，从“八个维度”描述银行推动数字化转型的可行举措。银行可以根据自身特点和实际情况选择最适合的维度推进数字化转型。

4.1 线上服务

银行线上服务要有一个主要抓手，在移动互联趋势下，大多选择手机银行，无论是单 APP 还是双 APP 战略，都是打造移动端的超级 APP，构建远程银行作为统一入口接入用户。

远程银行不同于传统的电话银行和客服中心，如图 2 所示，远程银行有视频的接入，后台柜员在线上面对面办理业务。远程银行对视频带宽的要求比较高，考虑到建设成本，通过本地后台应用部署+公有云视频服务，支持客户经理在客户现场远程办理业务，也支持客户自助连接视频柜员。比如，有些网点业务繁忙，客户排队时间较长，可以扫码通过远程柜员办理，并可实现多人协同业务办理，金融场景工作效率及客户体验同步提升。

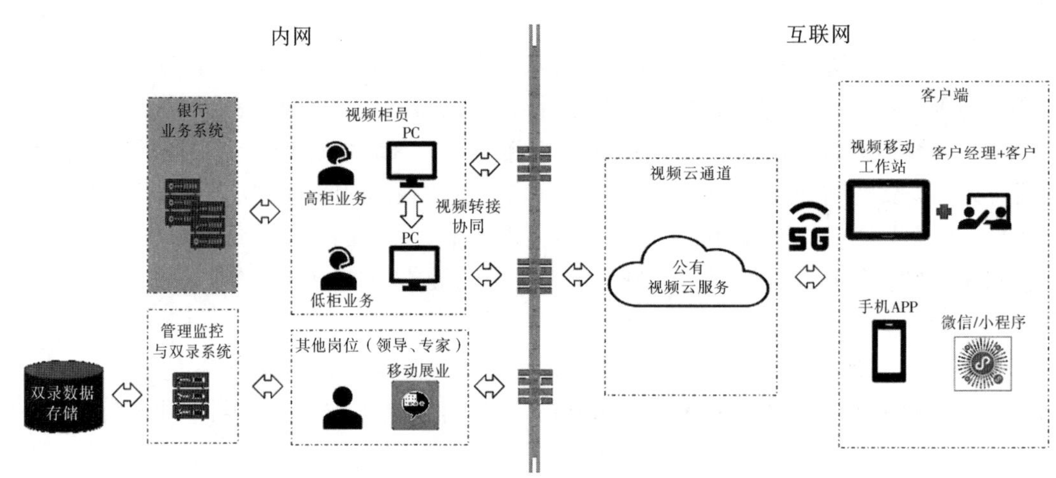

图 2　远程银行

4.1.1　在疫情期间积极采取应对措施

2020 年突如其来的新冠肺炎疫情，给银行服务客户和内部业务处理等方面带来了不同程度的影响。主要包括服务中小微企业面临困难、银行线下网点业务办理受阻、银行员工正常办公不便等。

针对上述种种困难，银行积极采取应对措施，利用各种工具与手段增强业务的线上化经营，弥补线下经营受到的影响，主要体现在：

（1）通过线上渠道为客户办理业务

部分银行通过线上服务渠道，引导客户线上办理账户管理、转账汇款、投资理财、贷款申请等前台业务。

（2）借助金融科技手段支持全线上办理

部分银行的业务办理大都已实现全线上化，如线上递交材料、线上风控、线上审批以及智能客服等。

（3）通过轮岗的方式到岗工作

通过员工轮岗到办公场所的方式处理业务流程。

4.1.2　银行线上服务的机遇

此次疫情使银行深刻认识到线上化经营的重要性，进一步加速银行“以客户为中心、全渠道联动、数据驱动”的精细化、高质量数字化转型之路。主要着眼于以下四个方面：

（1）持续挖掘线上业务场景，根据客户习惯的改变，拓展、创造、重构线上场景，优化升级各个场景的金融服务方案。

（2）拓展及融入线上业务生态圈，通过与生态合作伙伴共同构建业务生态圈，参与生态圈价值链打造。

（3）整体审视各条线业务的前中后台业务环节，全面完善各业务模块的线上化。

（4）加大金融科技的投入，在技术引进和金融科技人才引进两方面持续不断地投入，利用金融科技提高生产力，进而重构银行的服务模式和商业模式。

4.2 智慧网点

4.2.1 传统网点现状

近年来，互联网渗透到生活的方方面面，金融与科技也在加快融合的进程，银行移动服务和自助服务日益普及。与此同时，银行网点悄然发生变化。一方面，银行网点不断减少，国内各大银行纷纷裁撤网点；另一方面，随着银行网点转型的深入开展，银行网点的布局也在发生变化，人工服务窗口减少，自助服务增加。

4.2.2 智慧网点建设

新时代下的银行网点被赋予新的功能，承担新的使命。新一代银行智慧网点将具备以下特点：

（1）智能化

采取生物识别、大数据分析和客户综合视图等手段，提升用户体验，为用户提供个性化、便捷化服务，实现精准营销和交叉销售。

（2）高效率

采纳前后台分离、高柜低柜业务分离、流程优化、远程专家等网点解决方案，配合后台的业务集中处理中心建设，可以提高网点的服务能力和服务效率，打造高效率网点。

（3）轻型化

未来银行网点将向两个方向发展，大型的旗舰型或主力型网点，以及轻型网点。轻型网点将成为数量最多的主流网点形式，通过立足社区，细分经营等方式实现业务持续发展。

图 3　智慧网点

如图 3 所示，关于银行智慧网点建设构想包含以下三个方面：

（1）客户身份识别

客户进入网点时通过摄像头以及人脸识别技术判断客户身份，初步预测客户需求。

（2）智能柜员机

依靠人脸、声纹、语音、自然语言处理等技术，有效引导客户自助办理业务，解放柜面人力、投入个性化的营销工作中。

（3）移动设备/互动茶几

客户经理在与客户交流过程中，可以根据客户标签、客户画像、历史交易信息、行为信息等，预测其产品购买需求，从而进行个性化的精准推荐。

4.3 智能营销

移动互联网时代，银行传统营销手段往往不能有针对性地贴合不同客户的需求，达不到理想的营销效果。在数字化技术的驱动下，精准化的智能营销会成为银行营销新的助推器。智能营销分为两类，一类是精准营销，对已有客群的挖掘；另一类是大众营销，获取新客户。

在银行中应用智能营销包括两个方面内容，一是构建完善的客户标签体系，形成精准的用户画像，提升现有产品推荐、场景营销、服务推送的效率，同时关注客户的成长性，通过定制化产品和持续性服务建立长期稳定的客户关系；二是创建营销中心，完善用户运营、营销活动策划、营销管理等功能，提升银行营销创意的生产能力和效率。

4.3.1 构建完善的客户标签体系

为了能够准确定位目标客群，实现更精准的营销，构建一套用户标签体系是必不可少的。

对已有客户做到精准营销，客户标签体系是基础，准确快速识别用户身份、形成完整的用户画像是关键。客户标签体系设计可以采用三级分类体系，包含基础标签、统计标签和模型标签。

基础标签包括客户基本属性、教育、家庭、职业、联系以及关系信息等，统计标签包括资产负债情况、消费情况等，模型类信息包括客户活跃度模型、价值模型，如图 4 所示。利用大数据技术和数据挖掘模型，使用客户基础标签和统计标签，判断高价值用户、准流失用户，分析用户产品偏好、用户风险水平等，找出不同客户的潜在需求点，按照消费类型、工作性质等不同维度对客户进行分类，为其分配不同标签，对不同收入客群针对其特征推荐不同的理财方案。

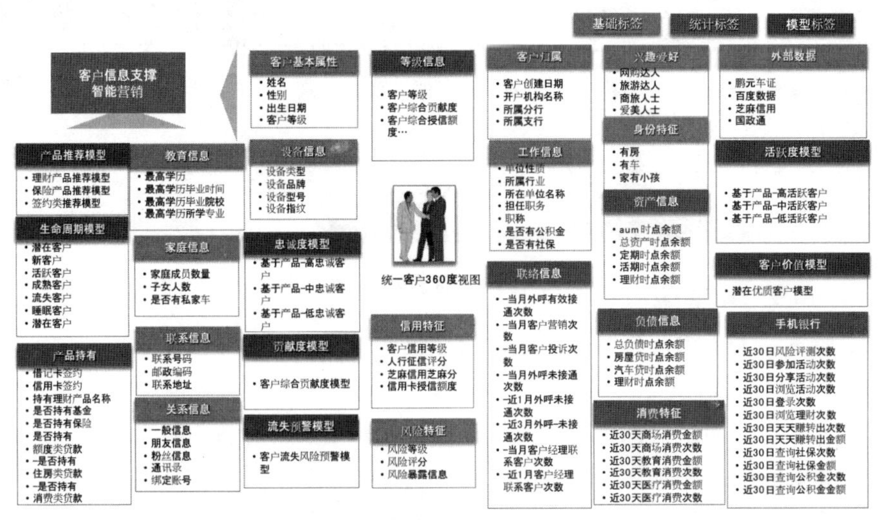

图 4　客户标签体系图示例

4.3.2 营销中心

对于大众营销，发掘新客户，不仅可以采取线下网点人工推荐，也可以通过营销中心进行线上渠道获客。营销中心包含了营销活动制作、权益管理、用户维护、营销管理和营销数据分析中心模块，可以对接第三方权益平台，并通过各渠道进行营销广告的投放。

开拓全员线上获客，利用图文、H5 等富媒体载体结合裂变营销玩法+权益导入，辅助微信端渠道管理工具，开拓全员线上获客模式，开启私域流量数据营销新方式。

利用互联网的营销技术和方法，提高线下网点、一线人员、外拓营销等传统渠道的效能，达到展业工具标准化、全链路数据可追踪、营销传播可监控等效果。

数据采集闭环分析，采集用户交互行为、传播行为、社交关系链路、权益兴趣偏好等多维数据，基于 SCRM 和报表系统进行统计分析，为下一步迭代提供决策依据和参考。

4.4 智能风控

自银行诞生以来，各类欺诈交易层出不穷。据统计，目前银行交易的欺诈率高达 0.02%，欺诈交易一旦发生便会对银行造成巨大的经济和声誉损失。目前银行业应对欺诈交易的方式主要有采用专家规则、建立黑名单库等。传统的专家规则仍存在诸多弊端，通过经验获得的专家规则往往具备较大的局限性，面对种类繁多的业务场景和交易场景时难免会应对不足；同时针对已有的专家规则，欺诈者可以后发而动，针对性地规避专家规则的判定；并且专家规则愈加增长，不断累积，必定会影响针对实际风险的最终决策。

随着机器学习和深度学习技术的发展，将反欺诈算法应用在智能反欺诈体系中，构建智能、精准、主动、覆盖全面的智能风控体系。

4.4.1 智能反欺诈

实时反欺诈体系在不损害客户体验的同时，具备事前、事中、事后各阶段进行风险侦测、识别、分析、处理及案件调查的能力，能够通过实时、准实时等方式获取客户的各类数据信息，并在过程中进行风险特征分析、风险预警等，对预警的风险交易直接干预，做到事前评估发现高风险客户，事中预警并拦截出现异常的交易，事后追踪监控、加入黑名单，形成多层的防御网络，并将其应用于业务的全流程中。

首先通过机器学习算法构建智能反欺诈体系，然后对收集到的反欺诈数据使用算法进行分析，确定是否为异常用户、交易是否存在风险等，目前采用的机器学习和深度学习算法主要包括有监督机器学习和无监督机器学习。采用种子 k 均值聚类算法（Seeded k-means Clustering Algorithm），将用户人群分为两类，同一类中的用户相似度较高，不同类间用户的相似度较低。选取用户数量少的类作为异常客户，将每个异常用户到正常用户类中心点的距离记作“用户异常评分”，评分越高，用户越可疑。采用卷积神经网络（Convolutional Neural Network）算法，在用户交易分析中，由于交易链与图具有相关性，且距离越近相关性越大，因此可以通过选取相关交易行为的办法，将某一时刻的一维交易链图转化为二维交易链图，再利用卷积神经网络训练找出异常用户行为。

4.4.2 外部数据管理

随着银行风控模型不断丰富，越来越多的外部数据被接入，此时需要建设统一的外部数据管控平台，实现外部数据统一接入、有效共享，来保障外部数据管理制度与流程的落实，数据源与数据的有效管理，访问系统与成本可管控等。外部数据源不仅包括人行征信、税务等行政机构相关数据平台信息，也覆盖了部分第三方交易平台的交易信息。

4.4.3 智能辅助决策

智能辅助决策体系可以在获客、信用评估、定额度、定利率方面给出辅助决策。获客可以从购买力、信用评分、申请次数三个维度评估对比，购买力越高、信用评分越高、申请次数越少，客户群质量越好。信用评估、定额度、定利率使用内部业务系统数据和外部接入数据建立模型，模型评审通过后才可上线，上线后进行持续的监控和调整，保证模型的有效性。

4.5 移动展业

随着移动互联网时代的到来，智能手机和移动应用已经成为日常生活中不可或缺的工具。传统的银行业也随着信息技术的发展进行了技术升级和经营模式的改革，移动展业系统应运而生，移动支付、移动客户端以及互联网微贷等业务逐渐取代了部分传统的网点业务。

4.5.1 移动展业 APP

行内员工同样也需要一款移动展业的 APP，解决内部的即时沟通、移动办公、线上会议、业务拓展与营销的问题，更重要的以此打造外部客户、合作企业的连接器，快速便捷地服务员工、客户、合作伙伴。通过移动展业 APP 实现组织、沟通、协同、业务和生态在线。如图 5 所示，将员工、业务流程、基础设施、生态伙伴、客户、消费者连接在一起，实现视频、邮箱、电话等多种沟通方式，接入行内应用 OA 办公审批、部门内部管理、掌上营业厅、客户服务、工作名片等渠道，支持丰富的第三方应用，提供全平台支持。

图 5 移动展业 APP 示例图

4.5.2 移动展业的优势

通过移动展业平台，客户经理及其他销售人员可随时随地销售和办理银行业务。借助智能移动终端、5G 专用网络以及专用设备（读卡器、识别仪等），移动展业平台采用语音、视频通信方式，可以安全高效地进行开户、电银、网银等业务申请以及保险、理财等产品的销售，完成业务录入、拍照、认证、OTP 确认，最后提交申请的整个业务过程，实现同银行业务系统的无缝对接。

4.6 数据服务

4.6.1 数据服务的实现意义

商业银行拥有庞大的数据量，但利用数据资产创造业务价值的能力还有待提升，数据的处理、积累、应用的效率是较大的限制因素。以往业务人员获取某项业务的统计信息时，纳入报表统计的数据通过报表系统查看，没有纳入的数据则通过后台技术人员根据业务提供的逻辑编写脚本获取，这种方式存在灵活性不够和周期太长的问题。实现商业银行数字化转型，高效的数据服务非常重要。数据服务旨在提升业务人员获取数据的灵活性和实时性，缩短数据响应周期，从而减少后台数据响应对前台业务的影响。

4.6.2 对于实现高效数据服务的建议

构建统一便捷的数字服务平台，链接前台渠道和后台系统，通过灵活查询、自主分析、综合报表、分行数据开放等方式，准确地向数据需求人员提供数据产品，让数据资产最大化地创造业务价值。技术侧建设数据中台，由数据中台确保数据服务的性能、稳定和质量，统一管理和部署数据服务，提供给业务侧使用；中台跟踪和监控数据服务的使用情况，适时优化调整，形成良性闭环；选用功能丰富的自助分析、可视化工具，构建自助分析平台，降低业务获取数据门槛，快速响应业务发展动态，为业务决策提供支撑。

4.7 开放银行

开放银行是一种开放化的商业模式，通过与第三方开发者、金融科技公司、供应商等合作伙伴共享数据、算法、交易和流程，重构商业生态系统。

4.7.1 开放银行兴起的背景与国内外现状

随着移动互联技术的发展，互联网金融、金融科技等机构在“存贷汇”等多个领域与银行形成跨界竞争，客户的行为模式、金融服务需求和消费习惯发生变化，开放银行应运而生。

开放银行始于欧洲和英国，近年来迅速成为商业银行数字化转型的重要方向。西班牙对外银行开发者平台积极拥抱共享、开放的战略；中国银行的中银开放平台整合各类业务接口，开放给总分行及第三方合作伙伴；浦发银行推出 API BANK 开放平台，形成即想即用的跨界服务；华瑞银行的开放平台面向中小企业，提供快速解决方案。从上述实例来看，国内外均形成了积极探索实践开放银行模式的趋势。

4.7.2 对于中小型商业银行实践开放银行的建议

（1）结合自身实际，选择建设模式

不同的开放银行建设模式对银行的抗风险能力、资金、科技实力有不同程度的要求。对于资源有限的中小型银行，建议选择合作共享模式和参与模式。合作共享模式只需要银行进行部分的开放，有针对性地推出 API 开放给合作伙伴并嵌入应用场景，客户通过合作伙伴获取服务；参与模式的要求相对更低，银行通过参与到大型银行或科技公司构建的数字化生态系统中，选择适合自身系统的 API，将产品和服务对接。

（2）拥抱金融科技，实现合作共赢

鼓励银行加强与互联网金融、金融科技公司的合作，根据自身定位和优势，选择合适的合作方，明确合作模式和盈利模式。合作伙伴针对银行大量客源推广产品，而银行则获取客户偏好、需求方面的数据，经过分析更好地洞察客户需求并创造价值，形成一个资源共享、场景融合和优势互补的双赢局面。

4.8 用户体验

随着银行与用户关系模式的转变，从技术和经营目的出发的银行传统服务在当下已不具备竞争力，在银行、非银机构都可提供金融服务的情况下，客户对银行的要求不仅仅是能提供金融服务，更要能提供有良好客户体验的金融服务。

4.8.1 传统银行在用户体验方面存在的不足

（1）线上线下渠道融合不足

虽然传统银行已经构建手机银行、网上银行等线上渠道，但缺乏统一的渠道管理，用户难以得到一致的体验。

（2）操作体验有待提升

出于合规内控方面的考虑，一些服务只能在线下办理，对用户来说很不方便；而线上的业务办理，如支付转账等业务在手机银行或网上银行办理要比支付宝、微信的流程烦琐，影响用户体验。

（3）客户信息掌握不足

相比互联网公司通过接入用户生活场景获取大量数据，银行缺少用户消费行为、喜好、社交方面的数据，导致精准营销、体验提升没有足够的数据基础作为支撑。

4.8.2 对于银行提升用户体验的建议

（1）树立“以用户为中心”的理念

银行应当树立用户思维，以用户为中心，以用户需求为导向。将封闭式服务改造为开放式、场景化的金融服务生态，参考互联网业务模式，根据用户需求提供定制化服务，从而提升用户体验、增强获客和黏客能力。

（2）融合业务与科技，推进金融科技变革

在用户习惯随着移动互联技术转变的现在，提升用户体验需要科技驱动，建议业务与科技融合，将科技嵌入方方面面的业务流程中，通过科技优化金融服务。

（3）设立用户体验部门

很多大型银行设立了用户体验部门，如中国工商银行、平安银行、广发银行等。用户体验实验室为测试用户提供轻松、自然的环境，通过专业设备采集客户使用已有产品或新开发产品全过程的真实行为信息，从中分析用户潜在的偏好和消费需求，将结果作为产品迭代和开发的基础；根据客户数据建立可用性指标体系，对产品易学性、可记忆性、满意度等可用性要素进行定量和定性的分析，形成对产品的改进意见，改善体验流程中存在的问题，提高存量客户满意度，增强黏客能力，同时开拓市场，提高获客能力，逐步建立忠诚度。

5. 数字化转型的技术路线

上述部分介绍了银行数字化转型的“八个维度”和业务场景，侧重于业务侧的转变和提升。从技术侧来看数字化转型，对银行系统、架构层面的一些要求和变化。

5.1 转型路径选择

（1）整体规划，架构重构

对原来的信息系统体系做较大程度上的更新迭代。该方案适合科技力量雄厚、业务能力强的大行；自建分布式云平台、业务或数据中台；资源投入大，人员要求数量多，层次高；有足够的技术和业务储备，从数据模型、业务模型做起。

（2）逐步演进，中台战略

适合科技力量一般的中小银行；见效快，对部分欠缺能力可快速补充；渐进更新替换，风险相对可控，实施难度相对低；人员数量要求相对较少，可同步培养。对大多数中小银行来说，中台战略是一个比较靠前的选项。

5.2 中台战略：技术平台、业务中台和数据中台

技术平台，建设稳定、易用的 IaaS、PaaS 和 DaaS 设施，为三大中台应用提供坚固的地基。业务中台提供业务能力的共享和快速编排。数据中台实现基于大数据的数据分析与数据可视化，提升银行内部数据运营的一体化。

5.3 新老体系结合

中台战略是一个逐步演进，比较温和的战略，不推翻原有的体系，也不做大的架构调整，且新的中台架构可以与老的信息系统体系并存。在实施阶段，首先是尽可能缩短需求封板的时间，新老并行。其次是小步快走，建议将中台建设分为平台建设、业务数字化转型、金融生态构建几个实施阶段，分步、分批快速推进。在配套系统改造方面因系统而异，如是新建系统或银行尚不具备的能力，快速补充完善；使用频率高、重要配合系统，按业务模块逐步拆分建设；使用频率高、改造难度高，新增代理对接，实现部分标准化能力；产品化、专业化程度高，系统不做改造。不要求每个系统都跟着改，根据实际的需要进行完善。

5.4 注重科技条线队伍建设

此外，需要注重科技条线队伍建设。加大金融科技人员比例，提高全行科技人员占比，增加业务部门和各分支行科技人员数量。内部培养与外部引进相结合，培养一批数字

化转型专业人才。建立有效激励机制，提高科技人才专业化水平和积极性。

6. 总结与展望

本文以商业银行数字化转型路径作为研究主题，分析在数字化时代下，商业银行的现状与劣势，提出构筑商业银行数字化转型的“四梁八柱”，通过本文的研究，我们得到以下结论：

（1）数字化时代下，商业银行数字化转型的重要性和迫切性不言而喻。通过选取国内外典型商业银行数字化转型的实例，整理各银行在战略、组织架构和实际应用等方面的举措，我们发现商业银行进行数字化转型一定要加大科技资金投入并自上而下加强数字化转型意识，最重要的是重视科技人才队伍建设。

（2）公司战略决定了商业银行数字化转型的高度和维度，服务和数据治理是转型的重要基础，一个强有力的组织架构才能保证转型战略的持续推动，金融创新、敏捷组织以及双速 IT 机制是商业银行数字化转型的重要组织架构。

（3）构建线上服务，建设智慧网点，推进智能营销，健全智能风控，创立移动展业，完善数据服务，实现开放银行以及改进用户体验是商业银行进行数字化转型的重要支柱。

（4）商业银行要充分意识到自身在制度、组织、渠道以及技术等方面的不足并加以改进，业务和技术两手并重，重视数字化中台，包括技术中台、业务中台和数据中台的建设，全方位推动自身数字化转型。

首先从长远看，随着普惠金融政策对小微企业信贷支持力度的不断深入，今后仍需有针对性地优化完善面向小微企业的银行智能风控体系，建议监管层推动建立国家层面的信用信息平台，可以采用联邦学习模型，在保护客户信息的前提下打破政府与各金融机构间的信息孤岛现象，将分散在政府和公用事业单位的信息集合统一起来，不断拓宽金融服务的广度和深度，以平台模式为金融行业的业务发展提供支撑；其次银行业需进一步提高主动感知风险的能力，学习国内外头部互联网企业的风控技术，加速提升流式数据处理能力，提高响应速度、降低延迟，建立开发合作的商务生态模式，积极探索联合增信机制，充分发挥融资担保、信用保证保险的风险保障和缓释作用，减少单一主体的风险敞口。

此外，应以战略的眼光推进场景金融建设，业务与科技协同，从客户端、企业端、政府端的业务场景作为切入点，持续更新数字化业务场景，从“能力开发、场景应用”的初级阶段进阶到“服务融合、体验创新”的高级阶段，将银行业服务向“API 化”及“云化”方向转变，结合人工智能等新技术创造具备智能风控、智能运维、智能分析、智能服务的高水平银行，同时希望监管部门可以协助建立信息保护规范体系以及相应的监管机制，推动银行业数字化转型之路健康发展。

参考文献

[1] 陆岷峰，徐阳洋．商业银行的数字化实践路径研究［J］．济南大学学报（社会科学版），2018（4）：84-95.

[2] 何大勇，谭彦等．银行转型2025 [M]．北京：中信出版集团，2017.

[3] 宁小军．FinTech时代来临：金融科技VS传统银行——互联网交易型银行发展启示录 [J]．银行家，2017 (1)：118-119.

[4] 陆岷峰，虞鹏飞．金融科技与商业银行创新发展趋势 [J]．银行家，2017 (4)：127-130.

[5] 赵润，王佃凯．国际大型银行数字化战略的实践 [J]．银行家，2017 (4)：90-92.

[6] 王鹏虎．商业银行数字化转型 [J]．中国金融，2018 (15)：55-56.

[7] 孙中东．FinTech时代的互联网银行建设模式 [J]．银行家，2018 (4)：37-39.

[8] 唐兆涵，满明俊．商业银行数字化转型的国际经验 [J]．农村金融研究，2019 (6)：30-35.

[9] 赵邦欧．Z银行智能理财产品营销策略研究 [D]．北京：北京邮电大学，2019.

[10] 左振哲．以数据为驱动实现银行互联网智能营销 [J]．金融电子化，2018 (8)：59-61.

[11] 范可，许鑫慧．金融科技助力普惠金融智能风控研究 [J]．科技创业月刊，2020，33 (7)：66-68.

[12] 梁丽雯．大数据智能风控势不可当 [J]．金融科技时代，2020，28 (3)：94.

[13] 梅崇秀．基于大数据背景下的银行智能风控体系建设 [J]．中外企业家，2020 (6)：82.

[14] Nath Ravi, Schrick, P. &Parzinger, M. Banker's Perspectives on Internet Banking [J]. E-Service Journal, 2001, 1 (1): 21.

[15] Rao K. Srinivasal. The Role of New Banks in Shaping up Next Generation Banks [J]. Journal of Commerce & Management Thought, 2013, 4 (4): 880-896.

[16] Bapat Dhananjay. Union Experience: towards excellence in retail banking [J]. Decision (0304-0941), 2015, 42 (3): 335-345.

[17] Davies Tyler. Small banks should crack on with non-preferred [J]. Global capital, 2017, 147.

[18] Narsalay Raghav & Patrao, M. Thriving with Fintechs: Strategies for Large Indian Banks [J]. Vinimaya, 2016, 37 (1): 5-15.

商业银行数据安全治理的探索与实践

郭　庆　韩礼涛　等①

摘　要： 本文结合我国最新发布的《中华人民共和国数据安全法（草案）》，系统性梳理了数据安全治理的理论和框架，以及数据安全相关的法律法规、标准和技术措施，深刻分析我国银行业数据安全治理工作中面临的挑战以及核心矛盾，并以某股份制银行为例，详细介绍了数据安全治理理论在商业银行实践中的具体方法及措施，以此为银行业数据安全治理工作提供参考借鉴。

关键词： 数据安全治理　商业银行　数据法规　实践

1. 研究背景

随着我国各行业加速步入产业互联网时代，人工智能、大数据、区块链等新一代技术与应用不断深化，各行业数字化和产业升级的进程日益加速。作为金融业重要的组成部分，银行业的数字化建设已经走在各个行业前列，数据已经成为数字化转型时代的核心竞争力。然而，在数据作为生产要素成为促进数字经济发展的关键因素的同时，数据安全的风险也随之加剧。

根据相关新闻报道和公司公告，近年来由于各种原因导致的数据泄露等问题层出不穷：2018 年 6 月，安全研究员 Vinny Troia 梳理数据库时发现，来自数据代理商 Exactis 的包含 3.4 亿条记录的数据库暴露在可公开访问的服务器上；2019 年米高梅酒店发生大规模数据泄露，被黑客盗取的约 1.42 亿客户的个人信息于 2020 年 2 月在网络上公布；2020 年 4 月麦哲伦健康遭遇数据泄露，约 36.5 万名患者的敏感信息被盗取。据统计，国内外的很多行业都曾发生过数据安全事件，如表 1 所示。

---

① 课题组：民生银行北京分行。课题组成员：宋佳宁、谭诏、马茜琳等。

表 1　网传国内外发生的部分数据泄露事件

分类	序号	事件名称	事件时间	泄露人员	泄露数据量
国外	1	ZOOM 凭证出售	2020 年 4 月	黑客	50 万条
	2	某知名酒店	2020 年 3 月	黑客	5 亿客户信息
	3	Twitter 账户被盗取支付	2020 年 2 月	黑客	130 个账户
	4	某咨询公司数据泄露	2017 年 10 月	黑客	500 万条
金融业	1	某银行信息泄露	2018 年 6 月	内部人员	50 万条
	2	某安防公司人脸数据泄露	2019 年 2 月	数据库漏洞	250 万条
	3	某银行客户信息被贩卖	2020 年 5 月	内部员工	5 万多条
互联网	1	某视频网站后台源码泄露	2019 年 4 月	后台漏洞	6000 个配置文件
	2	某社交网站用户信息被出售	2019 年	未知	5.38 亿条信息
医疗	1	青岛市某医院信息泄露	2020 年 4 月	内部人员	6000 余条
	2	国内某医疗服务器记录泄露	2019 年 9 月	离职人员	28 万条

根据 IBM Security 和 Ponemon Institute 两家研究机构发布的《全球数据泄露成本研究》显示，数据泄露事件不仅会导致企业信誉遭受质疑、客户信任度下降，还会使企业消耗大量的时间和金钱用于挽回数据、联系客户甚至被起诉要求巨额赔偿。调研结果显示，每个丢失或被盗记录的泄露数据的全球平均成本为 141 美元，而在金融服务行业，这一成本为 245 美元。在中国也是如此，由于金融业的行业数据特性，在数据使用和流转的过程中，节点更多，一旦单点发生安全事件，可能牵连出跨行业的极大规模数据泄露，由此产生的恶劣社会影响难以估计。

因此，对于金融业重要组成部分的商业银行，数据安全治理已经成为数字化转型过程中的重要任务。

2. 数据安全治理概述

2.1　数据安全治理概念

国际知名 IT 咨询机构 Gartner 在 2015 年提出了数据安全治理这一概念和相应的原则与框架，2017 年 Gartner 全球安全大会中多位分析师在数据安全、信息安全治理、安全治理的相关研究报告中，多次提及并加以强调，并且认为数据安全治理已成为数据安全中的“风暴之眼”。

数据安全治理是以“让数据使用更安全”为目的的安全体系构建的方法论。数据安全治理并非单一产品或平台的构建，而是覆盖数据全部使用场景的体系建设。建立数据安全治理体系需要按步骤、分阶段地逐渐完成。因此，为了有效实现数据安全治理，形成数据安全的闭环，我们在数据安全治理的建设中需要建立起系统化的流程。

传统的数据安全保护措施通常被称为数据安全防护，二者在目标、对象、理念、手段等方面都有所差异。数据安全治理是为了解决目前数据安全使用时所面临的问题而产生的，它并非是要取代数据安全防护体系，而是要与之形成互补关系。数据安全治理是在数据安全防护体系的基础上有效地实现对数据使用人员的安全管控，是在网络安全提供的有效边界防御的基础上完成对数据更深层次的安全保障。如表 2 所示。

表 2　数据安全治理与传统数据安全防护

对比维度	数据安全治理	传统数据安全防护
目标方面	以数据的安全使用为目标	以数据的安全防护，不受攻击为目标
对象方面	面向内部或准内部人员（已离职员工、合作方等），以人员行为的安全管控为主要对象	面向外部威胁，以对外部黑客或入侵者的防控为主要对象
理念方面	以数据分级分类为基础，以信息合理、安全流动为目标	以区域隔离、安全域划分为目标
手段方面	以信息使用过程的安全管理和技术支持为手段	以边界防护为主要安全手段
融合方面	安全产品技术和流程管理深度融合	管理与技术相对分离

2.2　相关法律法规、标准

欧盟 1995 年颁布了《数据保护指令》；2015 年出台，2018 年 5 月正式生效的《一般数据保护条例》。我国在 2016 年出台，2017 年 6 月 1 日正式生效的《网络安全法》，全称《中华人民共和国网络安全法》；《信息安全技术个人信息安全规范》2018 年出台并生效；2019 年 5 月 13 日正式发布《信息安全技术网络安全等级保护制度》。《个人信息保护法》和《数据安全法》进入立法阶段，《中华人民共和国数据安全法（草案）》2020 年在第十三届全国人大常委会第二十次会议审议。

2012 年，中国人民银行制定了《金融行业信息系统信息安全等级保护测评指南》，针对金融行业的信息安全保护工作进行指导监督。由银监会 2017 年颁布的《商业银行信息科技风险管理指引》，对商业银行信息科技各个环节的具体操作提出了更细致的要求，促使商业银行进一步加强对客户信息的保护。2018 年 5 月，银监会又提出了《银行业金融机构数据治理指引》，就银行业的数据治理工作给出指导意见。

《中华人民共和国数据安全法（草案）》2020 年 6 月 28 日在第十三届全国人大常委会第二十次会议审议，《草案》中明确了数据安全保护与数据开发利用的关系，亦即国家坚持维护数据安全和促进数据开发利用并重的原则。在确保数据安全的前提下，鼓励数据依法合理有效利用，保障数据依法有序自由流动，促进以数据为关键要素的数字经济发展。《草案》首次将数据作为生产要素，作为促进数字经济发展的关键因素纳入立法草案中。由此可见，《草案》希望通过立法能明确数据在数字经济发展中的地位，从而充分发挥数据的经济价值。

2.3　技术措施

在数据安全治理的过程中，不仅要了解技术支撑架构，还需要进一步明确各个环节采用的具体技术手段，才能保障整体数据安全策略的顺利实施。目前，业界中实现安全和风险控制的前沿技术方案主要有 DCAP、DLP、CASB、IAM、UEBA 等，分别针对不同的安全领域，包含多种细分技术手段，例如，数据访问管理、令牌化、脱敏、审计等。但由于数据是流动的，数据结构、形态和性质在整个生命周期中会不断变化，而且黑客的攻击行为日益复杂多变、隐蔽性极强，单个安全系统往往无法抵御此类风险。因此有必要结合现有成熟的安全系统和技术产品，建立一个全面、立体纵深的综合智能防御体系，以提高企业的风险感知监测、安全控制和灵活应对能力。

（1）DCAP

DCAP（Data Centric Audit and Protection）是以数据为中心的审计与安全防护技术的统称，这些技术能够实现对用户与特定数据集交互行为的集中管理和监控。这种技术方案基于 Gartner 提出的数据安全治理（DSG）原则，与传统信息安全的概念不同，它着重强调特定数据本身的安全性，而非硬件或软件层面上的安全。根据 Gartner 的设想，DCAP 应具备以下能力：

- 企业敏感数据的分类与发现；
- 监控用户权限和数据访问活动；
- 审计与报告；
- 敏感数据的全生命周期安全管理。

DCAP 注重于把数据安全策略应用于非结构化、结构化数据或“数据孤岛”，这样在整个企业中可不断优化数据安全策略但不影响企业其他业务流程的执行。集中管理数据安全策略是 DCAP 的核心功能，无论执行何种技术、对何种形式的数据进行访问和使用都必须确保安全策略配置同步。

（2）DLP

DLP（Data Loss Prevention）数据丢失防护，是一款内容识别安全技术，可实现用户信息系统中的数据资产及敏感信息的自动识别，其核心能力就是通过内容识别、定位从而扩展到对数据的防控。为了减少误报、漏报带来的损失，DLP 采用了正则表达式检测、关键字对检测等基础检测技术和精确数据比对、指纹文档比对等高级检测技术来提高识别的准确性。同时，DLP 也有一定的防护能力，可对识别到的敏感内容执行加密、脱敏等防泄露操作，其防护范围主要包括以审计、控制为主的网络防护和包含主机控制、权限控制能力的终端防护。总而言之，DLP 就是一个具备识别、定位和管控功能的智能数据防护体。但是它主要用于防止外部人员窃密，对于内部人员主动泄密的情况下作用效果甚微。目前，DLP 越来越倾向于和外部攻击防御工具相互配合，各取所长，同时结合自然语言处理、机器学习等前沿技术，提高数据安全综合防范能力。

（3）CASB

CASB（Cloud Access Security Broker），是部署在云服务商与云服务客户之间的安全控制点。通过在企业访问和使用云计算资源的过程中加入一定的安全策略，包括身份认证、单点登录、权限控制、恶意软件检测和预防等，来监控和防护企业用户对云上资源的连接访问。CASB 可以对所有的云上的业务风险进行评估并对结果集中进行可视化展示，也可以使用户在自由使用云应用的同时，弥补以往服务模式在法律合规性上的缺口。其主要提供 Proxy 和 API 两种工作模式。

（4）IAM

IAM（Identity and Access Management）身份识别与访问管理，是一套全面的建立和维护数字身份，从而实现组织信息资产统一的身份认证、授权和身份数据集中管理与审计。用户身份确认及其对数据的访问级别管理是企业信息安全里最基础的问题，因此必须对其实施高效管理。IAM 解决方案限制了每个用户登录后能够访问的应用程序和服务范围，它的核心目标是为每个用户赋予一个身份。该数字身份一经建立，在用户的整个“访问生命周期”存续期间都应受到良好的维护、调整与监视。IAM 可以提供统一的认证策略，确保 Internet 和局域网应用程序中的安全级别都正确，并且可以按用户属性、角色、组和动态组对访问权进行限制。健壮的 IAM 系统是企业迈向“零信任架构”的第一步，抛弃传统网络安全先连接后信任的原则，通过动态的认证和授权再发起对资源的访问，建立全新的身份边界。

（5）UEBA

UEBA（User and Entity Behavior Analytics）用户行为分析，是利用机器学习、数据挖掘等方法对用户、主机、应用程序、网络流量和数据库等的标准配置异常行为的分析，帮助企业发现安全威胁和潜在隐患。UEBA 关联了用户活动和相关实体（用户相关的应用和终端等）信息构建人物角色与群组，进一步定义这些个体与群组的合法和正常行为。常用来检测恶意的内部人员和外部攻击者对企业信息系统的渗透和数据窃取，譬如 UEBA 可以检测到用户多次登录失败的详细信息以及在办公室非常规的登录，将其作为潜在威胁目标，同时以可视化的形式提醒管理员防患于未然。

以上五种技术解决方案的对比如表 3 所示。

表 3　数据安全治理前沿技术方案对比

技术	内容	背景	功能
DCAP	以数据为中心的审计与安全防护技术	Gartner 提出的数据安全治理 DSG 原则	集中管理和监控用户与特定数据集的交互行为
DLP	数据丢失防护	数据“一刀切”式的强管控带来的不便	内容识别、敏感信息定位及加密防护
CASB	云接入安全代理	公有云带来的数据安全管控难题	监控和防护企业用户对云上资源的链接访问
IAM	身份识别与访问管理	用户身份确认和访问权限管理	实现组织信息资产统一的身份认证、授权和身份数据集中管理与审计
UEBA	用户实体行为分析	基于大数据对用户和实体行为进行分析	检测恶意的内部人员和外部攻击者对企业信息系统的渗透和数据窃取

3. 数据安全治理现状分析

数据安全治理的核心矛盾，在于数据的使用与安全之间的矛盾。具体来说，是对数据进行高效利用与防止数据泄露或违规滥用之间的矛盾。解决安全治理问题，不仅要保护数据不被窃取、防止敏感数据违规使用，还要在保障数据安全的基础上，挖掘并利用数据资源的价值。那么，如何在两者之间找到一个平衡点，便成为数据安全治理的核心问题。

数据安全治理工作面临许多困难与挑战，不仅是因为寻找数据合理利用与数据安全之间的平衡点是需要多方面权衡、很难兼顾两方，也因为数据安全问题的发生原因多样化，且难以找到通用的解决方式，必须面面俱到、充分考虑。对于不同原因的数据安全问题，应当采取的具体保护手段有所不同，同时只通过技术手段或者制度措施，无法完全覆盖数据安全的各个方面。如何将这些具体保护手段有序地应用于实践，并保证其执行效果，建立起权责清晰且行之有效的数据安全治理框架是当务之急。

3.1 国内外数据安全治理理念框架

（1）DSG 框架

全球知名 IT 研究与咨询机构 Gartner 于 2018 年 4 月提出了数据安全治理 DSG 框架，Gartner 强调“不要从产品、工具层面开始数据安全治理”，而是要从组织的高层业务风险分析出发。因为没有单一产品能够降低安全风险，每个产品选项都包含它提供的安全功能以及它实施的数据位置，所以，要从五个层次构建完整框架。

DSG 框架的五个层次分别为：①业务需求与安全之间的平衡；②数据优先级；③制定策略，降低安全风险；④实行安全工具；⑤策略配置同步。如图 1 所示。

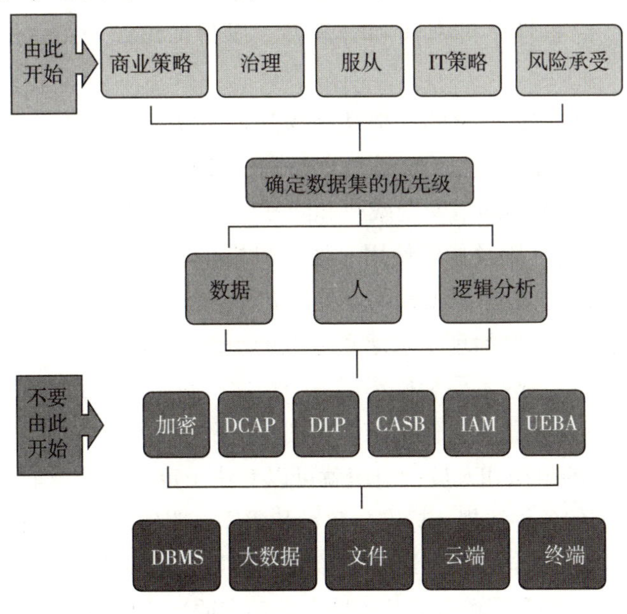

图 1　DSG 框架五个层次

即从组织的高层业务风险分析出发，对组织业务中的各个数据集进行识别、分类和管理。针对数据集的数据流和数据分析库的机密性、完整性、可用性创建 8 种安全策略；根据策略落实管理措施和部署安全技术产品加以控制，持续评估不同数据风险选择不同的安全策略，并定期检查安全策略。如图 2 所示。

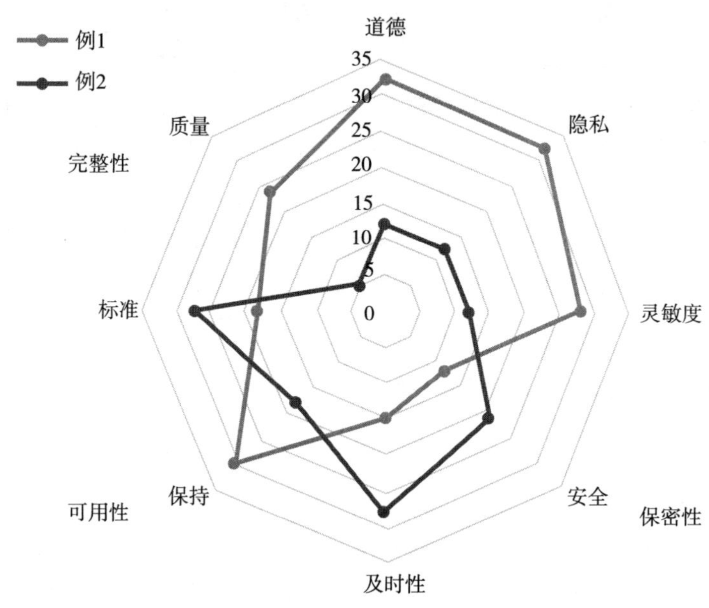

图 2　DSG 框架的八种策略

（2）DGPC 框架

由微软开发的 DGPC 数据治理框架，是为了企业和组织能够以统一、跨学科的方式来实现数据的安全性、隐私性、机密性和合规性，以帮助组织更好地进行数据安全风险控制。

DGPC 框架重点放在数据安全的“树状结构”上，以识别和管理与特定数据流相关的安全和隐私风险需要保护的信息，包括个人信息、知识产权、商业秘密和市场数据等。DGPC 框架创建了一个可识别网络安全威胁和隐私泄露威胁的环境，例如，违反客户选择和同意原则而带来的风险，以及如何使用、处理和共享隐私信息等。

DGPC 框架围绕三个核心能力领域：人员、流程、技术。

①人员：有效的数据安全治理要求建立适宜的组织架构和人员设置。DGPC 把数据安全相关的组织分为战略层、战术层和操作层三个层次，每一层次都要明确组织中的数据安全相关的角色职责、资源配置和操作指南。如图 3 所示。

②流程：有了合适的组织和人员，组织就可以专注于定义所涉及的数据安全管理流程。首先检查数据安全相关的各种法规、标准、政策和程序，明确必须满足的要求，并使其制度化与流程化，以指导数据安全实践；组织应该在特定数据流的背景下，在制度和流程指导下，识别数据安全威胁、隐私风险和合规风险，并确定适当的控制目标和控制活动。

③技术：Microsoft 开发了一种工具方法来分析与评估数据安全流程控制和技术控制存

在的特定风险。这种方法需要填写一个称为安全差距分析表，该表围绕三个要素构建信息生命周期、五种控制方法以及评估维度的数据隐私和保密原则。

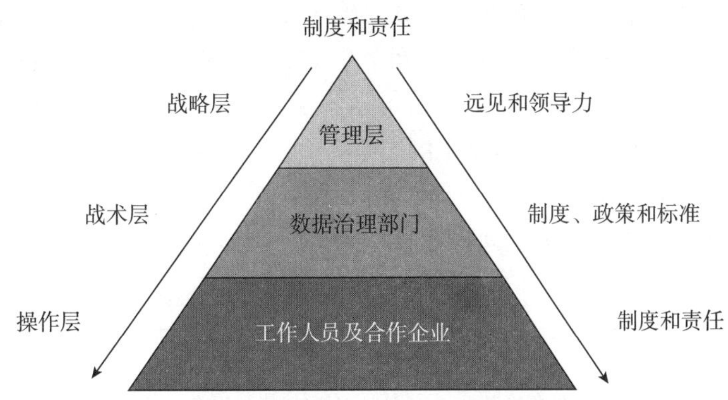

图 3　DGPC 框架人员组织层次

（3）DSMM 数据安全能力成熟度模型

DSMM（数据安全能力成熟度模型）是我国首部数据安全管理的国家标准，在阿里巴巴提出的数据安全成熟度模型的基础上，修订为《信息安全技术数据安全能力成熟度模型》（GB/T 37988—2019），简称 DSMM（Data Security Maturity Model），于 2019 年 8 月 30 日正式成为国家标准对外发布。

该标准基于大数据环境下电子化数据在组织机构业务场景中的数据生命周期，从组织建设、制度流程、技术工具以及人员能力四个方面构建了数据安全过程的规范性数据安全能力成熟度分级模型及其评估方法。

数据生命周期分为 6 个阶段：数据采集、数据存储、数据传输、数据处理、数据交换、数据销毁。

模型包含以下三个维度，如图 4 所示。

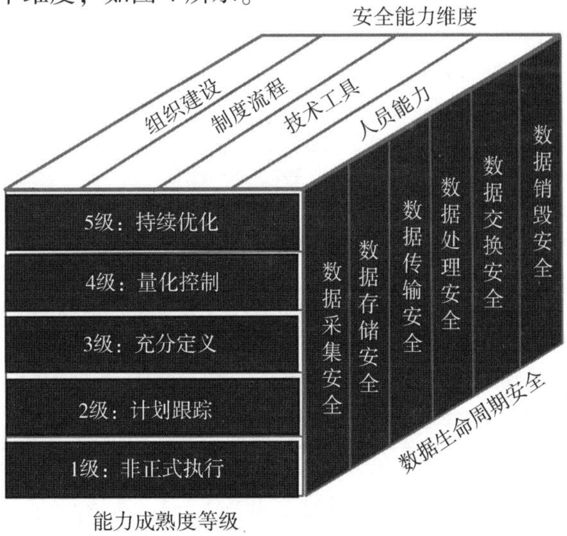

图 4　DSMM 数据安全能力成熟度模型

①数据生命周期安全：围绕数据生命周期，提炼出大数据环境下，以数据为中心，针对数据生命周期各阶段建立的相关数据安全过程域体系。

②安全能力维度：明确组织机构在各数据安全领域所需要具备的能力维度，明确为制度流程、人员能力、组织建设和技术工具四个关键能力的维度。通过对各项安全过程所需具备安全能力的量化，可供组织机构评估每项安全过程的实现能力。安全能力从组织建设、制度流程、技术工具及人员能力四个维度展开。

③能力成熟度等级：基于统一的分级标准，细化组织机构在各数据安全过程域的五个级别的能力成熟度分级要求，如表4所示。

表4　能力成熟度等级

成熟度等级	详述	特征
等级1： 非正式执行	执行基本实践：组织机构在数据安全过程域未有效地执行相关工作，仅在部分业务场景中/项目执行过程中根据临时的需求执行了相关工作，却未形成成熟的机制保证相关工作的持续有效进行，执行相关工作的人员能力也未得到有效的保障。所执行的过程可称为“非正式过程”	随机、无序、被动的执行，依赖个人，经验无法复制
等级2： 计划跟踪	规划执行：对安全过程进行规划，提前分配资源和责任。 规范化执行：对安全过程进行控制，使用过程执行计划、执行基于标准和程序的过程，对数据安全过程实施配置管理。 验证执行：确认过程按照预定的方式执行，验证执行过程与可应用的计划是一致的，对数据安全过程进行审计。 跟踪执行：控制数据安全项目的进展，通过可测量的计划跟踪过程执行，当过程实践与计划产生重大偏离时采取修正行动	在项目级别主动实现了安全过程的计划与执行，没有形成体系化
等级3： 充分定义	定义标准过程：组织机构对标准过程进行制度化，为组织机构定义标准化的过程文档，为满足特定用途对标准过程进行裁减。 执行已定义的过程：充分定义的过程可重复执行，使用已定义的过程，针对有缺陷的过程结果和安全实践的核查，使用过程执行的结果数据。 协调安全实践：对业务系统和组织活动的协调，确定业务系统内、各业务系统之间、组织机构外部活动的协调机制	在组织级别实现了安全过程的规范与执行
等级4： 量化控制	建立可测的安全目标：为组织机构的数据安全监理可测量目标。 客观的管理执行：确定过程能力的量化测量并使用量化测量来管理安全过程，以量化测量作为修正行动的基础	建立了量化目标，安全过程可进行度量与预测
等级5： 持续优化	改进组织能力：在整个组织机构范围内对标准过程的使用进行比较，寻找改进标准过程的机会，分析对标准过程的可能变更。 改进过程有效性：制定处于连续受控改进状态下的标准过程，提出消除标准过程产生缺陷的原因和持续改进的标准过程	根据组织的整体目标，不断改进和优化安全过程

3.2 数据安全治理理念框架对比

（1）DSG 理念是构建全面的安全决策机制与责任分配体系

- DSG 框架以数据的分级分类为核心，进行安全策略的设定；
- DSG 并不那么强调数据的生命周期，反对在数据的生命周期中不区分化的安全措施；
- DSG 强调针对数据使用场景，满足数据使用需求后的针对性安全措施；
- 推荐使用持续的适应性风险和信任评估体系——CARTA 模型（基于大数据分析的动态安全决策）对不同数据选择不同的安全策略。

（2）DGPC 框架是建立树状结构来识别和管理数据

- DGPC 框架既包含数据安全治理，又包含数据安全防护；
- 核心是数据安全风险的识别；
- 推荐利用风险/差距分析矩阵模型，通过建立风险分析和执行威胁建模，对数据安全存在的风险准确评估并提出缓释措施。

（3）DSMM 构建完整的数据安全能力评估体系

- DSMM 以数据的生命周期为数据维度，寻求安全策略的覆盖；
- DSMM 更适合于中国企业自身或监管机构评估当前的安全建设状态；
- DSMM 未来可能成为企业深度挖掘数据价值的准入门槛。

4. 商业银行数据安全治理探索与实践

由于金融行业所拥有的数据资产庞大，且涉及客户隐私的敏感数据较多，一旦发生数据安全事件就会造成严重后果。因此，对于商业银行来说，在数据利用的过程中保障数据安全尤为重要。商业银行作为面向广大客户的金融服务机构，不仅要做到保护客户的金融资产，还要能够保障客户的数据资产以及企业自身的数据资产安全，在保障数据安全的基础上，高效利用数据资产实现价值增长。为了实现这个目标，商业银行要在数据安全治理领域不断进行探索实践，从而建立一套完善的数据安全治理体系框架。

4.1 基于场景的商业银行数据安全治理框架

商业银行的数据安全治理框架，应从决策层到技术层，从管理制度到工具支撑，从而建立一套自上而下贯穿整个组织架构的完整链条。基于场景的商业银行安全治理框架应包括能力、执行、场景三个维度，如图 5 所示。

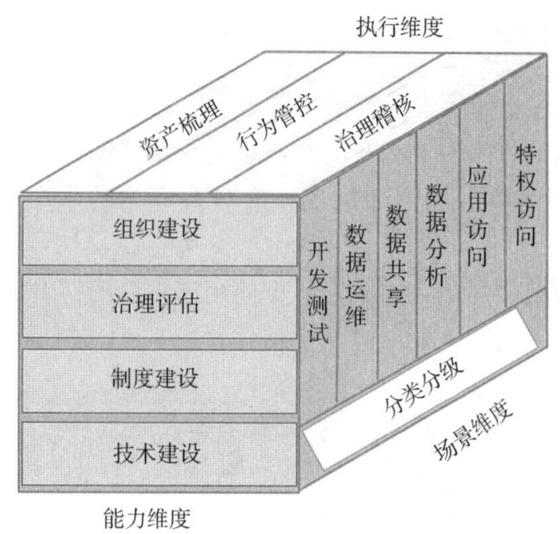

图 5　商业银行数据安全治理框架

4.1.1　能力维度

数据安全治理体系应包括：完善的组织机构、有针对性和可行的管理制度和规范、全面和先进的数据安全技术。能力维度的建设应该从组织建设、治理评估、制度建设、技术建设四个方面进行，如图 6 所示。

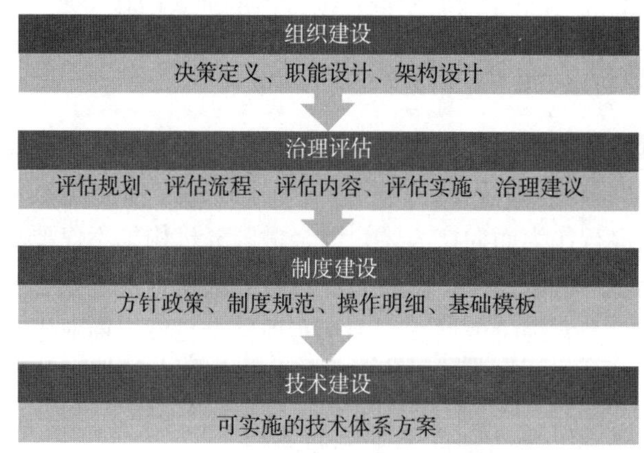

图 6　数据安全治理框架能力维度

（1）组织建设

数据时代的到来，数据资产价值迅猛增加的同时，数据安全面临的挑战也越来越大，传统的信息科技部门已不能胜任数据时代下的数据安全相关工作，数据安全工作还会涉及业务、计财、合规、法务等诸多部门和环节，因此需要建立对数据状况熟悉的专责组织来负责数据安全治理体系的建设工作。由于数据安全与业务密不可分，因此，在建设数据安全治理体系过程中，从决策到管理，都离不开业务部门的参与和配合。

组织职能的设计需要遵循由高到低的完整体系，从决策层、管理层、支持层、监督层入手进行设计，如图 7 所示。

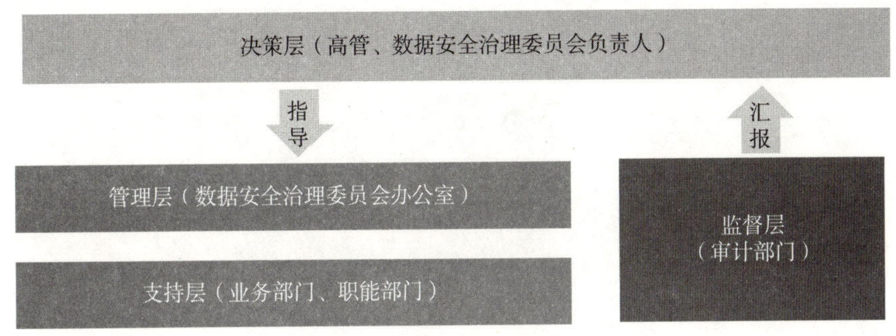

图 7　数据安全治理职能架构图

（2）治理评估

作为风险管理的起点，安全风险评估对于了解安全现状，明确安全目标，制定安全对策都具有至关重要的意义。商业银行在进行数据安全治理的过程中，应定期通过业务合规性评估手段开展咨询评估工作，对业务系统和数据安全进行全面检测，并对评估结果进行安全能力分析，从而形成业务系统数据安全能力评估报告。如图 8 所示。

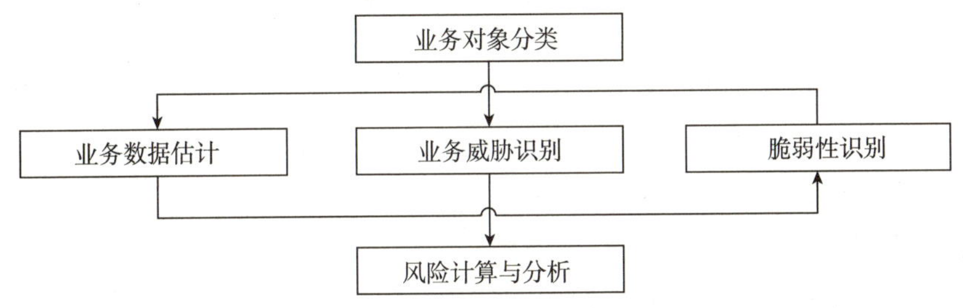

图 8　业务数据风险评估实施过程图

（3）制度建设

将制度、规范按照方针政策、制度规范、操作明细、基础模板四类进行分类，形成树状结构，便于管理。为便于管理，可以根据需要将制度分为四级，按照体系化的方式进行建设。一级文件为方针政策、二级文件为制度规范、三级文件为操作明细、四级文件为基础模板。除一级文件外，其他级别的文件在制定的时候具有唯一上级，同级文档内容不能重复，最终形成树状结构。

（4）技术建设

数据安全技术，支撑制度规范的执行与监控，技术工具建议使用标准的数据安全产品或平台，也可以是自主开发的组件或工具；技术工具应覆盖数据使用的各个场景中的数据安全需求。数据安全治理强调的是技术能力的运用，而不是产品的堆积和平台的建设，具有良好的灵活性，目标是将数据安全技术融入数据使用场景中。

4.1.2　执行维度

该维度主要包括资产梳理、行为管控和治理稽核三个方面（见图 9），针对数据使用的各个场景，需要通过梳理来了解数据资产状况和风险；配合制度规范要求，采用不同的安全技术手段进行数据使用过程中的管控，同时要监控使用过程，对访问行为进行稽核，并不断完善。

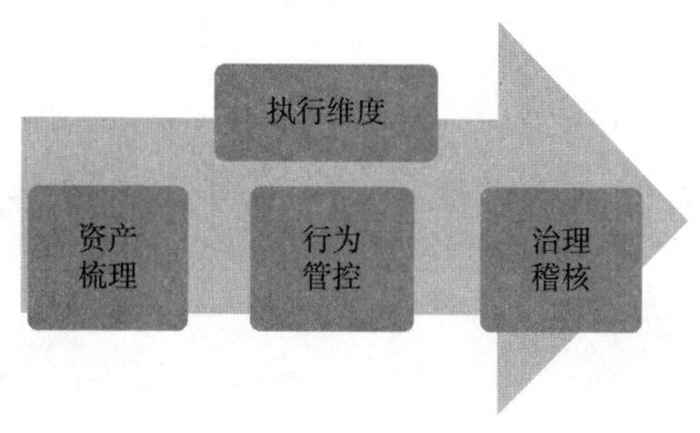

图 9　数据安全治理框架执行维度

（1）资产梳理：此过程是数据安全治理全维度的基础，因为，只有摸清资产使用部门和角色、数据资产的分布、数据量级、访问权限、数据使用状况，才能够有效地针对数据进行精细化的安全管控。

（2）行为管控：此过程是结合业务流程，在数据流转中的数据访问、数据运维、数据传输外发、数据存储等各环节做到内外兼顾，并对数据处理、使用环节中的数据进行安全保护。

（3）治理稽核：稽核是保证数据安全治理规范落地的关键，也是信息安全管理部门的重要职责。因此，此环节是保障数据安全治理的策略和规范能否被有效执行和落地，以及最终实现数据安全治理全流程的闭环。

4.1.3　场景维度

商业银行的数据安全治理应涵盖数据在使用过程中的各种场景。在安全治理过程中，首先要分析数据的业务场景，包含但不限于如开发测试、数据运维、数据分析、应用访问、特权访问等场景（见图 10）。

针对相应场景中的数据特点，再进行数据资产梳理、敏感数据加密、脱敏等数据处理，依据策略制定前的数据梳理工具，数据访问过程控制中，采用什么样的技术手段帮助实现数据的安全管理过程，以及在后期对数据安全治理工作进行稽核的过程中采用什么样的技术工具进行辅助监管，结合数据安全治理工具帮助完成数据安全治理工作。

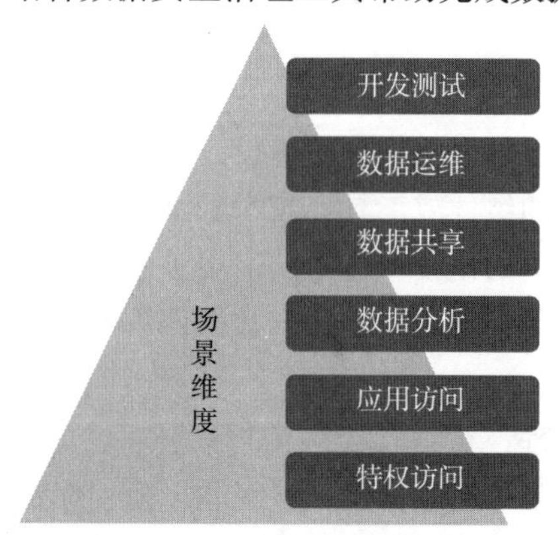

图 10　数据安全治理框架场景维度

4.2 商业银行数据安全治理实践

数据安全已经成为银行安全运营的一项重要工作，对商业银行的业务连续性、业务经营、风险防范、转型升级至关重要。银行在数据安全治理领域不断进行探索实践，建立了一套完善的数据安全治理体系框架。该框架由组织机制、制度标准、技术应用及管理措施四个方面组成。

4.2.1 组织机制是建设数据安全治理体系的保障

数据安全治理体系建设的重要保障就是要建立起符合商业银行业务发展和科技战略的数据安全管理组织体系和管理流程，以协调、推动、评价数据安全工作。信息科技管理委员会作为全行网络及数据安全工作的最高决策层，负责监督指导全行的数据安全管理工作。信息科技部依据监管要求和本行数据安全及保密工作要求，建立了安全管理、风险督导、合规审计共同参与的数据安全“三道防线”机制，全面推动全行数据安全管理工作，定期对分支机构进行网络安全及保密管理工作的执行情况进行指导和检查，推进数据安全工作向纵深发展，如图 11 所示。

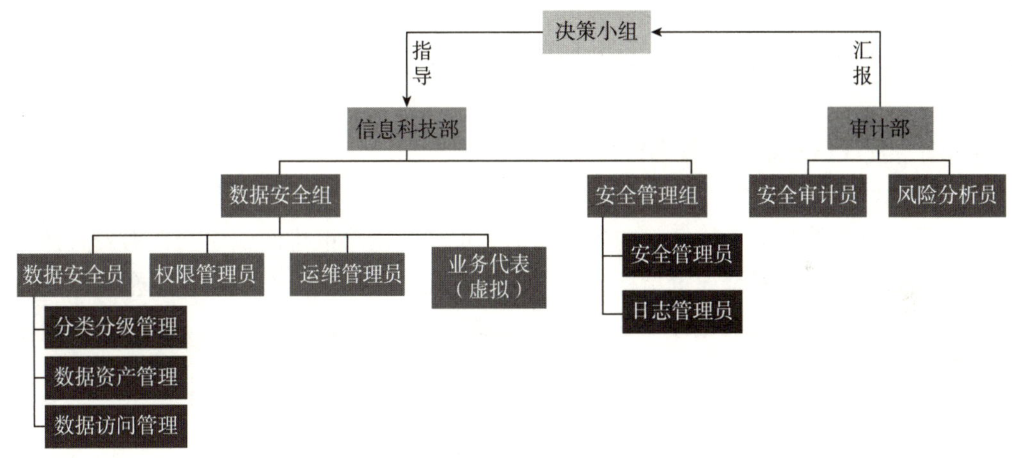

图 11 数据安全治理组织流程

4.2.2 制度标准是建设数据安全体系的法则

组织机制的建立，为商业银行数据安全工作的顺利推进提供了行政保障，但数据安全具体政策措施的贯彻执行是需要管理制度体系支撑的。遵循国家、监管要求及行业数据安全标准，结合商业银行数据安全实践，信息科技部从企业运营、体系化视角开展数据安全制度顶层设计，吸收借鉴等级保护、ISO27001、COBIT 等业界成熟标准提供的全局思维和最佳实践，并将这些标准的理念、内容整合到实际管理制度中。通过多年的积累，依靠自身开展数据安全技术工程建设和管理的经验，商业银行已经建立了相对完整、适用性较好的全行性数据安全制度和技术规范体系，并且每年结合内外部形势、执行情况和新的工作要求进行修订。目前已形成涵盖数据安全方针、信息数据安全组织、信息数据安全事件管理等 14 个域的制度体系，共有 1 个总体策略、22 个管理办法、10 个安全规范及 30 余个安全操作规程及细则，上述制度确保了商业银行数据安全管理体系的有效运作，见图 12。

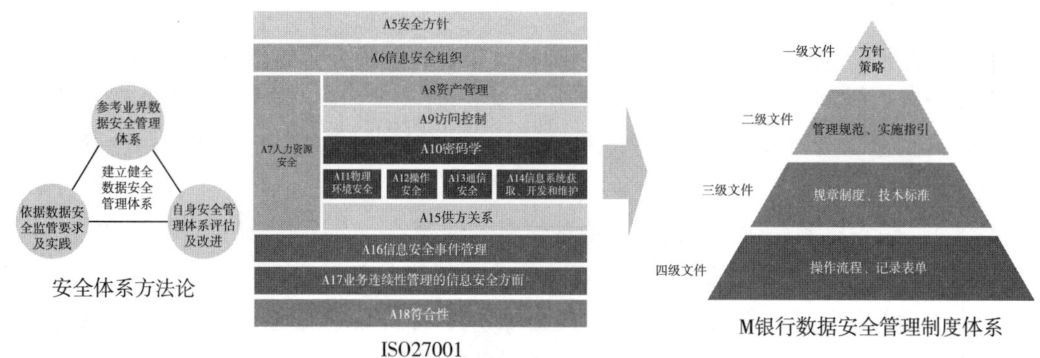

图 12　M 银行数据安全治理制度体系

4.2.3　技术应用是建设数据安全治理体系的支撑

数据安全体系的建设，在组织流程和制度标准的有力保障和约束以外，归根结底是要依靠不断完善的技术手段来实现和提升数据安全控制能力，通过加强信息系统安全检测、落实数据防泄密保护、完善终端安全管控、推广用户多维身份识别等技术手段，持续降低数据安全治理的风险，按照数据生命周期的 6 个阶段进行线上化管理，完善数据安全治理体系。

4.2.4　管理措施是建设数据安全体系的根本

数据安全治理不应该独立于企业内部风险管理体系，而是应该结合到其中，参照企业内控风险管理体系的管理，建立面向各机构的通报和考核约束机制，建立数据安全违规违纪行为制度条款及数据安全评价指标，并以此为基础，在日常工作中建立健全数据安全体系及安全审查流程、完善数据安全风险防范机制、深入开展数据安全应急演练及宣传教育，揭示数据安全体系中的风险，及时消除风险隐患，持续优化数据安全治理体系。

（1）建立健全数据安全体系及安全审查流程，确保零安全风险事件发生。

（2）推进完善信息安全风险防范机制，全面提升防护能力。

（3）开展数据安全应急演练，确保安全响应有效性。

（4）丰富数据安全宣传教育形式，提升宣教触点与有效性。

5. 思考与展望

银行业是最依赖企业信用的行业。在客户心中，银行通常都是值得信赖的对象，因此，一旦因数据事故导致用户信任度降低，对于银行来说是不能接受的。保障数据的存储安全、使用安全，保护客户隐私不泄露、不滥用，既是商业银行数字化转型的基础，也是其想要立足市场、长远发展的必要条件。在保证数据安全的前提下利用数据，对于商业银行来说是宝贵的机遇。随着数据挖掘技术的发展，未来拥有大量数据的银行业可以利用大数据技术深挖数据价值，释放现有数据的潜能，用于精准营销、风险评估，可以大幅度地降低商业银行的成本，同时还能扩大服务广度，提升客户满意度。

商业银行数据安全治理未来要以合规要求为前提，以数据应用为基础，以满足业务数据需求为驱动，从技术导向转变为业务和管理导向，来进行统筹规划。如图 13 所示，数据安全治理需要政策、技术、意识的结合，形成多方参与的治理模式。

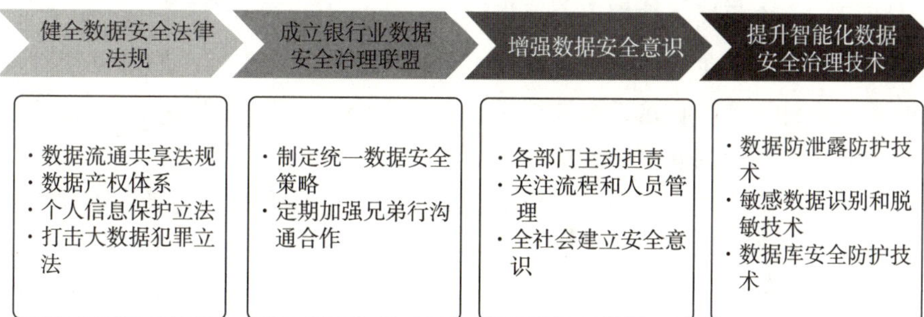

图 13　商业银行数据安全治理未来展望

5.1　健全数据安全法律法规

一是健全规范数据流通共享和数据权利义务的相关法律法规，加强数据安全治理，提升数据安全防护水平。依据数据主权原则，明确政府部门监管职责，积极参与制定跨境数据流动规则，完善重点领域数据安全保障制度。

二是厘清数据产权体系，完善数据资源分级分类治理的准则，确立覆盖数据全生命周期的安全保护机制，结合不同类型数据属性和安全防护要求，明确数据资源提供方、使用方、监管方等各方主体的数据安全法律责任。

三是推进个人信息保护立法，坚持技术发展与信息保护平衡的原则，界定个人信息合法使用的范围，明确个人的数据权利及权利救济途径，通过技术标准和安全保障措施健全个人数据泄露风险防控制度。

四是完善打击大数据犯罪相关立法，明确数据窃取、滥用与误用的刑事责任，加大对危害数据安全行为的惩戒力度。

5.2　成立银行业数据安全治理联盟

做好数据保护工作，需要各家银行共同努力，成立银行业数据安全联盟，联合探索建立数据安全保护长效机制，形成有效合力，共筑网络安全和数据保护体系。一方面制定银行业统一数据安全策略并建立督导考核机制，强化数据系统全生命周期安全治理，确保安全管控与信息系统“同步规划、同步建设、同步运行”，推动数据安全治理工作“常态化”。另一方面定期沟通加强与其他银行的合作，积极推动数据安全技术防护平台建设和威胁情报共享，不断提升安全态势感知能力和网络安全协同保障水平。

5.3　增强数据安全意识

银行业存在的数据安全方面的问题，主要取决于安全意识，无论何种层次的员工，必须要充分意识到银行数据安全的作用。对数据安全防范内容和要求进行深入了解非常必要，不能只把数据安全归因于技术问题，这种安全意识是不对的，银行采取的安全措施和操作规范直接决定着数据安全。安全意识缺乏对商业银行有重要威胁。传统上，安全意识提升会占用较多精力和资源。事实上，在日常办公和项目实施中融入意识提升，成本极低。应该从以下三个方面增强数据安全意识：

一是要意识到数据安全或敏感信息保护不单是科技部门的事情，而是公司管理层以及所有员工的事情。科技部门在这方面往往是“弱势群体”，需要管理层的大力支持和决策，以及各部门主动承担相应的安全管理职能。

二是不要太迷信安全技术手段，而要关注流程和人员的管理。大部分数据泄密的原因不是由于企业的安全技术不够先进、安全加密强度不足等，往往出问题的这些企业（特别是金融机构）在安全技术上已经是很领先、很成熟，问题往往出在内部管理流程和人员上。比如企业内部人员舞弊作案。如果没有很好地控制数据泄露及篡改，则将会导致业务运转混乱，大大降低公信力。因此要加强从业人员教育和行为约束，强化制度宣导和培训，使广大员工牢记相关法规和操作规程，遵守规章制度和商业道德，履行数据安全保护义务，防范人员操作风险。

三是数据安全不仅是企业自身的意识，更是员工和客户安全意识的长期培养。首先需要所有客户都建立起很强的安全保护意识、不受安全诱导和欺骗，其次需要员工能够落实公司安全政策、严守职业道德，最后也希望外部少一些安全隐患或恶意事件。这就需要整个行业乃至全社会的安全意识培养。

5.4 提升智能化数据安全治理技术

一是数据泄露防护技术。数据防泄露技术是保障重要数据不会以违反安全策略规定的形式流出企业的一类数据安全防护手段。随着人工智能技术的大量应用，智能化识别、监控和阻断将会成为数据防泄露技术发展的趋势。数据防泄露技术将实现用户行为分析与数据内容的智能识别相结合，实现数据的智能化分层、分级保护，并提供终端、网络、云端协同一体的敏感数据动态集中管控体系。

二是敏感数据识别和脱敏技术。敏感数据识别技术可以从海量的数据中发现敏感数据，帮助组织建立系统的敏感数据分布视图，同时提供替换、位移、哈希处理、标记化以及保留格式加密等脱敏算法，有选择性地对敏感数据进行脱敏处理，以防止敏感数据在内部使用、外部共享等环节的泄露。随着人工智能和机器学习技术的引入，针对不同类别的敏感数据，机器学习技术可以实现大量数据的聚类分析，自动生成分类规则库，敏感数据自动化识别效率和准确率均大幅提升。

三是数据库安全防护技术。基于加密算法和合理的密钥管理，有选择性地加密敏感字段内容，保护数据库内敏感数据的安全。敏感数据以密文的形式存储，能保证即使在存储介质被窃取或数据文件被非法复制的情况下，敏感数据仍是安全的。并通过密码技术实现三权分立，避免数据库管理员密码泄露带来的批量数据泄露风险。同时通过实时分析用户对数据库的访问行为，自动建立合法访问数据库的特征模型。

尽管商业银行会不断提升数据安全治理的能力，完善自身的治理结构与框架，但时代的变化往往超过我们的想象，未来在数据安全治理上必然会出现新的未曾考虑到的问题。如何使设计出的治理框架尽可能覆盖到这些方面，或者能够根据未来发展情况尽快做出相应调整，值得我们继续思考与探索。

参考文献

［1］刘玉书．以构建数据安全标准体系为契机，推动数字经济全球化［N］．21世纪经济报道，2020-08-18（4）．

［2］单天宇．数据安全立法　金融行业如何应变［N］．中国城乡金融报，2020-07-31（A04）．

［3］赵朋．大数据背景下的数据安全［J］．计算机与网络，2020，46（14）：51.

［4］薛峰．大数据安全风险分析及治理［J］．信息与电脑（理论版），2020，32（13）：193-194.

［5］石玉峰．探讨大数据云计算环境下的数据安全问题［J］．信息记录材料，2020，21（7）：140-141.

［6］李勇坚，叶青，代志新，等．强化数据安全管理，赋能数字经济蓬勃发展［J］．财政监督，2020（13）：36-48.

［7］杨浩，李小兵．云计算环境下的数据安全问题及防范策略探析［J］．北京印刷学院学报，2020，28（S1）：259-261.

［8］李治城，胡欣宇．大数据背景下数据安全与隐私保护问题研究［J］．物联网技术，2020，10（6）：76-78.

［9］徐恒军，陆莹莹．中小银行数据安全挑战与机遇并行［J］．中国银行业，2019（12）：36-37+40+6.

［10］陈筱然，邱峰．银行业转型新模式：开放银行运作实践及其推进［J］．西南金融，2019（9）：48-55.

［11］张旻．大数据体系下的数据治理与数据安全保护［J］．金融电子化，2019（7）：52-54+6.

［12］崔旭东．创新沙盒 CASB 云计算的安全驱动力［J/OL］．http：//blog. nsfocus. net/innovation-sandbox-casb-driving-force-cloud-computing-security/，2016-03-03.

［13］Neil MacDonald，Peter Firstbrook．The Growing Importance of Cloud Access Security Brokers［J/OL］．https：//www. gartner. com/en/documents/2032015，30 May 2012.

［14］Brian Lowans，Earl Perkins．Big Data Needs a Data-Centric Security Focus［J/OL］．https：//www. gartner. com/en/documents/2691917，26 March 2014.

［15］Augusto Barros，Anton Chuvakin．A Comparison of UEBA Technologies and Solutions［J/OL］．https：//www. gartner. com/en/documents/3645381，29 March 2017.

［16］Mike Wonham，Anton Chuvakin．How to Plan and Architect a DLP Program［J/OL］．

https：//www. gartner. com/en/documents/3738021, 06 June 2017.

［17］ Mary Ruddy, Mark Diodati, Paul Rabinovich, Paul Mezzera. 2020 Planning Guide for Identity and Access Management ［J/OL］. https：//www. gartner. com/en/documents/3970101, 07 October 2019.

构建基于金融标准信息服务的金融监管科技体系

胡 莹 陶丽雯 李 达[①]

摘 要：为了应对金融业信息科技发展面临的日益严峻的监管形势，本文从国内外监管科技发展现状入手，分析了金融标准信息服务在监管科技中的应用实践，探索提出了构建基于金融标准信息服务的金融监管科技体系，对监管科技在监管决策中的作用提供了参考。

关键词：XBRL 监管科技 金融标准信息服务 金融监管体系

1. 引言

2008年国际金融危机爆发以来，世界各国纷纷出台了金融监管政策，以应对由于创新引发的金融风险，合规与发展是监管科技的主线。综观世界，金融数字化呈现蓬勃发展的形势，而中国金融业的数字化发展尤其强劲，很多方面已经走在了世界前列。金融消费者在享受便捷线上服务的背后，靠的是金融机构科技能力的长期积淀以及科技与业务流程的深度融合，对金融监管来说，金融业数字化转型对制度设计、风险防范等也提出了更高要求。如今，以人工智能、云计算、大数据等信息技术的应用与金融监管之间的相互作用已经成为未来几年金融及其监管面临的最重要课题。随着近年来技术创新、科技研究由政府主导逐渐转向社会主导，监管端与合规端同步协作发展监管科技已成为主要路径，也就是标志着监管机构与银行等金融机构、金融科技公司合作研发逐渐成为趋势。

2. 监管科技发展现状

2.1 国际监管科技发展现状

2.1.1 英国

英国金融行为监管局（Financial Conduct Authority，FCA）作为英国金融监管执法机构，从2015年开始“监管科技”（RegTech）的相关研究和实践，此后英国政府在金融科技和“监管科技”方面的实践至今保持一定前瞻性。“监管科技”的基本定义为“运用新技术促进监管要求的实现”。2015年11月，FCA发布《Regulatory Sandbox》白皮书，开

① 课题组：中金金融认证中心有限公司。课题组成员：胡莹、陶丽雯、李达。

创了针对金融科技企业的“沙盒监管”模式。同时，“监管科技”的另一个来源是从事合规服务的科技公司与监管行为的表述，其基本内涵是运用新科技手段、创新技术模式为金融机构提供合规服务。2018 年 7 月，国际清算银行（Bank for International Settlements，BIS）发布报告《金融监管中的创新技术（监管科技 SupTech）——来自早期用户的经验》。无论是 RegTech 还是 SupTech，从其概念内涵和外延演化发展来看，目前比较一致的看法是，监管科技来源于金融监管的需求。目前 FCA 还进行了许多监管科技项目探索，如与英格兰银行合作开发的数字监管报告（Digital Regulatory Reporting），建立 MITOC/ISDA 项目用于呈现数据和流程标准化模型；建立用于知识分享的 RegHome 是银行间分享监管相关问题的交流平台等。

2.1.2 美国

2016 年以来，美国审计总署（GAO）根据各监管机构实践，对金融科技各领域风险进行了梳理，其中大多数与新技术的运用有关。2017 年，美国国家经济委员会发布了《金融科技框架》白皮书，明确要求监管部门要完善监管框架，平衡好金融科技发展带来的收益与风险，根据相关金融科技公司的业务范围实行功能监管没有的金融行为监管。美国的金融行为监管机构为消费者金融保护局（CFPB），在联邦监管机构层面，CFPB 于 2019 年提出了两项沙盒政策。一是合规协助沙盒（Compliance Assistance Sandbox，CAS），在 CFPB 评估产品或服务是否符合相关法律规定之后，对遵守批准条款的已批准申请人在测试期内提供“安全港”。二是试验披露计划（Trial Disclosure Program，TDP），通过透明的信息披露有助于消费者了解各种金融产品和服务的成本、收益和风险，CFPB 鼓励企业测试创新的信息披露方式。值得关注的是，2019 年 9 月 24 日，美国众议院金融服务委员会成员提交《金融透明度法案》（*Financial Transparency Act*），该法案旨在推动美国主要监管机构用统一、标准的电子化数据采集和报告模式替代传统纸质格式，促进美国监管科技的发展。此法案一旦通过，将改变美国现有金融监管报告机制。

2.1.3 欧盟

2015 年欧盟委员会做了“单一数字市场”的详尽战略，并对其进行了规划，主要措施有将更优质的数字产品和服务提供给客户，服务好企业与个人；共同创建更加先进的数字网络技术和优质的服务环境；最大化发掘数字经济的增长潜力，推动欧盟范围内数字自由流动等。为有效促进个人数据保护，2018 年 5 月 25 日，欧盟公布《通用数据保护条例》（GDPR），GDPR 法律层级得到很大提升，整体的应用范围更广、惩罚力度加强、数据更新速度有很大提高。欧洲银行管理局（European Banking Authority，EBA）近年来在调整监测金融创新的方法方面，建立“创新雷达”以跟踪识别和金融创新，以大数据和数据分析应用发布金融科技对支付机构与电子货币机构商业影响的相关报告，制定针对加密资产活动的监测模型等来应对金融创新带来的风险和挑战。

2.2 我国监管科技发展现状

各国监管科技的发展趋势各不相同，主要有以下几种模式：以美国为代表的功能性监管，以英国、新加坡为代表的主动性监管，以发展中国家为主的被动式监管，而我国则更关注监管科技在维护金融体系的安全稳定、防范系统性金融风险领域的应用。

2.2.1 顶层设计方面逐步完善

2017 年，金融监管科技开始全方位发展。2017 年 5 月，中国人民银行成立金融科技委员会，提出“要强化监管科技应用实践，积极利用大数据、人工智能、云计算等丰富的金融监管手段，提升跨行业、跨市场交叉性金融风险的甄别、防范和化解能力”。2017 年 6 月，人民银行印发《中国金融业信息技术“十三五”发展规划》提出“要加强金融科技（FinTech）和监管科技（RegTech）的研究与应用”。在此基础上，2019 年，人民银行发布《金融科技（FinTech）发展规划（2019—2021 年）》进一步强调，“建立健全监管基本规则体系”“合理应用信息技术加强合规风险监测，提升智能化、自动化合规能力和水平，持续有效满足金融监管要求”。这为中国版“监管沙盒”提供了根本遵循。2018 年 8 月 31 日，还发生了另一个我国监管科技发展历史上的里程碑事件，中国证监会印发《中国证监会监管科技总体建设方案》，明确了三大阶段、五大基础数据分析能力、七大类 32 个监管业务分析场景，提出了大数据分析中心建设原则、数据资源管理工作思路和监管科技运行管理“十二大机制”。在 2019 年，证监会成立科技监管局，是在央行或更高层的统一规划下，在监管科技的总体建设方案下，配合工作，形成了科技监管局、信息中心、中证数据、中证技术为主体的科技监管工作体系，重构资本市场科技监管体系。

2.2.2 金融科技创新与监管并重

习近平总书记在“十三五”规划建议的说明中特别强调，“统筹负责金融业综合统计，通过金融业全覆盖的数据收集，加强和改善金融宏观调控，维护金融稳定”。金融科技创新应用试点秉持安全与创新并重的理念，人民银行坚持持牌经营、合法合规、权益保护、包容审慎的原则，研究设计刚柔并济、富有弹性创新试错容错机制，积极构建涵盖机构自治、社会监督、行业自律、政府监管的金融科技创新监管“四道防线”，着力打造包容审慎的金融科技创新监管工具，目前已形成了安全管理、创新服务、权益保护、信息披露四大运行机制。继 2019 年 12 月以来，金融科技创新监管试点率先在北京市启动之后，2020 年 4 月 27 日，中国人民银行支持在上海市、重庆市、深圳市、河北雄安新区、杭州市、苏州市 6 市（区）扩大试点，7 月，成都和广州正式获批开展金融科技创新监管试点，至此，金融科技创新监管试点增至 9 个城市。这将进一步加速金融科技“监管沙盒”工作的推进，为金融科技创新划出了安全区域，有利于推动创新与监管的良性互动。先期公布的创新应用主要包括金融服务类的产品，2020 年下半年开始，以持牌金融机构+科技公司为主申请的科技产品类应用正式进入“监管沙盒”，折射出金融科技产品与服务类创新应用与金融监管“两手都要抓，两手都要硬”的监管思路。

2.2.3 监管科技向智能化演进

2017 年，Douglas W. Arner 等将监管科技 RegTech 区分为 1.0 至 3.0 三个阶段。1.0 阶段，实现数字化和电子化的问题；2.0 阶段，实现网络化、协同化和自动化的问题；3.0 阶段则将重点由 KYC 转向 KYD（Know Your Data 充分了解你的数据），由传统将货币数字化的机构（如银行）向新型将数据货币化的机构（如大型互联网企业）扩展，使得监管能够由数据驱动并进行算法监管，真正实现主动管理。银监会开发的具有自主知识产权的检查分析系统（Examination Analysis System Technology，EAST），该系统包含银行标准化数据提取、现场检查项目管理、数据模型生成工具、数据模型发布与管理等功能模块。证监会在2019年发布的深化资本市场改革12条举措中，提出了“数据让监管更加智慧”的理念，加快提升科技监管能力位列其中，将推进科技与业务深度融合，提升监管的科技化智能化水平。例如，在交易监管方面，深交所自主研发了大数据监察系统，全面支持实时监控、调查分析等核心监察功能。上交所正在积极推进新一代监察系统规划设计，计划引入机器学习和文本挖掘技术，实现异常交易监测分析由“自动化”向“智能化”演进。

2.3 监管科技发展趋势

“十四五”期间，金融业通过创新积极拥抱数字化浪潮，助力数字经济发展，同时发展监管科技是新形势下维护国家金融安全和防范化解金融风险的有力支撑，符合金融治理体系和治理能力现代化的发展需求，也是现代金融体系建设的内在要求。为提升监管科技应用效能建立新型监管科技应用框架是大势所趋，应当建立以金融管理部门为中心、以金融机构为节点、以数据为驱动、具有星形拓扑结构的技术监管框架。

2.3.1 监管规则数字化表达

英国“数字化金融监管报送试点”体现了以“数据监管”为核心的监管科技本质，英国金融行为监管局（FCA）和英格兰银行（BoE）于2018年6月发布了“数字化监管报送项目试点阶段——指引条款”（Digital Regulatory Reporting Pilot Terms of Reference），对我国强化监管科技（RegTech）应用实践，完善大数据监管的基础设施建设，实现金融数据向监管机关的智能报送，更好地监控与识别系统性金融风险，具有里程碑式的借鉴意义。试点阶段主要工作是利用数据建模，消除监管法规解释歧义，探索法典化规制（即法条）向自动化监管实践的转化机制，探明推行“数字化监管报送”在政策、法律和治理三方面上的挑战。而实现方式主要集中在利用NLP（自然语言处理）技术，让机器学习纷繁复杂的法律、法规、监管政策体系，并进行汇总、关联、比对和自动分析，进而构建智能化的监管规则体系，可以有效提高规则理解的一致性，降低金融机构的合规成本。

2.3.2 监管数据智能化分析

金融业汇集了海量的综合统计、交易监管、信息披露、合规性数据，以大规模的自动化信息处理和人工智能的广泛应用成为重要标志。例如，希腊央行尝试对金融机构财务数据和监管报送数据使用大数据分析规则进行银行的违约概率预测；新加坡金融管理局利用开发的“Apollo”工具分析金融市场的交易数据，识别出市场操作中的可疑交易；美联储采用热图技术自动分析被监管机构的日常数据和压力测试等数据潜在的金融风险问题和政策评估，有效为金融稳定政策提供了支持。传统的数据分析方法，如数据仓库、机器学习，往往无法处理这些具有复杂逻辑关系的深层联系（如穿透式监管、产业链、合规规则）的发现与执行，需要引入知识工程的技术来处理，而传统监管数据的电子化技术势必需要与人工智能技术相互补充。例如，自然语言处理（NLP）技术可以帮助我们极大地扩展数据的机器可处理性，知识图谱（KG）技术可以帮助我们实现知识的机器可处理性。

2.3.3 预警监测平台化布局

金融监管的本质是金融风险管理，未来要发展监管科技的重点是提高金融监管的有效性。为适应科技多变、快变的特点，提升监管快速反应能力，加快推进常态化线上金融风险预警监测机制，运用科技提升金融监管部门的跨市场、跨业态、跨区域金融风险的识别、预警和处置能力，适应宏观监测和扩大数据处理能力的需求，进一步完善金融监管信息平台建设，形成对监管工作的有力支撑。预警监测平台是承载监管科技应用的关键信息基础设施，建设既要有效整合不同架构的业务系统、处理多源异构的监管数据，又要运用虚拟化技术实现监管服务敏捷部署，并采用弹性扩展的资源动态分配的支撑能力，提供针对监管业务调配的最优化资源和效率。基于人工智能的技术实现风险的智能检测，能够提高风险识别的时效性和精准性。机器学习算法如神经网络、SVM、XGBoost、GBDT 等算法应用于风险监测预警，通过模型对数据集进行评估，提升风险甄别能力，提高监管自动化程度。

3. 金融标准信息服务在监管科技中的应用实践

本文讨论的金融标准信息服务基于金融的科技功能与应用，利用监管科技手段，采用自然语言等标准化的转换规则或技术，提供金融监管规则、报告及合规流程数字化的服务，以降低合规成本，提高监管效率。

3.1 金融标准信息服务核心内容

“金融标准信息服务”在合规端语境下，定义为金融业标准化的数据应用技术解决方案。核心内容是利用监管科技（RegTech）有效连接法律、政策、标准与金融机构交易软件程序、数据库进行自动化监管与合规的新方式，运行数字化监管报送制度，意在通过机器可阅读且可执行的监管报告，将金融机构合规义务与监管数据直接匹配，实现对“监管数据报送”的自动、实时处理，提高报送数据的准确性以及对新监管响应执行的及时性，提升效率、降低成本，提高数据的准确性和监管政策的灵活性，以期提升监管的效率和治理能力。

3.2 各国的实践

在金融数据采集标准方面，欧盟目前所采用的采集标准化监管要求源自美国。《多德—弗兰克华尔街改革与消费者保护法》将全面加强金融数据的收集与分析作为强化宏观审慎监管的重要步骤，并指定金融研究办公室（OFR）为责任主体，向美国金融稳定监管委员会及社会公众提供金融数据，并利用经整合的微观金融数据和大数据技术，维护金融体系稳定。2010 年，OFR 首次提出并创建了标准化法人实体识别码系统（LEI），制定了一套统一的数据报送标准，为每个参与金融交易的法人实体分配识别标志。获得编码的法人机构，可以获取系统内其交易对手的相关信息，在技术上实现跨行业的风险管理，二十国集团（G20）在全球金融市场范围大力推广建立该系统。英国金融行为监管局（FCA）目前已经实施了许多监管科技项目，主要分为四类：一是在效率与合作方面，开展“数字监管报告”（Digital Regulatory Reporting，DRR）等项目，将规则、合规程序、数据库和数据标准转化成通用的机器可读格式。二是在集成、标准和理解方面，实施 MITOC/ISDA 等项目，建立数据和过程的标准化模型，目的是将交易表示为经济特征和贸易事件的集合。三是在预测、学习和简化方面，测试使用 NLP（自然语言处理）和人工智能（AI）技术解读金融工具指令Ⅱ（MiFiD-Ⅱ）法规的可能性，并自动构建合规程序。四是基于区块链技术的监管和合规项目（Blockchain Technology for Algorithmic Regulationand Compliance，BARAC）等。美国证券交易委员会（SEC）（Piwowar，2018）采用可扩展商业报告语言（Extensible Business Reporting Language，XBRL）快速、准确、可靠地处理商业数据，使企业能更方便地进行深度分析和行业对比，要求各类企业都要上报 XBRL 报告。韩国金融监管局（FSS）2018 年启动一个试点项目，引入自然语言处理等先进技术，让监管报告具有机器可读性，该项目还探索用 AI 来审查金融产品的条款，降低政府在监管过程中的成本。

3.3 我国的实践

在监管形势趋严情况下，通过人工智能和大数据技术对海量的法律法规进行自然语言处理、对海量金融经营数据进行集成处理，对金融机构进行法律法规跟踪和合规数据生成，降低合规成本，提高合规效率。我国在实践层面出台了一些围绕金融监管科技的举措，包括央行反洗钱监测分析二代系统大数据综合分析平台于 2018 年 3 月上线运行，运用大数据分布式等数据结构实现高频并发交易的监测预警；银保监会的 EAST 系统辅助数字化监管报送和非现场监管；证监会依托大数据仓库，利用软件爬虫、数据挖掘，寻找操纵市场、老鼠仓等非法证券活动的线索。2015 年以来，我国采用以风险监管为导向的 C-ROSS 偿付能力监管体系，并开始建立以 XBRL 为基础的偿付能力信息监管系统，系统在财政部财务报告的分类标准基础上，根据偿付能力监管的需要新增了 3214 个标准要素，完善了技术和分类标准，未来还将进一步拓展建立包括信息收集、信息验证、信息评估以及信息分析等模块。构建强大的信息系统和标准化格式，使中国各地的监管机构和监管人员在同一个数据基础上对当地的保险机构的风险进行评价和分析。另外，国内比较典型的应用案例是一些大科技（BigTech）金融机构为代表，如 IBM Watson 公司推出的 Regulatory Compliance 智能合规解决方案、蚂蚁金服智能监管合规平台等，将现场检查方案与大数据相结合推动更高效的监管数据报送。

4. 构建基于金融标准信息服务的金融监管科技体系

中金金融认证中心有限公司在分析了 XBRL 近 20 年的发展和全球多个国家和地区的应用实践，提出了构建基于金融标准信息服务的金融监管科技体系。

4.1 现实意义

可扩展商业报告语言（XBRL）是一种用于监管报告的报告标准，具有全球统一性，为世界越来越多的人所接受。目前，国际上各交易所、会计师事务所和金融服务与信息供应商等机构已采用或准备采用该项标准和技术。如东京交易所的 TD net 系统采用了 XBRL 技术报送财务数据，澳洲交易所正在研究并准备使用 XBRL，德国德意志银行将 XBRL 用于处理贷款信息并使其信用分析过程更加流畅。监管要求可以各不相同，可以非常复杂，并设定不同的调整范围，但这并不意味着报告过程也必须各异，XBRL 为报告标准带来了统一性。2010 年 10 月，财政部、国家标准化管理委员会分别发布了基于企业会计准则的可扩展商业报告语言通用分类标准和 XBRL 技术规范系列国家标准，标志着我国以 XBRL 技术应用为先导的会计信息化时代的来临，它将广泛应用于财务报告和相关监管报告领域，如上市公司财务报告、税务报告、金融机构监管报告等。XBRL 技术的应用，一方面有利于统一财务等相关报告的数据格式，降低金融机构信息披露成本；另一方面也有利于提高信息的相关性，提高信息使用者决策的效率。国内外投资者对于上市公司财务状况和经营情况的关注程度与日俱增，XBRL 的广泛应用将满足各类机构和个人对上市公司越来越高的信息披露要求，并将显示出越来越大的经济价值和社会效用。

4.2 XBRL（可扩展商业报告语言）理论基础

4.2.1 概念及基本框架

XBRL 的概念产生最早是由美国华盛顿州的会计师 Charles Hoffman 在 1998 年 4 月提出的，在美国会计师协会（AICPA）赞助下于 1998 年 12 月 31 日提出了一个使用 XML 作为编制财务报表工具的原型。XBRL 原型为“XFRML”（XML based Financial Reporting Mark-up Language），是一项由 AICPA 于 1999 年发起的计划，其目的是要提供一个以 XML（可扩展标记语言）为基础的全球企业信息供应链，方便使用者去取得、交换、分析。之后，AICPA 将 XFRML 更名为 XBRL。2000 年 7 月，XBRL 指导委员会发布第一份 XBRL 财务报告的 XBRL 技术规范 1.0，并决定成立 XBRL 国际组织（XII）。2013 年 2 月 11 日，美国财务会计准则委员会（FASB）发布了首份可扩展商业报告语言（XBRL）实施指南，用于指导美国公认会计原则（U.S. GAAP）财务报告分类标准的使用者正确理解如何使用 XBRL 技术构建披露信息。

XBRL 作为可扩展标记语言（XML）在财务及相关监管报告领域的具体应用，对数据提供了一种类似于条码、计算机可识别的标记，使每一个数据项目都能被唯一识别；而在网页或者纸质的监管报表中，相关数据是作为文本来处理的。基本框架如下：

（1）XBRL 标记：是用来代表某项财务数据的一串字符。XBRL 让计算机能对数据进行“智能化”处理：识别、核对、选择、分析、储存、交换，并自动以各种形式呈现给用户，关键就在于数据都有了标记。当然，仅有标记还不够，还需要有一本关于数据的“字典”，让程序软件能够对照标记“查询”，这样才能使软件能够“读懂”电子报告，做出符合业务逻辑的处理。这个“字典”就是分类标准。

（2）XBRL 分类标准：满足特定报告需要的标记及其关系描述的总和称为分类标准，分类标准以计算机代码形式存在。例如，中国保监会发布偿二代 XBRL 分类标准，财政部制定基于我国企业会计准则体系的通用分类标准，中国银监会组织制定的银行监管报表可扩展商业报告语言（XBRL）扩展分类标准等。除报告层面外，XBRL 技术还向会计记录（凭证和账户）层面延伸，用于与账簿相关的数据归集和内部报告，称为“通用账户（GL）分类标准”。例如，2017 年，全球法律实体标识符基金会（GLEIF）现在已经推出了它的法律实体标识符 API，开发人员可以直接实时访问完整的 LEI 数据池，使用 XBRL 收集信息的监管机构和企业可以相同的方式从 LEI 获益，利用 LEI 分类法［Legal Entity Identifier Taxonomy，2017-05-03（PWD）］允许在 XBRL 报告中一致表示标识符。

（3）XBRL 技术规范：是指导让任何计算机都能够生成和处理 XBRL 文件，广泛遵循基础性标准就是 XBRL 技术规范。XBRL 规范包含了关于创建实例文档所需信息、分类标准及其扩展的规则以及其他规则。技术规范规定的是信息技术层面的规则以及与金融业务共性问题相关的规则（如对科目余额方向为“借”或者是“贷”的定义方法），具有全球通用性。中国通用分类标准元素清单中的元素，是依据国家标准化管理委员会发布的 GB/T 25500《可扩展商业报告语言（XBRL）技术规范》系列标准，具体如表 1 所示。

表 1　国家标准《可扩展商业报告语言（XBRL）技术规范》的四个部分

序号	标准号	中文题名	英文题名	发布日期	实施日期
1	GB/T 25500. 1—2010	可扩展商业报告语言（XBRL）技术规范　第 1 部分：基础	Extensible Business Reporting Language（XBRL）specification. Part 1：Base	2010/10/18	2011/1/1
2	GB/T 25500. 2—2010	可扩展商业报告语言（XBRL）技术规范　第 2 部分：维度	Extensible Business Reporting Language（XBRL）specification. Part 2：Dimensions	2010/10/18	2011/1/1
3	GB/T 25500. 3—2010	可扩展商业报告语言（XBRL）技术规范　第 3 部分：公式	Extensible Business Reporting Language（XBRL）specification. Part 3：Formula	2010/10/18	2011/1/1
4	GB/T 25500. 4—2010	可扩展商业报告语言（XBRL）技术规范　第 4 部分：版本	Extensible Business Reporting Language（XBRL）specification. Part 4：Versioning	2010/10/18	2011/1/1

（4）XBRL 实例文档：指包含一套财务报告或是金融业务属性信息 XBRL 标签的计算机文件。实例文档是类似于网页源代码的一种计算机代码生成、供计算机识别的文件。XBRL 应用程序把实例文档转换成平时我们所阅读的报表格式。例如，投资者可以从中提取用于分析的数据；银行可以提取用于信贷控制的数据等，每类用户都利用其特定的程序从实例文档中提取所需要的数据。

综上所述，从技术角度来讲，XBRL 是 XML（可扩展标记语言）在商业报告领域的应用。它采用一种电子标签来定义某个信息，打个标签，从而便于各种应用程序读取。XBRL 还描述了不同信息之间的关系，给出了计算各种比率的公式，提供了可供参照的金融业务准则和监管业务规则等相关信息源，甚至可以将信息转化为不同的人类语言。这些特征意味着目前的手工流程可以变得简化和流程化。

4.2.2 技术特性

金融风险理论上在宏观层次无法监控，微观监控取代宏观监控是常态，因此监管只能通过微观层次开展，只能对一个一个金融机构进行监管，即便每一个单位都是合规的，也无法预判合成风险或系统性风险的产生，这也是巴塞尔Ⅱ失效的重要原因之一。如果通过集中的监管科技系统，长期监测积累数据，可以逐步实现系统性金融风险的预警，预测整体金融环境运行情况。在实际应用中，主要表现在以下方面特性：

（1）提高数据交换及流转的效率。一方面，基于 XBRL 架构的报表信息具有标准格式，一次生成后，就可以直接在监管机关、金融机构、会计师事务所、互联网网站以及相关单位之间流通，各个机构可根据自身需要提取数据进行处理利用；另一方面，由于 XBRL 是基于 XML 的，其本身就是一种跨平台的纯文本的描述性语言，因此数据交换也是跨平台进行的。

（2）提高数据可靠性。XBRL 根据底层的元数据形成 XBRL 文档，重新利用只需根据规范的报表格式即可自动生成，无须手工录入，提高了报表编制的效率及准确性，同时降低重新输入资料的次数，减少人工出错的风险。

（3）更方便快捷地检索、读取和分析数据。XBRL 格式更便于检索，以 PDF、DOC、HTML 等多种格式发布的报告，虽然可以阅读，但利用计算机抽取其中的数据进行统计、分析、比对、检验，XBRL 技术带有内置的验证机制，XBRL 提升了监管报表缮制与初步核对信息的自动化水平，减少信息处理中的错误。

（4）能够适应变化的监管要求。因为 XBRL 将数据进行细分为基本的元数据，再次利用和处理都是以元数据为对象，变化了监管制度和规则只是处理过程不同而已，原有 XBRL 的文档只需按照新的规则进行重组，自动生成具有可比、一致性的数据。

4.3 实施机构

XBRL 的应用主体既涉及监管报告和商业报告的提供者，也涉及其监管端、合规端，主要有金融科技公司、银行、保险公司、证券公司、政府监管机构和宏观经济管理部门等。

监管方：监管方实施实时、精准监管，提高监管信息化与数字化进程。

被监管方：监管实践降本增效，自动化监管条例发布与更新，受监管数据智能采集与分析。通过人工智能解析合规文件，快速有效提取规则库，实现理解统一化和实时监管。对于新增监管要求可以快速进行信息更新和同步，使得监管敏捷性提高。

政府监管机构：利用 XBRL 可以将被监管者纳入统一的监管系统，降低监管成本，提升监管效能。同时，能够实现跨平台的数据传输与交换，打通不同监管系统、不同监管部门间的数据屏障，有利于实现信息共享。

金融机构：应用 XBRL 能够更好地实现财务系统与其他管理系统的数据交换，整合信息资源，快速准确地分析判断运营状况与薄弱环节，更好地支持经营管理决策。

会计师事务所：被审计单位应用 XBRL 之后，从客户信息系统中提取数据进行转换的过程会大大简化，将提升审计信息获取效率。与此同时，注册会计师需要审查 XBRL 数据生成过程的合规性，从而扩展了业务范围。

投资者与债权人：XBRL 的应用使数据信息的获取更为便捷快速，便于及时形成所需要的个体、行业等各类信息，利用分析工具进行对比与深度分析，从而做出更加科学合理的决策。

宏观经济管理部门：获取企事业单位和会计中介机构的实例文档，借助兼容 XBRL 技术的应用软件进行分析，可以掌握和监测经济运行状况，分析经济运行中存在的问题，为制定宏观经济政策提供科学依据。

4.4 技术应用流程

4.4.1 XBRL 技术应用的关系

（1）根据 XBRL 技术规范制定分类标准，形成 XBRL 分类标准文件。

（2）按照分类标准及技术规范的要求，利用相应的软件制作生成 XBRL 实例文档，但其格式不易直接阅读。

（3）利用展示转换工具将实例文档中所包含的金融业务或商业数据按照报告的发布格式进行编排，生成各种格式的报表，供使用者阅读理解。

（4）从实例文档中提取所需要的数据，利用分析处理工具进行处理分析，形成分析结果。

XBRL 技术应用关系说明如下（见图 1）：

实例文档中指定其依赖的分类标准模式文件；

分类标准模式文件中指定其引用的相关链接库文件；

实例文档、模式文件、链接库文件都要按照 XBRL 技术规范的要求编写。

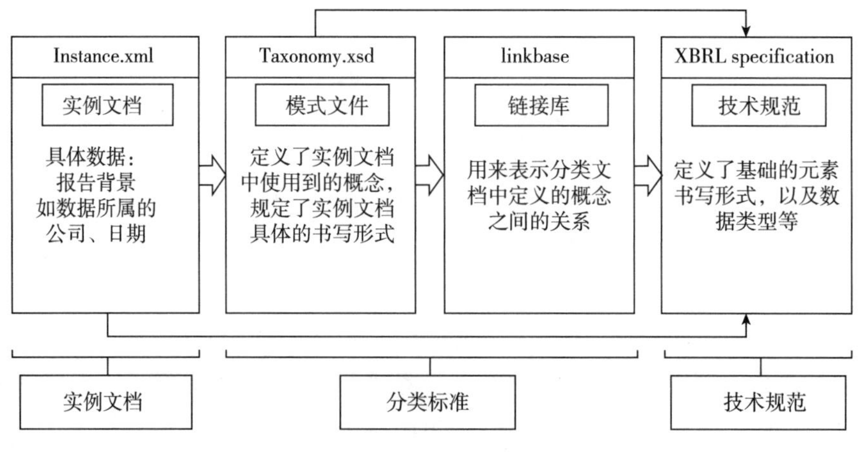

图 1 XBRL 技术应用关系图

4.4.2 发布监管文件

从监管端来看，监管机构将文件上传系统，经过格式转化，经过规定审核流程发布监管文件（见图2）。

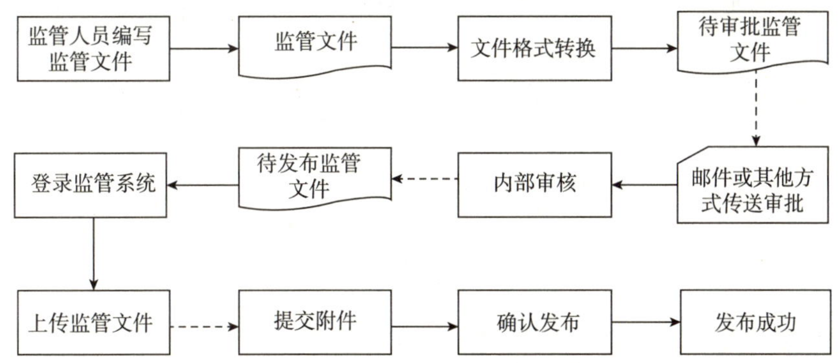

图2 原监管端发布监管文件流程图

经过重新部署和系统升级，监管端的系统架构部署，实现统一在线、统一申报、统一处理、统一答复的大监管、新模式，践行“让信息多跑路，企业少跑腿”的理念。管理平台对结构化和非结构化数据资源进行整合管理，提供了一个集监管规则数据采集、数据编辑、数据审核和信息发布为一体的网站工作平台。系统采用集中式部署，即各子站点同主站点，都集中部署在统一的硬件平台上，但根据实际需要也可以采用分布式或集中式和分布式混合使用。平台的搭建与部署方式无关，灵活支持各种类型的部署方式。系统功能主要包括移动端及网站群管理、信息采编发管理、交互式组件、系统管理、全文检索引擎、内容服务、底层支持引擎和系统控制台等几部分组成。在监管端、合规端、金融机构间的系统架构如图3所示。

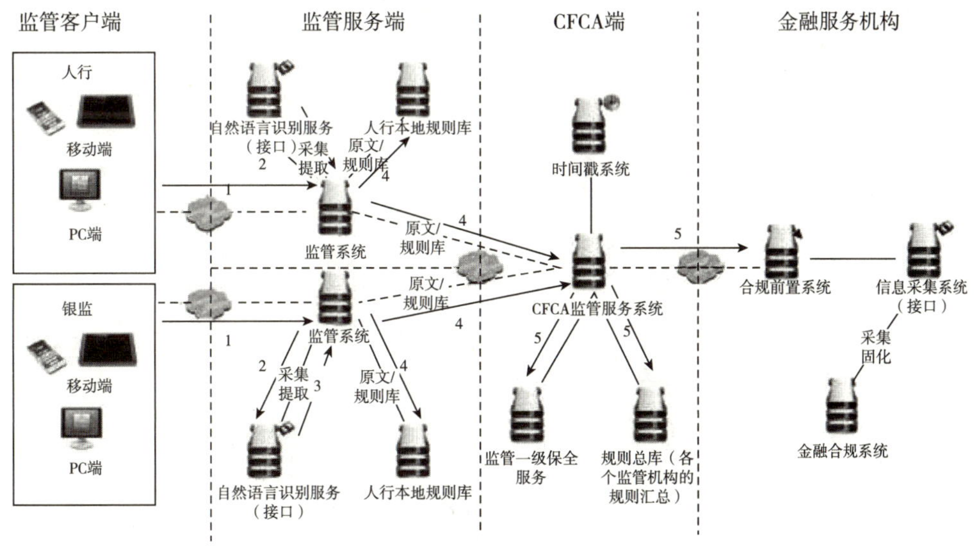

图3 监管信息发布系统架构图

4.4.3　监管数据信息报送

从合规端来看，一方面，金融机构接收到监管文件，通过金融科技公司或合规咨询机构提交自查文件或表格；另一方面，商业银行总行下发文件到分支行，或下一级分支机构获取监管数据，报送商业银行总行，经过审核将监管数据上报人行，数据上报成功（见图4）。

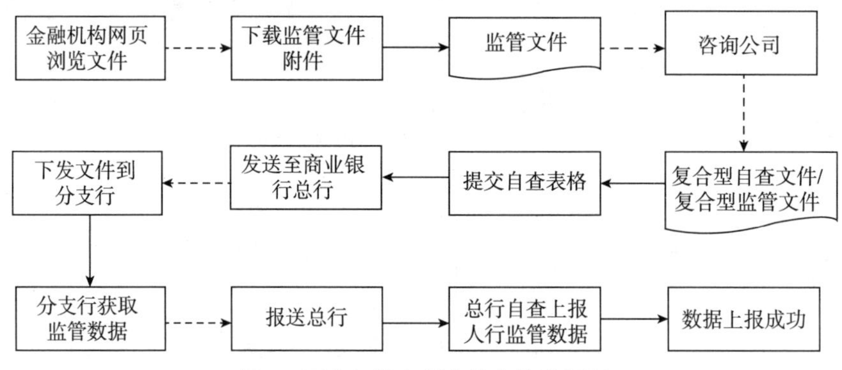

图4　原合规端上报监管文件流程图

经过重新部署和系统升级，系统将采用接口的数据传输方式，采集更加详细的业务数据，包括产品信息、交易、投资等业务相关全量或增量数据，最终以指定结构化或非结构化格式文件的形式传输，并通过制定了一系列接口规范用于规范传输数据质量。同时，监管报送系统具备良好的扩展性，针对监管机构新发布的监管要求，可在保证不影响原有模块使用的前提下，实现快速扩展，在时效性和准确性方面完全满足金融机构对于报表报送系统的要求。同时，平台对于采集的数据进行数据备份和留痕，未来进行大数据分析，深度挖掘数据价值。监管数据报送工作是金融机构日常一项重要的工作，通过监管数据治理提升监管报表的自动化取数与数据质量，保证不同报送指标之间的一致性，建立金融机构的监管数据质量监控体系，可以减轻监管报送的工作量，降低监管报送的错误风险。在监管端、合规端、金融机构间的系统架构如图5所示。

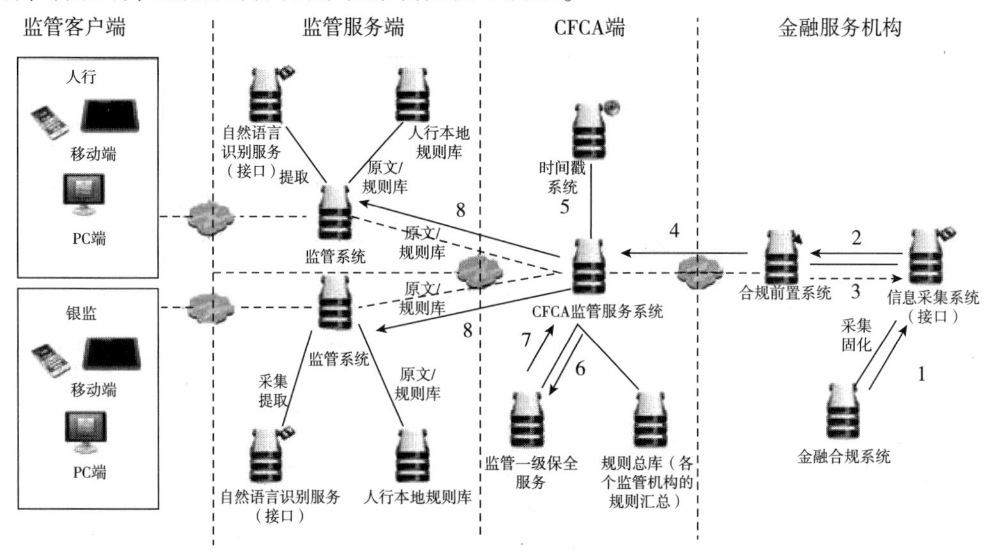

图5　监管信息报送系统架构图

4.4.4 监管实施

随着箭头所指方向监管端、合规端、被监管方形成实施监管的闭环，监管实施如图6所示。

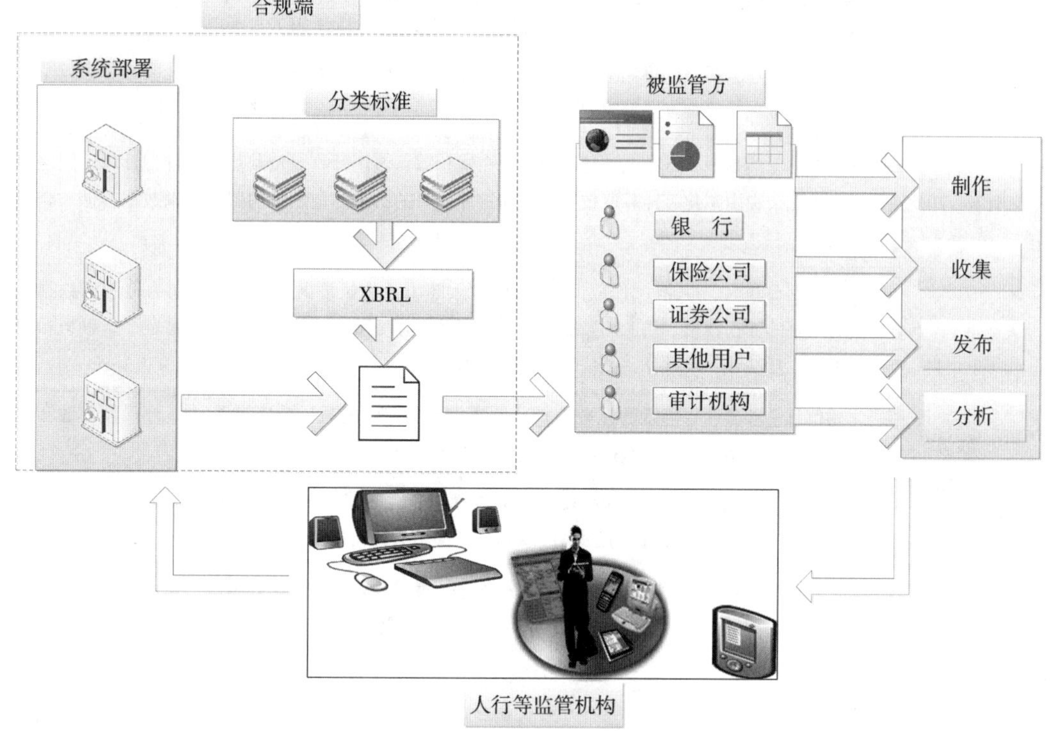

图6 实施监管示意图

4.5 监管体系建设具体措施

金融科技发展对金融业务的影响是多方面的，本文从监管科技的底层技术应用、应用领域、涉及业务安全及信息安全等方面重构新型金融监管科技体系的新思路和新路径。

4.5.1 底层技术合理利用

监管科技已经被广泛运用于金融监管。监管科技的核心技术主要包括云计算、大数据、人工智能、区块链和API等。云计算为监管科技提供普惠优质的计算和存储资源，通过数据集中汇聚提供大规模的数据资源，提升监管工具的共享程度。大数据实现大规模数据的挖掘分析能力、高效实时的处理能力。人工智能、生物识别及自然语言识别技术进一步提升数据的智能分析能力，提升客户交互能力。区块链、数字认证等密码技术保证获取的基础信息的保密性、完整性、可用性和效率，保证业务合规性，同时提高业务办理的效率。API技术有助于不同领域监管政策及合规准则的有效落实，以约定最小扰动的方式实施监管，通过资源等标准化的数据元素来使用统一的接口。在应用领域上，监管科技已经广泛运用于银行、证券、保险、互联网金融等领域的监管。监管科技的主要底层技术详见表2。

表 2　监管科技底层技术及应用场景描述

底层技术名称	技术描述及应用场景
区块链技术	区块链技术是利用块链式数据结构来验证与存储数据、利用分布式节点共识算法来生成和更新数据、利用密码学的方式保证数据传输和访问的安全，利用由自动化脚本代码组成的智能合约来编程和操作数据的一种全新的分布式基础架构与计算范式。金融领域多用于数字货币、交易、支付结算等，监管技术将现场检查方案与大数据相结合
云计算	云服务已经不单单是一种分布式计算，而是分布式计算、效用计算、负载均衡、并行计算、网络存储、热备份冗杂和虚拟化等计算机技术混合演进并跃升的结果。金融机构用于实现数据存储、合规等规模发展
大数据	一种规模达到在获取、存储、管理、分析方面大大超出了传统数据库软件工具能力范围的数据集合，具有海量的数据规模、快速的数据流转、多样的数据类型和价值密度低四大特征。金融机构用于风险控制、反洗钱、反欺诈、征信、财务稽核等领域
密码学	密码学的信息论基础、密码学的复杂性理论、流密码、分组密码、公钥密码、Hash 函数、数字签名、密码协议和密钥管理。金融机构广泛应用在电子支付、加密货币等领域
API	API（Application Programming Interface，应用程序接口）是一些预先定义的函数，或指软件系统不同组成部分衔接的约定。金融机构通过 API 接口向各类监管机构提交合规报告等
人工智能	人工智能是研究、开发用于模拟、延伸和扩展人的智能的理论、方法、技术及应用系统的一门新的技术科学。它由不同的领域组成，如机器学习、计算机视觉等。金融机构代替人工实现业务操作、自然语言理解和数据挖掘等领域
生物识别	生物识别通过计算机与光学、声学、生物传感器和生物统计学原理等高科技手段密切结合，利用人体固有的生理特性（如指纹、人脸、虹膜等）和行为特征（如笔迹、声音、步态等）来进行个人身份的鉴定。应用场景广泛，如金融业务中识别客户身份
数字认证	以数字证书为核心的加密技术可以对网络上传输的信息进行加密和解密、数字签名和签名验证，确保网上传递信息的安全性、完整性。广泛用于保障消费者网上交易的安全、构建可信网络支付体系等领域
自然语言处理（NLP）	能实现人与计算机之间用自然语言进行有效通信的各种理论和方法。自然语言处理是 门融语言学、计算机科学、数学于一体的科学。金融机构应用工具实现监管报告的语言处理结果表示

4.5.2　监管场景全覆盖

监管科技的应用场景主要包括用户身份识别、市场交易行为监测、合规数据报送、法律法规跟踪、风险数据融合分析、金融机构压力测试六大方向，每个场景都需要多种技术共同支撑，都会在金融监管机构和金融机构中进行广泛应用。本文提出的监管体系，主要体现在两种应用场景，一是金融业务层面，二是业务保障层面，并相应地提出配套解决方案。

（1）金融业务层

上述底层技术通常既要保证金融业务的合规和正常运营，同时，也常常在金融机构的监管科技中使用，如涉及交易反欺诈、反洗钱，以保证监管的实施。监管科技使用技术手段防控风险、满足监管合规要求、提升监管效能，因此底层技术在业务层应用。

①交易反欺诈领域

据《中国支付清算发展报告（2019）》显示，2018 年，全国银行业金融机构共办理非现金支付业务 2203. 12 亿笔，金额 3768. 67 万亿元，同比分别增长 36. 94% 和 0. 23%。非现金支付平稳增长，尤其是移动支付业务延续快速增长势头。2019 年 3 月，中国人民银行发布《关于进一步加强支付结算管理　防范电信网络新型违法犯罪有关事项的通知》（银发〔2019〕85 号）健全紧急止付和快速冻结机制、加强账户实名制管理、加强转账管理、强化特约商户与受理终端管理、广泛宣传教育、落实责任追究机制等 6 大类 21 条举措。例如，对于支付终端使用提出要求：收单机构应当对移动受理终端（包括可移动的银行卡和条码支付移动受理终端）所处的位置持续开展实时监测，并逐笔记录交易位置信息，对于无法监测位置或与商户经营地址不符的交易，暂停办理资金结算并立即核实。这些监管层面强有力防护措施将通过平台化系统一一落实。

②反洗钱领域

2019 年人民银行全系统共开展了 658 项反洗钱专项执法检查和 1086 项含反洗钱内容的综合执法检查，处罚违规机构 525 家，罚款 2. 02 亿元，处罚个人 838 人，罚款 1341 万元，罚款合计 2. 15 亿元，同比增长 13. 7%。反洗钱面临的主要问题体现在客户身份识别困难、数据获取和分析能力不足、机构间横向纵向协调不一致等方面。反洗钱工作作为维护国家安全和金融安全的重要保障，加快监管科技在反洗钱领域的战略部署与安全应用，已成为打好防范化解金融风险攻坚战等金融工作的内在需要和重要选择。对各级金融机构来说，不断完善核心业务系统、强化客户准入审查、可疑交易监测，切实提高业务机构作为“第一道防线”的风险防控能力势在必行。

（2）业务保障层

监管科技的发展和应用通常需要符合业务安全逻辑和信息安全逻辑。其中业务安全指侵害金融业务的各类网络黑灰产开展体系化研究及系统性治理，建立金融安全保护体系，帮助产品营造健康的金融生态环境；金融信息安全是根据金融系统的实际应用需求，将密码学、密钥管理、身份认证、访问控制、应用安全协议和事务处理等信息安全技术运用到金融信息系统安全工程中，并能在系统运行过程中发现、纠正系统暴露的安全问题，它关系到金融机构的生存和经营的成败，所以，应把金融信息安全视同资金的安全一样，看作是金融机构的生命。

①密码中台

金融机构在网上交易、移动支付等各个业务系统中广泛使用各类密钥体系及密码算法来保障关键交易数据的完整性、机密性和不可抵赖性。随着业务系统的日渐丰富，金融机构需要对接的业务第三方机构越来越多，因此暴露出诸多安全问题，体现在各业务系统分别采用各自的认证体系和密码方案系统间调用不同硬件设备时接口不符，密码计算资源分散且不能复用，缺乏数字证书、密钥等规范产生、存储、传输及销毁等的全流程管控，存在安全隐患。创新全密码安全服务平台可以帮助银行建立一套包含业务快速接入、运维监控、审计及密钥、算法服务、认证服务等在内的密码应用体系，提供高效稳定的安全密码服务、统一的密码设备管理、统一的身份认证服务、统一的口令管理、统一的实时监控告警、全景智能分析以及统一的服务接口。

②信息安全综合解决方案

目前我国金融行业网络信息安全主要受网信办、公安部、国家密码管理局、人民银行、中国银行保险监督管理委员会、证监会等部门不同维度的监督管理。特别是《中华人民共和国网络安全法》《密码法》《网络安全审查办法》等法律法规的发布，金融机构作为国家重要基础设施，法律法规对其网络安全具有法定的监管要求。例如，金融机构在建设、使用和运维信息系统时，应按照网络安全等级保护制度要求，对信息系统进行定级、备案、测评和整改；在使用安全设备或产品时，应选用通过信息安全检测和评估认证的安全产品；金融机构对必须采用商用密码技术、产品和服务集成建设的网络和信息系统时，密码应用应进行商用密码应用安全性评估；在使用互联网开展业务前，应按互联网信息服务安全管理制度要求进行备案。此外，传统金融机构朝着数字化转型的同时，越来越多的国际国内金融主体参与到我国金融科技大发展中，放大了我国金融行业的网络信息安全风险，金融机构必须建立健全网络与信息安全通报预警机制，加强实时监测、通报预警、应急处置工作，构建网络安全综合防御体系，确保能够完整记录和保存业务的交易信息，能够完整、准确地还原相关交易流程和细节，保障业务安全。

4.5.3 监管目标高效达成

本文提出的监管体系打破金融监管端和合规端的信息不对称，金融监管部门在运用监管科技的技术与工具，通过对监管政策、合规性要求等的数字化表达，采用实时采集风险信息、抓取金融业务特征信息等方式，推动监管模式由事后监管向事中、事前监管转变，有效解决信息不对称问题、消除了信息壁垒，有利于进一步缓解监管时滞性、提升监管穿透性、增强监管统一性（见图 7）。

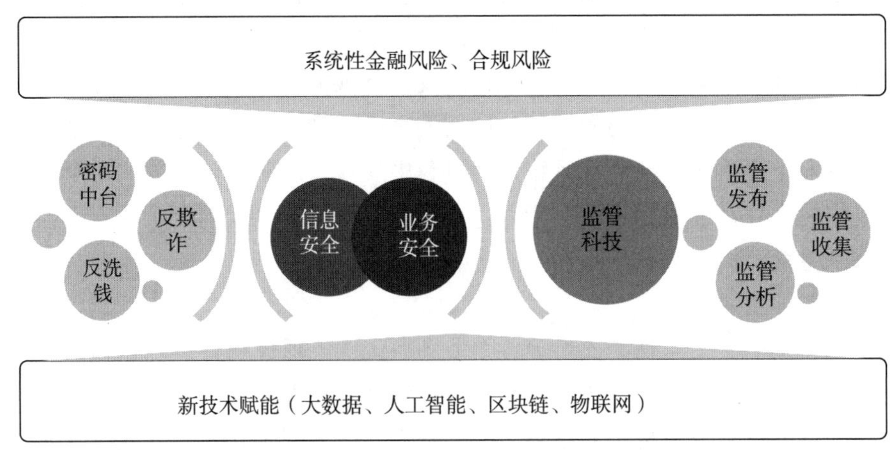

图 7　监管科技体系建设示意图

将监管科技与金融监管的深度融合，高效达成科技服务金融监管目标，增强防范和化解系统性金融风险能力。一方面有助于借助自然语言处理等技术手段对金融机构进行主动监管，提升风险管理理念的转变和风险态势感知能力；另一方面借助云计算、大数据等技术深层挖掘出隐藏在海量金融数据中的运营规律与风险变化趋势，对识别金融风险，提前预警，防范和化解系统性金融风险，实现金融风险早识别、早预警、早发现、早处置具有积极的作用。

参考文献

[1] 张彧通．监管科技升级传统金融监管框架——监管科技的理论基础与制度构建［J］．法大研究生，2019（1）：47-61.

[2] 范云朋，尹振涛．FinTech 背景下的金融监管变革——基于监管科技的分析维度［J］．技术经济与管理研究，2020（9）：63-69.

[3] 巴曙松，熊邦娟，朱元倩．美国监管科技发展现状及经验［J］．中国金融，2020（10）：78-80.

[4] 张晨阳，孙柏峰，胡大伟．金融科技发展及监管的国际经验借鉴［J］．北方金融，2019（10）：61-66.

[5] 中国人民银行网站．中国人民银行成立金融科技（FinTech）委员会［EB/OL］. http：//www. pbc. gov. cn/goutongjiaoliu/113456/113469/3307529/index. html，2017-05-15.

[6] 费杨生，昝秀丽．加快构建资本市场科技监管平台［N］．中国证券报，2020-05-20（A02）.

[7] 新华网．中国版“监管沙箱”扩容　金融科技创新监管试点落脚“小微”．［EB/OL］．http：//www. xinhuanet. com/2020-05/12/c_1125971624. htm，2020-05-12.

[8] 张忆．深交所持续强化科技监管　精准发力四大方面［N］．上海证券报，2017-09-30（002）.

[9] 李伟．监管科技应用路径研究［J］．清华金融评论，2018（3）：20-22.

[10] 黄星，李文博，顾喆旭，等．基于 NLP 技术的智能化监管规则体系构建［J］．中国银行业，2019（10）：85-86.

[11] 黄震，张夏明．金融监管科技发展的比较：中英两国的辨异与趋同［J］．经济社会体制比较，2019（6）：43-52.

[12] 李斐然．迈入数字智能时代　探索技术革新下的标准化数据应用——2019 可扩展商业报告语言（XBRL）国际会议综述［J］．财务与会计，2019（23）：4-7.

[13] 中国会计报．XBRL 基本知识［EB/OL］．https：//www. xbrl-cn. org/2012/0406/73405. shtml，2012-04-06.

[14] 中国人民银行．2019 年人民银行反洗钱调查协查总体情况［EB/OL］．http：//www. pbc. gov. cn/fanxiqianju/135153/135178/135227/4057747/index. html，2020-07-16.

[15] HM Treasury. Budget 2015［EB/OL］. www. gov. uk，18 March 2015.

[16] FSI. Innovative Technology in Financial Supervision（Suptech）-the Experience of

Early Users [EB/OL]. https://www.bis.org/fsi/publ/insights9.htm, 2018-11-01.

[17] Arner D, Barberis J, Buckley R. FinTech, RegTech and the Reconceptualization of Financial Regulation [J]. Socialence Electronic Publishing, 2016.

[18] MBA 智库·百科. XBRL [EB/OL]. https://wiki.mbalib.com/wiki/XBRL, 2020-10-07.

“十四五”期间市场化个人征信机构的数据安全治理及金融科技应用

许其捷　刘鹏鹏　郝昌富　王保杰　田　昆　等①

摘　要：科技能力是征信机构的核心竞争力，金融科技的进步推动了征信行业的快速发展。作为国内首家市场化个人征信机构，百行征信有限公司（以下简称“百行征信”）自成立以来，始终贯彻落实人民银行党委“政府+市场”双轮驱动征信发展模式的决策部署，坚持“市场化、法治化、科技化”的经营方向，遵循“独立第三方、客观公正性、个人隐私权益保护”的发展原则，积极探索运用新技术赋能征信行业发展。本课题以“十四五”期间市场化个人征信机构的数据安全、个人信息保护及金融科技探索应用为中心，通过梳理数据安全和个人信息保护现状及金融科技实践成果，提出“十四五”期间我国市场化个人征信机构数据安全全流程管理与个人信息保护的体制机制；同时，在分析金融科技趋势的基础上，进一步论述金融科技在个人征信行业的应用和面临的挑战，探索金融科技在个人征信数据中台、产品平台和客户服务平台建设中的积极应用，旨在深挖征信数据价值、释放数据潜能、实现数据多向赋能，打造高科技赋能的征信生态圈及产业链，促进信用信息服务行业和金融数据要素市场高质量发展，为我国数字经济转型升级保驾护航。

关键词：市场化个人征信　数据安全　个人信息保护　金融科技　“十四五”规划

1. 加强数据安全与信息保护，严守征信行业发展底线

1.1　征信行业数据安全与信息保护的中国实践

近年来，数据资产得到高度关注。2019 年，党的十九届四中全会提出将数据作为市场化生产要素之一。2020 年，国家要求加快培育数据要素市场，推进政府数据开放共享，提升社会数据资源价值，加强数据资源整合和安全保护。个人信息作为数据的重要来源之一，其采集和利用必然为数据使用者带来商业价值，为国家和社会带来公共利益。《2020 年中国互联网网络安全报告》显示，2020 年累计监测并通报联网信息系统数据库存在安全漏洞、遭受入侵控制，以及个人信息遭盗取和非法售卖等重要数据安全事件 3000 余起，

① 课题组：百行征信有限公司。课题组成员：许其捷、刘鹏鹏、郝昌富、王保杰、田昆、陈翔、郭胜基、杨毅、罗经华、许靓、刘远钊、魏卓兴、张若辰、黄殷。

国家需要借助法律制度，实现数据流动与个人信息保护的平衡发展目标。

1.1.1 制度实践

近年来，尤其是“十三五”期间，我国数据立法尤其是个人信息保护法律体系正在持续完善。从《刑法修正案（七）》首次引入个人信息类犯罪，到《征信业管理条例》《网络安全法》《电子商务法》《儿童个人信息网络保护规定》《数据安全管理办法》《网络安全审查办法》《征信业务管理办法（征求意见稿）》《个人信息出境安全评估办法（征求意见稿）》等法律法规的出台或征求意见，再到已颁布的《民法典》《数据安全法》，以及现已形成草案的《个人信息保护法》，我国数据安全和个人信息保护立法体系初具雏形。

《征信业管理条例》从征信机构管理、征信业务规则、信息主体权益保护、金融信用信息基础数据库和征信监督管理五个方面，明确了信息主体的知情权、选择权、异议权、重建信用记录权等各项权利，以及个人不良信息的保存期限，并明确禁止采集个人的宗教信仰、基因、指纹、血型、疾病和病史信息以及法律、行政法规规定禁止采集的其他个人信息。

2020 年 2 月，中国人民银行正式发布《个人金融信息保护技术规范》，规定了提供金融产品和服务的金融机构在个人金融信息收集、传输、存储、使用、删除、销毁等生命周期各环节的安全防护要求，从安全技术和安全管理两个方面，对个人金融信息保护提出了规范性要求。

2021 年 4 月，人民银行、银保监会等金融管理部门联合对部分从事金融业务的网络平台企业进行监管约谈，要求打破信息垄断，严格通过持牌征信机构依法合规开展个人征信业务，并强调将坚持从严监管和公平监管，一视同仁对各类违法违规金融活动“零容忍”，保障数据产权及个人隐私，坚决维护公平竞争的金融市场秩序。人民银行在 2021 年半年工作会议中指出，下半年要推动出台《征信业务管理办法》，加强个人数据和信息主体权益保护。

1.1.2 现实挑战

随着大数据时代以及金融科技的快速发展，我国征信行业数据安全和个人信息保护面临着技术和法律上的双重挑战，相关的制度规范仍有待完善。

一方面，“可识别”的个人信息不断扩大，对征信机构数据采集的合规性要求不断增加。现有法律体系下，个人信息的范围常常被界定为“已识别”或“可识别”的个人信息。《民法典》第五章明确个人信息是以电子或者其他方式记录的能够单独或者与其他信息结合识别特定自然人的各种信息。随着大数据技术的发展，数据处理者通过某些信息而识别个人的难度逐渐降低，某些之前无法单独识别个人身份的信息，在大数据时代都可能用于识别个人，建议可考虑根据安全风险对两类数据采用不同的监管要求和保护措施。

另一方面，以“同意”（opt in）为基础的个人信用信息权利保护存在现实挑战。目前，我国征信机构对个人信息的采集和处理主要以同意、匿名化为合法性基础。《网络安全法》规定，网络运营者未经被收集者同意，不得向他人提供个人信息，但经过处理无法识别特定个人且不能复原的除外。《征信业管理条例》《民法典》也进行了相似规定。同时，《民法典》及《网络安全法》均要求信息收集应当遵循目的限制原则，对信息处理应当遵循数据最小化原则。随着5G智能时代的到来，大数据和人工智能对海量数据的价值挖掘能力快速提升，数据的使用价值大部分来自二次处理，企业在事前预测信息处理方式及处理目的并提前作出合理说明的难度增加。因此，在保护个人信息权益的同时，可以结合具体场景，降低数据获得难度和使用限制，强化信息控制者与处理者在数据使用过程中的治理责任，增强信息使用伦理化与全流程监管。

1.2 市场化个人征信机构数据安全与信息保护的机制探索

1.2.1 强化数据安全治理

数据是个人征信的命脉，是征信行业的核心资产。征信数据具有来源广、种类多、数量大、质量参差不齐等特点，随着金融科技的发展和数据安全形势日益严峻，加强数据安全治理对征信行业数据价值的释放极为重要，技术与业务的创新必须以保障数据安全为基础。百行征信深知个人征信行业数据安全治理的重要与不易，始终将数据安全和个人信息保护作为公司的生命线，从事前防护、事中监测、事后处置等方面加强数据安全管理，不断探索和实践数据安全治理的落地方案，平衡业务发展、风险控制、合规监管三方关系，构建具备征信基因的数据安全治理创新模式，见图1。

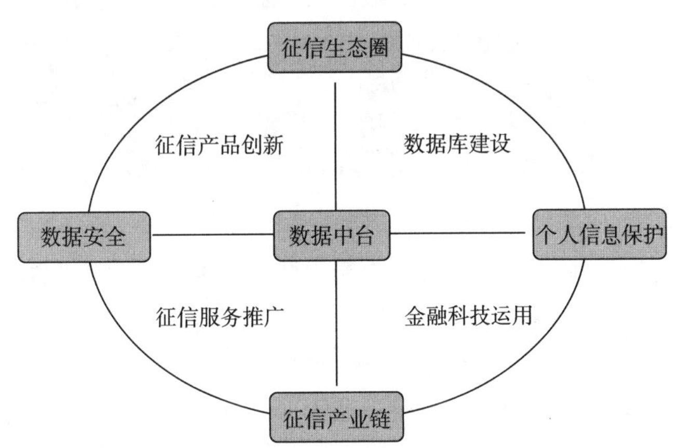

图1 市场化个人征信机构助力数据要素市场建设

1.2.1.1 构建数据安全保障总体框架

围绕征信数据治理，市场化个人征信机构要构建以信用信息为中心、适应征信数据跨领域流动的安全防护体系。

安全管理方面，要积极打造“一把手”带队、组织机构健全、定人定岗定责的数据安全管理文化。首先，通过设置“一会两小组”的组织机构，由数据安全管理委员会负责统筹数据安全建设，数据安全工作小组负责落地执行及技术保障，数据安全监督小组为数据安全工作纠错查漏、斧正方向。其次，遵循“谁主管谁负责、谁使用谁负责”的原则，落实主体责任制，形成“守土有责、守土尽责”的安全治理环境。此外，征信行业的发展有赖于依法合规的数据共享产业链，数据安全治理不仅要关注内部安全治理，更要关注产业链和生态圈，连接上游数据源和下游数据使用方，形成责任共担机制，有效管控全链条的数据安全。

技术保障方面，要致力构建多重保障、敢于创新的技术文化。当前数据安全和个人信息保护得到社会和个人的高度重视，传统的安全技术体系在解决当前数据共享、隐私保护等方面面临挑战，可以尝试运用新技术、采用新架构构建更完善的数据安全技术体系。首先，可以借助成熟的技术防护架构，如纵深防御体系，建立多重安全防护架构，确保核心数据防泄露。其次，要加强数据使用行为监控审计，可以运用安全态势感知、大数据分析技术，主动发现和追溯数据泄露，及时采取有效控制措施。此外，可以尝试搭建零信任安全架构，解决当前征信数据的查询和使用过程的授权问题，防止征信数据滥用，见图2。

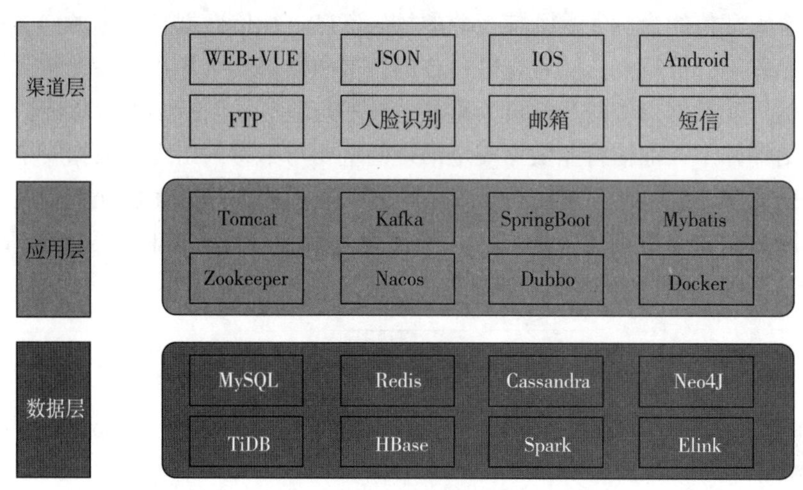

图2　征信机构系统架构

整体而言，征信机构需要以数据整个生命周期为保护对象，建设常态化数据安全保障体系。从安全制度建设、安全标准建设、安全保障组织规划、安全保障策略制定、数据开放策略制定等方面完善大数据安全战略，按照规划、设计、实施、运维、测评、改进的流程进行大数据安全过程管理，建立健全态势感知、监测预警、安全防护、应急响应、恢复等数据运行能力保障，从访问控制、身份认证、数据加密、数据防泄密、备份审计等角度实现“进不来”“改不了”“看不懂”“拿不走”“走不脱”的数据安全保护目标。

1.2.1.2　建立征信数据安全规范体系

个人征信数据安全治理，必须以合规要求为底线，遵循主管部门全局战略规划，构建安全便捷的数据应用环境，确保内部数据使用安全。首先，要加强合规文化建设，定期对公司内部及合作机构开展数据安全合规宣导，营造良好的征信合规文化。其次，要加强合规管理与监督指导，形成科学完善、运转有序的合规管理体系，全面提升依法合规经营水平。在此基础上，为健全征信数据生命周期规范管理，需要借鉴行业经验，形成“数据同轨、使用同槽”的数据管理模式，打造合法合规、贴近实务、符合需求的征信数据管理规范，规范数据操作流程，加强数据质量管控，建立数据台账，完善矩阵型数据安全分类分级机制，开展差异化防护，确保公司的各项数据管理工作均按照国家有关法律法规、监管政策和公司规章制度开展。

明确数据管理规范。数据采集方面，为确保机构所提供数据的标准化和统一性，市场化征信机构需要准确把握征信产品的数据需求，合理规划数据采集内容，遵循“最小必要原则”，制定数据采集接口规范，建立数据字典，统一数据语义，加强元数据的管理及相关系统平台的建设，保障每个字段项都能精准释义，设计接口样例，指导技术实现，消除理解偏差。同时，要细化采集管控要求，对采集范围、采集内容、采集方式、采集时点和采集勘误等进行明确约定，让数据采集有规可依、有章可循，固定数据采集流程，根治数据源头不清晰、范围不明确、内容不规范等治理难题。数据传输方面，确保网络传输通道、传输内容安全可靠，对传输网络选择、传输通道加密方式、数据报文、数据字段加密要求等进行明确规定，防范数据传输风险。数据存储方面，要兼顾安全和业务连续性，对征信数据的存储方式、加密方式、访问控制、备份机制进行明确约定并严格执行。数据交换和使用方面，加强数据确权、数据加密、数据脱敏、访问控制、追根溯源等技术建设，严格控制导入导出、分发共享等操作，在征信数据查询过程中，建立接口查询规范，明确约定查询条件，记录查询原因及相关日志，监控数据流向，实现数据留痕、权利可视、规范使用、责任可溯，有效防止征信数据滥用，保障数据流通范围可控可管。数据销毁操作方面，建立专人专管机制加强管控，负责确保数据生命周期闭环，定期开展征信数据存储期限评估，按照《征信业管理条例》对征信数据保存期限的限制要求，定期处置到期征信数据。

加强数据质量管控。建立征信数据质量监控机制，设定管控指标，对数据的完整性、准确性、一致性、及时性进行监督，形成数据质量评价体系，通过数据校验机制、报数机构反馈机制、异议处理机制等手段，在保障合法合规的前提下，完成对灰数据的清洗以及错误数据的删除或更正。同时，利用数据分析、数据挖掘等技术，对元数据进行纵向评估和横向对比，实现关联分析，建立异常数据勘验模型，进一步把控数据质量。简言之，以规范为准绳，以技术为辅助手段，多措并举，持续对数据质量进行优化和完善，构建高质量、高价值、高可信的征信数据库。

开展差异化防护。由于个人征信数据复杂多样，类别交叉多，征信机构可以在分类颗粒度的选择上适当进行矩阵堆叠，建立矩阵型数据安全分类分级机制，根据数据类型、内容、规模、来源、用途等进行等级划分，提供差异化保护。征信数据分类分级是数据安全治理的基础，科学、合理、系统地开展征信数据分类分级，需要建立标准化、流程化的分类分级机制，实施专人统筹、数据所有者负责的管理模式，定期维护数据台账。征信数据定级取决于数据安全性受破坏后的影响对象和影响程度，需要考虑对国家安全、公众权益、个人隐私、企业合法权益等的影响。同时，需要根据分类分级开展差异化防护，对不同安全级别的数据采取差异化的安全保护措施，有效解决征信数据共享过程中的差异化保护需求。

在此基础上，内部数据安全运营方面，以风险管理为导向，从安全防护、安全检测、安全运维三个维度出发，建立灵活高效、自主可控的数据安全运营框架。

1.2.2 健全信息保护机制

目前，加快推进数据安全和个人信息保护立法，注重个人信息保护与数据自由流动的平衡，已成为社会共识和“十四五”期间国家重要的工作方向。同时，用户对个人信息保护的需求也从信息采集、使用等方面的基本授权管控，逐步提升至关注数据缓存、防范“一次授权，多次使用”等更高层次。在此背景下，市场化个人征信机构将不断强化个人信息保护内控机制，探索融合新型隐私保护技术，积极打造开放共享、安全可控的个人征信安全环境，构建共商、共建、共享、共赢的征信生态体系。

1.2.2.1 提高信息保护内控管理水平

首先，要多角度、全方位加强个人信息内控管理。确保内部控制管理建设上无真空、不缺位，不断完善操作流程，细化操作步骤，强化内部检查和通报处罚机制，落实个人信息保护责任，切实加强个人信息保护。

其次，要加强隐私保护政策管理。采用清晰、易懂的用语，全面、准确、及时地告知信息主体其个人信息处理的目的、方式、范围等相关事项，加强对上游机构信息采集政策及客户合同的审查，确保征信活动涉及的个人信息来源和用途合法合规，切实保障信息主体的知情权、查询权、异议权、投诉权等相关权益。

再次，要从严加强征信系统用户管理。分配各类账号时坚持最小授权原则，做到人户统一、专人专用，实施双因素认证，加强账号运行情况监控，人防、技防相结合，保障用户管理落实到位，防范个人信用信息违规使用。此外，要明确征信业务开展范围，严格规范接入机构的准入门槛，对接入机构的信息系统安全防护能力进行综合评估，建立高标准、严要求的审核条件，确保接入机构具有合法资质，保障个人征信业务合规、稳健、有序运行。

又次，要持续完善信用数据查询机制。严格执行授权机制，按照合法、正当、必要的原则对征信数据的提取、留存、流转、应用和销毁进行追踪，保障每个环节的数据安全。完善查询异常处置机制，建立异常监控指标体系，不断提高征信查询监控能力。加强个人信用报告管理，严格根据法律法规及监管要求合理设置信用报告展示内容，对个人基本信息进行适当脱敏，建立对个人信用报告缓存的管控和处罚机制。

最后，要完善异议处理机制。切实保障信息主体的纠错权利，严格遵守异议处理时间，优化异议处理流程，通过智能客服等方式提升异议处理效率，及时、有效地处理异议申请，提升信息主体满意度和征信机构美誉度。

1.2.2.2 探索个人信息保护新技术

完善个人信息保护技术措施，既要善于运用现有的安全技术解决各类需求，又要探索运用新技术提升信息保护质效，高质量保护个人信息的准确与安全。在征信业务开展中，征信机构要在做好个人信息分类分级保护的基础上，不断优化现有技术保障体系，进一步实现场景化安全防护要求，形成个人征信数据保护基因及信息保护最佳实践。

首先，征信机构可以争取实现敏感数据识别技术的自动化，在此基础上通过去标志化、匿名化等方式实现个人敏感信息的脱敏。其次，争取实现数据防泄露技术的智能化，探索通过机器学习等人工智能技术，自动识别和阻断个人信息外泄，弥补基于规则识别覆盖不全的缺陷。最后，要落实数字水印等追踪技术，对征信报告加载水印，确保个人信息溯源追踪。此外，可以采用同态加密技术，降低数据分析、联合建模等场景的个人信息泄露风险。同时，可以尝试通过区块链、同态加密及零知识证明等技术持续完善征信机构个人信息授权核查机制，进一步探索运用联邦学习、机器学习和多方安全计算等技术解决联合建模涉及的信息保护难题。

2. 运用金融科技激活数据要素，助力征信数据多向赋能

2.1 金融科技及其在征信行业应用现状

金融科技是技术驱动的金融创新。随着科技发展与成熟，技术进步对金融的助力作用不断强化，落地场景持续丰富，金融科技逐步改变了金融业态发展方向。

2.1.1 征信行业金融科技发展趋势

征信以数据为核心，金融科技发展对于征信行业商业模式、数据采集方式的变革有着更加深远的意义。随着金融进一步开放，科技发展将与应用场景深度融合，开放银行、开放式征信平台等业务理念代表着行业发展的长远趋势。综合来看，征信行业对金融科技的应用主要集中在两大方向。

第一，大数据技术助力数据资产化。数据之于21世纪，就像石油之于20世纪。金融科技即是实现数据资源的有效利用，推动数据“内增值、外增效”资产化的重要抓手。大数据时代，征信的内涵和社会的征信需求不断丰富。首先，金融机构开展信用评估，除信贷信息、审贷信息等信贷强相关数据外，也在持续将种类丰富的替代数据源纳入风控模型。依托XGBoost、决策树、支持向量机等机器学习技术，公共事业、学历、电商、社交等信贷弱相关数据的价值得到了充分挖掘，这对缺乏传统信贷记录的信用白户的信用评估具有重要价值。其次，金融科技的应用充分提升了数据获取时效，基于Hadoop、Spark等大数据技术和处理架构，征信机构可逐步实现征信数据的“T+1”，乃至“T+0”更新，能够进一步挖掘数据的使用价值。

第二，分布式技术打破“数据孤岛”。目前，数据呈现寡头化的趋势，单一数据源占据大量数据，但尚未完全覆盖所有用户信息。数据类型复杂、标准不一，数据交换缺乏信任、安全难保障等诸多原因造成数据交换难、共享难。以区块链、联邦学习为代表的分布式技术逐渐成为金融科技的另一应用方向。通过联盟链技术，征信机构可建立“小共享”的数据采集模式，实现征信数据的点对点平等交互，快速建立更多场景化、行业化、区域化共享机制，最大程度上加深多方互信。此外，在云计算的支持下，联邦学习平台可实现征信数据的不出库建模，也为打破“数据孤岛”，实现信息共享提供了更多可行的技术解决方案。

2.1.2 金融科技在征信领域的挑战

征信是金融行业重要的基础设施，承担着降低金融行业信息不对称、促进金融交易、

降低金融风险的重要社会职责。征信行业在积极探索运用金融科技的同时，也需要重点关注标准化建设、数据采集、决策技术等主要问题。

2.1.2.1 金融科技应用风险

新技术在促进生产力发展和征信行业进步的同时，在性能和安全性等方面也存在一定不确定性，征信机构在技术应用和风险管控的过程中需要全面评估金融科技与业务诉求的匹配程度，加强信息技术体系建设，降低业务制度管理和技术框架研发本身的局限性给业务发展和公司经营带来的风险。

大数据场景和云存储增加了系统建设、信息流失、信息泄露和外部黑客攻击风险，以及可能发生由于算法不精而将“垃圾信息”（如失效信息等）当作“有效信息”等现象，随着数据量剧增，风险扩散和恶意程序传播速度将明显提高。此外，随着大数据和人工智能技术的广泛应用，身份识别和交易真实性受到挑战，价格歧视、地域歧视等大数据“杀熟”现象备受争议，精准营销与定向推送在便利消费者开展商业活动的同时也加重了社会对个人信息滥用和扭曲的担忧。

同时，区块链的分布式架构和共识机制在保证数据可信度的同时，也面临着性能、数据存储和风险管理等方面挑战。目前，联盟链在一定程度上解决了公有链中存在的效率问题，但是否能应对个人征信行业数据来源复杂、机构类型多样、服务受众面广、数据维度多、互联网业务频次高等难点仍有待检验。同时，区块链技术的安全、自主、可控也是个人征信机构和各链上主体关注的重点，需要多方的共商，更需要区块链技术的进一步成熟。

2.1.2.2 征信数据标准建设

金融科技在征信行业的广泛应用离不开行业统一的数据标准。大数据时代，征信业的数据来源逐步多元化，产生了对公用事业、商旅、电商等替代数据源的大量需求。中国人民银行征信管理局于2018年召开的“数据分析行业规制和发展国际研讨会”提出，要积极探索信贷信息以外的替代数据在普惠金融、小微企业金融、互联网金融领域的应用。替代数据是未来征信业发展的重要方向，也是金融科技应用的重难点之一。市场化个人征信的发展需要加强信贷数据，以及包括个人和企业的身份、地址、交通、通信、债务、财产、支付、消费、生产经营、履行法定义务在内的替代数据等各类标准的建设，探讨形成行业通用、科学开放的数据标准体系，降低数据源接入和数据流通的技术门槛，为金融科技发展和个人信息保护提供关键基础保障。

2.1.2.3 完善数据应用规范

大数据时代，数据背后巨大的商业利益驱动着各类互联网平台不断地收集海量用户数据，SDK、爬虫等技术的应用也使得数据采集过程更加隐蔽，难以监管。数据过度采集引发的信息安全、隐私保护等风险已成为现阶段金融科技应用过程中最突出的问题之一。征信行业涉及个人基础信息、金融借贷信息等各类敏感数据，数据安全和个人信息保护是征信行业应当坚守的底线。针对新技术、新业态，需要在国家法律体系建设的基础上，进一步细化对各类征信数据的授权、采集、存储等各环节的规范性要求，构建征信行业及金融科技发展的稳固基石。

2.1.2.4 加强决策技术监管

基于大数据和人工智能的信用评分决策是金融科技的典型应用。通过决策树、神经网络等算法，评分模型对信用主体进行精准评估，在多场景下较人工评价更高效、准确和客观。在实践中，信用评分却出现泛化趋势，各类信用评分层出不穷并在不同场景下推广使用。信用评分是对信息主体信用评价的数字化解读，具有一定的社会属性与严肃性，使用场景应得到明确限制。此外，相较新型算法，FICO 等主流信用评分更关注信贷相关性、可解释性以及跨经济周期的长期适用性与稳定性。因此，在鼓励新兴科技探索的同时，征信行业需要逐步规范技术的应用场景和适用范围，引导技术良性发展。

2.2 金融科技赋能市场化个人征信机构高质量发展

“十四五”期间，市场化个人征信机构要参考人民银行《金融科技（FinTech）发展规划（2019—2021 年）》，以实际业务问题为导向，以市场需求为驱动，运用新技术、新架构、新视野充分挖掘各项金融科技，打造基础技术、配套技术、外围技术等在内的应用生态系统，以智能化思维重塑业务流程、产品服务及客户体验，实现科技、服务、生态的协调发展，全方位、多层次赋能市场化征信业务高质量发展。

2.2.1 创新征信技术

2.2.1.1 人工智能

市场化征信机构可以借助人工智能创新征信产品和服务，探索智能身份认证、智能反欺诈、智能信用评级、智能风控以及智能增值产品，打造智能客服平台。

首先，智能身份认证利用人脸核身、OCR 识别、活体检测、人脸 1∶1 比对、多因素认证等先进技术，有效识别客户和 KYC（Know Your Customer），为金融企业远程开户、实名认证、贷款办理、支付结算等场景提供技术支持。其次，智能反欺诈利用机器学习、知识图谱等技术，应用于借贷申请反欺诈、借贷申请多头、团伙反欺诈识别等场景，全方位提升反欺诈识别能力。最后，智能信用评级利用 XGBoost、LightGBM 等机器学习算法，面向特定场景和数据进行定制化建模，大幅提升模型区分度，应用于金融风险定价等场景。

同时，智能风控充分发挥“数据+智能”在金融风险防控中的双轮驱动作用，综合利用用户行为分析、态势感知等先进技术，解析相关的特征变量，秉承“风险感知、风险识别、风险决策、风险释放、风控运营”的闭环理念，可以应用于信贷全流程风险防控等场景。在“数据积累、模型优化、应用升级”的迭代优化循环中，征信机构可以利用数据、技术和品牌优势，发挥应用与技术螺旋上升的重要价值，创新“征信智能+”应用场景，纵向和横向扩展征信服务领域，突破技术质量、应用场景和需求表达的限制，有效输出征信服务和风控能力，提供综合性解决方案和一体化服务。

2.2.1.2 数据治理

2021 年 2 月，中国人民银行制定《金融业数据能力建设指引》，提出要全面提升金融业数据管理和应用水平，引导金融机构加强数据战略规划、着力做好数据治理、强化数据安全保护、推动数据融合应用，充分释放数据要素价值，为金融机构加快数字化转型发展夯实数据基础，打造适应数字经济时代发展的金融核心竞争力。

数据治理好比芯片对于手机行业是市场化个人征信机构的核心技术。通过搭建体系化数据资产治理体系，实现征信数据的可得、可用、好用、安全。

市场化个人征信机构的数据治理工作分为战略规划层、组织制度层与系统建设层三个层面的工作，其中战略规划指导组织制度的变革，系统建设则支持组织制度的落实，三者循序渐进、相辅相成。

其中，系统建设层通过搭建数据资产管理平台，以数据架构中的元数据为出发点，实现数据标准、规范、质量、应用的管理系统化和平台化，并在此基础上推动数据合规、安全、生命周期的全面覆盖，最终实现数据治理的核心目标，赋能数据中台以及征信生态的开放共享。数据治理具体包括数据标准管理、数据架构管理、数据规范管理、数据质量管理、数据安全管理、数据合规管理以及数据生命周期管理等 8 项系统建设，以及一系列行业标准，并逐步落实战略规划、组织架构、制度体系、数据审计和培训宣贯 5 项基础保障措施。

在实施推进中，将按照“夯实数据治理基础”到“建设核心治理系统”，再到“深化数据综合管理的数据治理”的三个阶段推进，从而实现数据治理的“六化”，即“数据接入标准化”“数据处理自动化”“数据监控智能化”“数据组织知识化”“数据运行可视化”和“数据应用自助化”。从标准化到自动化，再到智能化，整个数据治理过程就会逐步走向知识化，推动可视化，最后实现数据应用的自助化，见图 3。

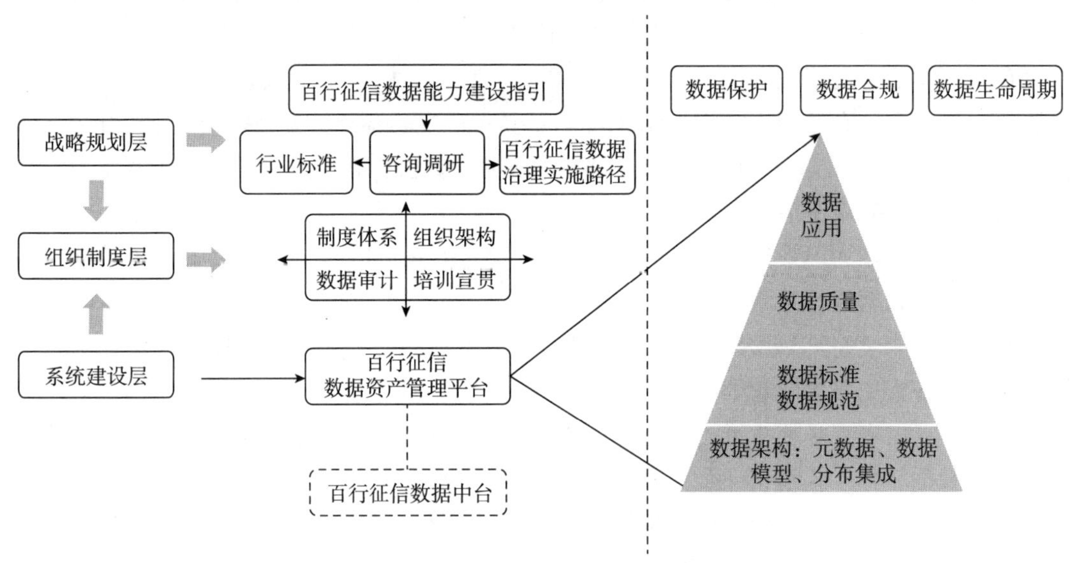

图 3　数据治理与标准工作总体框架

2.2.1.3　数据中台

进入数据驱动、创新驱动时代，征信机构可以全局统筹构建开放式大数据中台，按照全局架构与初始化应用、迭代升级深化应用、全面推进业务数据智能化等阶段，变革组织文化，搭建数据沟通渠道，逐步完善数据层、产品层、开放平台层和行业层的差异化技术架构和管理机制，提升海量数据采集、存储、加工、治理和应用能力，深入挖掘数据赋能业务发展的积极价值。

技术实现上，数据中台主要运用 Hadoop 技术栈、New SQL 技术栈和图数据库技术栈等，结合数据仓库、元数据、数据沙箱等技术，采用批流结合的数据处理模式，构建产品迭代的高速流水线，数据存储能力达 PB 级别，日数据加工能力达 TB 级别，数据服务 TPS 达数万级别，降低数据资产管理成本。

数据中台建设需要从横向、纵向综合把握。首先，横向实现跨多段全域应用分析以及智能数据构建与管理，实现不同数据源的入库、支持与传输，以及数据建模、加工、计算与分层。其次，纵向完成数据可视化输出，嵌入各业务线工作流程，实时智能分析，全方位、多渠道洞察客户需求和行业发展痛点，实现业务智能化增长。为此，要逐步形成确立征信主数据标准和应用规范，实现多源异构数据入湖统一治理，形成数据质量全流程跟踪，实现批流一体化，人工与系统智能结合识别和标记异常数据，保障数据加工结果的正确性，全面提升数据服务时效性。

此外，数据中台可以基于全生态征信产品标签集市为应用层提供灵活可扩展的 Data API，通过微服务架构、应用程序接口等方式连接各种生态，输出组件化服务，提升产品迭代速度，通过向公司各部门开放数据使用能力，使数据成为全局性资产，促进数据深度探索与挖掘，加快数据智能化整体转型。

图 4 数据中台建设思想体系

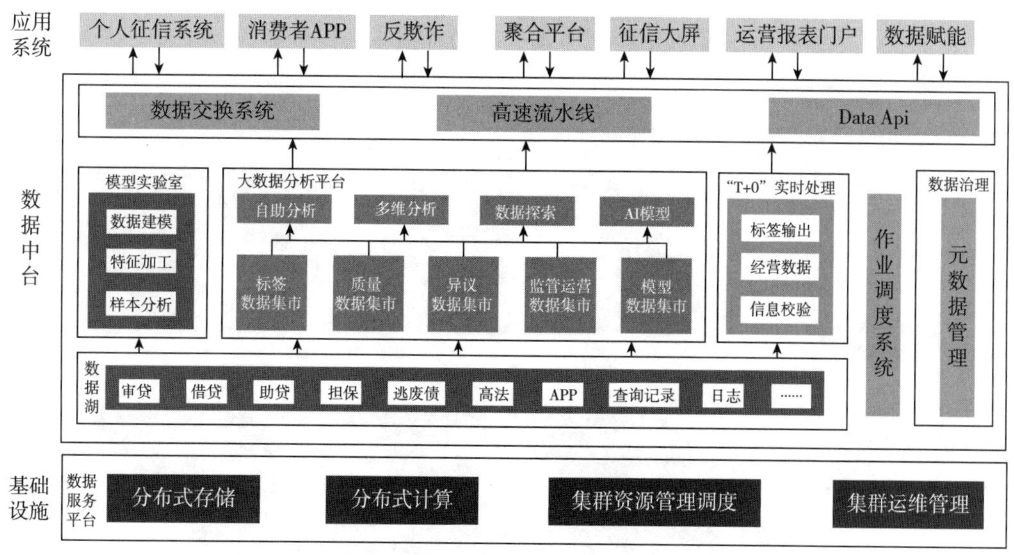

图 5 市场化个人征信机构数据中台

同时，数据中台可以支撑联合建模实验室，让数据真正成为业务创新的原动力。百行征信数据中台、产品平台和服务平台也将进一步面向社会各界和合作伙伴开放，在做好金融数据治理，实现数据资产精细、动态、系统化管理的基础上，将数据中台建成连接合作伙伴的纽带、促进行业发展的抓手，在安全合规、自主可控的前提下，实现数据智能驱动，成为数据共享、行业应用的孵化器，以及打通信息流、商务流、资金流的价值中枢，全面提升数据能力、产品能力、技术能力和整体对外服务能力，在业务平台化的基础上，实现产业生态化，构建专业开放、协作共享和高科技赋能的征信生态圈和产业链。

2.2.1.4 区块链

区块链本质上是一个新型的分布式数据库，采用分布式账本、链式存储等技术实现数据共享和防篡改。2021 年百行征信牵头的《非银金融业务征信技术路径研究分析报告》获得了广东省优秀金融科研成果三等奖，课题系统地提出了双层多链的业务模式。首先，征信机构可以进一步探索建设征信行业区块链，利用点对点分布式记账方式、多节点共识机制、非对称加密和智能合约等多种技术，建立起强大的信任关系和价值传输网络，深度融入传统产业，通过融合、共享和重构等方式助力传统产业升级，重塑信任关系，解决金融与实体产业间信息不对称问题。

其次，征信机构可以探索以联盟链的方式重点切入供应链金融场景，通过行业区块链增强上下游业务数据的可信度，降低风控难度，强化多方信任协作，通过链上可拆分的电子凭证实现资金的流转融通，解决多级供应商融资难、资金短缺等问题，打通信息流、物流和资金流，打通企业实体与经营者个体的征信数据，实现供应链全流程可信化、数字化和智能化发展。

此外，征信机构可以探索运用联盟链，与行业领先的金融机构、科技企业共同搭建征信科技与产品创新共享平台，建立金融科技企业最新技术成果发布和展示机制，高效连接银行、保险、征信、担保机构等金融机构与金融科技公司，实现金融科技成果和产品上链共享，推动优质成果在金融场景中转化落地，助力征信生态圈建设。

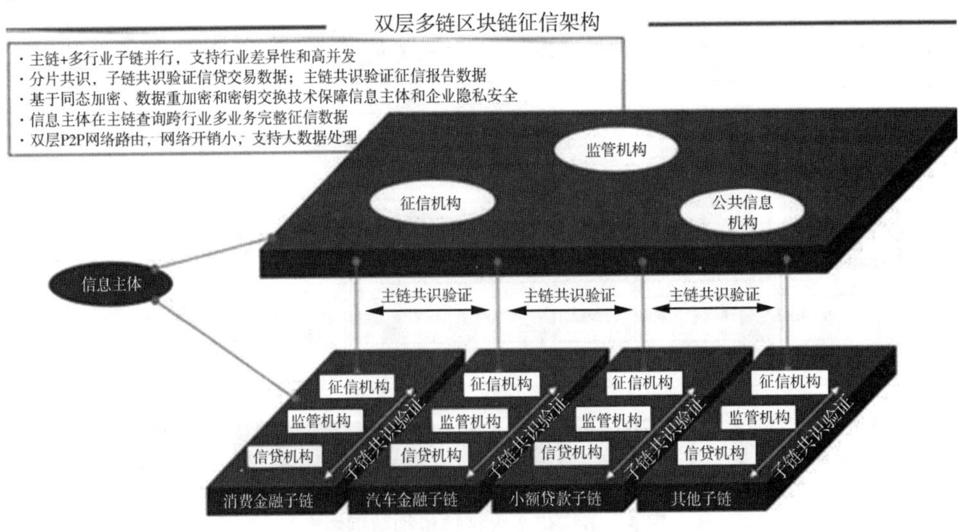

图 6 双层多链区块链征信架构

2.2.1.5 云计算

2020 年新冠肺炎疫情加速了金融行业无接触、线上化、云端化发展，数据中台、产品平台及客户服务平台均对弹性计算和存储、灵活的 IT 资源管理提出了更高要求，云架构不仅在测试、开发等环境得到应用，而且正在快速延伸至核心系统、数据中台等大量关键性生产系统，其大规模、可扩展、可演进等特点能够以灵活的方式支撑业务和服务的敏捷升级。

征信机构可以通过建设征信行业云，聚焦于征信服务相关的云基础设施和行业解决方案，将监管和行业规范贯穿征信行业云建设的全过程和运营全流程，完成数据中心从“一主一备、离线切换”的单工运行模式向“多活互备、同时在线”的多工运行模式升级，敏捷支持各类业务高峰和服务活动，在信息安全和业务连续性方面达到金融行业领先标准，实现“亿级客户、秒级响应”，打造多活数据中心一体化管理的云平台，全面提升客户服务能力。

技术实现上，将通过底层虚拟化技术、中层容器化技术和高层微服务技术，打造集约高效的物理资源应用基础，沉淀形成通用共性模块化组件，构建可伸缩、高可用的“云平台+微服务”软件架构，支撑交互频次高、查询时效强、峰谷波动大等新一代征信服务发展需要，实现一体化、自助式、全栈式云服务。

系统运维上，可以充分发挥云计算无缝迁移、弹性扩展、快速部署等能力，按照金融行业最高标准，生产应用全部以平滑不间断的方式升级、多角度多维度的运行监控，为客户提供 7×24 小时运维支持服务，持续建设具有快速处置应急预案系统的运维服务体系，提升 IT 对业务发展的持续交付能力。信息安全上，需要构建全方位、多层次的信息安全体系，加强企业信息安全战略执行，针对互联网、VPN、专网业务采用差异化、针对性的安全防控手段，对敏感数据严格执行统一的传输、存储、交换标准。

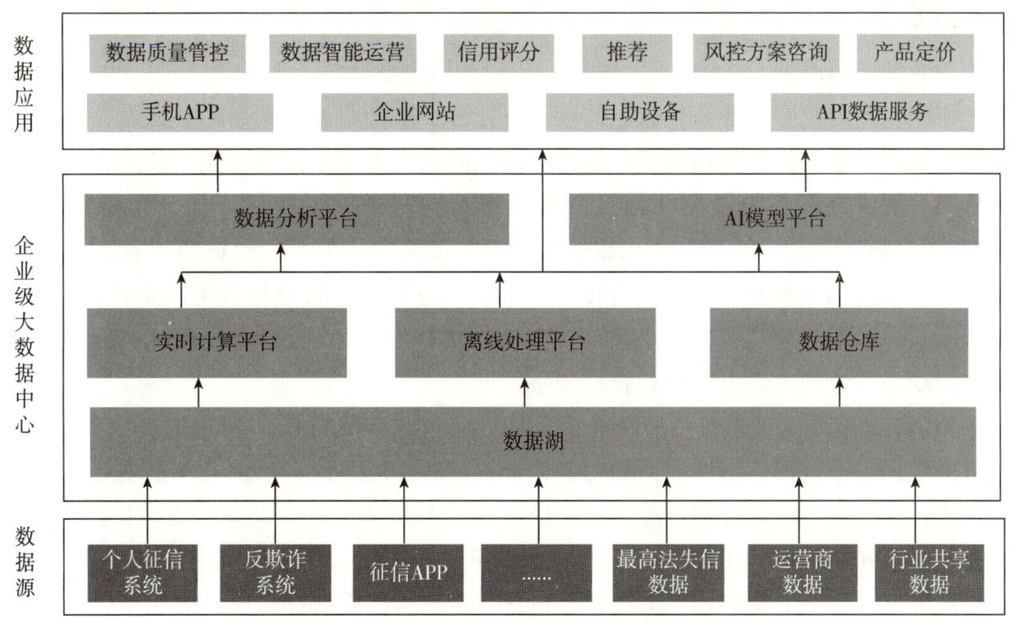

图 7　市场化个人征信机构数据架构

服务形式上，提供全量云、混合云、专有云的解决方案，助力上下游产业协同发展。服务模式上，从经典的查询式征信服务向主动推送的征信服务演进，利用APP、微信小程序等全渠道方式触达目标用户，通过可视化界面提升用户体验，集成多渠道平台。服务内容上，以征信、风控、增值信息服务为主的SaaS平台能够覆盖贷前、贷中、贷后，端到端、全生命周期的金融服务。在服务客群上，服务体系将从B（机构）端、C（个人）端逐步扩大到G（政府）端、S（社会）端用户，面向全社会提供普惠征信服务。

2.2.2 创新征信产品

在应用金融科技创新征信技术的基础上，“十四五”期间，市场化个人征信机构将探索运用大数据、人工智能、联邦学习等技术创新征信产品和服务，打造模块化、灵活化的征信产品服务平台，加强征信生态圈建设，为各类客户提供定制化、个性化、多元化的征信服务。

信用普惠服务项目。该项目已入选中国人民银行深圳市中心支行首批金融科技创新监管试点应用。“十四五”期间，将持续推进该项目建设。该项目采用大数据和机器学习技术，丰富信息主体的信息维度和覆盖面，提高对金融机构的风控输出能力，打造更精准、更完善的信用评估体系，助力全面准确评估金融消费者和小微企业的信用状况和风险。首先，利用大数据技术，对信贷数据及政务、公共事业、税务、租赁履约等各类替代数据进行实时入库、清洗加工、安全存储及融合应用，有效扩充信息采集渠道。各类数据经过实时和并行计算处理后，由此开发出生成个人征信报告、反欺诈类服务、信用分、政务信用评分、缴费信用评分等各类征信产品，有效增加征信服务覆盖面，实现普惠目标。同时，运用机器学习技术，通过人工智能建模分析，根据不同业务场景需求，对金融消费者的信用数据进行特征变量筛选，输出标签化数据和信用分值，有效降低人工信用评估成本，提高征信服务效率。

小微企业征信服务。“十四五”期间，将以小微企业征信为切入点，进一步加强工商、司法、税票、电力及专利等替代数据的接入，完善小微企业征信数据库的建设，继续与代表性金融机构、金融科技公司签署合作协议，共同研发推出数据共享类、风险识别类、经营分析类、解决方案类等企业征信产品和服务。同时，积极参与“长三角征信链”和“珠三角征信链”建设，巩固与人民银行成都分行战略合作关系，建设四川省“天府信用通”平台。加强与金融科技公司的合作，推广面向农商行、村镇银行的征信产品与服务，促进基于收单数据等替代数据的小微商户信用评价标准体系建设和经营性信贷产品创新，全方位推动小微金融、普惠金融和农村金融发展。

信用白户征信服务平台。“十四五”期间，将进一步做好信用白户的征信服务工作，有效解决信用白户合理信贷诉求，助力普惠金融发展，运用数字化手段探索创新征信服务的新模式，充分利用征信数据资源，深入挖掘替代类数据价值，构建专门适用于评判信用白户还款意愿和还款能力的数据资源体系，完善安全、高效、可定制的白户征信服务平台，形成以普惠评分、智能标签为核心，包含身份核验、反欺诈、信用评估及贷后管理等多样化服务，覆盖信用白户贷前、贷中及贷后管理的信贷全生命周期的信用白户征信服务综合解决方案。同时，积极开展信用教育与信用帮扶，引导信用白户良性借贷。

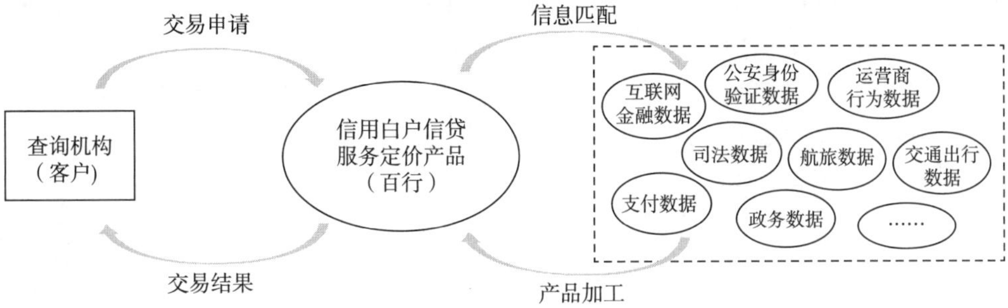

交易申请
信息匹配
查询机构（客户）
信用白户信贷服务定价产品（百行）
互联网金融数据
公安身份验证数据
运营商行为数据
司法数据
航旅数据
交通出行数据
支付数据
政务数据
……
交易结果
产品加工

图 8 信用白户征信服务综合解决方案

征信定制分。在与外部机构合作研发定制分产品过程中，可进一步探索运用机器学习针对性地筛选出符合机构业务场景需求的标签变量，并融合机构内部数据进行标签分箱处理。风控模型选择方面，在传统线性回归风控模型的基础上运用机器学习算法，将高维度数据代入模型训练，实现更稳定的风控结果。定制分可以在保护机构自有数据安全性的基础上，将征信数据深度融入机构业务体系，结合业务场景提升风控效果，实现双方的合作互赢。

沙箱建模服务。为打破数据孤岛、赋能金融机构，市场化个人征信机构通过联邦学习、多方安全计算等技术手段，探索建模沙箱环境的建设，不泄露机构自有数据的前提下，参与多计算节点之间的高效机器学习，打通数据交互壁垒，夯实人工智能协同算法和协作网络基础。

贷后预警、资产优化产品。将与金融机构共同搭建贷后管理平台，在保证信贷数据合规有效的前提下，帮助金融机构优化信贷资产，提升信贷客户诚信水平。首先，通过对客户贷后表现进行全天候实时监控，关注客户即将发生的逾期或其他重大行为变更。同时，启动智能化资产预警决策树，跨平台推送客户行为预警信息，并将重大变更信息及时反馈至订阅该服务的金融机构，帮助机构根据百行征信贷后预警信息调整授信额度并采用其他风控手段减少损失。该措施也有助于信贷客户在被动减少个人资产杠杆后主动偿还现有负债，避免陷入信贷资本陷阱。

增信服务。将通过关联图谱、神经网络等方式挖掘，可提升客户信贷评分的潜在要素，对客户信用稳定增长提供科学有效的指导。增信服务主要面向信贷历史较短的新用户，此类客群可借助该服务提前享受便捷的信贷服务，并培养健康、可持续的信贷消费习惯。

2.2.3 创新征信客服

“十四五”期间，市场化个人征信机构可以灵活运用金融科技搭建智能服务平台，分阶段、分步骤优化技术基础、中台支撑、前台服务、接入渠道四层级结构，提高异议处理和客户服务双流程运行效率，实现客户服务中心由异议处理中心向智能服务中心的转型。

第一阶段，优化基础技术架构，由人工服务为主向半智能化服务转变。首先，借助数据中台、产品平台和云平台，建立稳定、可扩展的集中式呼叫中心系统，以 AI 客服辅助和替代人工坐席。同时，全面覆盖网页、微信公众号、APP、H5、小程序、电话、短信等客户触点，并在此基础上持续完善智能问答、智能推荐、可视化展示、用户画像、舆情监控以及人脸和手写签名识别等智能服务能力，积极打造智能在线服务系统、智能营销系统以及智能异议处理系统等平台功能，高效输出征信服务能力。

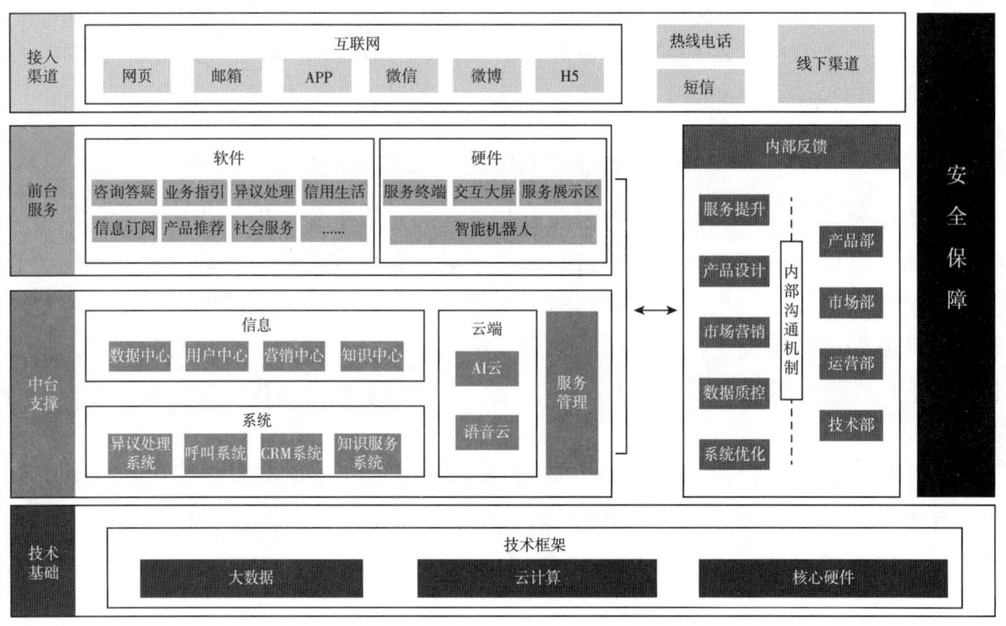

图 9　智能客户服务中心体系架构

第二阶段，完善中前台客服体系，由半智能化向智能化服务转变。按照《征信业管理条例》的规定，结合征信行业异议处理痛点，借助金融科技建立标准、可靠的异议处理系统，自动化异议处理流程。探索运用大数据、自然语言处理及知识图谱等技术分析客户全渠道全量信息，依托内外部数据提炼客户特征，形成客户画像，挖掘客户需求偏好和价值取向，提升客户需求洞察能力，据此为客户提供定制化、个性化的优质征信服务。

综上所述，“十四五”期间，在逐步完善核心信用信息基础数据库的基础上，市场化个人征信机构通过打造数据、产品和服务三大开放式平台，全面提高数据、产品、技术和整体对外服务四项核心能力，实现业务间的相互协同和彼此赋能。数据平台作为基础平台服务于整体业务开展，负责连接外部数据源，在加强数据治理，严格把控数据质量的基础上实现数据资产化。产品平台能够助力征信机构通过自主研发及外部合作相结合的模式，缩短产品和服务研发周期，快速响应市场需求，实现产品多元化、场景化。以数据、产品和服务三大开放式平台为基础的市场化个人征信机构将继续为各类金融机构和业务伙伴建立全方位、多层次的服务体系，打造并迅速延伸征信产业链，推动征信行业数字化、网络化、智能化发展，集资本驱动、技术驱动和智慧驱动于一体，不断提升公信力、服务意识和服务效率，促进信用信息服务行业和金融数据要素市场高质量发展，为我国数字经济转型升级保驾护航。

参考文献

[1] 万存知．个人信息保护与个人征信监管 [J]. 中国金融，2017 (11)：16-18.

[2] 朱焕启．联盟区块链在市场化个人征信领域应用的探索与思考 [J]. 当代金融家，2020 (2-3)：54-59.

[3] 朱焕启．金融科技在市场化个人征信领域的应用前瞻 [J]. 金融电子化，2018 (12)：36-38.

[4] 朱焕启．市场化个人征信助力数字普惠金融 [J]. 中国金融，2020 (13)：61-63.

[5] 朱焕启．全面提升服务能力　坚持市场化个人征信发展之路 [J]. 金融电子化，2020 (2)：30-31.

[6] 中国消费者协会．100 款 APP 个人信息收集与隐私政策测评报告 [EB/OL]. http://www.cca.cn/jmxf/detail/28310.html，2020-08-04.

[7] 王晓明．征信体系构建——制度选择与发展路径 [M]. 北京：中国金融出版社，2016：296-311.

[8] 汪路．征信若干基本问题及其顶层设计 [M]. 北京：中国金融出版社，2018：31-58.

[9] 中国人民银行．金融科技 (FinTech) 发展规划 (2019—2021 年).

[10] The Economist. 数据是未来的石油：数据如何推动新经济增长 [EB/OL]. https://www.economist.com/news/briefing/21721634-how-it-shaping-up-data-giving-rise-new-economy，2020-08-04.

[11] FICO. FICO © Score 10 Suit [EB/OL]. https://www.fico.com/latest-thinking/product-sheet/fico-score-10-suite，2020-08-04.

[12] JR/T 0171—2020. 个人金融信息保护技术规范 [S].

[13] JR/T 0218—2021. 金融业数据能力建设指引 [S].

中小银行数据安全治理体系建设的研究与实践

辛 琰[①]

摘 要：随着银行数字化建设的快速推进和发展，银行业用户规模以及交易规模持续增长，积累了海量的数据金矿，数据已成为银行业最关键的生产要素。数据开放和数据流动是必然趋势，而数据泄露和滥用的风险也随之增加，数据安全成为银行安全的保障核心，数据安全治理能力已成为银行重要竞争力。对于中小银行而言，数据安全管理的成熟度较低，技术和管理手段较为分散，缺乏系统化建设思维和框架，亟待体系化的理论指导。通过数据安全治理的实施，使组织内的各个层级之间对数据安全治理的目标和宗旨取得共识，从管理制度到工具支撑，将数据安全技术与数据安全管理相融合，建立自上而下贯穿整个组织架构的统一有效的数据安全治理体系，确保数据安全管理工作的有效落地。青岛银行在持续的数据安全管理过程中，探索建立符合自身实际情况的数据安全治理体系，对数据安全治理的理论和监管标准进行分析和研究，结合现有的数据安全管控措施，针对中小银行工作中遇到的问题和痛点，对数据安全治理工作进行提炼和思考，提出打造中小银行企业级数据安全分级标准库及场景化管控数据安全风险的观点。

关键词：数据安全治理体系　中小银行　数据安全分级　数据安全风险场景

1. 引言

数据是数字经济时代的关键生产要素，数据开放和数据流动是必然趋势，数据的合理使用和共享是发挥数据核心价值的关键。金融数据复杂多样，数据生命周期增加了共享、交易等环节，数据的流动是“常态”，多环节的信息隐性留存，导致数据流转追踪难、控制难，数据泄露事件频发，数据安全的风险增加。如何在最大化发挥数据核心价值的同时，保护好重要核心数据和客户隐私数据？

作为中小银行需要探索一条适合自身情况的数据安全治理之道，通过数据安全治理对包括组织能力、执行能力、人员能力、技术工具、场景化数据安全进行全面管控。中小银行受资源及投入等因素的限制，数据安全治理工作起步晚，大多数处在摸索或初级建设阶段。中小银行建设数据安全治理体系，可以借鉴和参考国际理念、国内标准、行业先进经验，但不能只是单纯援引和参考现成的理论，不能直接照搬照抄，要从实际情况出发，平

① 课题组：青岛银行。课题组成员：辛琰。

衡成本、效率、管控有效性，与银行已有的组织架构、制度体系框架、安全基础设施以及已有的安全技术措施等结合，依托数据全生命周期管理，梳理重要风险点和短板，建立适合自己的完整的全生命周期数据安全治理体系。

2. 中小银行数据安全治理面临挑战

2.1 国际国内数据安全形势严峻

国际国内网络安全形势错综复杂、异常严峻，网络安全攻击的组织化、政治化日益明显，数据安全风险暴露面和攻击面也随之增加。随着数字化银行的推进和发展，数据价值不断提升，在数据市场的利益驱动下，数据黑灰产业猖獗，数据滥用及数据安全事件层出不穷。特别是金融领域，由于金融数据的特殊性，其数据安全不仅关系到客户的个人隐私和财产安全，还关系到金融安全乃至国家安全，其风险防控尤为紧迫与重要。

2.2 数据安全治理工作体系化不强

中小银行在数据资产的保护和数据安全体系建设方面，或多或少都有实践，基本都能紧跟监管指引，在监管部门的指导下开展工作。但是目前并未发布明确的、完整的、成体系的数据安全治理方法，有些银行在实际工作中未进行体系化的规划，存在片面性和盲目性，导致银行无法对当前的数据安全风险进行全面的识别和防控，而且容易导致在将来的体系建设中重复投资和资源浪费。

2.3 数据安全治理的组织架构不清晰

许多中小银行未建立领导层面牵头的数据安全管理机构，数据安全未引起足够的重视，数据安全管理责任无法明确和充分落实。有的银行认为数据安全治理是科技部门的工作，与其他部门关系不大。但数据安全治理的数据安全级别的认定、数据安全风险的识别、数据泄露渠道的防护都与业务部门和管理部门密切相关。数据安全治理是一项全行性质的活动，领导层的支持是必不可少的。应在银行高层领导的指导下，制定数据安全治理的战略和规划，明确数据安全治理的部门和岗位，为数据安全治理提供资源支持，使全行目标统一、上下一致，才能收获好的成效。

2.4 数据安全防护技术和工具支持不足

数据安全治理的成果落地，一部分体现在数据安全防护技术和工具的实施上。数据安全防护技术和工具至少包括 IAM、数据脱敏、数据防泄露、数据加密、数据库审计、数据库防火墙、数据库运维管理、用户行为分析、数据资产梳理等。而中小银行受资源及投入等因素的限制，不可能全面部署相关工具。另外，不同厂商的工具在功能上和性能上也有较大的差异，银行在工具选型上也不能做出准确的分析和判断，导致数据安全防护的效果不佳。

2.5 数据安全治理岗位专业能力不足

数据安全治理是一项管理和技术相结合的工作，对数据安全治理岗位的能力要求比较高，岗位人员需具备公司治理、风险管理、外包管理、业务连续性等综合知识。中小银行在数据安全治理岗位一般由安全岗兼职，这些人员对数据安全治理的知识储备不足，不具备进行数据安全风险评估、体系建立、体系运营的能力，无法保障数据安全治理的成效。另外，针对数据安全治理专业技能的培训更是少之又少。中小银行必须高度重视数据安全治理体系的人才和能力储备，重视对专业团队的培养，才能形成数据安全风险管控的长效机制。

3. 国际国内数据安全治理理念和框架

3.1 Gartner 数据安全治理理念

Gartner 认为数据安全治理不仅仅是一套用工具组合的产品级解决方案，是从决策层到技术层，从管理制度到工具支撑，自上而下贯穿整个组织架构的完整链条。组织内的各个层级之间需要对数据安全治理的目标和宗旨取得共识，确保采取合理和适当的措施，以最有效的方式保护信息资源，这也是 Gartner 对“安全和风险管理”的基本定义。Gartner 提出，首席信息安全官（CISO）和负责数据安全和隐私的安全和风险管理（SRM）领导者必须致力于实施适合数据增长和扩散的数据安全治理（DSG）框架。数据安全治理工作需要从制定策略开始，坚决不能从部署安全保护工具开始。Gartner DSG 框架，为数据安全治理提供了科学方法论，参照这个框架，能够全面了解数据安全治理的内容，制定合理的规划。

3.2 微软的隐私、保密和合规性数据治理框架（DGPC）

微软的隐私、保密和合规性数据治理框架（DGPC）与企业现有的 IT 管理和控制框架（如 COBIT）以及 ISO/IEC 27001/27002 和支付卡行业数据安全标准（PCI DSS）等安全标准协同工作。DGPC 框架围绕三个核心能力领域组织，涵盖人员、流程和技术三个部分。主要功能如下：

人员：建立 DGPC 团队，并明确规定其角色和职责，为其提供履行职责所需的资源，并对整体数据治理目标提供明确的指导。

流程：首先，解读各种权威性文件，明确必须满足的要求。其次，确定指导原则和制度，并达到相应要求。最后，组织应对在特定数据流场景下威胁数据安全、隐私和合规的风险进行识别并评估，确定适当的控制对象和行为。

技术：通过技术方法对特定的数据流进行分析，识别通过信息安全管理系统和相应保护措施可能无法解决的剩余流量特定风险。

3.3 国内数据安全治理参考框架

中国软件评测中心网安中心在《电信和互联网行业数据安全治理白皮书（2020）》提出数据安全治理体系框架，框架主要由治理层、管理层、执行层和监督层四个层面组成。该框架比较符合国内企业现状，与已有的管理体系和技术管控体系的结合较为紧密，对于处于数据安全治理起步阶段的中小银行具有一定的参考和指导意义。具体实践为：

（1）构建大数据安全保障组，并明确其职责；

（2）建立制度规范，明确保护范围、目的及所要解决的风险，所适用的管理对象；

（3）梳理涉及客户信息的业务管理部职责、人力资源部职责；

（4）对数据进行分类分级；

（5）定义岗位角色与权限；

（6）建立账号与授权管理机制；

（7）建立客户敏感信息操作规范；

（8）落实客户信息安全日常审查；

（9）落实客户信息系统的技术管控。

4. 数据安全相关法规和监管标准

4.1 国外法规和监管要求

面对日益严峻的数据安全威胁，世界主要国家全面加强数据保护的立法和监管，陆续出台数据安全法律法规和监管要求。

美国的模式是行业驱动与规则塑造下的多方博弈，美国的策略较为灵活，主要采取行业自律模式，即由公司或行业内部制定行业的行为规章或最佳实践指南，为行业的数据和隐私保护提供示范和标杆。美国并没有统一的数据安全和个人隐私保护法，而是通过在联邦层面为个人信息保护工作提供宏观依据，主要体现在《公平信息实践法则》《隐私法》等联邦法律中；同时在重点领域进行立法，如《电子隐私通信法》《儿童网上隐私保护法》《加州消费者隐私保护法案》等联邦法律。

欧盟保护模式是由国家主导的立法模式。国家通过立法的形式，明确保证数据安全的各项基本原则和具体的法律规定等。2018 年 5 月 25 日，被称为史上最严格数据保护法的欧盟《一般数据保护条例》（GDPR）正式实施，成为全球数据安全保护的重要标杆。

4.2 国内法规和监管标准

2016 年，我国颁布了《中华人民共和国网络安全法》，并陆续颁布了《信息安全技术 个人信息安全规范》等法律法规和标准，《中华人民共和国数据安全法》的实施发布，也体现了国家立法层面对数据安全的高度重视。

为及时掌握数据安全监管动态，有效落实相关标准和要求，青岛银行持续补充和完善监管标准库，对新法规新标准进行对标分析和解读。目前现行及意见征求中的数据安全相关的主要制度，如表 1 所示。

表 1　数据安全监管要求和标准

标准支撑关系分类	文件名称	标准体系分类
1. 大数据安全	1. 1 GB/T 37973—2019《信息安全技术　大数据安全管理指南》	基础框架类
	1. 2 GB/T 35274—2017《信息安全技术　大数据服务安全能力要求》	安全要求类
2. 个人信息保护	2. 1 GB/T 35273—2020《信息安全技术　个人信息安全规范》	安全要求类
	2. 2 GB/T 37964—2019《信息安全技术　个人信息去标识化指南》	实施指南类
	2. 3《儿童个人信息网络保护规定（国家互联网信息办公室令第 4 号令）》	安全要求类
	2. 4《信息安全技术　个人信息安全　影响评估指南（GB 征求意见稿）》	检测评估类
	2. 5《信息安全技术　个人信息安全工程指南（GB 征求意见稿）》	实施指南类
	2. 6《APP 违法违规收集使用个人信息行为认定方法》（国信办秘字〔2019〕191 号）	实施指南类
	2. 7《APP 违法违规收集使用个人信息自评估指南》	实施指南类
	2. 8 JR/T 0171—2020《个人金融信息保护技术规范》	安全要求类
3. 数据安全	3. 1《银行业金融机构数据治理指引》（银保监发〔2018〕22 号）	基础框架类
	3. 2 GB/T 37988—2019《信息安全技术　数据安全能力成熟度模型》	检测评估类
	3. 3 GB/T 37932—2019《信息安全技术　数据交易服务安全要求》	安全要求类
	3. 4 GB/T 37973—2019《信息安全技术　大数据安全管理指南》	安全要求类
	3. 5 GB/T 37988—2019《信息安全技术　数据安全能力成熟度模型》	安全要求类
	3. 6《信息安全技术　政务信息共享　数据安全技术要求（GB 征求意见稿）》	安全要求类
	3. 7《金融数据安全　数据安全分级指南》	实施指南类
	3. 8《数据安全法》	安全要求类
	3. 9《中国人民银行网络数据安全管理指南》（银办发〔2019〕7 号）	安全要求类
	3. 10 JR/T 0223—2021《金融数据安全　数据生命周期安全规范》	安全要求类
4. 数据出入境	4. 1《个人信息出境安全评估办法（征求意见稿）》	检测评估类
	4. 2《信息安全技术　数据出境安全评估指南（草案）》	检测评估类

5. 建立符合现状的中小银行数据安全治理体系

5. 1　完善数据安全治理的组织架构

数据安全治理相较数据安全管理，意味着更顶层的战略决策、更合理的权责安排及更严密的问责机制。中小银行根据监管部门的管理要求，大多数成立了信息安全管理委员会，来决策、审议、协调和监督公司整体安全工作事项，而数据安全属于信息安全的一部分，基于数据安全治理的相关工作与信息安全管理有关联，但并不冲突，数据安全治理的领导职责可以直接由信息科技管理委员会来承担，或者银行成立独立的数据治理委员会或者数据安全治理委员会等。

组织体系方面还需要明确数据安全治理的牵头部门以及具体实施部门。中小银行目前已逐步成立自己的数据管理部门，但数据安全管理工作都由科技部门承担，实践中可以参考的一种组织方式是数据管理部门、科技部门和审计部门，分别从三个层面落实数据安全治理工作，如图 1 所示。数据管理部门侧重于业务场景下全链条数据的安全治理，安全管理部门负责构建网络安全管理与技术防护体系；审计部门专注于数据安全运行体系的有效性确认。这样从业务流程到技术管控再到评估有效性，可实现全方位立体化的数据安全管控体系。

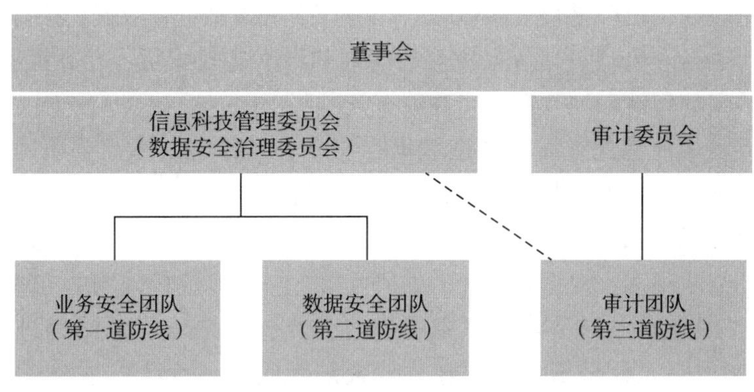

图 1　数据安全组织架构参考

5.2　建立健全数据安全制度体系

围绕安全策略、安全管理、安全运营、安全技术、合规评测等方面构建数据安全保障框架。建立数据安全管理的四层制度体系，制定数据安全治理策略；制定《数据安全管理办法》《数据资产管理办法》《数据分类分级标准》《数据安全成熟度评估标准》等数据安全管理制度规范，明确数据资产管理、数据分类分级标准及数据安全评估标准等安全要求和实施方法；制定数据业务运营部门在数据安全运营和业务安全运营过程中的要求和实施指南；制定系统安全开发设计、运维管理、安全防护措施、基线配置要求等安全技术要求、流程和指南；制定数据安全管理与技术评估的方法、流程、指南。

5.3　建立数据全生命周期的技术防护体系

大数据时代下的数据安全是一个全新的概念，数据的存在形式、使用方式和共享模式与过去有了极大的变化，数据可能以不同的方式在不同的环节中被快速打散、重组、流动，在这个过程中还会源源不断地产生新的数据。无法简单地用原来的安全方法解决，要从原有的以“系统”为中心的思路切换到以“数据”为中心的思路上来。

中小银行数据安全治理的起步阶段可以结合原有的数据安全管控措施，依照数据生命周期进行安全管控，数据安全生命周期可分为六个阶段，包括数据采集、数据传输、数据存储、数据处理、数据交换和数据销毁。在存储、网络、终端、主机、应用等不同位置对数据的采集、传输、存储、处理、交换和销毁各个环节进行技术管控，持续优化，逐步建立立体的、全视角的数据安全防护技术体系。

5.4 进行数据分类分级和风险识别

只有对数据进行有效分类，才能在数据的安全管理上采用更加精细的措施，避免“一刀切”的控制方式，使数据在共享使用和安全使用之间获得平衡。主要的过程和步骤包括以下几个方面：

（1）数据资产梳理

第一步就是对数据资产进行全面梳理，识别什么是重要敏感数据，这是数据安全工作的一个基础工作也是一个难点。数据梳理的范围和维度比较广泛，在数据资产的梳理中，需要明确这些数据如何被存储，需要明确数据被哪些部门、系统、人员使用，数据被这些部门、系统和人员如何使用。需要知道数据存储和分布情况，还需要明确数据的使用情况。数据资产梳理可以用人工和工具结合的方式进行。

（2）数据的分类分级

数据分类的方法很多，根据谷安天下的研究报告，目前银行采用的方法分为三种：一是以数据主体进行分类；二是以数据主题进行分类；三是以业务流程进行分类。其中JR/T 0171—2020《个人金融信息保护技术规范》就是以“个人”主体为基础制定的规范，把个人金融信息定义为C3、C2、C1级别，其中C3和C2级为敏感数据。这个标准是可以值得中小银行参考的，同时也可以参考比较贴切中小银行的现状。

（3）数据风险识别

完成数据分类分级后就需要进行数据风险和敏感数据识别，并进行风险评估。数据全生命周期安全风险评估应从通用安全和数据生命周期各阶段安全两个方面进行数据环境风险检查。对于攻击者来说，系统的方方面面都存在脆弱性，数据流转所依附的环境的安全成为数据安全的一个重要因素，信息系统一旦出现安全隐患，都会导致系统环境中的敏感数据泄露或丢失。

5.5 建立数据安全成熟度评估机制

中小银行在建立数据安全治理实践中，可通过治理框架厘清思路，通过数据全生命周期安全管控措施落地实施，并建立数据安全成熟度模型，实现对数据安全能力的评估。

数据安全成熟度可参考GB/T 37988—2019《信息安全技术　数据安全能力成熟度模型》，建立组织建设、制度流程、技术工具以及人员能力四方面数据安全能力。通过DSMM进行持续的成熟度度量和演进，在数据生命周期不同阶段部署控制点、对控制点进行定期审计和迭代优化，形成包括工程化能力、自动化能力、感知能力的数据安全运营能力，促进数据安全运营能力成熟度走向成熟。

6. 青岛银行在数据安全治理专项领域的研究与实践

对于中小银行来说，数据安全治理体系建设的路仍需慢慢探索。青岛银行在建立健全数据全生命周期安全防护体系的基础上，开始参照国际国内的标准，结合自身实际情况，梳理并打造企业级数据安全分类分级标准，识别重要资产，分类落实管控措施。青岛银行在5G应用、开放银行的实践过程中，探索数据安全治理的实施落地，对数据安全的风险进行共性的提炼和总结，用场景化方式指导安全技术进行落地，针对不同场景配置不同的策略和工具，以应对不同风险。

6.1 量身打造企业级数据安全分类分级标准

6.1.1 建立数据分类分级工作的难点和挑战

（1）数据对象纷繁复杂，数据增速快、变化快

随着数字化的快速发展，数据作为数据安全治理的对象，呈现出数据规模海量庞大、数据格式种类繁杂以及数据来源各式各样等特征。从传统的内部数据和业务数据扩展到第三方外部数据以及移动终端、网络设备、日志等数据。半结构化数据或非结构化数据占比越来越大，数据量也是指数级增长。

（2）数据资产清单难梳理，数据分类难度大

资产梳理是信息安全工作的一个难点，银行业务复杂，数据资产散落在业务系统中，还涉及第三方机构及外部服务等其他场景。以青岛银行这样的中小银行为例，业务系统150多个，每分每秒数据都在不断增加，尽管通过数据仓库来对数据进行集中管理和共享，但集而不清的现象依然是中小银行推动数据资产化和数据分类并进行分级安全管控的阻力和难点。

6.1.2 建立企业级数据安全分级标准的作用

（1）有利于数据共享，实现精细化管理

统一的数据分级管理制度，能够促进数据在机构间、行业间的安全共享，有利于行业数据价值的挖掘与实现。但对于中小企业而言，如果脱离实际，只是拷贝和复制，缺乏定制化和差异化的数据层面的分类分级，数据安全管理工作将很难有突破，精细化的数据安全管理也无从谈起。

（2）有利于分级管控，减少重复投入

中小银行应制定企业级的数据安全分级标准，对数据的类型、特性、规模以及机构特性等因素进行分析，综合考虑本机构数据安全管理的总体目标和安全策略要求，对数据资产进行合理的梳理、归类和细粒度划分，基于全局数据资产目录将数据进行分级，量身打造可落地执行的数据安全级别清单，根据数据的类别和密级制定不同的管理和使用原则，对数据进行有差别和针对性的适当防护，可以减少重复性工作，减少重复投入。走好数据安全治理体系建设的第一步棋，为后续工作奠定良好的基础。

6.1.3 建立切合自身实际的企业级数据安全分级标准

（1）数据安全分类分级工作的组织

在组织与制度设计方面，青岛银行在成立大数据部门之前数据治理及数据安全工作都是由科技部门负责，随着数据治理工作的深入开展及大数据部门的成立，业务部门也深入参与数据资产梳理以及分级分类工作之中。青岛银行在信息科技管理委员会统一领导下建立了专门的数据安全治理虚拟组织，自上而下形成高层牵头，横跨业务部门与安全部门的组织架构。由信息安全管理团队和数据业务管理团队共同商讨建立数据安全制度流程体系。从最高级的方针战略，到最细节的日志记录，都由不同层级的团队负责进行文档化的落地。

（2）数据分类分级标准建立

《个人金融信息保护技术规范》（JR/T 0171—2020）个人金融信息的定义、范围和敏感性类别，并有针对性地提出了保护 C1-C3 各类别个人金融信息的控制要求，为金融机构建立分类、分级保护技术措施奠定了坚实的基础。

青岛银行结合前期在实际操作中的问题，依据监管的标准，制定了相关标准和要求，参照《金融数据安全　数据安全分级指南》，本规范依据数据安全性遭受破坏后的影响范围与影响程度，将数据安全级别由高到低分为 5 级、4 级、3 级、2 级、1 级。明确了数据定级规则表，如表 2 所示。

表 2　数据定级规则表

<table>
<tr><th rowspan="2">最低安全级别参考</th><th colspan="2">数据定级要素</th><th rowspan="2">数据一般特征</th></tr>
<tr><th>影响对象</th><th>影响程度</th></tr>
<tr><td>5</td><td>国家安全</td><td>非常严重/严重/中等/轻微</td><td rowspan="2">重要数据，通常主要用于金融行业大型或特大型机构、金融交易过程中重要核心节点类机构中的关键业务使用，一般针对特定人员公开，且仅为必须知悉的对象访问或使用；
数据安全性遭到破坏后，影响国家安全，或对公众权益造成非常严重的影响</td></tr>
<tr><td>5</td><td>公众权益</td><td>非常严重</td></tr>
<tr><td>4</td><td>公众权益</td><td>严重</td><td rowspan="3">数据用于金融业机构关键或重要业务使用，一般针对特定人员公开，且仅为必须知悉的对象访问或使用；
JR/T 0171—2020《个人金融信息保护技术规范》中定义的 C3 类个人金融信息；
数据的安全性遭到破坏后，对公众权益造成中等或轻微影响，或对相关个人隐私及企业合法权益造成严重的影响，但不影响国家安全</td></tr>
<tr><td>4</td><td>个人隐私</td><td>非常严重</td></tr>
<tr><td>4</td><td>企业合法权益</td><td>非常严重</td></tr>
<tr><td>3</td><td>公众权益</td><td>中等</td><td rowspan="4">数据用于金融业机构关键或重要业务使用，一般针对特定人员公开，且仅为必须知悉的对象访问或使用；
JR/T 0171—2020《个人金融信息保护技术规范》中定义的 C2 类个人金融信息；
数据的安全性遭到破坏后，对公众权益造成中等或轻微影响，或对相关个人隐私及企业合法权益造成严重的影响，但不影响国家安全</td></tr>
<tr><td>3</td><td>公众权益</td><td>轻微</td></tr>
<tr><td>3</td><td>个人隐私</td><td>严重</td></tr>
<tr><td>3</td><td>企业合法权益</td><td>严重</td></tr>
</table>

续表

最低安全级别参考	数据定级要素		数据一般特征
	影响对象	影响程度	
2	个人隐私	中等	数据用于金融业机构一般业务使用，一般针对受限对象公开，通常为内部管理且不宜广泛公开的数据； JR/T 0171—2020《个人金融信息保护技术规范》中定义的C1类个人金融信息； 数据的安全性遭到破坏后，对相关个人隐私造成中等或轻微影响，或对企业合法权益造成中等影响，但不影响国家安全
2	个人隐私	轻微	
2	企业合法权益	中等	
1	企业合法权益	轻微	数据一般可被公开或可被公众获知、使用； 个人消费者在一定情况下主动公开的信息； 数据的安全性遭到破坏后，可能对企业合法权益造成一定影响，但不影响国家安全、公众权益及个人隐私

6.2 建立数据安全风险场景库

6.2.1 业务场景化带来的数据安全风险

数据只有在安全保护的前提下，才能有效地开放、共享、使用、挖掘并产生更大的价值。数据在各场景间复杂流转带来了巨大的安全防护挑战，在不同场景下，数据面临不同的安全问题，数据流转增加了中小银行数据管控难度。各个业务系统本身存在重要程度、敏感级别的不同，数据会在不同等级系统之间进行交互和流转，需求各异的业务场景都会使数据的访问、操作和使用面临诸多风险。

6.2.2 建立数据安全风险场景库的作用

（1）数据安全场景化运营

金融机构数据安全运营离不开业务场景，随着人脸支付、面部识别、区块链等新技术在交易场景中的广泛应用，数据赋能的趋势越来越明显。数据安全运营应当支持业务决策发展，从服务业务方变成业务的安全伙伴，安全能力赋能业务方，根据业务形态不断调整数据安全应对策略。

（2）数据安全方案共享共用

随着场景的不断积累，可对数据安全场景进行整合和共享，以场景驱动，最大限度地保障业务效率，逐渐打造企业级的数据安全风险场景库，针对不同类型用户、数据类型、使用环境，提供不同的技术手段和方案，实现安全保护的“度”与业务效率的最佳平衡。

（3）提升风险评估和处置效率

对场景进行分类和分析，结合已有的安全方案，提取同类场景的共性，按级别进行安全风险评估和风险处置。

6.2.3 开放银行数据安全风险管控实践

开放银行打破了原有银行物理网点、电子渠道的界限，让银行变得无处不在。青岛银行在开放银行的业务发展中，共享数据创新应用、迅速提升客户覆盖，实现互利共赢，但数据共享也带来数据过度提取、数据保护不足、数据安全防护薄弱等问题。青岛银行作为最终的金融业务提供者，若缺少对共享数据的管控，将为最终用户负责。错误、被篡改、过期的数据，会导致青岛银行的业务风险。

青岛银行结合实际，针对开放银行的数据使用的风险进行分析，对场景进行细分，从第三方准入、需求的安全评审、SDK 的安全检测、数据使用的安全评审、关键数据技术加密等方面入手，实现对开放银行数据进行全生命周期的管控。青岛银行细化开放银行的具体场景，提炼和沉淀安全管控要求，坚持数据安全治理要以全数据链条中的数据安全为目标，确保数据在不同控制主体之间流通时不被滥用和泄露。

（1）开放银行业务模式涉及的数据安全风险

开放银行以平台合作为主要业务模式，开放银行通过 API 接口或 SDK 的方式连接了多方主体，业务模式相比传统银行业务，将数据存储、传输、使用链条拉长，如果任何连接一方存在安全薄弱环节及设计缺陷，或权限设置不当都可能提高整个系统数据泄露的风险，进而导致客户数据被非法获取，产生安全隐患。

开放银行对于第三方机构的选择也是风险的重要来源。如果第三方不恰当使用银行数据及产品，就可能借用银行渠道实现非法目的，导致数据滥用等问题。

（2）开放银行 API 数据安全风险管控

一是统一设计开发规范，建立健全 API 设计、开发、测试等环节标准规范和管理制度，引导 API 开发运维流程标准化，将相关要求以制度规程等形式进行沉淀、落实，避免遗留严重安全漏洞。

二是完善身份认证和授权管理机制，针对除信息公开披露场景以外的 API 建立有效的身份认证机制，对现有身份认证机制安全要素评估，健全身份认证机制；建立健全访问授权机制，严格遵循最小必要权限原则，尤其针对提供数据增、删、改等高危操作的 API，严格规范用户权限管理；对涉及敏感信息、重要数据的 API，加强接入方资质和数据安全防护能力审核，避免因接入方原因导致数据安全事件。

三是加强数据分类分级管控能力建设，梳理 API 数据类型，落实数据分类分级管控措施，针对 API 涉及的敏感数据按照统一策略进行后端脱敏处理，并结合数据加密、传输通道加密等方式保护 API 数据传输安全。部署敏感数据监测工具，及时发现未脱敏展示、前台脱敏等现象，并对接口流量进行分析，杜绝敏感数据明文传输等违规行为。

四是加强 API 数据流向监控能力建设，通过分析访问和被访问 IP 的局域、地域或法域，实现对数据流向的实时监控，防范数据接收方非法出售或滥用个人信息风险，发现相关违法违规事件及时阻断 API 接入，为应用程序接口（API）后续溯源调查积极存证。

（3）开放银行客户敏感信息操作管理

一是加强业务人员对客户敏感信息操作的管理，涉及客户敏感信息的批量操作或因监管报送、业务受理、投诉处理等需要查询或获取客户信息时，必须遵循相应的审批流程。青岛银行是将业务取数的需求归集到总行的业务部门，经过业务部门审批并统一审批流程。

二是加强运维人员对客户敏感信息操作的管理，运维部门制定并维护业务系统层角色权限矩阵，明确生产运营、运行维护、开发测试等岗位对客户敏感信息的访问权限。青岛银行严禁运维人员在未获得审批的情况下向开发测试环境导出客户敏感信息。对敏感数据的批量操作，需要在指定地点、专用设备上进行操作，相关设备必须进行严格管控。

三是严格数据取数管理，业务部门作为数据需求部门，指定专门人员负责该部门的数据提取需求。数据提取需根据流程经过各层级审批，并按照行内的指定路径传输数据。不得将取数结果交付给非需求人员。非数据管理员不接收取数申请，也不得将提取数据直接发给相关需求人员。

四是场景化个人敏感信息评估，基于不同业务目的所收集个人信息的汇聚融合、涉及个人信息安全事件等场景，建立额外的评估触发机制和专项评估规范。对于特定个人信息处理场景，比如涉及手机银行第三方业务接入等，对隐私协议的描述与 APP 实际采集的信息进行技术检测和评审，确保 APP 收集信息的合规。

6.2.4 5G 场景数据安全风险管控实践

面对澎湃而来的 5G 时代，青岛银行积极探索 5G 技术在金融行业的应用，以最快的速度在全网点实现了 5G 信号的覆盖，未来一系列 5G 金融科技场景将逐步应用落地。5G 应用的创新以及场景化带来的海量数据沉淀，给青岛银行带来巨大的数据安全的挑战，如何在保障场景创新和业务拓展的同时，确保数据安全，也是青岛银行持续关注的重点。

（1）管理方面，青岛银行不断探索 5G 网络条件下的数据安全风险研究，结合数据全生命周期的安全管控，规范数据共享和数据合规审核机制，青岛银行加强内部数据风险管控，确保数据使用合法合规，防止客户信息和隐私数据泄露。

（2）技术方面，一是针对认证、面签等场景带来的音频和视频数据，结合应用系统的安全建设对具体数据传输、存储等进行全流程安全测试和评估。二是 5G 新业务在开展时，引入了许多人脸识别、指纹识别等人工智能图像处理相关的应用，而 5G 场景下的人工智能安全问题是一个较新的技术领域，在中小银行数据治理领域可参考的经验较少。针对这个问题，青岛银行立足于自身业务和数据安全风险点，对现有的人工智能图像处理系统进行升级改进，加强数据安全技术的实施，包括加密技术、数据脱敏、数据标签、数据共享管控技术等。对人工智能的开发、测试、运行过程的隐私数据以及图像识别算法的训练过程产生的数据进行保护，开展专项安全风险评估，保障 5G 业务正常开展，客户资产得到保护。三是结合安全态势感知系统的建设，将 5G 数据接入系统，对数据安全进行风险分析和识别，打造 5G 网络安全动态态势防御体系，控制网络安全风险。

7. 总结

中小银行数据安全治理体系的建设是一个长期和持续的过程，中小银行需要在国家数据安全治理的大框架下，紧紧围绕数据的金融财产属性和个人隐私属性，明确企业的数据安全目标，设定数据安全防护战略，构建数据安全治理组织，制定数据安全政策，完善安全运营、合规与风险管理实践机制，加强金融数据的安全防控，形成一套行之有效的金融数据安全治理体系。

参考文献

[1] 安全牛．中小银行数据安全治理研究报告 [R]. 中国：谷安研究院，2020-07.

[2] 网络空间安全测评工程技术中心．电信和互联网行业数据安全治理白皮书（2020）[R]. 中国：中国软件评测中心，2020.

[3] 中国信息通信研究院安全研究所．应用程序接口（API）数据安全研究报告 [R]. 中国：中国信通院，2020.

[4] 中国网络安全与信息化产业联盟数据安全治理委员会．数据安全治理白皮书 2.0 [R]. 中国：数据安全治理委员会，2019.

[5] 大数据时代下的数据安全防护——以数据安全治理为中心 [OL]. 信息安全与通信保密杂志社微信公众号，2020-03-05.

[6] 李吉慧．金融数据安全保护实践及思考 [OL]. 中国金融电脑微信公众号，2020-09-04.

“十四五”期间城商行数字化转型路径与措施研究

——基于数字化能力视角

屠立峰　王毓蓁①

2008 年国际金融危机后，数字技术带来的创新使许多人再次声称，银行濒临灭绝，即将被金融科技公司取代或从根本上瓦解。从 2015 年《政府工作报告》首次提出制订“互联网+”行动计划以来，我国各行业都在积极探索互联网技术应用，产生了很多新业态和新模式，有力地促进了传统产业的转型升级。2018 年，Gartner 集团宣布“数字化到 2030 年，大多数传统金融公司将变得无关紧要。”2013 年谷歌趋势显示，人们对金融科技的兴趣开始高涨。技术支持下的金融创新，可能产生新的商业模式、应用、流程或产品，对金融市场、金融机构以及金融服务的提供产生重大影响。标普全球在 2018 年“美国金融科技市场报告”中将金融科技活动分为六类：支付、数字贷款、数字银行、数字投资管理、个人金融、区块链和保险技术。5G 将从用户体验、业务创新、生态创新等方面对银行数字化转型产生深远影响。美国 BigTech 公司是在数字服务市场上占有一席之地的技术公司，它们拥有成功的数字平台。BigTech 进入金融业给银行带来的挑战与金融科技公司带来的挑战截然不同。典型的金融科技公司是一家专门针对银行特定产品线的公司。例如，一家信贷金融科技公司的目标是从银行手中夺取市场份额，通常是在信贷市场的一个专门领域。相比之下，大科技公司有能力在大量产品线上挑战银行，它们可以领导正面进攻，而不是攻击利基市场。未来 10 年，数字化将对银行经济格局和基本商业模式形成巨大挑战。打造未来的银行，应从以客户为中心、大规模建设数字化能力、管理数字化创新三大抓手出发，为迎接挑战、建立更强大的组织做好准备。国际国内商业银行近年来纷纷进行数字化转型，利用先进的数字分析技术将数字价值充分挖掘，发挥数据的驱动作用，进而推进整体经营管理的变革。

1. 数字经济时代呼唤城商行能力体系的变革

数字化是指银行的运营建立在计算机、各种终端和互联网所构成的信息基础设施上，或称为由“云、网、端”构成的运营平台，并以这些基础设施产生的数据为重要资产和生

① 课题组：苏州银行股份有限公司博士后科研工作站（牵头单位）、苏州大学东吴商学院、东吴智库、苏州大学—江苏现代金融研究基地。课题组成员：朱瑞良（苏州银行）、谢凯（苏州银行）、权小锋（苏州大学教授，博士生导师）、乔桂明（苏州大学教授，博士生导师）。

产要素。银行从前端营销、客户服务、经营决策到后台的数据存储运维全部建立在数字技术提供的基础架构上，呈现在客户面前的银行不再是传统建筑内的营业机构，而是运行在以手机、电脑为代表的各种个人终端上的应用软件和网页。部分银行的后台基础设施甚至也有可能不以自有实体计算机的面貌出现，而是由云计算服务商来提供“看不见”的设备。银行从多个渠道和节点产生和获取数据，开展数据驱动的产品设计、风险控制、客户关系管理、设备运维等生产活动，形成“数据胜于经验”的经营范式。数字化提供了核心资产，使银行能无缝感知客户、全面理解客户。数字化提供了运行动力，使银行能洞悉客户需求、创造优质服务。数字化还提供了组织形态，使银行具备无处不在的触角，始终伴随客户和伙伴。

1.1 城商行数字化转型的必然性

数字化时代，银行也要应经济生活的数字化而转型为数字化银行。在中国，这是银行继会计电算化、数据大集中、网络和移动银行之后的一个尤为重要的转型旅程。数字化转型是指利用数字化技术（如云计算、大数据、移动、社交、人工智能、物联网、机器人、区块链等）和能力来驱动组织商业模式创新和商业生态系统重构的途径和方法，其目的是实现企业业务的转型、创新、增长。

城商行是数量最为庞大的银行群体，普遍存在转型战略目标不够清晰、科技投入及人才储备相对较弱、场景连接不够丰富、产品迭代速度较慢等问题，但决策链条相对较短、业务量级较小且保持稳定，也是其优势所在，数字化能力建设应重点关注战略制定及符合自身需求技术的快速应用。

1.2 城商行数字化转型需要五大能力体系的支撑

对应生产力、生产资料和生产关系，可将城商行所需能力分为数字化组织、数字化产品与服务、数字化技术、信息数据和数字化人才五大维度的能力体系。这五大能力从不同角度互相协同，使城商行能协调指挥其拥有的多样性资产，不断学习和重新组织，去探测、发现和捕捉机会，支撑数字化转型的实现。其中，组织能力和信息数据是城商行构建新型生产关系的基础，产品与服务、技术、人才是城商行经营的生产力，信息数据则与城商行的基本生产资料紧密相关。

1.2.1 数字化组织能力

组织能力衡量了城商行从战略、结构、文化等组织行为角度有效引领和支持发展的水平，反映了组织在企业目标指引和变化环境下制定、持续调整战略战术的远见性、灵活度和执行力。这对创新型企业尤为重要，因为创新需要不确定的、集体的、累积性的学习过程，而支持这样的学习过程需要企业在三个条件上给予坚定和正确地支持、战略控制、组织整合、财务投入，这些都是企业的组织行为。

数字化经营是商业银行着力追求的目标，这需要商业银行对传统商业逻辑进行调整，重塑技术、业务和管理架构。重塑架构的现实逻辑“架构”是指整个系统运行中要明确需要配置哪些组件、要素，规范各组件、要素之间相互协作的规则和流程，使得各要素合理配置，形成相对稳定的运行体系。在领导力与组织架构转型这一转型维度中，建立权责明确、沟通有效的组织架构是最为重要的。部门之间协调困难、配合不够、沟通不顺、参与不足、权责不清、分工不明确、组织架构调整困难等都是城商行的常见痛点。城商行在推进数字化转型的过程中，依然面临传统的体制机制上的掣肘，跨部门之间不愿配合、部门内部等级森严、决策链冗长，城商行业务条线与科技条线配合度低、权责不清，技术与业务的双向驱动难以实现。

构建可视化、扁平化的组织架构，提升组织沟通的效率与精度，做到权责分明，才能增强企业内部、团队之间的凝聚力，有效发挥组织及个体的真正价值，打破业务和科技部门的壁垒，持续提升组织协同的效能。步伐较快的城商行已经在组织架构上做出了新的建设和转变。

1.2.2 数字化产品与服务能力

随着互联网、移动互联网的发展与进步，互联网商业场景与金融服务随时随地实现无缝对接，商业银行已经迈进互联网金融的 2.0 时代——场景化金融。未来几年，商业银行不仅需要深入挖掘客户场景化金融的实际需求，还要构建以大数据驱动的数字化营销体系，完成场景化金融的转型升级。产品与服务能力表征了银行开发、推销、运营、迭代新产品和服务的能力，这是城商行应用于市场竞争的核心能力，在数字化转型中都得到直接体现。如数字化方面，银行需设计开发适应于互联网渠道的、能快速投放的产品，产品要有较多的数据埋点来采集客户在每一步交互过程中的行为信息；智能化方面，具有良好人机交互性能、分析性能的产品越发重要，做到精准营销和满意服务；开放化方面，城商行输出金融资源和科技能力，需与合作伙伴联合开发适应于伙伴所在场景的产品。如果缺乏足够的产品服务能力，城商行的数字化就没有了用武之地。面对市场经济下行、同业竞争加剧、互联网冲击，城商行想要获得突破，需要顺势而为，充分运用互联网、大数据等技术寻找创新领域。

1.2.3 数字化技术能力

技术能力是指城商行开发和应用分布式 IT 架构、互联网、人工智能、区块链、大数据、云计算、物联网、生物识别等各种技术，服务于经营活动的能力。应用这一系列金融科技是银行实现数字化和智能化的根本基础，没有技术能力就无法实现。

新兴技术的不断应用催生了城商行产品和业务模式的变革，积极拥抱新技术，打造完备的信息科技体系，为业务提供敏捷可用的基础能力支撑，已经成为当下中国银行业的共识。对于城商行来说，除了传统的机房建设、服务器及网点终端设备采购、应用系统开发、日常运维等开支项外，IT 投资正向更广泛的信息科技建设领域延伸，在云计算、大数据、人工智能等技术应用研发和产品采购方面的投入逐年增加。

除了构建城商行数字化基础架构之外，移动端体系能力的建设也是城商行必须关注的重点。IDC（2020）调研显示，36%的城商行在渠道转型中关注超级 APP 的建设，同样有36%的受访者关注移动端渠道的多样性。在移动端体系能力建设上，城商行应基于自身能力及需求，逐步建立开发框架、模块化开发、应用构建、应用发布、流量分发、热修复、消息推送、性能监控等APP建设所需的核心能力，最终建立起移动端统一的研发运维管理规范体系和平台。通过提升移动端的开发、运营、运维效率，城商行能够为超级APP的建设打造扎实基础，并迅速提升精细化、智能化运营能力，从而提高获客活客能力及客户体验。

1.2.4 信息数据能力

信息数据能力反映了城商行基于信息技术和伙伴连接，获取数据的广度和分析使用数据的深度。信息数据能力源于城商行的数字技术能力和开放水平，是数字化和开放化发展程度的良好表征。信息数据能力越强，城商行在各种渠道覆盖的广度越宽阔、深度越扎实，开放化程度就越高，并推进数字化业务全渠道、全场景的纵深推进。

由于经营规模单一、经营范围受限，多数城商行的基础数据规模和数据质量存在不足。虽然城商行的数据质量相对较差，但是受限于业务量及历史沿革，重新清洗的工作量也相对较小。因此，对于城商行而言，数据治理的难度并没有想象中的高，首先需要管理层认识到数据治理的重要性，并做好这是一项长期的、投入效果显现较晚的工作的心理准备。其次是制定治理规划，划清部门权责，确认主导治理的团队，并协调各部门积极配合，同时，对新产生的数据务必要严格按照数据标准进行管理与存储，做到历史数据追溯治理、新生数据实时管理。

1.2.5 数字化人才能力

人才是银行的核心，也是其脱颖而出的关键。顶级人才数量虽少，却贡献了银行业绝大部分价值。因此，识别、吸引、培养和挽留人才至关重要。针对产品、客户和技术，城商行必须仔细构想未来的价值链组成，并精准识别行业所需的人才类型。城商行需要评估业务线上的人才缺口，根据需要招聘最合适的人才，并最大限度地保障“人尽其用”，为组织创造价值。银行需要充分开阔眼界，创造更加多元和包容的人才团队。

城商行在人才招募和留存等方面较国有银行和股份制银行来说处于劣势地位，由于地域的限制及科技水平的制约，在吸引和培育人才等方面较为困难，人才掌握的技术能力也相对薄弱。同时，城商行信息科技部门自有人员数量规模与大型银行的人才储备相比，差距较大。技术人才的缺失反过来又会导致城商行技术能力较弱，形成恶性循环。

城商行的自身科技能力建设，离不开专业化信息科技与金融科技人才的培育。城商行应在和厂商共建项目时，锻炼自有人员科技能力，加强人才储备，壮大金融科技专业团队，培养能够适应时代变革、勇于开拓创新的人才队伍，为未来的战略发展、信息化建设、金融科技技术应用打下坚实基础。步伐较快的城商行已经在人才激励上提出了相应举措。

2. 城商行数字化转型的路径构建

从已上市的城商行公开信息披露中发现，虽然在金融科技的起步阶段落后于国有银行和股份制银行，但近两年内各家银行追赶的步伐明显变快，其中，资产规模较大的城商行在数字化转型的实践中更多地表现出积极投入、勇于创新、对标大行等特性。

2.1 自上而下制定全行级战略

城商行所制定的数字战略和目标应该是由最高管理层制定。各个业务线部门、数字化部门以及传统技术部门按照这一整体的战略目标进行沟通与协调，由最高管理层来统筹安排所有资源，逐步形成数字化原生企业所具有的数字能力与特质。

银行董事长和董事会的全力支持至关重要。但支持不能仅限于高层的使命声明，高层决策者与生态系统计划领导者之间一定要不断交流。数据科学等是相对较新的领域，需要时间和资源的投入。举办讲座让管理者有机会提问、加强领悟，这样也许会有所助益。外聘专家也可以发挥作用，传授不同的技能，丰富生态系统理念。银行应将专业技术和业务流程知识与其在风险和监管方面的优势结合。同时，银行的数据战略必须与其业务目标和核心运营保持一致，这样新主张才能激发全组织的兴趣。银行必须决定该如何入局。对某些银行来说，构建自己的生态体系，率先集成各种要素，掌控进入权限不失为合理之举。相应地，银行也可以加入现成的生态体系，这样能更快获得规模成效、对接新产业和业务。银行的角色必须与其战略定位、产品重点、市场保持一致。

2.2 针对战略目标形成路线图

针对战略目标所制定的数字化实施路线图，必须具有三个要素。

首先，以模块化形式设立并开展转型工作，将数字化项目按照应用场景拆解成不同的小模块，这些小的模块又可以自由组合和充分扩充，按照需求变化来调整实施计划。对于城商行来说，其资金实力和试错成本相对较弱，更倾向于采用模块化的转型方式，以试点方式推进，在看到转型效果的前提下向更大规模、更全面的转型内容迈进。

其次，数字化路线图必须是可伸缩的。采用快速迭代和敏捷开发的模式，对路线图不断进行调整，改变实施顺序和部署速度。城商行体量较小，业务复杂度较低，有能力和优势进行转型方向的快速调整，这将帮助城商行在同业的同质化竞争中抢先脱颖而出。

最后，实施路线是容易扩展的。市场变化和技术创新的速度在逐步加快，城商行需要根据市场、产品、技术、顾客行为的变化而不断调整数字化的实施路线，转型路线要有足够的留白，等待实践或市场环境变化带来的扩充或丰富。

2.3 形成综合的数据驱动能力

城商行数字化的核心是数据资产，通过对数据更加有效的管理，不断融合数字与物理渠道，提升客户的体验。此外，对数据进行实时管理与分析，以及可视化的展现，将有助于其发掘数据价值，支撑业务发展和精细化运营，进而实现数据变现。

城商行以数据的形式存储了大量的信息，但传统模式下并没有充分利用这些数据，使其产生价值，而且不同部门从特定领域收集的数据通常由部门独立保存，数据没有打通和流转。城商行数字化转型后的理想效果是让数据在不同层面打通，实现部门与部门之间、业务与业务之间、机构与机构之间的数据共享，让银行对产品和客户形成更全面的认知，开发更多符合客户需求和更有价值的产品，并能实时获得市场数据分析后的洞察，更好地指导城商行管理好自己的产品和服务。

围绕数据，城商行需要对内部流程进行改造、探索技术创新、实施更有针对性的数据治理策略，同时要有具备管理数据能力的人才。通过对不同类型的数据进行科学存储与分类，对非结构化数据进行智能化的处理与分析，打造城商行的综合数字化能力。

数字平台和数据是一个生态系统的血液，是交叉授粉、产生新洞察、实现更精准定价，以及提供创新服务的原动力。数据多元化作为一个重要目标，部分是依赖合作伙伴关系实现的。它能够推动服务定制化，为整个生态系统创造更多价值。更广范围的数据可以支持数据分析驱动的场景规划，帮助银行了解如何发展生态系统、数据用在哪里能够增添价值等。当然，银行不会愿意分享全部信息，因此，必须建立相关政策规定哪些部分要保密。同样，银行还要确保合作伙伴在转化或丰富专有信息之后，会与自己共享成果。

3. 城商行数字化转型的战略建议

数字化正在改变城商行业务。从核心业务流程到对接客户进行交易，数字化在各个环节中几乎无处不在。但是，在城商行业务中，数字化的发展只是刚刚起步。随着它的不断推进，银行、客户、第三方之间实现数据自由流动后，将会看到更深刻的变化，由此而形成的“生态系统”会催化出新的运营模式，带来前所未有的颠覆。

3.1 提升数字化组织架构设计效能

在城商行组织架构数字化的背后，是领导层、管理层的思维决策以及企业文化的缩影，其具体体现在科技人员的数量、占比、所处地位及部门结构。

对城商行来说，员工相对偏好稳定环境且应变能力有待提高，全行级的组织架构大幅调整可能难以达到立竿见影的数字化效果，反而会造成改革初期员工适应困难、影响业务效率等结果。城商行可以更多地尝试组织架构创新的局部试点和逐步推广。银行可以构建敏捷高效的创新团队或创新委员会，可以是针对新兴技术在行内的研发与落地的技术小组，也可以是垂直于各部门、各业务条线的 IT 支持小组，能够有效促进科技与业务的融合，提升部门配合度和响应度，降低组织横向沟通的成本。其中重要的一点，这个团队或部门是站在战略高地的、拥有领导层的大力支持的，推进转型才不会受到阻碍。

3.2 健全业务方案设计与合作伙伴选择机制

城商行在数字化转型伊始，往往倾向于选择在某些细分场景或业务线进行试点，通过观察试点效果，进而决定是否需要扩大转型范围甚至进行全行级数字化转型。相比之下，大型银行的资金实力雄厚，容错空间较大，不吝于投资创新技术与应用，注重培养自身的科技能力与团队，甚至将技术能力作为服务对同业输出，而城商行受限于经营限制和同业竞争，对与业务直接相关的渠道建设、客户运营管理、风险管控等环节十分看重，试点也往往由此开始。

因此，数字化转型解决方案的业务赋能效果需要是直观可见的，让城商行客户在短期内感受到方案是如何优化场景进而支撑业务发展的，这将驱动银行数字化决策的进一步推行。为了达到这一目标，方案应具备成熟的落地经验，通过实践案例证明其赋能效果。此外，方案中包含的产品组件还应与数字化转型试点倾向的业务环节息息相关，达到两相契合的结果。

城商行在选择数字化转型的合作伙伴时，首先要关注其解决方案的兼容性与灵活性，其次要关注价格竞争力。性价比及方案的灵活性也是十分重要的。

城商行的资源能力相对较弱，且多数不具备自研建设的能力。因此，做出数字化转型的决定，需要银行管理层坚定支持的决心和实施部门对转型合作方案的审慎选型，通过综合考量方案的性价比，选择成本相对较低、产品相对较丰富的方案，尽可能缩小试错成本。

此外，数字化转型解决方案的组件化特征也是加分项之一。由于城商行的转型需求往往是从自身发展诉求及选型偏好出发，希望能够灵活选择采购整套方案或若干单个组件产品。因此，方案的自由配置属性将给予城商行更多选择空间，按照转型诉求的优先级进行对应的合作。

城商行十分关注合作方的服务能力和响应速度。囿于各类能力基础，城商行数字化转型周期往往较长，呈现分段式、渐进性的特征，且因为自身科技实力有待提高，在数字化转型过程中需要与合作伙伴及同业机构进行高频的、全面的交流与咨询，以确保转型每一步骤的落地效果与预期匹配。

针对城商行的以上特性，数字化转型解决方案需要具备提供陪伴式服务的能力，基于银行的自身产品和用户特色，结合厂商经验，为银行提供数字化架构设计、运营策略咨询、产品使用培训等服务。在转型的各个阶段，根据城商行面临的不同挑战与问题，提出具有针对性的定制化建议，让银行享受到高响应速度的、全方位的合作体验。

3.3 优化数字化银行专业人才培育机制

要想借行业技术变革的东风，银行就必须调整其人才培训、部署和管理模式，从确定自身所需技能入手，识别和保留拥有相关技能的人才，并建立继任计划以保障人才的长期供给。

3.3.1 人才识别

银行的领导职位通常由业绩最好的员工担任。但是，优秀的业绩并不一定意味着良好的管理才能。除此之外，银行现有的高业绩员工可能并不具备相应的数字化技能和经验，因此也难以识别和利用未来的价值创造机遇。银行必须拓展招聘范围，将数字能力纳入求职者的技能组合中。

银行还应重新审视"高薪挖人"的做法。诚然，员工过往的优秀表现具有一定的代表性，但这并不意味着数字环境就能全盘复制这种成功。在招聘时，金融公司倾向于搞"小团体作风”，对特定的商学院学生予以偏爱。但麦肯锡的研究发现，在绩效的完成上，很多高等院校的毕业生与前者相比，都不分伯仲，有时甚至表现更好。这些毕业生跳槽的间隔也更长，大大减轻了企业更换人才的负担。

3.3.2 提升生产力

人才是银行最稀缺的资源，也是银行脱颖而出的关键。麦肯锡认为，银行可以通过三项举措重点保护人才，提高生产力：一是依托技术实现决策制定和客户触达；二是对员工进行积极辅导；三是通过培训拓展员工技能。针对人才培养，银行出台了多项辅导和培训项目，相比之下，大多数资本市场和机构则黯然失色。

3.3.3 打造更多元、包容和敏捷的团队

银行应拓展其针对多元化发展的项目，并在人才招聘计划中突出多元化的重要性。银行还应采取实际行动消除升职中的偏见，利用数据和分析技术调整政策与实践。

银行经常会忽视在岸市场和离岸市场的人才，但这些人才往往能够帮助银行提升多元化。比如，通过打造一条从后台运营到全球领导层的晋升通道，银行可以最大限度地挖掘海外大量的数据人才。银行还能在这些地区建立卓越中心，专注于银行自动化和人工智能的开发。

充分赋能的跨职能团队是银行敏捷运营的基础，而总部与各大技术数据中心之间的紧密互动则是敏捷流程价值最大化的前提。不过，整个过程需要仔细规划，不同业务单元之间也需加强协调。

4. 城商行数字化转型的关键战略能力培育

随着互联网技术的快速发展，互联网商业场景与金融服务随时随地实现无缝对接，场景化金融已经成为互联网金融竞争的新高地。城商行不仅需要融入用户金融行为的个性化场景，还需要搭建云平台、大数据框架等新一代 IT 基础架构，完成场景化金融的转型升级。

4.1 智能的营销运营能力

4.1.1 完备的客户营销体系

在大型银行业务下沉、金融业务同质化、金融脱媒等一系列趋势下，客户对于金融产品和服务的选择变得越来越多，如何在多方竞争中挖掘客户需求、发展客户资源是城商行营销的当务之急。城商行应通过营销理念定位、营销团队建设、营销平台搭建、营销模式革新和营销资源整合等方面搭建一整套完备的客户营销体系。

在营销理念定位方面，城商行的经营理念应从以账户为中心向以客户为中心转移，营销活动也应围绕客户展开，从发掘到满足客户的需求，再到精细化运营客户实现全流程闭环体系。同时，城商行还应明确自身战略优势，发展自身特色，打造差异化定位，并通过营销手段向客户传递市场定位。

在营销团队建设方面，城商行应该建立起从总行、分行到基层网点上下联动、协同配

合的客户服务体系，打造敏捷、双向、数字化的营销团队，吸纳具备互联网营销经验的人才，为银行的线上业务提供营销建议，同时，要加强一线营销人员与后台产品工具开发人员的沟通，将客户对营销体验的反馈、一线员工的使用反馈及时准确地在前中台间完成传递。

数字化转型的目标是充分利用企业积累的资产和技术，快速交付和创新，提升客户体验，并构建生态系统。建立数字化的生态系统，从传统的基于产品的业务模式转型至基于客户的业务模式，可以使企业更好地与客户利益保持一致。在营销平台搭建方面，银行可以通过建设大数据营销平台，将内部来自各渠道、各系统、各业务条线的客户数据与外部合作得到的客户数据进行集中整合与清洗，通过打造全方位多维度的客户画像和客户标签，对客户数据进行深度价值挖掘与分析，构建数字化的智能推荐引擎，制定营销效果反馈和分析机制。

在营销模式革新方面，城商行应从传统的等客上门向主动出击转变，将传统的线下营销、熟人社交营销与线上营销、智能技术驱动的营销相结合，在发现客户需求时也应该化被动为主动，去为客户做预测和推荐，帮助客户发掘并满足潜在需求。

在营销资源整合方面，城商行应打破不同业务部门互相割裂的情况，注重产品的交叉营销及组合营销，避免碎片化的产品服务及单一的客户视角，通过构建360度客户视图来识别客户与银行的所有接触与互动，并因此作出营销预测。

4.1.2 舒心的业务数字化客户体验

任何客户体验计划都应当首要考虑客户需求和管理层的治理承诺，并以客户的重要性、满意度提升带来的成效和所需成本为依据对客户旅程分组。城商行数字化客户体验成功转型需要满足五大关键因素。

一是关注并改善客户体验的心理旅程。发现可以满足需求的产品和服务。客户经常不明白自己适合哪款银行产品或服务。客户分散、主打增值产品的银行迫切需要改善这段旅程。银行应当针对不同的客户推出定制化金融产品，这就对银行和客户双方诉求的理解提出了极高要求。这对银行理解客户诉求的能力提出了极高的要求。处理好审批流程过长、坏账等交易相关问题会影响客户，往往客户在这些时刻最为脆弱。使用产品及服务。银行能否做到及时、专业、安全地为客户提供产品，以及银行服务团队能否及时响应客户，都会直接影响用户体验。而这一环节又能同时促进新业务的推广销售和再次购买。由于金融需求本身的周期性因素，高效且准确的持续性服务是采购金融产品/服务客户的重要考量标准。

二是从组织的根本出发，解决数字化体验转型。数字化一般被视作一种超越竞争对手、摆脱不良数据和提升客户交互体验的工具。但是，多数大银行面临越来越长且复杂的旅程，成本高昂的同时很难实现完全自动化，无法利用数字化在现有业务体系之外创造价值。

三是将数字化工具与人工服务巧妙结合。客户对于自助性操作和人工服务在客户旅程不同环节中有不同偏好。对于包括再次交易在内的简单常规性交易，客户一般偏好使用数字化自助服务，既灵活又可以节约时间。但是，对于全新、复杂，或是相关利益重大的交易，客户依旧倾向于使用银行专业人员服务（虽然该人员也可能使用数字化工具）。所以，银行应该针对不同旅程的环节设计对应的客户互动方式。比如，对于“处理问题”这一旅程，可通过完全数字化方式改善，比如在问题解决方面提供自助指导，或使用追踪和追溯系统。银行也可以选择改进人员服务方式，通过培训技术人员、教会他们如何确认问题，提供完全透明的情况说明，向客户解释未来如何预防问题再次发生。正确的互动手段取决于客户偏好、旅程经济效益、最佳实践、行业偏好、内部体系、人员理念和可用流程。

四是针对客户差异性制定不同服务通道。为了满足小部分客户的特殊需求，业务旅程通常会变得复杂，满足维护这些客户关系需要定制的额外服务或检查。银行可以选择把旅程划分为标准服务通道和特殊服务通道，最大限度地降低大多数客户的复杂性，简化客户旅程，显著降低成本。

五是建立敏捷反应机制实现高频更新。客户旅程的复杂程度经常会超出银行预期。通常情况下，最初的方案设计很可能在具体操作过程中出现问题。所以，设计不能只停留在指定的初级阶段。为了加快进度，需要组建一个包含业务部门和 IT 旅程专家的跨职能团队携手合作，从设计阶段一直跟进到后续运营阶段，打通数字化运营的全环节。随着业务数字化流程和服务的不断更新与改进，银行应该建立更敏捷的反应机制。比如，旅程负责人每隔一到四周都会进行一次“数字化产品开发冲刺”，负责人可以根据实际需要做出相应决策，或重新调整优先顺序。在每段冲刺结束时，整个团队可以与客户一起回顾改善后的旅程，获得关键反馈。

4.1.3 精细的客户运营管理流程

在数字化转型中，打造客户全生命周期的运营方案十分重要。获客、活客和留客困难是几乎所有城商行面临的挑战。

针对客户在哪里、如何发掘并解决客户的需求、如何提升客户活跃度与忠诚度、如何挽留即将流失的客户等问题，城商行应通过多样化、精细化的客户运营管理方法来实现从获取、提升到留存的客户全生命周期的经营与管理。

城商行应通过多样化的渠道进行客户信息的收集及内外部系统的打通，通过深度挖掘客户价值，加强营销与获客，促进客户转化，提高客户活跃度与黏性。银行应科学识别并划分客户生命周期的不同环节，设立相应的业务目标与关注指标，并为不同阶段的客户进行分群并创建标签，以此展开各种营销与运营活动。例如，在客户流失环节中，银行应关注客户留存率与客户满意度等指标，通过流失预警和休眠促动等智能化运营手段来提升留存率，降低流失率。

此外，基于二八原理和用户精细化运营模型，城商行要能够识别出客户价值并对客户进行有效区分，通过针对不同客群提供差异化的营销沟通与产品服务，让客户感受到个性化、增值性、被重视。银行应搭建客户旅程体系，将客户与银行的关键交互行为，如开卡、交易、理财、借贷等行为数据进行采集分析，通过了解客户风险偏好、交易频次等信息进行更具针对性的营销及推送。

4.2 健全的风险管理能力

来自监管的压力—监管措施在未来几年内会加紧出台。巴塞尔框架下的各家银行，必须提高资本缓冲，施行新的风险举措，着力确保流动资产充足。从2019年开始，美国财务会计准则委员会（FASB）的当前预期信用损失（CECL）模型将会要求美国的银行提供更高的贷款减值拨备。而国际财务报告准则第9号（IFRS9）将会推高已实现收益波动率。在欧洲，为刺激竞争而施行的监管（即欧盟的PSD2，英国的开放银行计划）以及为提高透明度而在金融工具市场指令（MiFID）下制定的新规，都需要银行设法应对随之产生的压力。我们预估在未来数年内，在不计入应对行动可能产生的影响前提下，全球监管的共同冲击或可将银行业的ROE（净资产收益率）压低至3%。风险管理是全球金融体系发挥的一项相当关键但鲜为人知的职能。城商行正面临着被新兴数字参与者竞争性超越的"新"风险，其风险管理职能需要发展和创新，以使其能够在核心业务中保持竞争力。

4.2.1 精准的反欺诈识别能力

城商行的整体风险管理能力相较国有银行和股份制银行来说较为薄弱。对于过往主要经营线下业务，近些年正大力发展线上业务的城商行来说，线上业务的风控能力，如欺诈风险、信用风险等风险的防控能力是城商行普遍的薄弱点和痛点，也是线上营销活动及信贷业务开展所必备和急需的能力。薅羊毛、机器行为、集团欺诈、账户被盗、虚假申请、刷单套现、身份冒用等线上业务的欺诈风险此起彼伏，新兴的网络黑产形式层出不穷，城商行并没有应对这些欺诈行为的业务场景及经验。再者，城商行传统的交易反欺诈系统多以信息安全防范手段或事后控制分析手段为主，难以做到实时反欺诈识别。

城商行应迅速构建完善的风险管理体系，针对申请、营销、交易等各环节进行欺诈风险的防控，对客户异常信息与行为进行判断和处理，对欺诈风险较高的活动进行识别和拦截。通过基于设备信息、用户行为等各维度数据来搭建本人识别、人机识别的精准模型和策略，借助多样化识别技术对用户身份进行智能核验。

4.2.2 数据驱动的信用风险管理

城商行信贷发放对象多以地方性小微企业为主，而小微企业的财务状况不确定、财务制度不健全等因素加剧了银企信息不对称的情况。对于城商行来说，以专家经验和人工审核为主的相对传统的风控手段已经较难判断授信额度及潜在风险的高低。城商行需利用大数据技术评估企业信用状况、优化信用评价模型，同时引入机器学习、知识图谱等智能化技术手段，整合行内外数据资源，对企业数据进行多维度的关联分析，综合评估企业借款能力和还款意愿，最终降低不良率、提高贷款发放率及融资便利性。

在进行信用风险管理过程中，城商行应基于自身情况和技术能力，通过建设风控模型和策略体系来实现数据驱动分析决策的目标，围绕信用风险进行客户评级、授信审批、风险定价、额度管理，重点强化审批模型和授信机制。此外，城商行还可以通过设计预警规则，实时监测资金流向和信用风险异动，动态监控客户还款的意愿和能力，依据风险分层定制催收策略来整体提升信用风险管理的核心能力，降低贷款不良率。

4.2.3 完善的内部监管合规体系

在严监管时代下，银保监会对于银行业市场乱象及违法违规业务的整治凸显了金融合规监管力度的加大，银行监管合规能力建设已刻不容缓。城商行在整治和处罚中暴露的经营层面的问题比较多，股权管理混乱、关联交易管控不足、跨域经营等方面问题依然突出。城商行受限于自身公司治理、风险内控、历史遗留、科技水平等多方面问题，随着外部经济环境承压与金融系统风险的积累，抗风险能力弱的城商行暴露出资产质量堪忧、资本补充不足、贷款不良率上升等多重问题，持续稳健经营受到挑战。

合规管理能力是城商行稳健发展的核心竞争力，城商行应加大科技投入，建立智能化的风险合规管理体系，同时形成标准统一的数据治理体系，科学有效地提升公司治理水平和全面管控风险的能力。此外，城商行应回归业务发展本源，明确自身支持本地实体经济的定位，在规范经营的前提下稳健发展，切勿过度对外扩张导致风险积聚。

4.3 成熟的大数据分析和人工智能应用能力

城商行的数据能力建设决定了其未来的长远发展，除了行内数据的治理和应用，与外界的跨界合作也至关重要。在建设数据平台时，可以引进多种多样的外部数据源，如行政处罚、失信和奖惩类信息，以及工商、统计、海关、法院、公积金、社保、反洗钱、税务、电力、运营商、房价、金融市场等不同类别的外部数据信息。通过整合并关联内外部数据，城商行能够提升其营销与风控能力。

城商行的对外合作还包括与科技公司进行优势互补，除了流量的引入和生态的搭建等显而易见的合作优势，互联网公司可在数据共享、模型建设、平台搭建、产品设计、人才培养等多方面给予城商行指导与支持。银行之间或是银行业联盟的数据打通能够大力推动银行联合风控、联合贷款、聚合支付等业务的开展。

数字化技术在转型过程中扮演了重要角色。对于城商行来说，其技术基础相对传统和薄弱，更需要在选择数字化转型合作伙伴时注重其解决方案的技术先进性，借此实现技术能力的跃进，先进不仅意味着技术的前沿性，同时也意味着技术的安全与稳定，以及技术的开放程度，这对于银行业来说是重中之重的考量因素。除了评估方案中的数字化技术先进性之外，服务商还需要在技术基础上兼具深刻的行业理解，尤其是对城商行的特性与能力边界的理解，从真切解决银行数字化转型痛点与需求的角度出发，将数字化转型咨询能力、技术能力、服务能力融合在方案中。

参考文献

[1] 许江．数字化助力大型银行普惠金融发展［J］．中国金融，2020（9）：30-32.

[2] 郭晓蓓，邓宇，施元雪．商业银行数字化转型路径［J］．中国金融，2020（1）：56-57.

[3] 吴朝平．零售银行数字化转型：现状、趋势与对策建议［J］．南方金融，2019（11）：94-101.

［4］王炯，杨涛．数字化时代银行架构重塑［J］．中国金融，2019（21）：58-61.

［5］张石．探索数字化平台建设之路——从 ING 银行看商业银行数字化转型［J］．新金融，2019（5）：39-42.

［6］麦肯锡咨询公司．全球数字化银行战略分析［J］．新金融，2019（3）：4-9.

［7］王炯．商业银行的数字化转型［J］．中国金融，2018（22）：48-50.

［8］谢治春，赵兴庐，刘媛．金融科技发展与商业银行的数字化战略转型［J］．中国软科学，2018（8）：184-192.

［9］王鹏虎．商业银行数字化转型［J］．中国金融，2018（15）：55-56.

［10］胡晓磊．“云化+生态”助力银行数字化转型［J］．中国金融，2017（20）：80-81.

［11］陈文，蒋宏．数字化时代的核心银行系统转型［J］．银行家，2017（10）：136-138.

［12］李健．互联网金融 2.0 时代商业银行应用大数据部署数字化营销的策略研究［J］．现代管理科学，2017（9）：33-35.

［13］文华，欧李君．数字化供应链金融引领传统商业银行公司业务战略转型［J］．银行家，2017（9）：81-84.

［14］李璠．商业银行数字化转型［J］．中国金融，2017（17）：31-32.

［15］李健．场景化金融时代商业银行的数字化转型趋势及策略［J］．武汉金融，2017（8）：54-56.

［16］陈剑光，吴瑛．银行数字化营销创新实践探讨［J］．银行家，2017（8）：120-122.

［17］邵智宝．纵深化、精准化、合作化、数字化——中国邮政储蓄银行普惠金融的“四化”模式［J］．银行家，2017（7）：11-14.

［18］赵润，王佃凯．国际大型银行数字化战略的实践［J］．银行家，2017（4）：90-92.

［19］韦颜秋，黄旭，张炜．大数据时代商业银行数字化转型［J］．银行家，2017（2）：128-131.

［20］张越，刘月，王雪莹．通过数字化加强商业银行公司业务竞争力——金融科技演进与传统金融机构创新［J］．银行家，2017（1）：114-115.

［21］何大勇，陈本强，刘冰冰．银行数字化转型：领导力、组织与人才嬗变［J］．银行家，2016（3）：120-122.

［22］杨芮，董希淼．欧洲 mBank 的数字化银行之路［J］．银行家，2016（2）：77-80+7.

［23］杨海平．大数据与零售银行数字化管理［J］．中国金融，2014（10）：81-82.

［24］项安达，王鸿．数字化变革：零售银行面临的机遇与挑战［J］．新金融，2012（12）：19-24.

［25］尹龙．数字化时代的中国银行业：网上银行的发展与监管［J］．金融研究，2003（4）：105-117.

中国监管沙盒机制的优化研究

朱太辉　张夏明①

摘　要：监管沙盒是金融监管应对金融科技创新的产物，“十四五”时期发展优化监管沙盒，对改善我国金融科技监管和提升金融监管质效，具有重要的实践和政策价值。本报告对当前监管沙盒的实施成效与潜在缺陷进行了分析，从设计主体、适用对象、评估标准、评估主体、风险防控、消费者保护和退出机制等方面，分析了各国监管沙盒设计实施的经验。以此为借鉴，结合我国实际情况，分析了“中国版监管沙盒”设计实施需要关注和解决的问题，包括技术中性和竞争中性原则与监管沙盒的协调、中央与地方权责分工的协调、标准实施和测试评估的规范专业，以及明确规则形成确定性预期等。下一步，监管沙盒的发展优化需要和我国金融监管体系协同对接，监管目标层面从改善金融创新监管向全方位提升金融服务质效拓展，监管模式层面发挥监管沙盒作为监管科技创新的重要手段和渠道，监管工具层面推动监管规则、工具根据新兴技术、业务创新动态优化，风险防控层面落实好消费者保护、风险责任和风险补偿机制，从而更好地推动金融创新和监管高质量发展。

关键词：监管沙盒　金融科技　监管科技　金融监管　金融创新

2019年底人民银行启动金融科技创新监管试点（即中国版监管沙盒），在北京首先推出后，稳步向其他地方纵深推进。截至2020年8月，9个金融科技创新监管试点（监管沙盒）已全部落地，覆盖北京、上海、成都、广州、深圳、重庆、雄安新区、杭州、苏州9个城市（区），90多家金融机构和科技公司以单独申报或联合申报的方式，产生60个项目进入沙盒测试。作为金融数字化和金融科技创新的重要协同机制，中国版监管沙盒在提升监管质效、促进金融创新、改善金融服务等方面取得良好成效。放眼未来，监管沙盒机制还可以在目标、实施和应用等方面进一步优化拓展，从而在推动金融创新与金融监管良性互动、金融高质量发展方面发挥更大的作用。

1. 国内外监管沙盒的实施与成效

为有效应对金融科技创新等带来的监管挑战，妥善应对监管在支持创新和防控风险上

① 课题组：京东数科研究院。课题组成员：朱太辉、张夏明。朱太辉，京东数科研究院研究总监，国家金融与发展实验室特聘研究员；张夏明，京东数科研究院研究员。本文为作者个人思考，不代表所在单位观点。

的冲突，英国监管当局创新金融监管理念和模式，于2016年率先实施了“监管沙盒”制度，并得到了新加坡、澳大利亚、日本、泰国、马来西亚、印度尼西亚和中国香港等国家和地区金融监管当局的响应推广，成为国际上金融科技等金融创新监管的新趋势。监管沙盒是一种创新的监管机制，旨在为金融科技和金融创新提供真实的测试环境。自2015年从英国诞生，监管沙盒目前在全球近30个国家和地区落地，成为金融科技创新的先锋试验机制（见表1）。

表1　全球监管沙盒分布国家和地区一览

澳大利亚	中国香港	马来西亚	新加坡	土耳其
巴林	印度	毛里求斯	韩国	阿布扎比
巴西	印度尼西亚	墨西哥	瑞典	英国
文莱	日本	荷兰	瑞士	美国
加拿大	约旦	俄罗斯	中国台湾	—
中国	肯尼亚	塞拉利昂	泰国	—

注：白色代表正在运行的监管沙盒；浅灰色代表已建立但尚未运行的监管沙盒；深灰色代表官方宣布的监管沙盒。“—”表示空白。

国内来看，监管沙盒经过前期理论认证和地方试点，以金融科技创新监管试点的形式由央行组织落地，其中北京市已经开展了两期项目测试，走在全国前列。两期创新监管沙盒在准入主体、项目范围、创新、风控和消费者保护方面都划定了原则和底线，提出明确的“红线”要求。在2020年1月14日的第一批监管沙盒创新试点中，央行和北京市金融监督管理局明确了持牌金融机构可以单独申请，非持牌机构和科技公司只能以合作申请的模式，并提出防控金融风险和保护消费者权益的底线，测试项目主要集中在改善银行业金融机构信贷、支付等服务上，助力小微金融、普惠金融。在6月2日央行公布的第二批监管沙盒试点应用项目中，监管明确金融机构和科技企业均可以单独申请沙盒测试。此后在广州、成都、苏州等地公开披露的首期金融科技创新监管试点应用中，多以金融机构或金融机构和科技企业联合申请的方式（银行金融机构牵头、科技企业参与）。沙盒测试内容涵盖金融科技、普惠金融、供应链金融、跨境贸易结算、智能交互、线上半自助式金融服务、智能风险监控平台、线上门店经营等，综合运用人工智能、区块链、云计算、大数据、生物识别、5G、自动驾驶、物联网、联邦学习多种创新技术，探索线上非接触式等改善业务流程和推动产品创新的服务。

经过5年实践，国内外监管沙盒取得了积极成效：一是监管沙盒创新不仅成为一种监管工具，也逐渐成为一种技术驱动型和风险回应型的监管理念和模式。监管沙盒是次贷金融危机后“寻找监管新平衡”的有益探索，即在危机前的“轻触式监管”与危机后的监管全面强化之间寻求平衡，既不增加被监管者的合规成本，又提高了监管有效性。二是监管沙盒帮助监管者更好地履行双重职能。在实践中，监管部门不仅要防控风险和维护金融稳定，也要促进金融体系提高服务实体经济的效率。上述双重职责在传统的监管模式下属于监管悖论，但在金融沙盒模式下得到了有机统一。三是监管沙盒有效推动了理性金融创新。金融沙盒模式大大降低了企业创新的申请时间和合规成本，使得企业理性创新的成本收益比远高于不合理的监管套利。四是增加消费者福利。监管沙盒拉近了消费者与创新产品和服务的距离，大大提升了金融创新的可获得性和便捷性，提升消费者的效用和体验。

英国 FCA 于 2017 年发布《监管沙盒经验教训报告》回顾沙盒测试一周年的成果：（1）在第一批完成测试的公司中，约有 90%的公司在测试后继续向更广泛的市场拓展；（2）测试时为限制授权的大部分企业，在测试完成后获得完全授权；（3）通过沙盒测试并获得授权的公司更容易在资本市场上获得投资，相当于获得 FCA 的监管信用背书；（4）沙盒在优化企业价格、提升产品质量和共同推进消费者保护等方面发挥了积极的作用，为消费者谋求福利。

但监管沙盒目前仍处于发展的初级阶段，还存在不少需要解决优化的问题，如监管沙盒规则确定性程度不够（缺乏明确的测试期限、评估标准、退出机制等）、与传统金融监管规则不兼容、中央与地方组织开展监管沙盒中的协调机制、消费者保护和风险防控机制不到位等，需要进一步调整优化。

2. 监管沙盒设计实施的国际经验

自英国 2015 年率先推出监管沙盒以来，各个国家和地区的监管沙盒在设计和实施上呈现出了不同的模式和特点，总结监管沙盒设计实施的国际经验，对于发展完善我国监管沙盒机制具有重要意义。

2.1 监管沙盒设计主体

监管沙盒的设计和实施通常由一国/地区金融监管部门负责，但在具体实践中由于不同国家/地区的制度安排、监管体制和设计实施目的的不同，各国/地区监管沙盒在金融监管机构之间的权责分配不同（见表 2）。

第一类设计实施主体是负有金融监管功能的中央银行或货币当局，如新加坡、印度等国家。新加坡监管沙盒的设计和实施由新加坡金融管理局（MAS）负责，金融监管局肩负中央银行和金融监管双重职责。印度监管沙盒由印度储备银行（RBI）主导设计和实施，除传统职能外，该央行还负责支付、银行、信贷方面的监管。

第二类设计实施主体是中央层面的单个或多个金融监管机构，在各自负责的监管范畴内测试金融科技创新。国际上大部分沙盒采用此种方式，如英国、澳大利亚、日本、韩国、印度尼西亚、泰国等。英国的监管沙盒由金融行为监管局（FCA）主导，该监管局负责监管银行、保险、投资以及证券等业务；澳大利亚监管沙盒由澳大利亚证券和投资委员会（ASIC）设计并实施，该机构负责对全澳金融体系、各金融机构和专业从业人员行使金融监管的职能，审慎监管局（APRA）和储备银行（RBA）则没有参与；日本、韩国的监管沙盒分别由负责金融监管的日本金融厅和韩国金融服务委员会（FSC）设计实施。

第三类设计实施主体是地方层面的金融监管机构，加拿大等国家的监管沙盒采取此种方式。这些国家在中央联邦金融监管机构的指导下，地方州金融监管机构开展了监管沙盒设计实施的试点。例如，加拿大安大略省在地方层面推行监管沙盒，赋予地方证券监管部门较大的灵活性，如果在州层面测试通过，可在全国范围内运行。

第四类是其他组织主导或参与设计和实施监管沙盒。少数国家或地区，例如，美国、阿布扎比的消费者保护机构、金融注册登记机构、法院以及数据保护机构成为监管沙盒的主导者和辅助参与者。

表 2　不同监管沙盒的设计实施主体①

国家	中央银行	金融监管机构	地方金融监管机构	其他组织
英国		√（金融行为监管局 FCA）		
澳大利亚		√（证券和投资委员会 ASIC）		
新加坡		√（金管局 MAS）		
美国			√（亚利桑那州）	√（州消费者保护和宣传局）
加拿大		√（证券管理局 CSA）	√（安大略省证券交易委员会）	
中国内地	√			
中国香港	√	√（金管局、证监会、保监局）		
韩国		√（金融服务委员会 FSC）		
日本		√（金融厅）		
印度	√（RBI）	√（证券交易委员会 SEBI、保险监管局 IRDAI）		
阿布扎比		√（金融服务监管局、监管实验室）		√（商务注册局、国际金融中心法院）
印度尼西亚	√	√（金融服务局 OJK）		
泰国	√（BOT）	√（证券交易委员会 TSEC、保险监督委员会 OIC）		
欧盟				√（数据保护机构 DPA）

2.2　监管沙盒适用对象

从适用对象和沙盒类型相结合的角度来看，监管沙盒可以大致分为两类：一类是聚焦于某一领域的主题沙盒，如普惠金融、支付创新、数字货币等。加拿大、泰国、马来西亚、日本、巴林的监管沙盒属于这一类型。其中，新加坡金管局（MAS）在监管沙盒外推出专门性的快捷沙盒（Sandbox Express）对测试对象和范围预定义，仅适用于风险较低的金融产品和服务：保险经纪业务、被认可的市场运营商以及汇款业务。另一类是范围较广

① 资料来源：京东数科研究院。

的综合性沙盒，吸纳各类金融科技创新，如英国、新加坡、澳大利亚推出的监管沙盒。具体到申请测试主体机构或类别上，英国、新加坡、澳大利亚等国家或地区的监管沙盒主要以机构为主开展测试，而加拿大、印度尼西亚等国家或地区的监管沙盒则以项目为主展开测试（见表3）。

表3　不同国家/地区监管沙盒适用对象①

国家	金融机构	金融科技企业	一般企业
英国	√	√	
新加坡	√	√	√（如技术服务商）
澳大利亚	√	√	
中国内地	√	√	
中国香港	√（银行金融机构）	√（前提是与金融机构有合作关系）	
加拿大		√	
日本	√	√	
韩国	√	√	√
泰国	√（银行金融机构）	√	
印度尼西亚	√	√	
阿布扎比	√	√	
印度	√	√	

英国FCA监管沙盒一大特征是以测试机构为主导，未对申请者的业务类型和规模进行限制，适用范围广泛。从参加测试企业的规模上看，初创公司所占比例最大，其次是大型公司，最后是中小型公司。从企业成长阶段来看，初创公司和未获监管授权的公司更热衷于参与监管沙盒的测试，因为英国FCA规定在英国境内从事受监管业务的企业都需要事先获得授权或者注册登记，未经授权或注册登记不能进入市场提供服务，故转而寻求监管沙盒的帮助。这两类公司参与测试主要有三个目的，即申请获得授权、测试创新产品或方案、解决公司业务是否需要授权以及需要何种授权的问题。从公司所属的行业领域上看，监管沙盒测试的参加者主要为金融科技公司，其所属行业包括零售银行业、保险业、批发业、零售投资、零售贷款和退休金等。从测试项目类型分布上看，测试企业项目类型涉及基于区块链的支付服务、监管科技、保险、反洗钱（AML）、生物识别数字身份证（Biometric Digital ID）、智能合约以及KYC认证（Know Your Customer）等（见图1）。

① 资料来源：京东数科研究院。

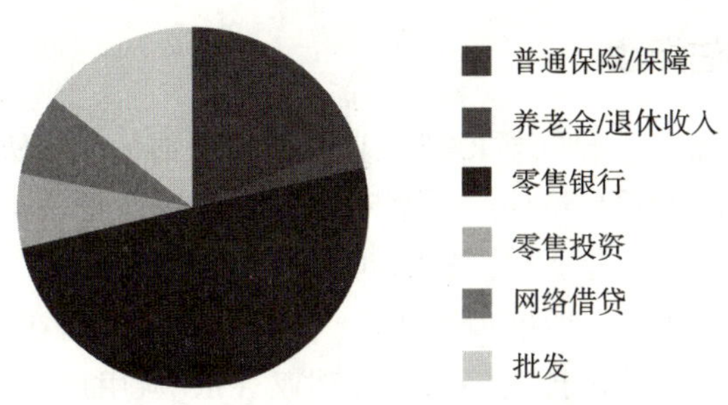

图 1　英国监管沙盒项目类别分布情况（单位：宗数）①

新加坡政府 2016 年借鉴英国 FCA 的做法推出监管沙盒，综合测试机构和测试项目的双重维度。金融管理局（MAS）监管沙盒的测试对象较英国广泛，除金融机构、金融科技企业外，还包括一般性的初创企业，参与测试企业涉及的技术主要有数字加密货币、数据分析、云计算、分布式账本（DLT）技术运用等。新加坡自 2016 年启动沙盒测试后进行了多场针对个体的实验，现在此基础上提出了分类建立监管沙盒的构想，以加快测试进程与节约申请成本，作为对现有监管沙盒制度的补充，预定义沙盒仅适用于风险较低的金融产品和服务，测试期限长达 9 个月。

韩国金融服务委员会（FSC）2019 年在调整中扩大了监管沙盒测试的范围，以测试项目为主导，在原先 68 项创新金融服务的基础上，新纳入 9 项金融服务解决方案：场外债券交易平台、自动化股票借贷交易服务、面向客户的移动预约调度服务、同态加密的数据分析服务、一个数字化的房地产受益人分配平台、全球转账经纪服务、境外股票礼品卡在线平台、简单的借记转账协议服务，测试对象涉及韩国农协银行、三星信用卡、韩国征信公司、新韩投资公司、SK 证券等金融机构、大型企业和金融科技公司（见图 2）。

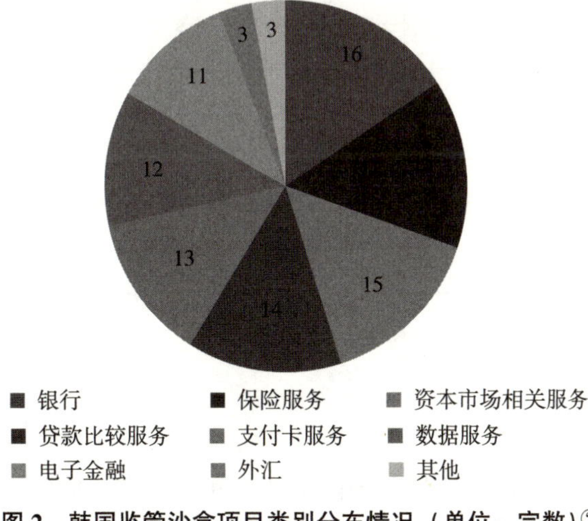

图 2　韩国监管沙盒项目类别分布情况（单位：宗数）②

---

① 资料来源：Regulatory sandbox lessons learned report，2017. 10。

② 资料来源：Overview of Financial Regulatory Sandbox，2020. 5。

2.3 监管沙盒评估标准

对沙盒测试的评估标准，不同国家/地区监管沙盒评估标准有所侧重，有的侧重创新、竞争和普惠金融，也有的侧重反洗钱、反垄断和风险控制（见表4）。新加坡金管局在沙盒测试中规定了标准框架和细化要求，鼓励创新，开展良性竞争，具体包括要求测试企业事先明确测试场景和沙盒边界，明确预期结果、退出机制，同时在监管机构官网充分披露信息、准备风险控制方案和赔偿计划等。澳大利亚ASIC从用户规模、交易金额方面设计实施准入条件，沙盒测试企业需要满足不超过100个零售客户和客户总交易金额不超过500万美元两个条件，此外还要满足Regulatory Guide 105、Regulatory Guide 257等“轻接触”（Light Tough）和“金融科技牌照”（Fintech Licensing）管理条例的要求。其中，“轻接触”即通过设定监管边界的柔性监管和监管指导辅助沙盒中的机构测试，“金融科技牌照”是ASIC为金融科技企业提供进入监管沙盒的临时许可证，可豁免特定范围的监管要求。

表4 国际上监管沙盒测试评估标准①

名称	明确测试范围	真实创新	消费者利益保护	明确场景和边界	明确预期结果、退出机制	风险管控
英国	√	√	√		√	√
新加坡		√	√	√	√	√
澳大利亚	√	√	√	√	√	√
中国内地	√	√	√	—	—	√
中国香港	√	√	√	√	√	√
加拿大	√		√		√	
日本		√	√	√	√	√
韩国		√	√	—	√	√
泰国		√	√	—	√	√
印度尼西亚	√	√	√	—	√	√
阿布扎比	√	√	√	√	√	√
印度	√	√	√	—	√	√

2.4 监管沙盒评估主体

各国或地区监管沙盒评估主体主要由设计和实施沙盒的主体主导和组织，根据监管沙盒评估主体的成员结构，可以大致划分为内部评估和开放式评估两种。一部分国家或地区的监管沙盒倾向于以单一制形式在监管机构内部完成评估审核，也有部分国家或地区选择以多方参与的审查评估委员会形式对机构和项目进行评估。前者可以节省时间成本，提高

① 资料来源：京东数科研究院。

沙盒运作效率，但对监管机构和相关公职人员的专业素质要求很高；后者可以综合吸收各方专家观点，但实施流程较复杂，可能涉及多方利益的影响。目前，在公开资料中明确阐述评估主体构成的国家或地区较少。根据已有的公开信息，英国监管沙盒在准入阶段和测试评估阶段均主要由 FCA 内部审查评估，在众多申请者中确定进入沙盒的企业名单。新加坡监管沙盒的准入和测试的评估审核也主要由金融管理局（MAS）负责实施。而韩国监管沙盒采取专家委员会评估制度，由韩国金融服务委员会（FSC）成立了一个由金融、法律、科技和消费者权益领域官员和专家组成的委员会，专门负责审核申请机构资质，保证资质评审的公平和高效。

2.5 风险防控机制和消费者保护

一是监管部门积极构建监管沙盒风险防控机制，在风险可控的阈值内放宽/豁免监管规则，并要求测试机构和项目建立风险控制和消费者保护方案，并保留必要时以行政手段干预沙盒测试的权力。此外，还通过设置沙盒申请测试准入的指标，“严进严出”来控制沙盒风险。例如，新加坡监管沙盒针对监管要求进行分类，分为可放宽的要求和需要继续维持的要求，划定沙盒测试配套的监管合规边界。澳大利亚 ASIC 通过设置客户数量上限和风险敞口上限，规定获得金融科技牌照豁免的企业最多可以为 100 个零售客户提供服务，同时在企业风险动态管理方面，企业对每个零售客户的存款、投资管理计划、证券、债券和支付产品的风险敞口不超过 1 万美元，对信贷服务的风险敞口不超过 2.5 万美元，对保险合同服务的风险敞口不超过 5 万美元，以及所有客户总的风险敞口不超过 500 万美元。印度保险监管局也严把申请审核关，项目最终的审核通过率可能不足 10%。

二是沙盒测试机构或项目自身要做好风控合规，充分披露机构和项目相关信息，建立消费者赔偿机制。通常的做法是，测试机构和项目方需要在申请表中设计和明确测试的目的、测试时长、业务范围、潜在风险和预期结果，运用技术手段监测和处置风险，定期报告监管部门，并设置消费者赔偿和投诉机制，畅通客户查询、信息反馈和投诉渠道。例如，英国 FCA 规定测试机构在沙盒准入阶段就制定风险防控机制，明确消费者保护方式，投资者可向金融申诉服务机构（FOS）和金融服务补偿计划（FSCS）寻求救济；印度要求测试企业必须购买投资者赔偿保险，作为准入条件。

三是消费者自身提升金融素养，提前了解沙盒测试信息，评估风险偏好和承受能力，参与合格投资者测试，做好相应的投资经验积累和准备后再申请进入沙盒。此外，各国/地区注重在沙盒中强化监管科技的迭代应用，英国监管沙盒综合运用科技监管的手段，探索运用数字化监管报告技术、监管科技（RegTech）、机器学习、自然语言处理（NLP）等监测沙盒测试企业的风险，定期进行现场监管检查，并规范提升监管报告的效率和安全性。

2.6 退出安排

对于通过沙盒测试的情形，按照是否可以获得机构牌照和是否可以全面推广业务划分，前者有一定限制性的牌照授予，后者是相对宽松没有限制的牌照进入市场。针对限制性牌照发放和限定市场准入的情形，英国 FCA 沙盒测试完成后，解除机构和项目方的牌照限制，以便在开展业务时不必申请新的授权。但这种“准入权”是有范围限制的，通过监管沙盒获得授权的主体不能直接获得银行牌照，并且在沙盒测试的机构和项目不适用于在境外开展活动，尤其是支付服务和电子货币。澳大利亚 ASIC 也有类似规定，符合条件的企业仅可获得金融服务牌照和信贷牌照从而进入市场。针对全面放开不设市场限制的情形，新加坡监管沙盒只要测试结果达到预期并且符合法律和监管要求，测试机构和项目都会被允许进入市场。加拿大在沙盒框架下，地方性金融监管机构可对相应金融科技企业进行沙盒测试，并将审核结果送交加拿大证券管理局进行最终审核，获得批准的企业可在加拿大全国任意地区经营业务。

对于未通过沙盒测试的情形，可分为直接退出沙盒和调整后申请重新测试两种模式。直接退出沙盒的机构或项目，自退出决定生效起，所有在沙盒内适用的临时性许可和豁免将立即失效。例如澳大利亚、日本、印度等国家规定，如不符合真实创新、风控、信息披露、测试期限和消费者保护等强制性要求，机构或项目立即暂停测试并退出沙盒，相关优惠政策和资源也停止匹配。调整后申请重新测试的模式则给予机构或项目方二次测试机会。新加坡对于金融科技创新持鼓励促进的态度，如若测试失败或者不满足监管要求，测试企业可以申请延长 6 个月测试时间，或者退出沙盒调整准备后再次提交申请材料，启动测试流程。

表 5　国际上监管沙盒退出方案选择①

名称	全面放开	限制性放开	退出沙盒	调整重测
英国		√	√	
新加坡	√			√
澳大利亚		√	√	
中国香港		√	√	
加拿大	√		√	
日本		√	√	
韩国		√	√	
泰国		√	√	
印度尼西亚	√			√
阿布扎比	√			√
印度		√	√	

总体而言，国外监管沙盒的设计和实施表现出以下共性特征。

一是从实施主体来看，大多数国家或地区监管沙盒的设计和实施由中央层面金融监管机构负责。这些中央监管机构负责对金融科技创新进行监管，发放临时牌照或限制性金融科技许可证，并协调全国范围和各地方的监管沙盒运行，承担最终的审核评估及正式牌照

① 资料来源：京东数科研究院。

发放职权。

二是从适用对象来看，大部分国家或地区监管沙盒测试注重竞争中性原则，对持牌机构和非持牌机构同时开放。一些监管规则较健全、沙盒经验较丰富的国家采取较为开放的态度，既允许持牌金融机构申请，也允许单独的金融科技企业和技术服务商申请。一些较审慎的监管沙盒多采取过渡形式，鼓励金融科技企业、技术服务商与持牌金融机构联合申请。另外，监管部门会综合考量机构视角和项目视角，根据本国或本地区范围内金融科技市场规模、风险和消费者保护等因素决定采取以机构为主的测试方式，还是以项目为主的测试方式。

三是从评估标准来看，大多数国家或地区监管沙盒都制定了明确的准入标准。大多数国家或地区侧重在事前把握测试企业的品质和发展潜力，而在沙盒测试和退出环节的审核评估标准披露较少。各国/地区大多在监管沙盒时间轴上设定了参数，以评估测试企业和项目的风险，筛选出符合沙盒价值观的项目或企业。

四是从评估主体来看，监管当局可选择自身单一主导或采用多方参与的评估专家委员会机制。未来，评估专家委员会机制将是一种更加可行的选择：一方面主体来源的多元化，评估委员会机制以金融监管机构的专家为主导，同时引入产业、行业协会、高校研究人员、消费者保护组织等，评估更加公平；另一方面是专业综合化匹配，不仅是金融和监管方面的专业人才，还需要吸纳科技、法律、产业等方面的专家，评估更加专业。

五是从风险防控机制和消费者保护来看，监管沙盒通常会设置多道风险防控机制。大多数国家或地区在监管层面划定沙盒边界和范围，实施定期的行政指导和风险干预；在机构和项目层面，制订好风险防控方案、消费者赔偿机制和应急预案，并做好信息披露；在消费者自身层面，需要增强风险意识，事先了解清楚机构和项目情况，综合决策。

六是从沙盒的退出安排来看，金融监管机构需要做好沙盒退出前的把关，成功的案例给予牌照和行业许可，失败的案例及时关停，防止风险传染扩散至盒外。但对于银行、支付等涉及关键领域和金融基础设施的，则保持审慎，对授权的牌照和业务经营范围还需要向监管部门另行申请。

3. 监管沙盒需协调和解决的问题

3.1 监管沙盒设计实施与技术中性原则的协调

随着金融科技和互联网信息技术的发展，技术中性原则越来越受到国家和地区的重视。我国 2019 年 1 月开始实施的《电子商务法》中也明确了这一原则，即法律对电子商务的技术手段一视同仁，不限定使用或不禁止使用何种技术，也不对特定技术在法律效力上进行区别对待。2019 年 8 月，人民银行发布的《金融科技（FinTech）发展规划（2019—2021 年）》要求加强监管科技应用，也体现了技术中性原则。

金融科技领域中的技术中性原则大致是指技术本身并没有好坏和风险大小之分，金融科技监管关注的并不是信息科技本身，而是信息科技应用于金融业务可能产生的风险。就此而言，金融科技中的技术中性原则应该包括两个层次：一是金融科技—信息科技应用于金融业务；二是监管科技—信息科技应用于金融监管。事实上，近年来金融监管部门也高度重视监管科技的发展，在2019年12月10日的中央经济工作会议之后，银保监会提出加强监管科技建设，重视技术在金融业的赋能；证监会新设科技金融监管局，推进科技与业务深度融合，以提升证券监管的科技化、智能化水平。

就监管沙盒的设计而言，金融科技创新试点和监管科技创新试点两类工作都已经在北京启动，都可以考虑通过监管沙盒进行测试和遴选。具体而言，监管沙盒也可以测试基于信息科技创新的监管方法和监管技术，从而更好地促进监管规则的修订和监管改革的实施，提高金融监管的适应性和有效性；同时，也有助于推动金融监管部门更好地处理海量金融数据和改善金融风险监测，减少监管滞后和失误。中共十九届四中全会提出，要提高金融体系的适应性、竞争力和普惠性，其中的适应性一方面是金融体系发展要更好地适应实体经济的需求，另一方面也包括金融监管体系要更好地适应金融创新发展，特别是适应金融科技创新发展。监管沙盒的设计，可以考虑同时促进这两个层次的适应性发展，既测试金融机构、金融科技企业的金融创新，也可以测试一些监管技术、监管工具的创新以及监管规则、监管政策的调整。

3.2 监管沙盒设计实施与竞争中性原则的协调

从国际经验来看，各个国家和地区的监管沙盒的适用对象和准入标准各不相同，但都明确了监管沙盒的准入标准和实施要求，且准入标准非常注重覆盖面和公平性。近年来，党中央、国务院在产业政策制定、国有企业改革和深化对外开放中都非常强调竞争中性原则。2019年4月，中共中央办公厅、国务院办公厅印发的《关于促进中小企业健康发展的指导意见》也强调了竞争中性原则，要求以此打造便捷营商环境，进一步激发中小企业活力和发展动力。2019年12月4日，中共中央、国务院发布《关于营造更好发展环境支持民营企业改革发展的意见》进一步明确竞争中性原则，提出要坚持公平竞争，对各类市场主体一视同仁，营造公平竞争的市场环境、政策环境、法治环境，确保权利平等、机会平等、规则平等，注重采用市场化手段，通过市场竞争实现企业优胜劣汰和资源优化配置。

就监管沙盒的设计而言，竞争中性原则的重点在沙盒的申请主体上，关注的焦点在于是不是金融机构、准金融机构和金融科技企业都可以申请，金融科技企业可以独立申请还是必须要跟金融机构合作申请？对于金融科技创新而言，不管是由金融科技企业发起，还是金融机构发起，只要有利于促进金融供给侧结构性改革和金融高质量发展，有利于改善金融体系的风险防控，有利于提升金融服务实体经济和人民大众的质效，那么都应该支持。按照竞争中性原则的实质，对于同样的创新项目或产品，金融机构可以申请入箱测试，金融科技企业应该也可以申请入箱测试。事实上，持牌金融机构的业务创新是有申报渠道的，可以报请监管部门审批，目前的重点是金融科技企业创新缺乏申报机制。

因此，监管沙盒准入设计应重点关注创新项目或产品，而非创新主体。考虑到我国目前的监管架构仍然是基于金融机构的分业监管，同时出于试点稳健起步的考虑，监管沙盒的准入一开始可以限定为金融机构申请、金融机构与金融科技公司合作申请，但在经过一段时间的经验积累后，应放开到金融科技公司等企业可以单独申请。

3.3 监管沙盒设计实施与中央—地方监管分工的协调

监管沙盒是多方参与的试验型动态监管机制，申请测试企业、各地方监管部门和中央监管部门的权力、责任和义务需要提前设定好。在我国中央—地方的双层监管架构下，地方政府监管的主要是准金融机构，中央监管部门监管的持牌金融机构，两者在监管职责分工、金融风险处置等方面存在较大差异。地方性监管沙盒的设计需要切实考虑我国中央—地方的双层监管架构以及各个监管部门的职责分工，并建立顺畅高效的监管协调机制。

在沙盒测试前，很多问题和政策在中央监管部门层面还没有得到明确，缺乏明确性的规则指引。比如个人金融信息数据如何征集、使用和交互，地方性银行是否可以基于互联网和第三方支持开展跨区域助贷，相关的金融科技创新项目或业务可不可以在地方监管沙盒里面先行先试，以及中央金融监管部门监管范畴内的业务是否可以申请进入沙盒测试。在沙盒测试后，地方性监管沙盒测试通过的产品和业务，能否得到中央金融监管部门的认可，是否可以在其他地方政府管理的范围、区域推广。此外，监管沙盒测试认可的金融科技创新可能会与现有的金融监管法规产生冲突，是否需要中央监管部门给出“监管豁免”“限制性授权”，中央监管部门是否应该修改监管政策。

如果监管沙盒在设计上能解决好这些问题，无疑有助于促进金融科技创新和金融监管发展的良性互动，提高监管双轨制的效率和安全度，从而大幅提高金融监管的质效。同时，如何改革完善中央和地方监管协调机制一直是我国金融监管改革中的一块硬骨头，监管沙盒在设计解决好上述问题，也无疑有助于改革完善我国的地方与中央金融监管协调机制，推动我国地方金融立法体系进一步完善，为中央与地方金融监管部门的职责划分、风险处置、上下联动等方面探索一些好方案、好机制、好措施。

3.4 监管沙盒标准实施与规范专业评估的协调

监管沙盒测试的准入标准、测试标准和退出标准的设计是基础，但具体的标准实施和测试评估同样重要。具体而言，在沙盒准入阶段，金融机构、金融科技企业、准金融机构向监管沙盒提交产品或者项目测试申请后，谁来评定是否可以入箱测试。在沙盒测试阶段，创新产品或项目实施的总体风险状况和对消费者利益、金融体系稳定的影响效应，由谁来评估。在沙盒测试完成后，谁来评估决定这个产品是终止还是推广？这些评估实施主体是监管部门，还是组建评审专家委员会？如是专家委员会，其组建应遵循什么程序，对委员有什么要求？对此，可借鉴各国货币政策委员会、财政政策委员会、存款保险治理委员会等的治理机制，建立金融科技的产学研专家库，监管沙盒负责部门针对不同的创新产品和项目，从专家库中随机挑选相应的产学研专家组成评审委员会，由评审委员会来评估决定产品或项目是否准入、实施成效和退出应用。与此同时，建立公开透明的测试公开机制，适时对外公开评估结果和理由，接受公众监督，确保监管沙盒实施的公正、公平、公开。此外，还应注意监管沙盒的评估实施对标准设计的反馈，促进评估实施和标准制定的互动迭代。

3.5 监管沙盒规则制定与沙盒测试稳定性预期的协调

监管沙盒测试后，也需要调整相应监管规则，形成确定性预期。金融监管演变历史表明，监管规则与金融创新相伴而行、相互促进。已有的金融监管规则和监管工具大多针对传统的线下模式，随着金融科技创新、“非接触式”金融服务和金融数字化转型的快速推进，金融监管规则和监管工具的调整优化变得更加迫切。监管沙盒在测试创新项目后，也需要确定性的规则保障形成稳定性预期。例如，针对非接触式金融服务和金融数字化的沙盒项目，银保监会发布《商业银行互联网贷款管理暂行办法》；针对大数据应用、人工智能风险监测等创新应用，人民银行研究制定《个人金融信息（数据）保护试行办法》；针对商业银行账户的产品和流程创新，监管对远程开户等政策做了一些暂时性的调整，很好地适应了疫情冲击下金融业务创新发展的监管需求。

此外，我国监管沙盒已在准入、风控和消费保护方面都划定原则和底线，应进一步明确准入、测试、评估等规则。随着中国 9 个金融科技创新监管试点 60 个惠民利企创新项目的落地和开展测试，未来应积极总结“监管沙盒”的经验，明确未来的监管发展方向：在中央金融监管和地方金融监管的协调、测试主体的范围、风险处置和消费者保护机制、沙盒退出安排等沙盒测试的各个流程环节，公开披露规范要求，引导市场主体对“监管沙盒”形成确定性预期，从而更好地开展金融科技创新。

4. “十四五”时期监管沙盒发展优化的路径

4.1 监管目标层面

金融体系与实体经济同存共荣，提升金融创新监管质效与改善金融服务质效在底层、长期具有内在统一性。“监管沙盒”的直接目标是提升金融创新监管的专业性、统一性和穿透性，但最终目标应该实现金融服务实体经济和防范金融风险的协调统一。在当前的试点阶段，入盒测试项目多是技术和流程创新性方面的，例如，对供应链、信贷流程和服务、移动支付服务产品的优化，聚焦中小微企业融资问题和普惠金融，主要在金融服务补短板的项目上发力，而关于金融服务模式创新的较少。但金融业务模式的创新对于改善金融服务同等重要，而且技术和流程创新在业务模式创新的配合下，才能更好地改善整个金融服务的质效。

金融服务实体经济特别是小微企业的政策目标，范围和要求持续迭代升级。当前小微企业金融服务的政策更加全面地关注政策传导效果和金融服务质效，已经从之前的“两个不低于”“三个不低于”演进到“量、面、质、本”的“四箭齐发”。2020 年 4 月，银保监会办公厅《关于 2020 年推动小微企业金融服务“增量扩面、提质降本”有关工作的通知》明确提出，普惠型小微企业贷款“增量”——贷款较年初增速不低于各项贷款增速、有贷款余额的户数不低于年初水平；“扩面”——增加获得银行贷款的小微企业户数，着力提高当年新发放小微企业贷款户中“首贷户”的占比；“提质”——提升小微企业信贷服务便利度和满意度，努力提高信用贷款和续贷业务占比；“降本”——进一步推动降低普惠型小微企业贷款的综合融资成本。在此基础上，2020 年 6 月人民银行、银保监会等八部委发布了《关于进一步强化中小微企业金融服务的指导意见》，为小微企业金融服务“增量、扩面、提质、降本”提出了三十条具体的政策措施。

“监管沙盒”的创新测试关注可以从推动金融服务补短板方面，进一步拓展到金融服务“增量、扩面、提质、降本”上。当前中国金融体系的存量资产和业务规模已经很大，监管沙盒的测试项目既要注重对增量业务创新的助推作用，也应注重对存量业务数字化改造的促进作用，从而更好、更多、更快地促进金融高质量发展，在更高水平上实现金融服务实体经济和防控金融风险的平衡。金融服务实体经济特别是小微企业“增量、扩面、提质、降本”目标的全面实现，需要借助金融科技创新改造现有金融服务业务模式。2019 年 12 月底，银保监会发布的《关于推动银行业和保险业高质量发展的指导意见》提出，银行保险机构要夯实信息科技基础，建立适应金融科技发展的组织架构、激励机制、运营模式，加大民营企业和小微企业的金融产品创新。《关于 2020 年推动小微企业金融服务“增量扩面、提质降本”有关工作的通知》《关于进一步强化中小微企业金融服务的指导意见》也对利用金融科技改善小微企业金融服务，提出了具体的政策措施。监管沙盒作为金融科技战略的重要载体，可以在实体经济和小微企业金融服务“增量、扩面、降本、提质”方面更好发挥先发联动和协同传导优势。

4.2 监管模式层面

监管沙盒是监管科技的重要创新模式。监管科技是近年来兴起的金融创新监管手段，与金融监管模式、监管理念的变革息息相关。国际金融协会（IIF）认为，监管科技是更加有效和高效地解决监管与合规要求而使用的新技术手段。监管沙盒本身具有技术中性的特性，既可以为金融科技创新提供“试验田”，也可以为金融监管创新迭代提供空间，可以测试监管规则调整和监管工具实施的效果。我国正在探索建设金融科技监管规则体系，已有的金融监管规则和监管工具大多针对传统的线下模式，随着金融科技创新、“非接触式”金融服务和金融数字化转型的快速推进，金融监管规则和监管工具的调整优化变得更加迫切。监管部门也意识到了这一点，相关规则也正在研究制定。2019 年 8 月，人民银行发布《金融科技（FinTech）发展规划（2019—2021 年）》要求加强监管科技应用，探索金融科技创新管理机制，服务金融业综合统计，增强金融监管的专业性、统一性和穿透性，监管沙盒的运用就是其重要抓手。

4.3 监管工具层面

“监管沙盒”也是中性的，既可以用来测试金融技术、金融业务的创新，也可以用于测试金融监管规则调整和监管工具实施的效果。监管沙盒的未来演进需要遵循“竞争中性”和“技术中性”原则，增加监管科技创新和监管规则调整的测试。监管沙盒在吸收金融科技创新测试的同时，可以尝试将监管规则和监管工具纳入沙盒作为测试的对象，探索基于信息技术迭代的监管科技（SupTech）和合规科技（RegTech），通过健全金融科技监管规则体系、数字化报送平台、探索穿透式监管、监管规则的数字化翻译等应用，推动监管理念、监管技术和监管手段的革新，增强金融监管的适应性和有效性，打造金融技术业务模式创新与金融监管规则工具模式适配性的检验机制。

4.4 风险防控层面

监管沙盒要平衡好金融创新和风险防控，消费者保护是核心关键，落实好风险处置责任和风险补偿机制非常重要。虽然监管沙盒有准入要求，但测试产品和项目也会出现风险。测试申请机构作为风险处置的第一责任者，需要在测试前设计好消费者保护和风险补偿方案，涉及资金运作的项目还必须设置风险保证金，以补偿消费者的不合理损失。比如，英国金融行为监管局推出的监管沙盒明确要求，创新测试申请企业需要确保已经投入了足够的资源做好相应准备，包括了解金融法规、研发投入、潜在风险应对措施等，并且出现纠纷争端时，消费者可向金融申诉服务机构（FOS）和金融服务补偿计划（FSCS）求助。在沙盒测试过程中，沙盒实施机构要确保测试主体的风险防控和补偿机制覆盖测试的全部流程，若测试企业不能满足风险控制和消费者保护要求，即可“按暂停键”或要求其退出沙盒。此外，沙盒实施机构还要建立相应的风险防控机制，以防测试企业无法承担所有的风险责任或者做好所有的风险防控，如消费者的数据征集、使用和安全保护，避免金融风险的跨产品、跨机构和跨市场传染。概括而言，监管沙盒的实施需要明确入箱测试机构与金融监管部门之间、地方与地方金融监管部门之间以及地方与中央监管部门之间的风险防控责任，完善金融监管信息平台建设，构建金融风险实时监测预警机制，提升监管快速反应能力，加强跨市场、跨业态、跨区域金融风险的识别、预警和处置能力，避免风险在更大范围内传染和扩散。

参考文献

[1] 蔡元庆，黄海燕．监管沙盒：兼容金融科技与金融监管的长效机制 [J]．科技与法律，2017（1）：1-12.

[2] 朱太辉．以监管沙盒破解监管困局 [J]．中国金融，2018（13）：48-49.

[3] 朱太辉，张夏明．监管沙盒的国际借鉴和中国实践 [A]．金融时报，2019-12-30.

[4] 朱太辉，张夏明．监管沙盒设计和实施的国际经验 [J]．金融博览，2020（4）：30-33.

[5] 黄震，张夏明．监管沙盒的国际探索进展与中国引进优化研究 [J]．金融监管研究，2018（4）：21-39.

[6] 朱太辉. 我国 FinTech 发展演进的综合分析框架 [J]. 金融监管研究，2018 (1)：55-67.

[7] 邓建鹏，李雪宁. 监管沙盒的国际实践及其启示 [J]. 陕西师范大学学报（哲学社会科学版)，2019 (5)：62-76.

[8] 沈建光，朱太辉. 金融数字化进阶之路 [J]. 中国银行业，2020 (5)：83-85.

[9] 李敏. 金融科技的监管模式选择与优化路径研究 [J]. 金融监管研究，2017 (11)：21-37.

[10] 朱太辉. 金融数字化蝶变 [J]. 金融与经济，2020 (6)：1.

[11] FCA. Regulatory Sandbox Lessons Learned Report, October, 2017.

[12] HKMA. Fintech Supervisory Sandbox (FSS), September, 2016.

[13] MAS. Fintech Regulatory Sandbox Guidelines, November, 2016.

[14] Buckley, R. P., Arner, D. W., Veidt, R., & Zetzsche, D. A. (2019). Building FinTech Ecosystems: Regulatory Sandboxes, Innovation Hubs and Beyond [J]. Washington University Journal of Law and Policy, 61 (1): 55-98.

新基建背景下金融业数据安全治理与个人信息保护研究

苏志毅　杨雪松　曹　伟[①]

摘　要：中共中央、国务院印发《关于新时代加快完善社会主义市场经济体制的意见》，提出要建立数据资源清单管理机制，加强数据有序共享，依法保护个人信息。《数据安全法》已正式颁布，并于2021年9月1日起施行。

数据已经成为一种新型生产要素，金融数据具备更为直接的经济利益的天然属性。金融机构近年来加速布局金融科技条线，运用大数据、区块链、数据中心等新基建方式赋能发力数字化转型，这为金融数据安全带来了全新挑战。

本文梳理了国内外数据治理和个人信息保护现状，以数据安全风险为驱动力，形成企业数据安全治理体系，全面保障数据治理过程的安全性和规范性，实现科技引领和数据安全赋能。本文共分为五个部分，前两部分主要对研究背景、意义进行阐述，梳理近年来我国金融业数据安全治理与个人信息保护的成果，第三部分分析金融业数据安全面临的风险和挑战，第四部分以“建立有序可控的数据流动体系”为目标，建设“一个平台、两个中心”的技术能力体系和覆盖数据全生命周期的安全管控体系（DLM），第五部分提出了“金融科技引领”和“数据安全赋能”等“十四五”期间金融业数据安全治理与个人信息保护的规划建议。

关键词：新基建　金融数据安全　数据安全治理　个人信息保护

1. 研究背景及目的

近年来，以5G、人工智能、大数据、数据中心等为代表的新基建与金融业交互融合，金融业的生产经营模式正在发生着深刻变革，金融科技已成为引领金融机构创新发展和转型升级的核心力量。

新基建让数据的收集和应用变得更加简单快捷，数据帮助金融机构配置整合、优化调节资源，推动金融业快速发展。数据是金融机构的核心资产，如果金融机构对于数据的管理和保护措施不到位，导致数据损坏、泄露或丢失，不仅会对金融机构商誉造成重大影响，更会对客户、社会甚至国家带来难以估量的损失。因此，金融机构做好数据安全治理

---

① 课题组：中央国债登记结算有限责任公司。课题组成员：苏志毅、杨雪松、曹伟。

和个人信息保护具有极其重要意义。

1.1 国家战略刻不容缓

随着信息革命的深入推进，数据已经成为国家基础性战略资源。习近平总书记在主持中共中央国家大数据战略学习时强调，应当加快建设数字中国，加快完善数字基础设施，保障数据安全。《数据安全法》已正式颁布，数据安全已经上升到国家战略层面。随着金融机构业务向多层次、多国家、多地域发展，其产生的海量数据内容关联度高、涉及范围广，数据安全威胁形态更为复杂。

1.2 行业监管越发严格

数据安全已经引发各界的广泛关注，我国陆续出台了金融业数据安全相关要求。2011年，银监会在《中国银行业信息科技“十二五”发展规划监管指导意见》中指出，要重点加强数据治理，制定数据标准，统筹数据管理；2018 年，银保监会发布《银行业金融机构数据治理指引》，提出了对数据治理的要求，指出要有效加强数据安全管理；2020年，中国人民银行发布并实施《个人金融信息保护技术规范》。监管发布的管理要求日趋丰富，从国家到监管都对数据安全越发重视，强监管是金融业数据安全的未来基调。

1.3 新基建衍生新需求

国内金融科技以人工智能、大数据、区块链、5G、云计算等新基建在金融工具、金融服务等方面的深入应用为显著标志，新基建下数据安全的需求进一步显现。物联网使采集的数据种类和数据量越来越多，5G 让数据传输的速率越来越快，云计算在不断地对数据进行计算处理，AI 在不断地挖掘数据的价值。新基建激活了金融机构技术革新的需求，对业务连续性和数据保护提出了更高的要求。

2. 数据治理现状

根据国际标准化组织 IT 服务管理与 IT 治理分技术委员会、国际数据治理研究所（DGI）、IBM 数据治理委员会等机构的观点，数据治理意指建立在数据存储、访问、验证和使用之上的一系列程序、标准、角色和指标，以及持续的评估、指导和监督，确保富有成效且高效的数据利用，实现企业价值。

2.1 国际数据治理现状

数字经济时代，世界各国政府已经充分认识到数据治理的战略意义，纷纷制定国家数据战略。从各国举措来看，政策着力点主要在于三个方面：一是开放数据，给予产业界高质量的数据资源；二是在前沿及共性基础技术上增加研发投入；三是积极推动政府和公共部门应用大数据技术。

2016 年《通用数据保护条例》（GDPR）的出台，欧盟为数字信任建立一个坚实的框架。GDPR 对世界其他国家个人信息保护和数据保护制度起到了示范引领作用，目前已经有超过 89%的成员国修订了本国法规，明确了专职数据保护机构。

美国在推动大数据研发和应用上最为迅速和积极，力图引领全球大数据发展。美国政府在 2012 年启动“大数据研究和发展”计划，2019 年发布《联邦数据战略与 2020 年行动计划》，从横向来看这是美国数字战略的重要组成部分，从纵向来看是美国整体数据战略发展进程中的重要一环。表 1 为美国根据不同领域的特点制定了各个领域的个人信息保护法。

表 1　美国各时期个人信息保护法

时间	法律名称	内容简介
1999	《金融服务现代化法案》	规定金融机构处理个人私密信息的方式
1998	《儿童网上隐私权保护法案》	规范网站对 13 岁以下儿童个人信息的收集和处理
1996	《电信法》	规定电信经营者要保守客户的财产信息秘密
1996	《健康保险携带和责任法》	规定个人健康信息保护规则
1986	《电子通信隐私法》	禁止政府、个人和企业对通信内容的窃听
1974	《隐私法案》	规范政府处理个人信息，平衡公共利益与个人隐私保护

2.2　国内数据治理现状

国内在数据领域的举措分为两个方面，一方面不断丰富相关法律法规。2017 年 6 月《网络安全法》正式的实施标志着网络信息和数据安全上升到国家战略层面；2020 年 3 月 6 日全国信息安全标准化委员会发布《个人信息安全规范》，规范了个人信息控制者在信息处理环节中的相关行为；2021 年 6 月 10 日，《数据安全法》颁布，确立了我国数据安全领域的第一部基础性法律。另一方面国家对重点领域强化个人信息保护执法。网信办联合四部门启动“APP 违法违规手机使用个人信息专项治理”，对违法的 APP 进行评估和问责；工信部也启动了“电信和互联网行业提升网络数据安全保护能力专项行动方案”等。

2.3　金融业数据安全治理现状

金融机构作为金融数据服务提供者和关键信息基础设施运营者，根据相关法律法规对重要数据和个人信息进行有效保护。“十三五”期间，我国金融业进一步明确了数据安全治理和个人信息保护方面的政策和要求。

2016 年中国支付清算协会技术标准工作委员会发布并实施《个人信息保护技术指引》，给出了信息系统处理个人信息的范围定义，界定了个人信息主体的权利；2018 年银保监会发布《银行业金融机构数据治理指引》，明确指出银行业金融机构应当建立数据安全策略和标准，划分数据安全等级，完善数据安全技术，定期审计数据安全。2020 年 2 月 13 日发布并实施的《个人金融信息保护技术规范》对数据生命周期各环节的安全防护提出要求，从安全技术和安全管理两个方面，对个人金融信息保护提出了规范性要求。

经过多年的信息化建设，我国金融业的信息化程度与新技术应用程度越来越高，金融机构纷纷将数据治理提上了日程。本文通过互联网公开资料，选取了 3 家商业银行作为调研目标，从组织架构、元数据管理、数据质量管理、数据规范标准 4 个维度进行调研，一定程度上反映当前金融机构数据治理工作的实际开展情况。

表 2　金融机构数据治理工作实际情况表

机构名称	组织架构	元数据管理	数据质量管理	数据规范标准
工商银行	内部审计局、内控合规部、金融科技部、管理信息部等部门负责数据治理的决策、执行、监督、报告、审计等	企业级元数据管理系统，把数据库表结构、公共代码等技术元数据在应用开发阶段纳入元数据管理系统进行管理	建立起全行性数据质量管理系统，以此平台为基础开展了有效的数据质量治理工作	依托元数据管理系统建设集团数据标准管理系统，随后分批次建立了 1500 多个数据标准。对全行渠道类型、产品协议相关数据标准落地改造
农业银行	成立信息中心作为数据管理归口部门，结合“新一代核心银行系统建设工程”启动了数据综合治理工作	建设有元数据管理系统、业务元数据和技术元数据的集中管理和发布平台。系统中涵盖了 15000 余张表，近 30 万个字段，超过 4000 个数据字典	将数据质量管理纳入内审稽核体系和内控评价体系，制定了客户风险监测基础报表实施细则，通过建设大数据平台及信息报告系统，支撑数据质量的提高	初步实现了数据的“统一采集、集中管理、共享使用”，实现了常用指标库的数据统一加工和发布，初步解决指标数据缺口大、口径不一致、准确性不高的问题
建设银行	成立信息中心承担全行信息资源综合管理职能	建设 BI 应用在总行数据平台上进行元数据管理。制定和执行元数据规范	开发企业级数据仓库、企业级信息应用平台、监管统计系统，建立企业级多维度统一的数据视图	成立专职的部门推进数据标准化工作，启动了数据标准建设工作。增强了数据定义与使用的一致性，降低系统整合难度

本文在第三、四部分对数据安全治理和个人信息保护风险以及数据安全体系架构进行重点介绍；在第五部分结合数据要素市场现状提出可能的发展方向，希望本文可以为进一步提升金融业数据治理成效提供参考。

3. 金融业数据安全风险及挑战

我国金融机构积累了大量丰富的数据资源，数据已经成为金融业的核心资产。金融机构通过提升数据质量，在复杂数据中寻找规律、发掘价值、造福社会，一方面要使数据得到恰当地使用，发挥其潜在价值；另一方面要有效地保护数据的安全，防止因泄露、损坏等原因造成不必要的损失。本文从三个方面阐述当前金融业数据安全治理面临的主要风险，包括数据安全风险分析、个人信息面临威胁日益严重以及数据开放带来新的要求。

3.1　数据安全风险分析

本文以数据全生命周期 CIA（机密性、完整性、可用性）保护为基础目标，以 CO-

BIT、5A 以及 ISO27001 为风险管控策略，建立风险分析模型。横轴为数据的生命周期，包括采集、传输、存储、使用和销毁等，截面为 CIA 原则保证数据安全的目标，柱状外围为风险防控措施，包括 COBIT、5A 以及 ISO27001 为风险管理手段。

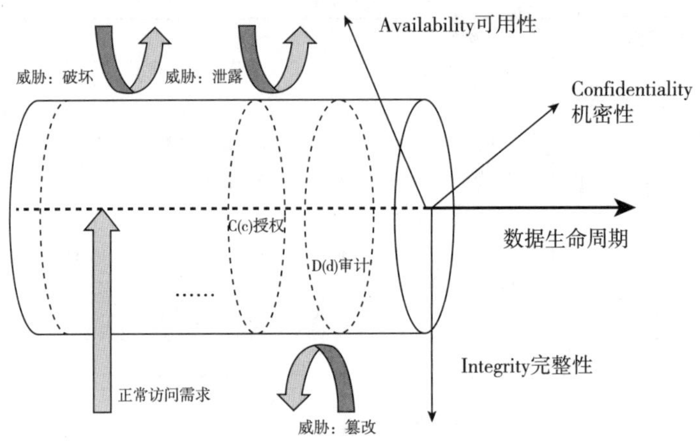

图 1　数据安全风险分析示意图

结合金融业数据安全治理最佳实践，根据 COBIT、等级保护相关要求，我们形成如下风险评估模型，用来评价当前金融业数据安全治理的风险，其中模型分为三个层级，基础领域、一级分类、具体要求。

表 3　金融业数据安全风险评估模型表

基础领域	一级分类	具体要求
治理	组织架构职责	组织机构、职责分工……
	方针政策	数据战略、数据规划……
	制度规范	数据制度、数据规范……
管理	人员安全	岗位设置、企业文化、意识培养……
	分级保护	数据分级、系统分级……
	外包管理	合作安全、外包安全……
	监控处置	事件、问题、舆情……
	检查审计	检查、审计、评估、评价……
技术	身份鉴别	身份验证、权限控制……
	密码技术	密码算法、密钥安全……
	备份恢复	数据备份、备份策略………
	存储安全	环境安全、介质安全……
	传输安全	边界防御、准入控制……
	访问控制	数据使用、数据共享……
	……	……

金融机构越来越重视数据的作用，纷纷将数据治理提升到企业战略层面，开展了一系列持续的治理工作，在业务发展模式上更注重对数据的管理提升和内部挖掘潜力并取得了

一定的成效，但要持续、有序地推进金融机构数据治理工作，仍需要解决下列问题：

3.1.1 数据安全意识不足

数据安全治理是一项长期的管理工作，不是少数人、少数部门就可以独立完成的，必须加强多部门之间的合作。数据治理应当作为从战略角度启动，金融机构应根据金融科技特点，将数据安全纳入企业战略进行顶层设计和规划，建立涵盖数据全生命周期及业务全流程的制度规范体系，从组织机构、人力资源、资金资源、组织及人员能力等方面予以重点保障，在做好数据保护的基础上开展数据利用，同时，要加大宣传教育，将金融科技形势下的数据安全纳入全员教育。

3.1.2 管理框架不完善

自“十二五”规划提出数据治理的相关要求以来，金融机构逐渐对数据治理工作重视起来。目前金融业的数据治理多由信息科技部门牵头，但是业务部门才是产生数据、使用数据的源头，各项规定如何有序推进，需要由专门的业务人员和技术人员进行合作，形成专业的组织。

3.1.3 技术能力支撑不足

金融机构的数据存在各个系统中，由于相关人员分属部门不同，统计口径和加工方法存在较大差异，因此必须建立数据标准的管理体系，保证数据的完整性、一致性。从数据的全生命周期角度进行分析，金融机构可以控制存储结构、数据规模、访问控制等提升数据治理水平，采取有效的数据安全防控措施，防止因内外部不正当操作所引起的数据安全问题。

3.1.4 对新威胁响应不足

国内金融科技是以人工智能、大数据、区块链、移动互联、云计算等新一代信息技术在金融工具、金融服务以及金融管控等领域的深入应用为显著标志。新技术在改变传统金融业务的同时，也存在一些需要关注的问题。当前人工智能还处于初级发展阶段，可能会因引入相同逻辑设计引发的同类风险；大数据带来的风险隐患也显而易见，近几年一些金融机构客户信息泄露或交易数据被篡改的情况频繁发生；区块链作为一项新兴技术，其安全性、可靠性等还需要实践检验。新技术突飞猛进的发展，金融机构需要进一步加强对新技术等机制的响应方式，保证及时快速面临突发问题。

3.2 个人信息保护亟待加强

在大数据时代，个人账户和隐私安全问题已经成为最大的数据安全威胁。数据资源以史无前例的深度和广度被大规模地收集、储存、处理和再加工。数据在给人类生产、生活等各方面带来的便利的同时，也诱发了很多数据滥用问题。

不法商家需要收集个人信息开展“业务”，大数据杀熟进行价格操纵等，不法分子则利用系统漏洞和黑客技术盗取个人信息，通过数据交易、数据清洗，将真实的个人信息卖给数据卖家和使用者，获取数据“价值”。

3.3 打通“数据孤岛”，加快开放共享

数据开放共享，赋能数据要素对其他要素的倍增作用，正逐渐成为社会国家的共识，特别是在数字经济日益成为经济增长新动力的背景下，我们需要在数据安全、个人信息保护和经济发展三者之间取得平衡。

金融市场活动中掌握了大量的个人数据，这不仅使个人数据的安全风险增加，同时也造成了一些大型金融企业滥用其数据优势进行不公平竞争的情形。但是作为生产要素的数据要流动起来才能最大限度地创造价值，而对个人数据的严格管制又会阻碍创新，造成扼杀竞争和创新的反效果，结果是大而不倒、强者更强，对中小型机构越来越不利。

4. 金融业数据安全治理体系实践

数据安全治理与IT治理和数据治理一样，不仅仅是技术问题，更是管理问题，因此想要做好数据安全治理，需要一套以数据机密性、完整性和可用性为前提，能促进数据价值释放、可供组织进行数据安全建设的成熟体系。本文提出以下四点体系建设思路：

一是优化顶层设计，自上而下推动数据安全治理，加强思想宣导、强化组织保障、完善人才培养、健全监督检查机制；二是提升统筹规划能力，围绕数据全生命周期建立完备的管理规范体系，为数据安全提供管理依据；三是依托新技术方法手段，构建多种类型的服务平台框架服务于底层，为其提供技术支撑；四是多维度安全监测监控机制和应急响应机制服务于整个过程中，提供监控发现和应急处理能力。

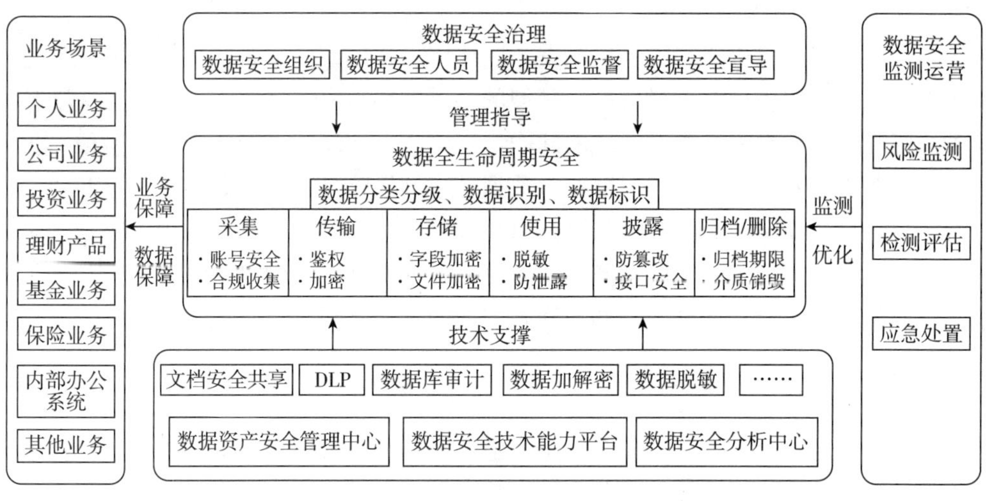

图2　金融业数据安全治理体系实践示意图

4.1 优化数据安全顶层设计，提高数据安全治理水平

在数据安全治理层面，一是坚持提高政治站位，加强思想宣导，充分理解数据安全治理对国家安全和金融科技发展的重大意义，从思想上重视数据安全的重大战略意义；二是

强化数据安全组织建设，明确政策和职责，以确保数据安全治理的有效落实；三是做好数据安全风险管控，以强有力的监督检查机制推动工作落实，坚持问题导向，以重点、难点问题突破带动全局；四是加强队伍建设，建设具备数据安全专业素养的科技人才队伍。

4.1.1 提高政治站位，加强思想宣传引导

金融机构需要不断提高政治站位，充分认识国家大数据战略和信息安全战略，理解国家建设数据安全法律法规的深刻内涵，坚决贯彻落实习近平总书记有关数据安全重要批示，自上而下、加快推进金融业数据安全综合保障能力建设，保障数据安全。

4.1.2 明确职责分工，强化数据安全组织

数据安全关系到数据使用的方方面面，在金融业内，数据安全治理是一个长期、反复、跨多部门合作的过程。要做好数据安全治理，首先要强化组织建设，成立专门的数据安全治理机构，明确数据安全治理的政策、落实和监督，确保数据安全治理的有效落实。

4.1.3 加强风险管控，建立监督检查机制

企业需要建立内部安全审计检查制度机制，对安全检查的范围、方式、频度、实施单位、操作规范等予以定义；成立安全合规督查组，依照安全检查制度并对安全检查的实施情况进行监督，对安全部署安全实施进行检查；引入安全管理成熟度评价、数据泄露风险预测模型等监控机制。

4.1.4 建设人才队伍，加强数据安全宣导

习近平总书记指出：“网络空间的竞争，归根结底是人才竞争。”要做好数据安全治理，就需要加强数据安全人才的培养力度，调动其主动性和积极性，在政策、制度、薪酬等方面提供外围保障的同时，发挥出最大的能力。

随着数据量的增加和系统架构的日益复杂，数据安全管理的难度也在不断地随之提升，组织同行业交流，学习先进的数据安全管理方法，有助于更有效、及时发现潜在的安全风险。数据安全关系到每个人、每个岗位的日常工作，加强对全体员工的数据安全意识培养尤为重要，通过定期组织内部宣讲、法律法规学习和违规警示教育等方式提升整体的数据安全和信息保护意识。

4.2 加强生命周期管控，促进数据安全共享

数据安全贯穿于数据全生命周期，若仅从单一的角度去理解和加强数据安全管理，往往容易使安全管理不够完备，易存在安全风险隐患。数据生命周期一般包含 5 个阶段：

（a）数据收集：新的数据产生或现有数据改变与更新。

（b）数据传输：数据在从一个实体流动到另一个实体。

（c）数据存储：非动态数据以任何数字格式进行物理存储。

（d）数据分析和使用：组织内外部对数据进行的一系列活动。

（e）数据清理：数据及数据存储介质归档到历史及彻底销毁的过程。

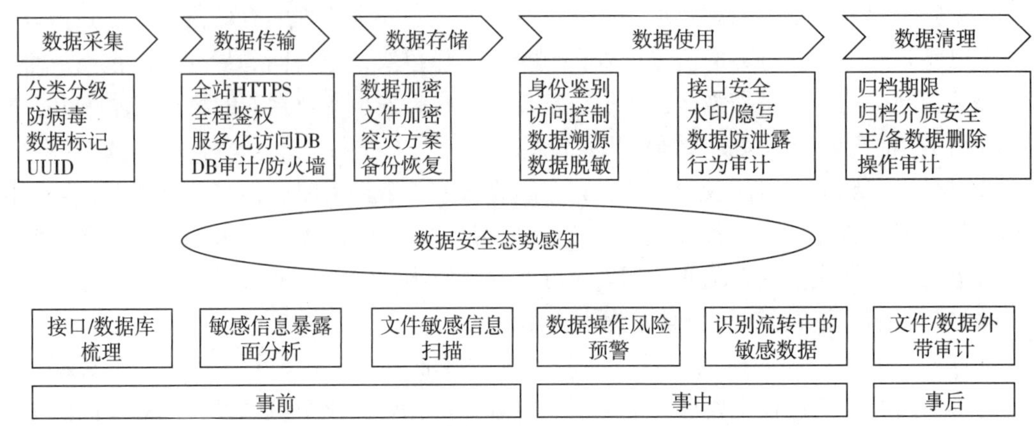

图 3 数据生命周期示意图

数据生命周期各个阶段数据的处理方式不同，带来的风险类型和采取的应对策略也不相同。因此，根据生命周期中不同阶段制定差异化的安全管理策略。

4.2.1 数据采集

数据的采集应明确数据对应的数据类别和级别，对关键敏感数据在采集时使用加密、数据防泄露、病毒防护等安全加固措施；数据采集过程实施安全控制，包括采集访问控制、身份鉴别、账号安全、完整性校验等多种策略；涉及个人隐私信息的采集，需以通俗易懂的方式展示并经过个人信息主体自主同意，不采集无关或无必要的数据，避免出现强制授权、过度索权等现象。

4.2.2 数据传输

数据的传输需要考虑传输接口、传输通道和传输策略等全过程的安全性。主要包括以下几个方面：一是确保传输过程中身份认证和异常行为控制，避免数据未授权访问；二是在传输过程中对关键数据进行加密，防止恶意获取、篡改数据等行为；三是以面向服务（SOA）的方式进行数据传输，提供更安全、便捷、高效的数据服务；四是在数据传输过程中部署信息采集点，保障数据传输过程的可追溯；五是做好安全防护，如主机加固、病毒防护、数据库防火墙的部署，实现细粒度的数据安全保护。

4.2.3 数据存储

随着新基建对金融基础科技建设的推动，当前金融机构多已制定企业级大数据战略，数据存储通常使用传统数据库与数据仓库相结合的方式。传统数据库业务数据存储较为分散，数据仓库则是“数据集中营”，其业务覆盖和数据规模都比较大。在制定安全策略时需要统筹考虑“传统数据库+数据仓库”的新型数据存储模式。

4.2.4 数据使用

在数据分析场景中，经常存在大量字段信息的匹配和重新整合的，特别是以机器学习为代表的人工智能领域，越来越多的数据作为训练集用于机器学习或深度学习模型中的参数训练，对外提供机器学习建模和模型训练等服务，该过程容易引发用户隐私泄露。以个人客户为例，客户的身份信息、喜好取向、定位信息等数据虽然存储于不同的位置，但这些数据具备强关联性，若将不同维度的个人信息汇聚到一起，产生大量的易暴露隐私的数据。针对数据分析场景下的安全风险，一是需要结合数据主要的业务特征，对敏感信息进行评估，是否已经进行变形或加密；二是对数据使用的权限进行管理，将数据中心的敏感字段配置为只对特定用户或用户组授予有限权使用；三是对数据分析师、数据库管理员等不同的角色进行分组，不同组具备不同的角色属性和权限；四是对于关联后的大表、宽表可纳入重点监控范围，动态监控表的使用、数据流向等情况，如有异常立即进行应急处理。

4.2.5 数据清理

数据清理环节可根据数据的特点、实际场景选择清理转移手段，如数据更新方式、前台页面删除和批量清理等，还应当明确数据清理的频率、选取合适的归档方式。已经作废的敏感数据要采取逻辑删除+物理销毁的销毁处理，作废前须进行销毁确认；建立统一的清理程序或工具，统一展现待清理内容；根据数据不同分级、分类等明确归档流程和归档后数据管理办法。

4.3 提升数据安全技术能力，建设“一个平台，两个中心”

传统信息安全建设更多强调“边界防御”的概念，因此通过防火墙、防病毒等防护技术就可以较好地满足需求。但数据安全防护更强调对数据资产的有效保护，例如，权限控制、行为分析、数据溯源等，传统防护技术手段难免捉襟见肘。本文结合传统技术防护手段与态势感知技术理论（Situation Awareness），构建一套符合数据安全防护特点的技术能力建设方案。其构建原则为：

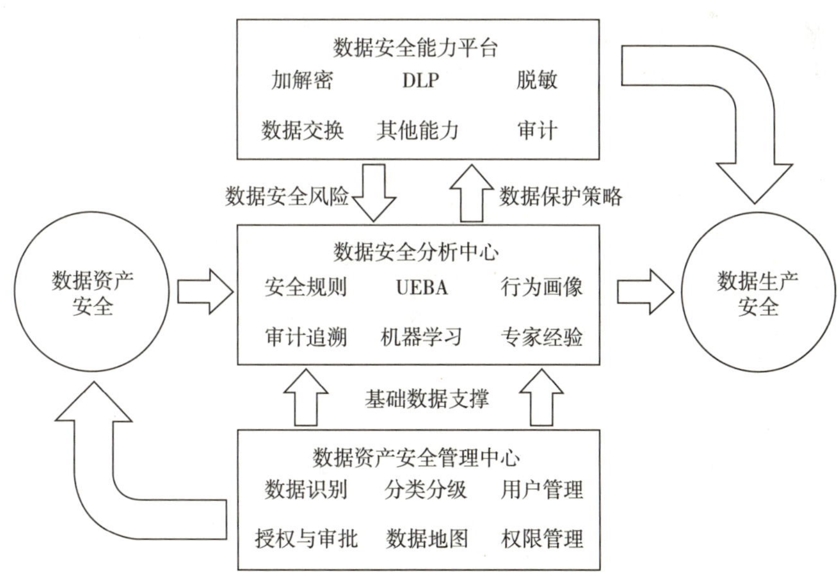

图4 技术能力建设方案示意图

合规性原则：能够较好满足国家法律、行业监管和企业管理的要求；

一体化原则：能够较好打破“部门壁垒”“数据孤岛”制约，集管理、控制、审计等为一体，形成可视化统一视图，为组织管理决策提供支持；

前瞻性原则：能够在一定范围内，对企业的数据安全态势和威胁环境进行感知，并对未来状态进行预测；

可优化原则：能够通过风险分析、差距分析、风险评估、跟踪回溯等手段，持续改进并优化提升数据安全防护水平；

可落地原则：能够充分满足以上原则，使数据安全管控措施和管理手段具有可落地性。

基于以上原则，本文提出建设“一个平台，两个中心”作为数据安全治理的技术支撑。

一个平台是指数据安全能力平台，平台以传统安全防护技术为基础，在以数据资产为核心的场景下将数据安全技术进行侵入式融合，从全局视角考虑数据安全治理这一“管理+技术”问题，从组织层面实施统一的数据安全策略。

两个中心是指数据资产安全管理中心和数据安全分析中心。数据资产安全管理中心作为数据安全管控的基础，打破“部门壁垒”“数据孤岛”制约，将散落在组织内部跨部门、跨安全区域的安全能力进行整合，通过可视化统一视图展现。数据安全分析中心能对相关信息进行统一收集、统一管理，通过全面协同的日志信息与专家经验进行融合，形成安全规则、安全模型、行为画像，实现新基建技术赋能数据安全，提升数据安全风险管理水平。

4.3.1 数据资产安全管理中心，实现数据资产安全可视

数据资产安全管理中心核心在于盘点数据资产形成数据资产地图，基于数据资产的敏感性进行分类、分级管理。此外，对于敏感数据资产的访问控制、权限控制等进行监控，形成数据资产地图，掌握数据全生命周期流转态势，推动数据有序可控地使用。具体构建思路见图 5。

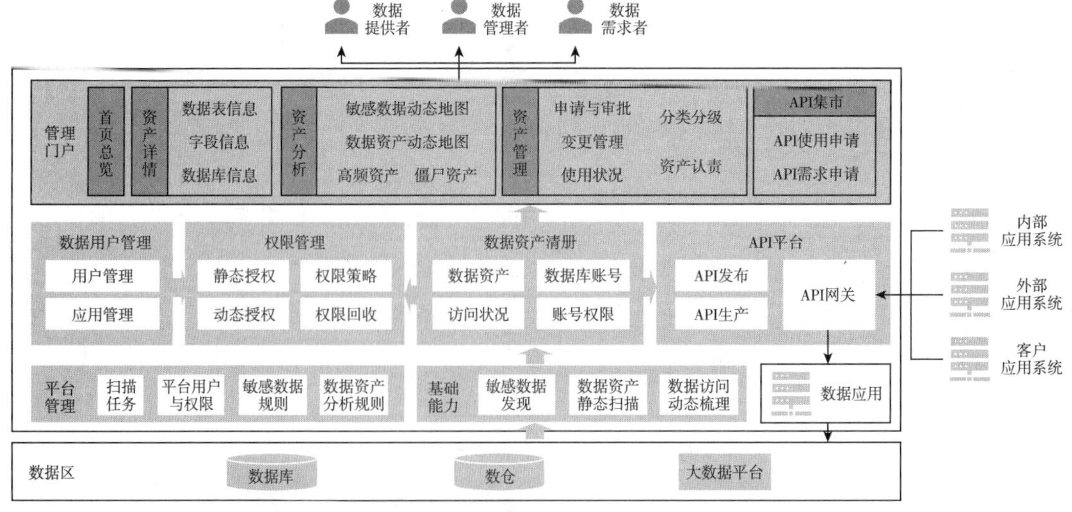

图 5 数据资产构建思路图

（1）数据资产识别

数据资产识别是进行数据资产管理的前提，根据数据分类分级的标准，建立金融数据资源清单管理机制。通过自动或手工、定期或实时方式发现数据区内的敏感数据，展现出各类场景的敏感数据的分布。

（2）权限控制策略

为避免策略不一致导致的敏感数据泄露，需要制定统一的安全管理策略，包括数据存储方式、访问规则、数据授权要求、脱敏方式等，针对数据的不同分类分级进行策略设置，确保全局安全策略的一致性和针对性。

（3）敏感数据地图

对敏感数据类型进行查询、统计、分析，建立敏感特征数据模型管理、敏感数据权属管理。针对数据传输和开发测试等使用环节，根据定义的敏感数据使用规则对数据的流转、存储与使用进行监控，形成数据资产流转动态地图。

此外，通过访问流量解析等技术手段，动态监控数据库访问行为。对访问敏感数据的频次进行热度分析、异常分析，还可以通过敏感数据血缘关系清晰查看访问源、访问路径、访问目的、访问行为等，更清晰地了解对数据的使用、管理和维护行为。

4.3.2 数据安全分析中心，实现数据安全可控可溯

数据安全分析中心以风险为驱动，以 CIA（机密性、完整性、可用性）为最终目标，以识别威胁与脆弱性为痛点，关注数据流向和用户行为，引导构建基于风险的数据安全分析体系。通过统一的数据安全管理框架实现统一的运营管理，运用数据挖掘、计量分析和机器学习等新技术手段，将数据安全控制过程结合到安全运营，形成“1+1>2”的效果。

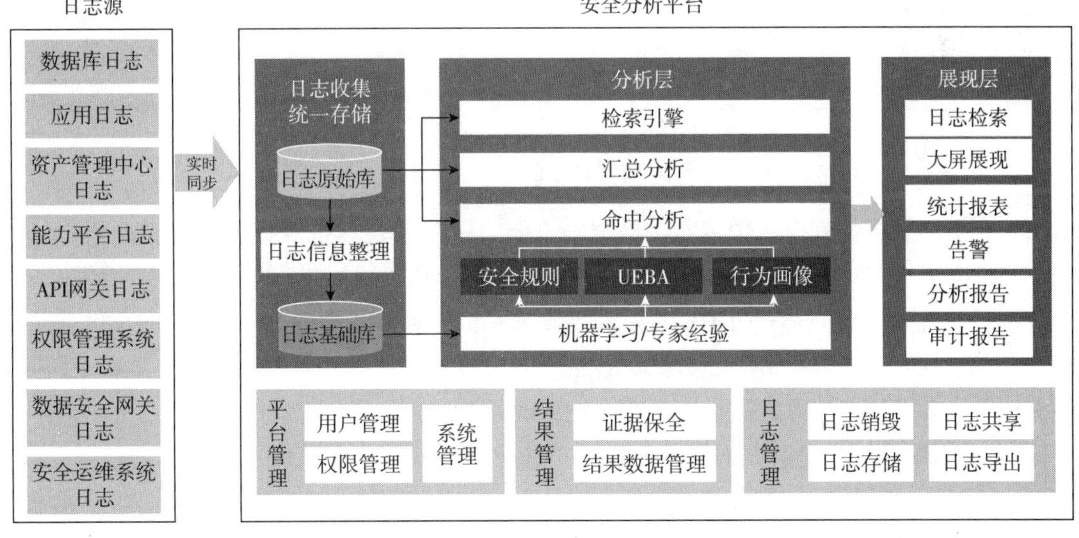

图 6　数据安全分析中心示意图

数据安全分析中心通过实现数据资源安全运营、数据安全策略运营、数据安全事件运营、数据安全风险运营等能力的建设，为数据安全提供信息化支撑手段。通过可视化手段

实现数据安全策略稽核，实现规范标准落实情况跟踪、策略落实情况跟踪，从而满足数据安全规范要求；通过可视化手段分析安全事件，统计事件发生趋势、事件处置率、事件终结率，实现对安全事件的统计和处置稽核作用；跟踪数据流转轨迹，为安全运营人员数据管理、泄露防护提供决策依据；建立数据流转分析、数据接口风险分析、运维风险分析、数据生命周期风险分析，实现数据风险可视化，实现数据安全风险趋势分析能力和态势感知能力。

4.3.3 数据安全能力平台，赋能信息化建设

数据安全能力平台旨在将数据安全技术能力进行融合，在充分发挥能力价值基础上，实现统一集中、灵活便捷的数据安全能力输出，方便扩容、集约高效的管理工作。数据安全能力平台由管理层、能力支撑层、能力组件层、服务提供层四个部分组成，如图7所示。

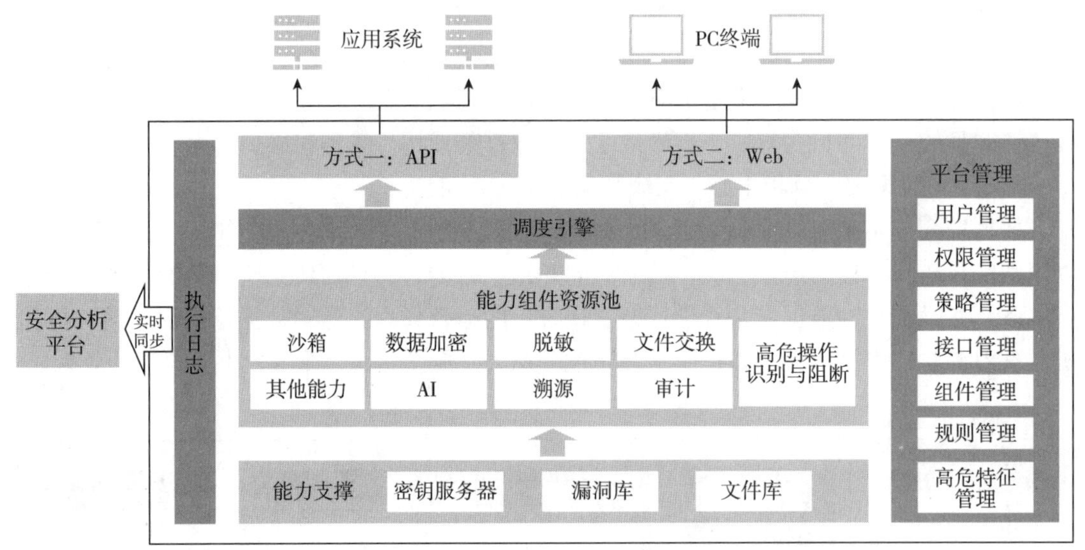

图7 数据安全能力平台示意图

结合金融业数据安全防护现状，数据安全能力平台需要具备数据加解密、动/静态脱敏、文件交换/共享、文件外发审计、文件沙箱、数据溯源六个方面的能力。

数据加解密是数据安全防护最有效的手段之一，针对不同的数据场景采用不同的加密算法。在数据安全能力平台中，数据加解密所需要的密钥在能力支撑层建设，应满足国家相关要求，并以接口的方式提供能力资源池中的数据加解密模块。

动/静态脱敏能力提供如下两种方式：一是配置脱敏范围和策略，配置计划任务，由静态脱敏组件自动执行，并将脱敏后的数据放在指定位置；二是手工操作，手动上传需要脱敏的数据文件，静态脱敏组件根据配置好的策略进行脱敏处理并返回脱敏后的数据文件。动态脱敏组件分为前置模块和主模块，前置模块采用物理旁路逻辑串联的方式接入在应用与数据库之间，负责协议解析并进行脱敏处理；主模块与各前置模块网络可达，负责脱敏策略的配置、下发、算法的设置等管理工作。

文件交换/共享统一采用接口方式，数据安全能力平台提供接口的开发和发布，适配数据提供方和需求方的系统开发语言，免去提供方和需求方的开发工作。对于接口的每次调用均进行访问控制、生成详细的日志，并对日志进行实时的分析审计，保证接口的使用符合规则。

文件外发审计能力组件主要功能是数据文件敏感数据的识别和审计、发送方和接收方身份评估。外发的文件上传至文件外发审计功能区，能力组件根据事前配置好的策略和规则，自动执行审计与评估，并给出结果。

数据安全能力平台提供文件沙箱组件，对恶意文件进行检测识别，及时发现并阻断恶意文件的传播，识别恶意行为并采取及时的处置措施。

数据溯源通过对数据全生命周期进行追踪、标记和审计，实现数据源头可溯，保障在外部发生数据泄露事件时能够自证清白，确认不是从本机构泄露的数据。

4.4 持续提升质量管理，建立风险评估机制

根据《数据安全法》第二十九条，开展数据处理活动应当加强风险监测，发现数据安全缺陷、漏洞等风险时，应当立即采取补救措施；发生数据安全事件时，应当立即采取处置措施，按照规定及时告知用户并向有关主管部门报告。

企业可通过建立数据安全风险评估系统，排查数据资产分布，掌握敏感数据使用状况，加强风险监测。通过静态梳理，针对静态数据资产，通过技术手段识别其潜在的安全性风险；通过动态梳理，针对涉敏数据一段时间的访问和流向信息，通过技术手段分析出高风险的数据流向和高风险的数据访问行为；结合敏感数据在数据生命周期内的使用状况和安全管控手段进行评估分析。

5. 金融业数据安全治理思考与展望

人们对数据的认识是一个不断深化的过程，数据资产被赋予的内涵越来越丰富和复杂，数据区别于传统资源，数据是越积累越多，越用越多，可以发掘的价值也就越大。想要充分发挥数据的价值，核心在于如何推动数据安全、有序、可控的流动。

结合前文内容，本章基于数据安全体系建设成果提出了“十四五”金融业数据安全治理的展望。一是通过新基建赋能数据安全治理，二是通过数据安全治理促进金融数据安全共享。

5.1 新基建赋能数据安全治理

保护数据安全、加强个人信息保护是国家、企业和个人都负有的责任，作为企业更应该从多维度不断优化自身的数据安全治理能力。

在新基建国家战略背景下，金融科技快速发展、新技术的广泛应用不仅为数据安全带来新的风险与威胁，同时也带来了机遇与发展。作为企业应当加快大数据安全技术研发力度，积极推动新技术在金融领域数据安全保护的应用。

本文提出的数据安全体系建设框架，从数据全生命周期安全管理维度和数据安全能力建设的维度分别提出了新技术赋能数据安全治理的思路。在数据流通和数据存储阶段，通过差分隐私、同态加密等技术可以实现不泄露个人隐私条件下的数据分析处理。区块链技术可以提供可信的多方计算环境，实现高效、安全的利益分配机制。安全多方计算技术可以确保在保护数据隐私的前提下，实现多方安全协同计算，并确保各参与方得到正确的数据结果。对于数据孤岛现象，联邦学习能带来明显的帮助。此外，还可以在大数据分析挖掘上，通过对结构化和非结构化数据进行灵活分析和挖掘，建立支持数据探索、模型建立、模型验证、模型发布的全流程模型管理机制。

5.2 数据安全治理促进金融数据安全共享

随着新基建技术的广泛应用，金融机构利用人工智能、大数据、云计算等新技术，并将“金融+科技+AI”作为自身的核心战略之一，金融公司不断依托自身优势，从战略层面强化“金融+科技”这一业态融合。

利用态势感知、大数据等新技术在数据治理的环节监测数据的流动，通过深度发掘数据价值、深度机器学习，既可以对客户的个性、特征以及需求等更加深入洞察营销，还可以监控数据流动，动态分析异常数据行为。此外，大型金融机构利用自身优势，可以获取更为广泛、深度的业务数据，这些数据可以通过多种形式帮助中小金融机构扩展自身业务能力。

数据要素市场可以通过降低搜索成本、复制成本等，使金融机构更容易获得符合自身偏好的产品，促进数据安全、有序的流通共享。由此可见，数据要素作为金融机构核心生产资料能够推动企业自身发展，推动社会经济增长，因此构建数据要素市场势在必行。

数据安全治理与数据有序流通并非此消彼长的联系，而是需要处理好这两个目标之间的关系。数据安全治理与个人信息保护不能罔顾商业利益和公共利益而走向绝对化，企业对个人数据的获取及使用也不能以牺牲个人隐私为代价，我们可以通过促进数据要素可控有序地流动来达到推动金融数据安全共享的目的。

数据安全是企业安全建设的重点与难点，相对应用安全和内网安全，大多数企业在数据安全的投入要少很多，但数据安全的重要性却要高很多。本文通过对数据安全风险分析和行业实践经验，形成了数据安全体系建设框架，希望能在“十四五”期间有效推进金融业数据安全治理和个人信息保护。

参考文献

[1] 郑云文．数据安全架构设计与实战［M］．北京：机械工业出版社，2019.

[2] GB/T 35273—2020，信息安全技术　个人信息安全规范［S］.

[3] 聂君，李燕，何扬军．企业安全建设指南［M］．北京：机械工业出版社，2019.

[4] 方兴．以数据为中心，以风险为驱动的数据安全治理体系［J］．中国信息安全，2019（12）：77-77.

[5] 冯登国，张敏，李昊．大数据安全与隐私保护［J］．计算机学报，2014（1）：246-258.

[6] 陈明奇，姜禾，张娟，等．大数据时代的美国信息网络安全新战略分析［J］．信息网络安全，2012.

[7] 刘宏达，王摇荣．论新时代中国大数据战略的内涵、特点与价值——学习习近平总书记关于大数据的重要论述［J］．社会主义研究，2019（5）：9-14.

[8] 程摇莹．美国发布《联邦数据战略和 2020 年行动计划》［EB /OL］．http：//www. echinagov. com / news /272975. html，2020-03-01.

[9] 杨义先，钮心忻．安全简史：从隐私保护到量子密码［M］．北京：电子工业出版社，2017.

[10] 熊平，朱天清，王晓峰．差分隐私保护及其应用［J］．计算机学报，2014，37（1）：101-122.

[11] 劳伦斯·莱斯格．代码 2.0：网络空间中的法律［M］．李旭，沈伟伟，译．北京：清华大学出版社，2018.

[12] 赵飞．基于全生命周期的主数据管理 MDM 详解与实践［M］．北京：清华大学出版社，2015.

[13] 中国电子信息产业发展研究院．数据治理与数据安全［M］．北京：人民邮电出版社，2019.

[14] 胡影，上官晓丽，王佳敏．个人信息保护国家标准工作情况与思考［J］．中国信息安全，2019（4）：60-63.

[15] 桑尼尔·索雷斯．大数据治理［M］．匡斌，译．北京：清华大学出版社，2015.

[16] 狄乐达．数据隐私法实务指南：以跨国公司合规为视角［M］．何广越，译．北京：法律出版社，2018.

[17] Pingch. 差分隐私保护：从入门到脱坑［EB/OL］．https：//www. freebuf. com/articles/database/182906. html，2018-09-10.

[18] 百度安全实验室．大数据时代下的隐私保护［EB/OL］．https：/www. freebuf. com/articles/database/146652. html，2017-09-08.

[19] 杨强等．联邦学习［M］．北京：机械工业出版社，2020.

[20] Microsoft. A Guide to Data Governance for Privacy，Confidentiality，and Compliance［EB/OL］．https：//iapp. org/media/pdf/knowledge_cente/Guide_to_Data_Governance_Partl_The_case_for_ata_Governance_whitepaper. pdf，2010-01-11.

[21] Andrej Volchkov. Information Security governance framework［EB/OL］．https：//stramizos. com/wp - content/uploads/2018/06/Security - Governance - Framework. pdf，2018 - 06-01.

新型密码技术及其在金融行业的应用研究

吴金坛　邱震尧　杨　阳　等[①]

摘　要：随着密码技术的发展以及新应用场景的兴起，一些与目前广泛使用的传统密码技术不同的新型密码技术成为金融等行业的应用热点。一方面，量子计算技术的不断突破使得能够抵抗量子计算攻击的密码算法成为未来保障金融系统安全运行的必然选择；另一方面，区块链、数据安全流通等与金融行业密切相关的新兴场景催生了零知识证明、同态加密等非传统密码技术的应用，用于解决不同场景需求下的数据隐私保护问题。本文分别对抗量子密码、零知识证明、同态加密等各类新型密码算法进行了研究，并针对不同算法在各自技术领域及金融相关行业的应用需求、应用场景、布局策略等进行了分析，最后总结提出了金融行业推进新型密码技术创新应用的未来发展建议。

关键词：新型密码技术　金融行业　抗量子密码　零知识证明　同态加密

1. 引言

密码技术的应用是网络安全的基石，也是保证金融信息安全的关键所在。在传统的金融行业应用中，对称加密、公钥加密、数字签名、散列函数等密码技术的应用在不同业务流程中分别扮演着重要的角色。现如今，新的安全要求与业务场景催生了新型密码技术的应用需求。在新安全要求方面，随着量子计算这一颠覆性技术的发展，传统密码算法面临着被量子计算机在短时间内攻破的可能性，因此，能够抵抗量子计算攻击的一系列后量子密码算法的使用成为未来包括金融行业在内所有行业应用中的新安全要求；在新业务场景方面，随着区块链应用、联合风控、联合营销等新兴金融场景的兴起，为了兼顾数据在流通过程中的机密性和可用性，零知识证明、同态加密等一些涉及隐私计算的新型密码技术成为目前业界关注的热点。

2. 新型密码技术概述

2.1　抗量子密码技术

量子计算是目前全世界范围内的前沿研究热点，并可能正以量子体积每年翻倍的速度

① 课题组：中国银联股份有限公司。课题组成员：吴金坛、邱震尧、杨阳、陈舟、黄自力、熊璐。

向前发展。然而，由于量子计算机具有强大的运算能力，一旦实用的量子计算机成为现实，现有密码体制可能发生颠覆性的崩塌。

2.1.1 抗量子密码基本概念

由于现有对称密码算法、散列算法等非公钥密码算法存在可抵抗量子计算攻击的高安全强度版本，因此抗量子密码主要讨论的是公钥密码体制在量子计算环境下的替代方案。

（1）抗量子密码定义

抗量子密码体制也称为后量子密码体制（Post-Quantum Cryptography，PQC），是指既能抵抗现有经典计算攻击又能抵抗未来量子计算攻击的密码体制，因此至少应满足以下要求：

① 能够抵抗已知的经典计算攻击方法；

② 能够抵抗已知的量子计算攻击方法（如 Shor 算法），即尚不存在已知的量子计算攻击方法能在多项式内成功攻击。

一些数学困难问题无法利用量子离散傅立叶变换解决，如格上的最短向量问题（Shortest Vector Problem，SVP）/最近向量问题（Closest Vector Problem，CVP）、非线性方程组求解问题、背包问题等，因此可考虑基于此类问题构造抗量子公钥密码算法。

（2）抗量子密码分类

抗量子密码算法主要包括基于格的密码、多变量密码、基于哈希的密码、基于编码的密码等类型，具体如表 1 所示。

表 1 抗量子密码分类

分类	数学困难问题	用途	算法举例
基于格的密码	基于格上的困难问题，主要有 LWE（Learning with Errors）、Ring-LWE、SIS 等	加密/签名/密钥交换等	NTRU
多变量密码	基于有限域上多元二次多项式方程组的难解性	加密/签名	Rainbow
基于哈希的密码	基于 Hash 散列函数的抗碰撞性	签名	SPHINCS+
基于编码的密码	基于编码理论中的困难问题	加密/签名	McEliece

基于格的密码（Lattice-Based Cryptography）是目前抗量子公钥密码算法中最具代表性的一类，其中主流方案大多基于格上的容错学习（Learning with Errors，LWE）困难问题。2005 年，Regev 提出 LWE 问题并通过量子算法将 LWE 归约到格上的 SVP 困难问题，并给出了基于 LWE 的公钥密码方案。与之前出现的格上困难问题比较，LWE 在构建密码系统时更方便。环上容错学习（Ring Learning with Errors，RLWE）是 LWE 的一种变体，在基于 RLWE 的密码中，密钥由若干个多项式表示，而非 LWE 方案中的矩阵，因而减小了密钥大小，同时提高了加解密速度。

2.1.2 抗量子密码标准化

目前，针对抗量子密码的标准化工作仍处于起步阶段，国内外均尚未形成统一的算法标准，但国外特别是美国在抗量子密码标准化方面的相关布局和进展要领先于国内。

（1）国外标准化进展

2015 年 8 月，美国国家安全局（National Security Agency，NSA）宣布对美国政府使用的密码套件进行安全性升级，用于 2015 年至抗量子密码算法标准正式发布前的过渡期，其中要求分组密码使用密钥长度为 256 比特的 AES-256 算法，ECDH 椭圆曲线密钥协商和 ECDSA 椭圆曲线数字签名使用 P-384 椭圆曲线，散列算法使用摘要长度为 384 比特的 SHA-384 算法，DH 密钥协商、RSA 密钥协商和 RSA 数字签名使用长度为 3072 比特的模值。然而，由于算法设计和标准制定方面的灵活性相对不足，国密标准中的 SM2、SM3、SM4 算法均难以直接对标以上同等要求。

2016 年 4 月，美国国家标准与技术研究院（National Institute of Standards and Technology，NIST）公布了抗量子密码标准化计划，是目前国际上最具代表性和影响力的抗量子密码标准化工作，目前已进行到了第三轮筛选。NIST 共征集到 82 个算法，并在第一轮淘汰了 13 个算法，在第二轮淘汰了 43 个算法。2020 年 7 月，NIST 公布了第三轮的标准化算法入选情况，包括 7 个候选算法和 8 个替补算法。7 个候选算法分别为 Classic McEliece、CRYSTALS-KYBER、NTRU、SABER 共 4 个公钥加密与密钥协商算法和 CRYSTALS-DILITHIUM、FALCON、Rainbow 共 3 个数字签名算法，其中 5 个为基于格的密码，1 个为基于编码的密码、1 个为多变量密码。

（2）国内标准化进展

在国内，中国密码学会于 2019 年开展了全国密码算法设计竞赛，经过两轮评选后共有 10 个分组密码算法、7 个公钥加密算法、4 个数字签名算法、3 个密钥交换算法入围，其中不乏 Aigis、LAC 算法等抗量子公钥密码算法。但由于算法的应用成熟度较为欠缺，且量子计算技术未来的发展趋势还不明确，目前国内尚未进入抗量子密码标准制定阶段。

2.2 零知识证明技术

零知识证明（Zero-Knowledge Proof，ZKP）是一类可在多方的数据交互验证需求中实现隐私保护的密码学方案，用于在不泄露具体数据的情况下对数据知识的掌握或相关计算的正确性进行证明，经过密码学学术界和金融科技等产业界多年的理论研究与实践检验，目前已在区块链等与数据隐私相关的创新业务场景实现了落地应用。

2.2.1 零知识证明基本概念

对于证明者 P 和验证者 V，零知识证明协议需要满足以下三个基本属性：

（1）完备性（Completeness）：只要证明者 P 拥有相应正确知识，就能够通过验证者 V 的验证，即 P 有足够大的概率使 V 确信。

（2）可靠性（Soundness）：如果证明者 P 没有相应正确知识，则无法通过验证者 V 的验证，即 P 成功欺骗 V 的概率可忽略。

（3）零知识性（Zero-Knowledge）：证明者 P 在交互的过程中仅向验证者 V 揭露其是否拥有相应正确知识，而不会泄露任何关于知识的额外信息。

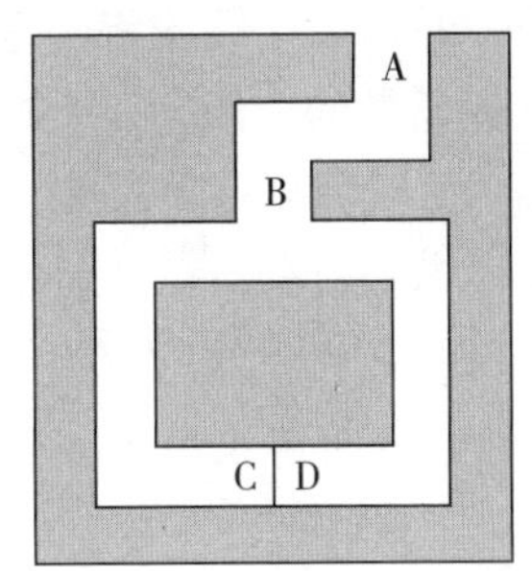

图 1　洞穴模型

如图 1 所示为零知识证明的一个经典模型——洞穴模型，用于初步说明零知识证明的原理和效果。在图中，C 点和 D 点之间存在一道密门，只有知道秘密口令的人才能打开。证明者 P 知道秘密口令，并希望向验证者 V 证明，但又不希望泄露秘密口令，可通过以下证明过程实现：

（1）首先，验证者 V 站在 A 点，证明者 P 站在 B 点；

（2）证明者 P 随机选择走到 C 点或 D 点，验证者 V 在 A 点无法看到证明者 P 选择的方向；

（3）验证者 V 走到 B 点，并要求证明者 P 从左通道/右通道的方向出来；

（4）证明者 P 根据验证者 V 的要求从指定方向出来，如有必要需要用秘密口令打开密门。

如果证明者 P 知道秘密口令，就一定能正确地从验证者 V 要求的方向出来；如果证明者 P 不知道秘密口令，则每次有 1/2 的概率能从验证者 V 要求的方向出来。该证明过程可重复进行多次，直到验证者 V 相信证明者 P 拥有打开密门的秘密口令。通过以上证明过程，证明者 P 就向验证者 V 完成了关于秘密口令的零知识证明，即证明过程不会泄露任何关于秘密口令的知识。

零知识证明起源于交互式证明协议，其中具有代表性的为 Schnorr 身份认证协议，通过随机挑战数的交互实现了对私钥的零知识证明。为了将交互次数减少到一次，以实现离线证明和公开验证，基于随机预言机模型的 Fiat-Shamir 变换可替代随机挑战数的交互过程，将交互式的 Schnorr 协议转换为非交互式的零知识证明协议，即 Schnorr 签名，是目前 DSA 和 ECDSA 等数字签名算法的基础。

2.2.2　零知识证明协议

无论是交互式的 Schnorr 身份认证协议还是非交互式的 Schnorr 签名，都属于专用的零知识证明协议，即仅能证明某一类特定的问题（如是否拥有私钥等），无法扩展至面向任意计算形式的证明。而在区块链等应用场景中，复杂多样的业务模式催生了通用证明协议的应用需求。因此，zk-SNARK（Zero-Knowledge Succinct Non-interactive Arguments of Knowledge，零知识简明非交互式知识论证）等非交互式通用零知识证明协议在区块链等场景中得到了广泛的应用。

zk-SNARK 是一类应用广泛的通用零知识证明方案，通过将任意的计算过程转化为若干门电路的形式，并利用多项式的一系列数学性质将门电路转化为多项式，进而生成非交互式的证明，可实现各类复杂的业务场景的应用。zk-SNARK 的概念最早于 2011 年提出，其方案基于 2010 年提出的 Gro10 论文。目前，zk-SNARK 已有多类不同的优化方案，主流论文包括 Pinocchio 协议、BCTV14a、Groth16 等。目前，zk-SNARK 已在虚拟货币、区块链金融等区块链领域实际落地，是目前最为成熟的通用零知识证明方案之一。

从整体上而言，zk-SNARK 零知识证明协议可大致分解为以下步骤：

（1）将计算转化为电路

首先，为了将待证明的计算式进行统一处理，需要将其转化为若干个门电路的组合形式。例如，证明者 A 希望向验证者 B 证明其知道使得计算式（$c_1 \times c_2$）×（$c_1 + c_3$）$= out$ 成立c_1、c_2、c_3 的值，而不泄露c_1、c_2、c_3 的具体值。根据 zk-SNARK 协议，首先需要将计算式 $c_1 \times c_2 \times$（$c_1 + c_3$）$= out$ 转化成如图 2 所示的电路。

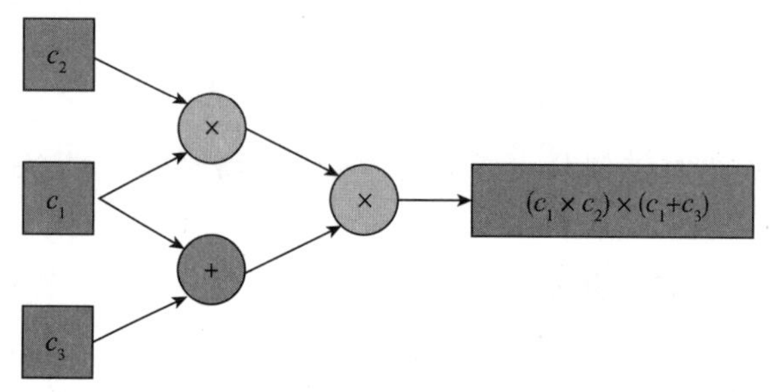

图 2 电路示例

此外，为了便于表示，还需要引入中间变量 sym_1 和 sym_2 以及公开的输出值 out 。以上电路可表达为：

$$c_1 \times c_2 = sym_1 \tag{1}$$

$$(c_1 + c_3) \times 1 = sym_2 \tag{2}$$

$$sym_1 \times sym_2 = out \tag{3}$$

（2）将电路转化为 R1CS

第二步是将表示计算式的电路转化为向量内积的形式，即一阶约束系统（Rank-1 Constraint System，R1CS）。对于每个门电路，需要定义一组向量 (l, r, o) ，通过向量内积运算使得 $s \cdot l \times s \cdot r - s \cdot o = 0$，其中 s 代表全部输入组成的向量，即 $s = [one, c_1, c_2, c_3, sym_1, sym_2, out]$ ，其中 one 表示值为 1 的虚拟变量，用于将加法门电路 $c_1 + c_3 = sym_2$ 统一表达为 $(c_1 + c_3) \times 1 - sym_2 = 0$ 的形式。例如，对于乘法门电路 $c_1 \times c_2 = sym_1$，对应的三个向量 (l, r, o) 分别为 $l = [0, 1, 0, 0, 0, 0, 0]$ 、$r = [0, 0, 1, 0, 0, 0, 0]$ 、$o = [0, 0, 0, 0, 1, 0, 0]$ 。将 s、l、r、o 代入 $s \cdot l \times s \cdot r - s \cdot o = 0$ 即得 $c_1 \times c_2 - sym_1 = 0$，与门电路 $c_1 \times c_2 = sym_1$ 等价。向量 s 在 zk-SNARK 中又被称为证据（Witness），作为证明者生成证明的输入参数。通过以上过程，就将待证明计算式对应的电路编码成了 R1CS 向量的形式。

（3）QAP

第三步是将 R1CS 向量表达式转化为多项式的形式，即 QAP（Quadratic Arithmetic Programs）。通过这一重要步骤，即可实现待证明计算式验证和多项式验证之间的等价转换。

具体而言，首先根据门电路数量 n 选择 n 个不同的随机值 x_1，…，x_n，例如，在上述具有三个门电路的情况下选择三个不同的值 x_1、x_2、x_3。然后通过拉格朗日插值公式，构造三组多项式 $l(x)$，$r(x)$，$o(x)$（其中每组多项式中的多项式数量对应向量 s 中的元素数量），使得在 x 的取值分别为 x_1，…，x_n 时，多项式向量组 $[l(x), r(x), o(x)]$ 的 n 种取值分别对应 n 个门电路的向量组（l，r，o）的 n 种不同取值。取多项式 $P(x) = s \cdot l(x) \times s \cdot r(x) - s \cdot o(x)$，当 x 取值为 x_1，…，x_n 时，$P(x) = 0$，即 x_1，…，x_n 为多项式 $P(x)$ 的 n 个根，因此多项式 $P(x)$ 能够被 $T(x) = (x - x_1) \cdot \cdots \cdot (x - x_n)$ 整除，即存在多项式 $H(x)$ 使得 $P(x) = T(x) \times H(x)$。

上述 QAP 过程将证明原计算式转化成了证明存在多项式 $H(x)$ 使得 $P(x) = T(x) \times H(x)$。通过拉格朗日插值公式引入了大量与原计算式无关的值将向量取值转化为多项式约束，因此多项式与原计算式在本质上并不完全等价，但根据多项式的 Schwatz-Zippel 定理，验证了转化后的多项式即相当于验证了原计算式。

（4）引入约束

以上步骤完成了计算式证明到多项式证明的转化。为了构造完整的零知识证明方案，需要再引入一系列约束方法构造完备的零知识证明协议。首先，需要引入指数知识假设（Knowledge-of-Exponent Assumption，KEA）或椭圆曲线密码体系下的系数知识假设（Knowledge-of-Coefficient Assumption，KCA）约束证明者在生成证明过程中的参数使用，防止证明者通过选择不符合限制条件的多项式进行欺骗。其次，为了保证证明的零知识性，防止验证者在有限范围的多项式系数组合中对证明结果进行穷举破解，进而反推出证明者的原始多项式，需要生成一个秘密的随机数来对证明结果进行进一步加密。此外，还需引入双线性配对实现验证过程中需要使用到的乘法同态。最后，为了实现非交互式零知识证明，需要事先由第三方生成一组秘密随机数，并进一步生成证明密钥 pk 和验证密钥 vk，pk 和 vk 将作为公共参考串（Common Reference String，CRS）分别赋予证明者和验证者，而原始的随机数则进行销毁处理。

zk-SNARK 等通用零知识证明算法不仅可以构造如（$c_1 \times c_2$）×（$c_1 + c_3$）$= out$ 这类只包含加法和乘法的简单计算式证明，还可通过不同的电路构造方法，将更为复杂的证明需求转化为门电路的组合形式，例如，大小关系证明、集合成员关系证明等。

除 zk-SNARK 外，目前 BulletProof 等一些其他的主流零知识证明协议也已经实现了应用落地，主要用于实现范围证明等不同的功能。

2.3 同态加密技术

2.3.1 同态加密基本概念

同态加密（Homomorphic Encryption，HE）是指满足密文同态运算性质的加密算法，即数据经过同态加密之后，对密文进行特定的计算，得到的密文计算结果在进行对应的同态解密后的明文等同于对明文数据直接进行相同的计算，实现数据的“可算不可见”。同态加密的实现效果如图 3 所示。

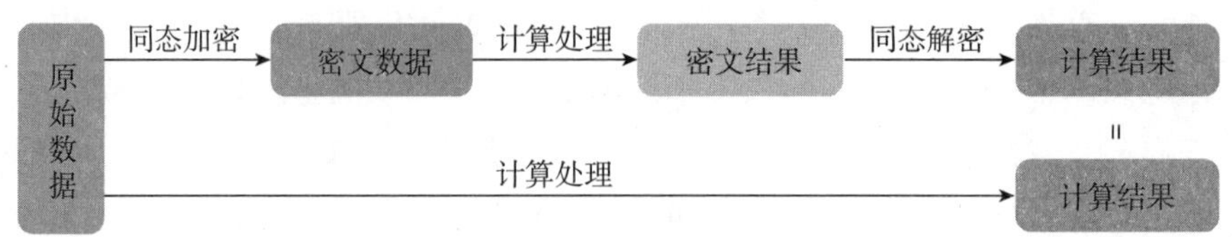

图 3　同态加密原理

同态加密的基本定义是：对于二元运算“ ○ ”（如“+”或“×”），如果存在加密算法 $E(\cdot)$，使得对于任意明文 a 和 b，均满足 $E(a)\bigcirc E(b)=E(a\bigcirc b)$，则称加密算法 $E(\cdot)$ 为满足“ ○ ”同态性质的加密算法。如果一种同态加密算法支持对密文进行任意形式的计算，则称其为全同态加密（Fully Homomorphic Encryption，FHE）；如果支持对密文进行部分形式的计算，例如仅支持加法、仅支持乘法或支持有限次加法和乘法，则称其为半同态加密或部分同态加密，英文简称 SWHE（Somewhat Homomorphic Encryption）或 PHE（Partially Homomorphic Encryption）。一般而言，由于任意计算均可通过加法和乘法构造，若加密算法同时满足加法同态性和乘法同态性，则可称其满足全同态性。

目前，同态加密算法已在区块链、联邦学习等存在数据隐私计算需求的场景实现了落地应用。由于全同态加密仍处于方案探索阶段，现有算法存在运行效率低、密钥过大和密文爆炸等性能问题，在性能方面距离可行工程应用还存在一定的距离。因此，实际应用中的同态加密算法多选取半同态加密（如加法同态），用于在特定应用场景中实现有限的同态计算功能。

2.3.2　半同态加密算法

满足有限运算同态性而不满足任意运算同态性的加密算法称为半同态加密。典型的半同态加密特性包括乘法同态和加法同态等。满足乘法同态特性的加密算法包括 1977 年提出的 RSA 公钥加密算法和 1985 年提出的 ElGamal 公钥加密算法等，满足加法同态特性的加密算法主要包括 1999 年提出的 Paillier 公钥加密算法。

（1）RSA 算法

RSA 算法是最为经典的公钥加密算法，至今已有 40 余年的历史，其安全性基于大整数分解困难问题。在实际应用中，RSA 算法可采用 RSA_PKCS1_PADDING、RSA_PKCS1_OAEP_PADDING 等填充模式，根据密钥长度（常用 1024 位或 2048 位）对明文分组进行填充，而只有不对明文进行填充的原始 RSA 算法才能满足乘法同态特性。由于原始的 RSA 不是随机化加密算法，即加密过程中没有使用随机因子，每次用相同密钥加密相同明文的结果是固定的。因此，利用 RSA 的乘法同态性实现同态加密运算会存在安全弱点，攻击者可能通过选择明文攻击得到原始数据。

（2）ElGamal 算法

ElGamal 算法是一种基于 Diffie-Hellman 离散对数困难问题的公钥密码算法，可实现公钥加密和数字签名功能，同时满足乘法同态特性。ElGamal 是一种随机化加密算法，即使每次用相同密钥加密相同明文得到的密文结果也不相同，因此不存在与 RSA 算法类似的选择明文攻击问题，是 ISO 同态加密国际标准中唯一指定的乘法同态加密算法。

（3）Paillier 算法

Paillier 算法是 1999 年提出的一种基于合数剩余类问题的公钥加密算法，也是目前最为常用且最具实用性的加法同态加密算法，已在众多具有同态加密需求的应用场景中实现了落地应用，同时也是 ISO 同态加密国际标准中唯一指定的加法同态加密算法。此外，由于支持加法同态，所以 Paillier 算法还可支持数乘同态，即支持密文与明文相乘。

2.3.3 全同态加密算法

满足任意运算同态性的加密算法称为全同态加密。由于任何计算都可以通过加法和乘法门电路构造，所以加密算法只要同时满足乘法同态和加法同态特性就称其满足全同态特性。全同态加密算法的发展起源于 2009 年 Gentry 提出的方案，后续方案大多基于格代数结构构造。目前已在主流同态加密开源库中得到实现的全同态加密算法包括 BGV 方案、BFV 方案、GSW 方案、CKKS 方案等。

（1）第一代全同态加密方案——Gentry 方案

Gentry 方案是一种基于电路模型的全同态加密算法，支持对每个比特币进行加法和乘法同态运算。Gentry 方案的基本思想是构造支持有限次同态运算的同态加密算法并引入“Bootstrapping”方法控制运算过程中的噪声增长，这也是第一代全同态加密方案的主流模型。“Bootstrapping”方法通过将解密过程本身转化为同态运算电路，并生成新的公私钥对对原私钥和含有噪声的原密文进行加密，然后用原私钥的密文对原密文的密文进行解密过程的同态运算，即可得到不含噪声的新密文。但是，由于解密过程本身的运算十分复杂，运算过程中也会产生大量噪声，为了给必要的同态运算需求至少预留足够进行一次乘法运算的噪声增长空间，需要对预先解密电路进行压缩简化，即将解密过程的一些操作尽量提前到加密时完成。

（2）第二代全同态加密方案——BGV/BFV 方案

Gentry 方案之后的第二代全同态加密方案通常基于 LWE/RLWE 假设，其安全性基于代数格上的困难问题，典型方案包括 BGV 方案和 BFV 方案等。

BGV（Brakerski-Gentry-Vaikuntanathan）方案是目前主流的全同态加密算法中效率最高的方案。在 BGV 方案中，密文和密钥均以向量表示，而密文的乘积和对应的密钥乘积则为张量，因此密文乘法运算会造成密文维数的爆炸式增长，导致方案只能进行常数次的乘法运算。BGV 方案采用密钥交换技术控制密文向量的维数膨胀，在进行密文计算后通过密钥交换将膨胀的密文维数恢复为原密文的维数。同时，BGV 方案可采用模交换技术替代 Gentry 方案中的“Bootstrapping”过程，用于控制密文同态运算产生的噪声增长，而不需要通过复杂的解密电路实现。因此，在每次进行密文乘法运算后，首先需要通过密钥交换技术降低密文的维数，然后通过模交换技术降低密文的噪声，从而能够继续进行下一次计算。

BFV（Brakerski/Fan-Vercauteren）方案是与BGV方案类似的另一种第二代全同态加密方案，同样可基于LWE和RLWE构造。BFV方案不需要通过模交换进行密文噪声控制，但同样需要通过密钥交换解决密文乘法带来的密文维数膨胀问题。

（3）第三代全同态加密方案——GSW方案

GSW（Gentry-Sahai-Waters）方案是一种基于近似特征向量的全同态加密方案。该方案基于LWE并可推广至RLWE，但其性能不如BGV方案等其他基于RLWE的方案。GSW方案的密文为矩阵的形式，而矩阵相乘并不会导致矩阵维数的改变，因此GSW方案解决了以往方案中密文向量相乘导致的密文维数膨胀问题，无须进行用于降低密文维数的密钥交换过程。

（4）浮点数全同态加密方案——CKKS方案

CKKS（Cheon-Kim-Kim-Song）方案是2017年提出的一种新方案，支持针对实数或复数的浮点数加法和乘法同态运算，得到的计算结果为近似值，适用于机器学习模型训练等不需要精确结果的场景。

全同态加密自诞生至今经历了10余年的理论发展，在学术研究领域已经百花齐放，但由于现有方案的性能有限，导致全同态加密的总体实用性较低。目前，已落地的同态加密应用中采用的多为Paillier算法等性能较好的加法同态加密等半同态加密算法，通过将复杂计算需求以一定方式转化为纯加法的形式实现加法同态加密算法的有效应用。

3. 新型密码技术应用

3.1 新型密码技术对传统密码技术的替换

在抗量子密码、零知识证明、同态加密这三类新型密码技术中，零知识证明和同态加密目前较多用于实现区块链、数据安全流通等应用场景的灵活性补充，而抗量子密码则不存在特殊的应用场景，主要用于对现有数据加密算法或数字签名算法等传统密码技术进行安全替换。

在金融等各行业的信息系统中，存在大量正在使用RSA、ECDSA等传统公钥加密算法或数字签名算法的应用。这些算法主要基于大整数分解或椭圆曲线离散对数等数学困难问题，无法抵抗量子计算的攻击。虽然在短期内还难以实现实用的量子计算机，但仍需考虑逐步使用抗量子公钥密码算法进行安全替换的相关规划。例如，在现有的区块链应用中，最常用的基础密码算法之一为ECDSA等数字签名算法，用于保证身份的不可伪造性。如果数字签名算法被攻破，则可能会造成密钥泄露和伪造签名的情况，严重影响公有链和联盟链的身份认证安全性。因此，对于区块链中使用的数字签名算法，应在抗量子密码标准诞生后尽快改用抗量子公钥算法实现数字签名功能。

3.2 新型密码技术在区块链中的应用

3.2.1 零知识证明在区块链中的应用

零知识证明在区块链领域最为主流的两个应用场景分别是虚拟货币和区块链扩容。其中，零知识证明在虚拟货币领域已实现落地应用，而在区块链扩容领域处于解决方案阶段。

（1）零知识证明在虚拟货币中的应用

虚拟货币 Zcash 采用 zk-SNARK 零知识证明协议实现了隐蔽交易的功能。在比特币中，需要通过公开在区块链上的交易发送方地址、交易接收方地址以及输入和输出金额来验证交易。而在 Zcash 中，通过 zk-SNARK 来证明交易满足有效条件，而不会公开任何有关地址或金额的关键信息。隐蔽交易的发送方通过构建一个证明，从而以足够高的概率来证明交易满足以下条件：

① 交易的输入总金额和输出总金额相等；

② 交易发送方拥有支配交易金额的私钥；

③ 支配交易金额的私钥与交易的签名绑定，交易无法被不知道私钥的人篡改。

此外，虚拟货币 Monero 采用 BulletProof 零知识证明协议实现了交易金额的大小范围约束证明。2018 年，Monero 进行了一次硬分叉升级，引入了 BulletProof 零知识证明算法以提升交易效率。BulletProof 用于取代之前基于环签名的范围证明协议，其产生的证明大小仅与范围区间上限呈对数关系，同时可将多个证明进行合并以实现进一步优化，最终将区块链的大小以及交易费用减少 70%~80%。

（2）零知识证明在区块链扩容中的应用

以太坊是一个公有区块链平台，通过在去中心化网络节点上的以太坊虚拟机（Ethereum Virtual Machine，EVM）中运行以图灵完备语言编写的智能合约，进而承载去中心化应用（Decentrialized Application，DApp）的部署。随着越来越多 DApp 的部署，以太坊遇到了几乎所有公有链平台所共有的性能瓶颈问题，由此产生了各类针对以太坊的扩容方案。

以太坊扩容方案一般分为第一层（Layer-1）扩容方案和第二层（Layer-2）扩容方案。Layer-1 扩容方案是指直接增加链上的交易处理能力，即链上扩容，常见的技术方案有分片和有向无环图等；Layer-2 扩容方案是指将链上的相当一部分工作量转移到链下完成，常见的技术方案包括状态通道、Plasma、Truebit 等。

ZK-Rollup 是一类基于 zk-SNARK 零知识证明的以太坊 Layer-2 扩容方案。ZK-Rollup 将链上的账户状态（包含公钥、Nonce 和余额）压缩存储在一棵 Merkle 树中，并将账户状态变更的处理转移到链下，同时通过 zk-SNARK 零知识证明生成每个交易的有效性证明，保证链下账户状态变更的正确性，具体包括交易的 Nonce、金额、费用以及签名等内容的正确性，并将证明结果提交到链上的智能合约中。由于在链上直接处理账户状态变更的成本较高，而仅通过链上的智能合约验证零知识证明结果的成本相对低很多，因此零知识证明的应用可大大提高以太坊的交易处理效率，真正实现扩容的目的。零知识证明技术的引入预计可将以太坊的每秒交易吞吐量从目前的约 15 TPS 提升至主流银行卡转接清算网络级别的数千 TPS。

除虚拟货币和区块链扩容外，根据现有解决方案，零知识证明还可应用于数据公平交换协议、数据共享验证等其他区块链领域。

3.2.2 同态加密在区块链中的应用

同态加密的概念最初提出用于解决云计算等外包计算中的数据机密性保护问题，防止云计算服务提供商获取敏感明文数据，实现“先计算后解密”等价于传统的“先解密后计算”。随着区块链、隐私计算等新兴领域的发展及其对隐私保护的更高要求，同态加密的应用边界拓展到了更为丰富的领域。

区块链应用的基本逻辑是将需要存证的信息上链，并通过众多区块链节点的验证和存储，确保上链数据的有效性和不可篡改性。例如，在比特币中，用户将转账信息进行广播，区块链节点在进行验证后将其打包上链，保证交易的合法性；在以太坊中，需要依赖区块链节点对智能合约的正确执行，以实现链上信息的统一性和正确性。但是，无论是公有链还是联盟链，直接基于明文信息进行区块链发布通常会泄露一定的敏感数据。

基于同态加密的区块链应用理论模型如图 4 所示。为了保护链上信息的隐私性，同时又能实现区块链节点对相关信息的可计算性，可对数据进行同态加密，并将计算过程转化为同态运算过程，节点即可在无须获知明文数据的情况下实现密文计算。例如，区块链底层应用平台特别是公有链平台大多基于交易模型，可考虑采用加法同态加密进行支持隐私保护的交易金额计算等操作。

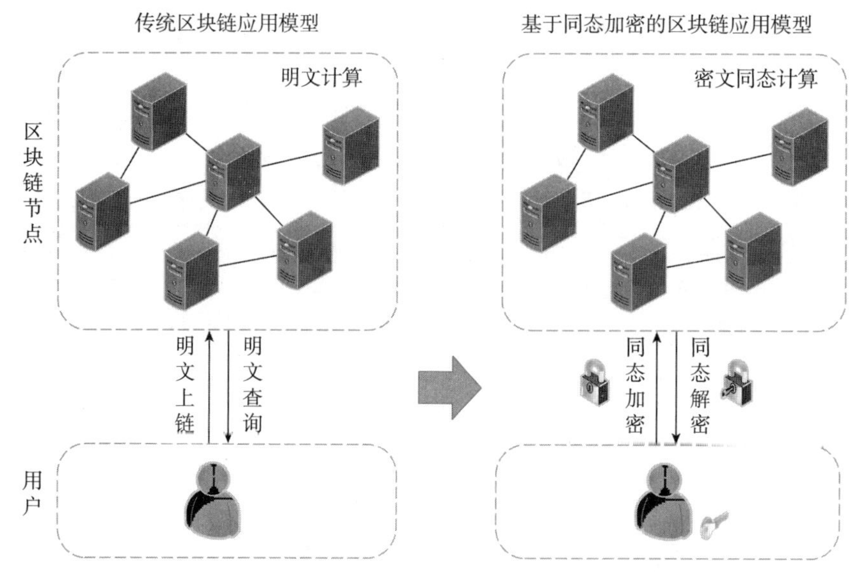

图 4 基于同态加密的区块链应用理论模型

但是，与零知识证明等其他密码学方法不同，同态加密仅能实现区块链上的密文计算而难以实现密文的验证，即区块链节点无法对密文计算结果的有效性进行判定。

3.3 新型密码技术在数据安全流通中的应用

3.3.1 零知识证明在数据安全流通中的应用

在典型的安全多方计算等数据安全流通应用方案中，参与方之间通常会事先约定一个计算框架，并要求双方按照既定的框架执行计算。但是，参与方可能怀疑对方是否使用其私有数据真正进行了计算，因此可引入零知识证明技术用于解决这一计算结果的可信验证问题。具体而言，参与方中的一方在通过混淆电路或同态加密等方法完成安全计算后，除了将计算结果提供给其他参与方外，还可将计算过程转化为零知识证明电路，并采用零知识证明算法生成计算过程的证明结果供其他参与方验证。根据零知识证明协议满足的完备性、可靠性和零知识性三个基本属性，通过这一过程即可在不泄露具体计算数据的情况下，使其他参与方相信计算是按照正确步骤进行的。

3.3.2 同态加密在数据安全流通中的应用

在联合风控、联合营销等金融行业数据流通相关应用场景中，联邦学习技术使在不泄露原始数据的情况下实现机器学习建模成为可能。联邦学习的概念最早由谷歌提出，多个参与方可在保证各自数据隐私的同时实现联合机器学习建模，即在不获取对方原始数据的情况下利用对方数据提升自身模型的效果。根据数据融合维度的不同，联邦学习主要可分为横向联邦学习和纵向联邦学习，分别对应样本维度的融合和特征维度的融合。目前，联邦学习方案可采用同态加密、秘密分享、不经意传输等密码学手段解决不同阶段的安全计算问题。其中，同态加密主要用于联合建模过程中的参数交互计算过程，实现预测模型的联合确立，避免泄露原始数据和直接传输明文参数，可在一定程度上同时解决数据融合计算和数据隐私保护问题。目前，在联邦学习场景中使用较多同态加密算法为 Paillier 加法半同态加密算法。

在该类方案中，一般包含参与方 A、参与方 B、协作方 C 三种角色，参与方 A 和参与方 B 为数据提供方，而协作方 C 负责进行密钥分发和汇总计算，有时协作方 C 也可由两个参与方之一扮演。由于加法同态加密无法实现任意形式的计算，在进行联合建模时需要事先将拟联合计算的计算式近似转换为加法形式，并确定协议的具体流程。例如，通过泰勒展开将乘法运算转化为多项式相加的形式。联合模型的加密训练过程一般包含以下步骤：

① 协作方 C 生成同态加密公私钥对，并向参与方 A 和 B 分发公钥；

② A 和 B 以同态密文的形式交互用于计算的中间结果；

③ A 和 B 将各自的计算结果汇总给 C，C 进行汇总计算，并对结果进行解密；

④ C 将解密后的结果返回给 A 和 B，双方根据结果更新各自的模型参数。

在一些基于半同态加密的联邦学习特定方案中，也可无须协作方 C 进行模型汇总，参与双方各自形成一个子模型，在后续的联合预测的过程中需要进行参数交互。

除以上使用单一密钥的方法外，目前还存在无须协作方 C 的联合建模方案，参与计算的两方各掌握一对公私钥，但该方案的复杂程度较大，在性能方面不如上述方案。此外，学术界还提出了多密钥全同态加密方案，支持在多方使用不同密钥加密的密文之间进行同态计算，但该类方法目前还处于理论阶段。

3.4 新型密码技术在金融应用中的布局策略

3.4.1 抗量子密码在金融应用中的布局策略

对于金融行业应用而言，同时保障系统的安全性与业务连续性具有十分重要的意义。为了应对未来量子计算可能带来的安全风险，保证重要金融系统的持续安全稳定运行，同时避免误判算法升级的改造难度对业务连续性造成的影响，金融行业应提前对抗量子密码算法进行技术预研。

首先，金融行业应对现有国际和国内主流的抗量子密码算法进行初步的功能和性能测试，并就抗量子密码的使用对系统运行的性能影响进行评估；其次，在进行新系统开发时，应充分考虑抗量子密码算法的兼容性，为抗量子密码算法的引入预留足够的字段空间，并根据实际情况对已有系统进行逐步改造，以在未来存在抗量子密码算法实际应用的迫切需求时实现低成本无缝切换。

3.4.2 零知识证明在金融应用中的布局策略

在金融行业应用特别是涉及区块链的新兴应用中，包括联盟链在内的区块链技术本身要求其具有一定范围的公开透明性，而金融数据的敏感性催生了链上数据的隐私保护需求，同时又必须保证区块链对于数据的验证能力。

零知识证明在理论上可解决面向任意形式计算的隐私数据验证问题。金融行业相关机构在探索区块链等新兴金融应用场景时，如果同时存在数据的隐私保护需求和验证需求，可考虑采用零知识证明作为解决方案的一部分。例如，在区块链应用中，对于不同参与方的数据交互验证可采用零知识证明技术实现，避免敏感信息的相互泄露；在安全多方计算应用中，参与双方可在通过同态加密等方法保护的隐私计算完成后要求互相提供计算过程的零知识证明结果进行验证，防止虚假计算，同时又不会泄露计算过程中的敏感信息。

因此，鉴于零知识证明在数据隐私验证需求下的优势，金融行业应将零知识证明这一创新密码技术加入自身的技术储备，并推动形成和丰富零知识证明技术在金融行业不同业务中的典型范例，实现行业化的技术解决方案共享模式。

3.4.3 同态加密在金融应用中的布局策略

随着《数据安全法》的临近，敏感数据的流通过程将被严格监管，而同态加密的应用使得数据的“可用不可见”成为可能，是未来数据安全流通应用中的一种有力的技术工具。目前，金融行业对于同态加密特别是加法同态加密的主要应用是联合风控、联合营销等场景下利用跨机构数据实现联合建模，而缺乏对同态加密在区块链等其他场景的应用挖掘以及全同态加密算法的技术和应用研究。

因此，金融行业在开展同态加密技术应用相关工作的过程中应以技术预研与落地应用相结合。对于全同态加密，由于现有算法不具备良好的实用性，应以保持紧密跟踪和预研测试为主，为未来的成熟应用做好技术储备；对于半同态加密，应在继续探索现有联邦学习应用的基础上，进一步拓展包括区块链在内的更多应用场景的落地应用。

4. 金融业新型密码技术应用发展建议

新型密码技术是金融领域的未来应用趋势之一，金融业在统筹推进新型密码技术应用规划时，应分别从技术攻关、标准化、产业协同、应用能力建设等层面进行推动。

4.1 加强新型密码技术基础攻关

基础理论的突破是技术创新应用的重要基础。当前，抗量子密码、零知识证明、全同态加密等新型密码技术尚未完全走出学术研究阶段，各类算法方案在学术界仍处于百花齐放的状态，且在安全性方面还未经过足够的时间检验。由于金融业存在对新型密码技术的迫切应用需求，应广泛与高校和科研院所等学术研究机构展开面向基础技术的产学研联合攻关，以应用创新试点创新带动技术创新迭代。

4.2 健全新型密码技术标准体系

技术应用的合规性是金融业开展创新应用的基本要求之一。目前，除半同态加密算法已有相应的国际标准外，抗量子密码、零知识证明、全同态加密等其他大多数新型密码技术在国内外均处于标准缺失状态或标准制定的初级阶段。由于现有算法方案众多，未形成统一的规范标准，相关技术的实际应用现状较为混乱。出于对技术合规性的更高要求，金融业应首先开展新型密码技术应用的行业标准化工作，并协同密码、信息安全等行业标准化制定机构，以相关应用的行业标准实施推进相关技术的国家标准落地，进而通过参与国际标准制定实现技术标准的国际化，促进我国新型密码领域标准体系的逐步完善。

4.3 推动新型密码技术产业协同

产业上下游协同是实现技术成果转化应用的重要手段。在技术工程化方面，虽然零知识证明、同态加密等新型密码中的主流算法方案已存在若干开源软件实现，但由于实际落地应用需求较少，新型密码算法的整体工程化程度依然不足，大多数开源工具仍处于试验研究的原型阶段，缺少更为实用的产品化工具以及相应的评测手段。因此，金融业作为新型密码技术的应用需求方，应协同密码技术、区块链等产业各方共同推动新型密码算法的工程化进程，并合力推动形成相应的评测技术及标准，提升行业应用的整体工程化水平，促进产业共同发展。

4.4 强化新型密码技术应用能力

解决方案的构建是创新技术应用过程中的难点和重点。与大数据、人工智能等主要寻求效果和效率提升的技术类型不同，新型密码技术涉及核心的金融信息安全，具有高度的敏感性，因此在推动相关技术应用时需要充分考虑应用效果与安全性之间的平衡。此外，由于不同的新型密码算法能够解决的实际问题各不相同，在面向实际应用需求进行技术路线探索时具有一定的技术难度。为了保证相关技术的有效合理应用，金融业应结合自身行业的业务特点，着力提升新型密码技术的综合应用能力，实现平台化综合解决方案的产出，进而实现面向其他行业的技术能力输出，提升金融科技对外赋能水平。

5. 总结

抗量子密码、零知识证明、同态加密等新型密码技术是目前网络安全与信息化领域备受关注的研究和应用热点，除保障数据安全性的基础能力外，在区块链、数据安全流通等技术领域存在着广阔的应用价值。金融行业对信息系统的安全运行有着统一的严格要求，同时广泛存在着与区块链、数据安全流通强相关的业务需求，因此，新型密码技术的应用是金融领域的未来发展趋势和必然选项。各类新型密码技术的引入可为金融行业应用带来更高的技术安全性或更强的业务灵活性，而与此同时也面临着性能不足、标准化缺失、工程化程度不高、应用方案缺乏统一规范等问题。总体而言，金融业应充分把握新型密码技术的发展趋势，加快推进相关技术的标准化和工程化，同时着力提升技术创新应用能力，以新型密码技术创新带动金融科技整体创新。

参考文献

[1] Grover L K. Quantum mechanics helps in searching for a needle in a haystack [J]. Physical Review Letters, 1997, 79 (2): 325-328.

[2] Shor P W. Algorithms for quantum computation: discrete logarithms and factoring [C] //35th Annual Symposium on Foundations of Computer Science, 1994: 124-134.

[3] Regev O. On lattices, learning with errors, random linear codes, and cryptography [J]. Journal of the ACM (JACM), 2009, 56 (6): 34.

[4] Goldwasser S, Micali S, Rackoff C. The knowledge complexity of interactive proof systems [J]. SIAM Journal on Computing, 1989, 18 (1): 186-208.

[5] Quisquater J J, Quisquater M, Quisquater M, et al. How to explain zero-knowledge protocols to your children [C] //Conference on the Theory and Application of Cryptology. Springer, New York, NY, 1989: 628-631.

[6] Schnorr C P. Efficient signature generation by smart cards [J]. Journal of Cryptology, 1991, 4 (3): 161-174.

[7] Fiat A, Shamir A. How to prove yourself: Practical solutions to identification and signature problems [C] //Conference on the theory and application of cryptographic techniques. Springer, Berlin, Heidelberg, 1986: 186-194.

[8] Bitansky N, Canetti R, Chiesa A, et al. From extractable collision resistance to succinct non-interactive arguments of knowledge, and back again [C] //Proceedings of the 3rd Innovations in Theoretical Computer Science Conference, 2012: 326-349.

[9] Groth J. Short pairing-based non-interactive zero-knowledge arguments [C] //International Conference on the Theory and Application of Cryptology and Information Security. Spring-

er, Berlin, Heidelberg, 2010: 321-340.

[10] Parno B, Howell J, Gentry C, et al. Pinocchio: Nearly practical verifiable computation [C] //2013 IEEE Symposium on Security and Privacy. IEEE, 2013: 238-252.

[11] Ben-Sasson E, Chiesa A, Tromer E, et al. Succinct non-interactive zero knowledge for a von Neumann architecture [C] //23rd USENIX Security Symposium (USENIX Security 14), 2014: 781-796.

[12] Groth J. On the size of pairing-based non-interactive arguments [C] //Annual international conference on the theory and applications of cryptographic techniques. Springer, Berlin, Heidelberg, 2016: 305-326.

[13] Bünz B, Bootle J, Boneh D, et al. Bulletproofs: Short proofs for confidential transactions and more [C] //2018 IEEE Symposium on Security and Privacy (SP) . IEEE, 2018: 315-334.

[14] Rivest R L, Shamir A, Adleman L. A method for obtaining digital signatures and public-key cryptosystems [J]. Communications of the ACM, 1978, 21 (2): 120-126.

[15] ElGamal T. A public key cryptosystem and a signature scheme based on discrete logarithms [J]. IEEE transactions on information theory, 1985, 31 (4): 469-472.

[16] Paillier P. Public-key cryptosystems based on composite degree residuosity classes [C] //International conference on the theory and applications of cryptographic techniques. Springer, Berlin, Heidelberg, 1999: 223-238.

[17] Gentry C. Fully homomorphic encryption using ideal lattices [C] //Proceedings of the forty-first annual ACM symposium on Theory of computing, 2009: 169-178.

[18] Brakerski Z, Gentry C, Vaikuntanathan V. (Leveled) fully homomorphic encryption without bootstrapping [J]. ACM Transactions on Computation Theory (TOCT), 2014, 6 (3): 1-36.

[19] Brakerski Z. Fully homomorphic encryption without modulus switching from classical GapSVP [C] //Annual Cryptology Conference. Springer, Berlin, Heidelberg, 2012: 868-886.

[20] Fan J, Vercauteren F. Somewhat Practical Fully Homomorphic Encryption [J]. IACR Cryptology ePrint Archive, 2012: 144.

[21] Gentry C, Sahai A, Waters B. Homomorphic encryption from learning with errors: Conceptually-simpler, asymptotically-faster, attribute-based [C] //Annual Cryptology Conference. Springer, Berlin, Heidelberg, 2013: 75-92.

[22] Cheon J H, Kim A, Kim M, et al. Homomorphic encryption for arithmetic of approximate numbers [C] //International Conference on the Theory and Application of Cryptology and Information Security. Springer, Cham, 2017: 409-437.

[23] Peikert C, Shiehian S. Multi-key FHE from LWE, Revisited [C] //Theory of Cryptography Conference. Springer, Berlin, Heidelberg, 2016: 217-238.

金融业“十四五”发展展望之5G时代银行创新

龚光庆　吴　蕃　等①

1. 5G促进产业升级变革

1.1　5G引领重要发展机遇

自20世纪80年代以来，每十年便出现新一代的移动通信革命性技术，推动产业和应用持续革新，为全球经济和社会发展注入源源不断的强劲动力。正如3G时代伴生智能手机和移动电子商务及社交应用，4G时代加速共享经济、扫码支付与短视频应用一样，5G时代正在催化新一轮的创新变革浪潮，从人与人通信全面延伸到人与物、物与物的智能互联，基于“万物互联”真正实现“万物智能”。

面对5G带来的产业发展机遇，世界各国均将5G视为引领国家数字化转型、发展数字经济的关键技术，力图超前研发和部署5G网络，主导技术标准，普及5G应用，抢占5G规模化应用先发优势。2019年4月3日，韩国三大运营商SK电讯、KT和LG“U+”开通5G手机网络服务，韩国成为全球首个5G商用国家。中国信息通信研究院发布的《5G经济社会影响白皮书》显示，预计2030年在直接贡献方面5G将带动的总产出、经济增加值、就业机会分别为6.3万亿元、2.9万亿元和800万个，5G对经济的带动作用十分显著。

在国家战略层面，我国已将5G技术列入《中国制造2025》以及《“十三五”国家信息化规划》等多项国家政策规划。2020年3月4日，中共中央政治局常务委员会议提出，要加快5G等新型基础设施建设，3月24日，工信部发布《关于推动5G加快发展的通知》，要求深入贯彻落实习近平总书记关于推动5G网络加快发展的重要讲话精神，全力推进5G网络建设、应用推广、技术发展和安全保障，充分发挥5G新型基础设施的规模效应和带动作用。5G作为支撑经济社会数字化、网络化、智能化转型的“关键”新型基础设施，特别是对于疫情得到全面防控后，全面重启经济，稳投资、稳增长，实现经济高质量发展具有重大意义。

在加速5G应用层面，经历了2017年的5G试验，2018年的5G试点阶段后，2019年6月6日，我国正式向中国电信、中国移动、中国联通、中国广电发放5G商用牌照，同

---

① 课题组：中国工商银行。课题组成员：张磊、郭锐鹏。

年10月31日，在2019年中国国际信息通信展览会上，工信部与三大运营商举行5G商用启动仪式，5G套餐上线，标志着中国正式进入5G商用时代。

在技术标准层面，自2016年启动5G技术试验以来，以信通院、华为、中兴、中国移动、中国电信、中国联通等为代表的中国产业力量在5G技术攻关、标准制定、产业推进、生态构建等方面积极投入，在5G关键技术标准定义、技术方案验证、系统组网验证等方面做了大量重要工作，在标准的创立过程中，我国专利数占据全球超过30%，已逐渐成为全球5G发展的重要力量。

1.2 5G基础设施建设发展迅速

我国5G网络基础设施建设持续提速。在2020年5月17日举行的世界电信和信息社会日（以下简称“世界电信日”）活动上，中国移动、中国联通、中国电信等运营商和通信企业均披露了5G等信息通信技术的最新进展。截至2020年5月，我国开通5G基站超过20万个。在新基建相关政策推动下，5G网络建设还将进一步提速，预计2020年底全国5G基站数将超过60万个，实现地级及以上城市室外连续覆盖、县城及乡镇有重点覆盖、重点场所室内覆盖，实现5G规模化应用的基础条件基本形成。

根据机构预测，2020年5G智能终端出货量将达到1亿部，包括智能手机、平板电脑、笔记本、VR/AR等诸多产品，结合语音交互、云渲染技术，5G消费市场将衍生出更多可穿戴产品、智能音箱、消费机器人等新形态的智能终端。我国具有全球最大的移动网络用户市场，5G市场发展空间广阔。从2019年底开始，中国移动5G用户数逐月成倍增长，截至2020年5月已突破5000万，6月随着5G手机价格进入2000元区间，5G用户数量和终端数量将呈现持续快速增长趋势，根据工信部对我国移动用户趋势预测，到2025年我国5G用户将达到8亿。

1.3 5G赋能行业应用加速创新

5G作为经济发展的关键驱动力和关键基础设施，与各垂直行业深度融合，将助力能源、交通、工业、金融等社会各行业转型发展，形成庞大的“5G+行业应用”矩阵，并伴生众多创新业态，推动数字经济建设。未来几年，我国5G网络将快速实现充分覆盖，依托5G技术高速率、大连接、低时延等特征，可支持基于移动互联网、物联网的多种应用场景，赋能智能制造、车联网、教育、医疗等行业的创新发展，逐步重塑各行业应用模式及行业生态，具体包括：

（1）C端：超高清视频、虚拟现实、增强现实、云桌面、在线游戏等需要大容量高速传输的场景。

（2）B端：智慧城市、环境监测、智能农业、森林防火等需要采集海量行为特征数据的应用场景，以及工业控制、远程医疗、车联网、云化机器人等对网络通信时延和可靠性要求极高的行业场景。

2. 5G推动银行基础架构体系全面升级

在金融科技浪潮的推动下，银行围绕数字化、智能化、生态化目标，加快人工智能、大数据、云计算等基础技术在银行的深度应用，构建了支撑银行快速创新发展的基础架构体系，提升金融服务效率和客户体验，降低金融运营成本，构建金融服务新业态、新模式。

5G作为新一代通信技术，通过与人工智能（AI）、大数据（Big Data）、云计算（Cloud Computing）等技术叠加，实现不同技术领域间的深度融合应用，将释放出具有乘数效应的技术支撑潜力。同时，5G技术构筑了终端与云端新的快速通道，借助高速率、大容量、低时延的连接能力，可接纳海量终端高速接入云端，融合物联网（IoT）、边缘计算（Edge Computing），实现物与物、人与物、人与人的全面连接，推动银行基础架构体系从传统的技术支撑向价值创造的全面升级。

2.1 5G增强AI技术应用能力

人工智能依靠数据、算力、算法三要素支撑，5G技术有助于提升AI基础要素的支撑能力，使其应用能力更强。

数据方面，5G可容纳海量设备和应用接入，承载更大规模、更实时、更稳定的数据采集和传输，为人工智能深度应用提供更加丰富、多维度、海量的样本数据，为银行建立更多样、更精准的智能模型，解决更复杂的金融领域智能化难点提供数据基础，从而助力提升AI智能金融决策能力。

算力方面，5G高速率、低时延特性，支持云端AI运算结果实时反馈到边端，使边端决策使用云端的算力。对于需要集合大规模数据、多节点数据联合决策的场景，可将AI决策服务置于云端，边端通过5G与云端保持高频度、低时延、高可靠的通信连接，可高效完成收集、清洗、上送数据，实现云端聚合分析和智能决策，并实时反馈边端执行，全方位提升智能化算力。

2.2 5G加强大数据4V特性

5G网络eMBB、uRLLC、mMTC三大技术特性，将进一步增强大数据4V特性，提升了大数据技术的应用能力。

数据量（Volume）、多样性（Variety）：随着万物互联时代到来，银行可借助物联网实现虚拟金融与实体经济互联，5G技术支持金融物联网接入数量更多、类型更丰富的终端设备，为采集数据提供可靠连接手段，从而为银行引入多种来源、多样化的数据，让大数据更大，从而建立更加全面丰富的金融大数据体系。

高速处理（Velocity）：传统大数据采集多采用非实时方式，通过数据仓库等存储后再进行统计分析，然后将数据分析结果或预测结果作用于具体业务应用，存在一定的滞后。5G的uRLLC特性使数据采集和传输更快、更稳定，使云端大数据应用实时获取数据，结合存储、算力提升以及边缘计算技术，大数据和人工智能的分析预测结果将以准实时的速度反馈到业务流程中，从而使金融分析预测更快捷，更加接近现实世界的真实状态，同时，5G时代的数据增长将促进云端大数据应用提升数据处理能力，使金融大数据高速处理能力全面增强。

应用价值（Value）：5G丰富了金融大数据的数据量和数据类型，使银行可以获得更多跨行业、跨领域的数据，通过将这些数据关联聚合分析，将催生更多有价值的大数据应用。

2.3 5G扩大物联网容纳连接数

“万物互联”将实现人与人、人与物、物与物的全连接服务，身份标识、状态感知将延伸到每个物品、每个角落，产生爆炸性的网络连接需求。5G速率更快，连接密度更高，有效承载急剧增长的物联网连接需求，使物联网应用突破连接范围和连接数量限制，加速万物互联数字化时代的到来。

5G有助于完善物联网“端边云”一体化架构体系。对于大量的非实时类应用，可在端边侧本地计算进行数据清洗，再借助5G保持高频度、高密度的通信连接，上送数据由云端集中计算，而对于部分要求高可靠、高实时性的应用，可通过5G实现稳定可靠、无延时的交互控制，让端边云更加高效协同。

2.4 5G延伸云计算应用范围

5G大带宽、低时延等特点使云计算资源的提供不受网络性能和流量限制，使本地获得和云端相同的服务体验，从而让银行不再顾虑网络卡顿、连接不稳定对云端金融服务的影响，通过云桌面、SaaS的方式让云端服务直达用户。同时，通过构建生态圈，银行及合作伙伴借助云平台，服务范围不仅涵盖金融服务，全面拓展至非金融服务领域，从而面向银行客户提供一站式、全方位的服务。例如，股票、期货等报价类业务对延时、中断敏感度极高，通常只能在特定的物理和网络环境提供服务，而5G能够提供稳定、实时的网络环境，使这类业务云化成为可能。

2.5 5G支持银行应用专网定制

5G网络基于网络功能虚拟化（NFV）和软件定义网络（SDN）技术，将可提供低成本、差异化、定制化、相互隔离、质量可保证的端到端组网能力，进而高效满足银行各类业务的多元化网络需求，包括为支付确权交易提供安全可靠的网络保障，支持远程视频交互的高速低时延传输，以及支撑终端设备大量连接等。可以把银行5G网络看作一条可容纳上百车道但是又未具体划分用途的高速公路，银行应用专网定制的概念即是通过软件定义网络技术，根据应用网络负载需求差异，将高速公路划分为多个专用车道定制使用。对于重量级大车多划分几条车道供应传输能力，例如，VR/AR、AI、视频等带宽要求大的新应用优先使用这条重量级专用宽车道。对于支付要求网络稳定的传统业务，划分一套独立专用稳定车道供其使用。

2.6 5G实现音视频移动超高清

5G增强型移动宽带、低时延通信的特性，解决了音视频高带宽业务在移动端传播流量大、时延明显的技术问题，使移动端音视频超高清获得流畅实时的交互体验，为银行打破用户交互的时空限制提供新的手段。例如，传统的银行产品介绍和营销通常采用现场方式与客户交互，随着5G到来，银行可以采用直播方式，与客户进行实时互动，从而带来全新的金融服务互动体验。

2.7 5G丰富银行移动服务终端

随着5G泛智能终端的普及，以及人工智能、音视频交互、语音交互等技术在终端设备的深度集成，形态多样的5G终端设备将进一步扩展银行服务的连接范围与服务能力。用户可通过5G手机、Pad等移动终端远程随时获取银行服务，也可借助智能柜员机、远程互动终端、仿真机器人等网点智能设备，以及VR/AR、智能眼镜、智能手表等可穿戴设备，随时随地与银行进行服务交互。除了服务客户终端设备，电子标签、智能仪表、智能摄像头、无人机等设备也可以成为银行数据采集终端设备，并最终应用于金融领域的数据智能化应用。

3. 5G融合技术应用赋能银行业务创新

5G技术按下了网络速度的“快进键”，更将融合人工智能、云计算、大数据、物联网、音视频、边缘计算等技术，为银行带来新的服务手段、交互方式，催生金融服务新业态，助推对客服务、运营模式发生巨大变革，推进银行向数字化、智能化发展，为银行转型升级持续赋能。

3.1 助力建设智慧网点，打造科技体验中心

目前，银行物理网点仍然是客户服务的重要渠道，承载面签、咨询等必须到店的业务办理。5G、生物识别技术结合新型金融机具设备，可简化网点高频、耗时长的业务服务流程、操作方式，为银行客户带来无介质、无接触、无延迟的金融服务体验。

除了解决原有网点银行服务痛点外，5G结合虚拟现实、增强现实、音视频直播、机器人、全息投影各类“黑科技”手段，将金融与科技、人文、生态充分融合，可为客户提供更具科技感、未来感、温度感的金融服务体验，将网点进一步打造成为融合银行科技创新理念及品牌价值主张的展示厅。2019年，工商银行、中国银行、建设银行、农业银行、浦发银行等大中型银行陆续推出5G智慧网点展示各银行新一代网点智慧服务体验。

银行基于5G新型智慧网点，构建了“技术应用+服务功能+场景链接+生态融合”四位一体的智慧服务体系，能运用生物识别技术，更安全、更精准地识别到店客户身份；通过实体机器人、虚拟人物形象和游戏交互提供个性化互动和营销服务；基于生物识别与多

屏交互技术，实现自助办理各类常用业务；使用远程音视频技术，提供远程坐席“一对一”服务，5G技术的全面应用，能够突破银行服务在交易介质、时间、空间等方面的限制。

3.2 创新服务交互方式，升级远程智能服务

在科技赋能的驱动下，银行客服中心正在向远程银行转型，实现服务渠道由“语音载体”向“多元载体”转变，业务范围由“服务咨询”向“业务办理”拓展，价值创造由“客户服务”向“客户经营”升级。

5G以及音视频、AR/VR、全息等技术，为远程银行的快速发展提供了技术支撑，与云计算技术共同构筑了云端之上的新型网点，实现“线上线下”渠道互补融合，进一步突破物理空间距离对银行服务的限制，减少银行网点服务的盲区，为用户提供亲临现场的体验。

银行已开始探索远程银行中心音视频交互服务场景，实现视频业务咨询、视频面签、开户面签、视频授信等服务，让银行业务人员与客户通过线上方式远程交流与互动，获得和现场面对面相同的服务体验，让客户产生耳目一新的感觉，特别是2020年疫情发生之后，远程银行能够以无接触、远程化的方式，让银行业务不受疫情影响而中断，从而让远程银行的价值得到充分体现。

3.3 丰富线上营销手段，共享流量经济红利

2020年中国数字营销趋势显示，75%的营销费用将投放到移动端，IoT、VR、AR等智能设备将是数字营销利器。银行通过5G承载的音视频实时交互方式，实现从平面到立体，从“一对一”到“一对多”的营销传播，通过视频直播、点播等更加新颖的营销方式开展金融产品发布、金融服务宣传、金融知识普及教育等营销活动，在实时直播过程中，可穿插服务咨询、产品试用购买、优惠办理等活动，在营销活动覆盖群体范围、营销活动吸引力、营销转化率方面，都将远超传统的银行营销人员“单兵作战”模式，并进一步丰富银行线上引流、获客拓户的方式。

银行试点推出直播、点播服务，用于场景营销、商城营销、金融讲堂等营销活动，探索网络直播这种场景化、社交化、娱乐化，以及低成本、快传播、广触达的新型营销服务模式在银行的应用，提升银行新媒体渠道传播影响力和价值创造力。银行邀请专业主播，进行手机银行营销活动，讲解活动优惠与亮点，介绍活动APP操作指引，通过视频二维码交互发放优惠券，结合场外现场直播推介银行合作商家，动静态结合、场内外联播全方位营销。银行直播后台通过活动流量统计分析，掌握直播运营数据，对直播活动客户进行聚类群分，进一步支撑银行直播营销。

3.4 增强数字能力供给，促进线上线下融合

4G时代银行充分利用移动互联网技术，不断拓展线上移动端业务范围，让银行客户

轻触指尖即可完成业务办理，对于遵从监管要求必须面签、实物交接的线下业务，通过打通线上线下渠道实现一体化运营，目标是让线下服务拥有线上的便利，线上服务具备线下的体验，线上线下相互赋能体验相互交织，即 OMO（Online Merge Online）模式。但目前仍存在流程不顺畅、体验不便捷的痛点。

随着 5G 助推银行音视频、物联网技术的应用，将加速现实场景和行为的数字化转换，通过视频通信以及物联网连接，线上线下渠道之间信息流能实时双向交织，运营体系向线下唤起线上、线上调度线下的协同运营模式发展，从而建立更为顺畅的线上服务和线下运营衔接流程，为客户带来线上线下一致的便利体验。

线下唤起线上专业服务，对于网点的高价值专业金融服务，通过网点柜员形成连接点，实时受理客户需求，联动唤起远程银行中心，动态形成专业的服务支持团队，解决传统网点服务人员业务知识面广而深度不足的痛点。

线上调度线下服务，面向各类渠道、各种业务提供配套运营支持，根据不同服务场景智能调度运营资源，按需安排业务专家在线支持，实时联动线下要素配送，对外服务与对内运营之间全链条高效闭环处理。

3.5 深化视频技术应用，创新风险管控模式

随着我国经济发展进入“新常态”，银行信贷经营的内外部环境发生深刻变化，传统、过剩的市场和客户不断退出，新市场、新客户大量进入，信贷客户结构历经几番更替调整。为适应客户、市场的快速变化，银行融合企业经营、政府管理、社会信用、供应链等大数据信息，从贷前、贷中、贷后构筑智慧信贷风控防线，实现从“人控”到“数控”“智控”的转变。

5G 技术将广泛助力信贷业务数字化、智能化转型。通过 5G 网络，银行可远程获取企业生产经营状况、水电等能源消耗数据、物资仓储、押品状态等信息，从而了解企业真实经营情况和抵质押物实时状态。在贷前背景调查、贷后检查过程中，利用 5G 网络远程录制 VLOG 记录尽职调查结果，有效防范内部人员操作风险以及数据造假，方便后续风险管理调阅和业务审计。借助 5G 网络，创新实现远程线上贷款申请、线上授信、视频授信、贷后管理等信贷服务模式，破解小微企业信用评估的难题，进一步助推普惠金融发展，服务实体经济。对于农村金融贷款链条当中的活体货物，5G 高速、高并发网络实时监控货物健康程度和活动状态的芯片信息，高精度识别和高网速信息传递有效防范把多个芯片植入同一个体身上的欺诈行为，从而更有效、实时地防范风险。

3.6 升级营业场所设施，强化银行安防管理

随着银行对办公大楼、金库、营业厅柜员操作等方面监控要求的不断提高，“看得见”已经不能满足银行安防的需求，“看得清”高清视频监控是银行安防发展趋势。5G 扩充银行监控网络带宽，助力银行升级安防高清视频监控，同时解决存量管线布置下设备灵活移动部署问题，有助于进一步提升银行安防监控、金库管理等内部管理场景的精细化管理水

平，同时可快速汇集广泛分布的银行场所产生的海量监控数据，对监控视频智能分析并产生价值，银行安防将更加智能化、无人化。5G支撑银行物联网更进一步加强对内部物品管理，利用电子标签为物品建立"电子身份证"，可实现智能金库物品智能识别管理，结合智能化实体机器人自动码垛管理，在替代人工劳动、提高效率的同时，可降低人工操作带来的风险。利用5G的超密集基站，获取网点、金库、办公等场所的物品和人员定位，支撑银行运营场所实现数字化管理。

4. 新技术应用机遇与挑战为5G未来银行带来更多期望

目前5G尚处于商用初期，银行5G应用实践也在逐步深入探索，5G网络将使银行服务突破自身在交易介质、时间、空间等方面的诸多限制，并提供随时随地的沉浸式服务体验，助力金融服务普惠化。依托5G通信、大数据和人工智能等技术在洞察感知能力的进一步融合发展，银行将能够建立全方位的客户画像，进而更深层地了解客户，为客户提供连接无处不在、服务无所不能、洞察无微不至的金融服务。

4.1 前沿技术依托5G进一步成熟应用于未来银行

基于4G的LTE-V2X（Vehicle to Everything）定位于面向辅助提醒类的自动驾驶基础信息业务，如红绿灯信号、道路施工信息等，而5G标准下的V2X面向高密度编队、远程驾驶等协同类高阶业务，促进汽车全时空移动互联与协同安全控制。未来，随着无人驾驶汽车的普及，基于5G+V2X实现人—车连接，打造智能无人移动银行，让客户通过无人驾驶车辆尊享随叫随到的金融服务成为现实。同时，车辆本身的安全认证信息也将可能成为客户交通出行场景支付鉴权认证方式，在未来高速公路上，车辆高速公路通行费用不再通过收费站，而是通过车辆驶离高速公路触发计费扣费；车辆在服务区无人加油站支付油费、汽车穿梭餐厅支付预定餐费等，都通过车辆安全认证信息确权支付。

VR/AR技术在5G加持下，能在云端提供虚拟场景的数据传输、存储和计算服务。未来，银行将在基于VR/AR云的虚拟购物商场中提供更加灵活多样的场景化支付体验。例如，贵金属饰品虚拟试戴购买场景，客户戴上VR设备（如眼镜、头盔、一体机等），进入VR/AR虚拟试戴间。在选购环节，用户通过凝视、触控等方式选择感兴趣的贵金属饰品并佩戴试穿。在支付环节，用户再点击饰品跳出菜单显示价格并询问是否下单，当用户触碰或点头确认后即可完成支付。

4.2 5G未来银行将全面数字化深度智能化

随着5G进一步促进物联网、音视频等技术的发展，后续银行数字化的边界、获取来源、数据形式等将进一步扩大和丰富，银行将更加借助数字化技术无缝感知客户，获取数字化时代赖以生存的数据生产要素，对传统业务进行全面的数字化再造，满足"数字经济"时代经营发展转型与市场拓展竞争需要。

5G促使银行数据形态多样化，伴随着自然语言理解、计算机视觉、语音交互等技术能力的提升及门槛的降低，银行丰富的金融大数据蕴含的价值将被充分发掘，为产品、流程、渠道、运营、营销、风控等传统金融服务体系带来智能化应用提升，并形成规模化应用，甚至能够对一些复杂程度高的金融业务做出科学预测及决策参考。

4.3 银行新应用伴生安全风险加剧

5G应用大量部署上线后，接入银行的各类智能设备数量将快速增加，银行服务触点将更加多样化，所面临的大规模、高频次恶意网络攻击的风险也将越高。同时，大量功耗低、计算和存储资源有限的终端难以部署复杂的安全策略，一旦被攻破形成僵尸网络，将会成为新的攻击源，进而引发对客户端软件和后台系统的网络攻击，带来网络中断、系统瘫痪等安全风险。

各银行应加强5G网络条件下安全风险特点研究。应对5G网络安全威胁，银行应加强开放合作，分享最佳实践经验，着力完善大带宽、低时延条件下的安全防护能力，及时升级安全防护技术和设备。一是强化安全防护技术和设备的升级，有效应对超大流量对现有安全防护措施带来的冲击。二是建立面向低时延需求的安全机制，统筹优化业务接入认证、数据加解密等环节带来的时延，提升低时延条件下安全防护能力。三是构建基于大规模机器类通信场景的安全模型，建立智能动态防御体系应对网络攻击、防止网络安全威胁横向扩散。

4.4 健全数据管理机制需求加大

5G时代音视频银行应用创新，场景化带来视频数据种类繁多、规模空前，例如，认证视频、面签视频、直播视频等，个人隐私保护压力剧增，数据合规管理要求更高。2020年3月，新版国家标准《信息安全技术　个人信息安全规范》正式发布，个人隐私安全在国家层面得到更细致的保护。因此，银行应增强数据管理措施，降低信息泄露风险，避免不良影响。

银行应加快研究建立更加契合新形势的数据管理新机制。一是加大研究数据合规审核解决方案，综合运用人工智能等自动化手段，辅以必要的人工审核，确保视频、图像等各类数据合法合规。二是规划设计更加全面和严密的隐私保护方案，强化自身信息安全管理，规范跨机构数据共享机制，结合同态加密、联邦学习等技术的运用，兼顾隐私保护和场景创新。银行内部应建立更加完善的数据监管和应用系统，避免人为操作风险导致的隐私泄露。三是健全银行API管理机制，确保对外数据接口置于安全可监控范围，防止直接对外暴露。

4.5 产业变革趋势联合创新研究要求加急

银行以服务实体经济、助力社会各行各业发展为己任，银行服务创新必然围绕各行业商业模式创新来开展。5G时代，各行业商业模式必将不断变革和演进，但具体趋势和路径目前仍待进一步探索。

银行应以更加积极开放的心态，联合产业界、高校、科研机构以及银行同业，加强对各类创新动态的跟踪和研究。建立更加敏捷的创新文化、机制和人才团队，鼓励孵化各类创新场景，持续打造与实体经济发展相匹配的金融服务能力。紧跟5G新基建发展趋势，建立联合创新工作机制，协同业界头部企业及研究机构，探索加快5G与物联网、边缘计算、人工智能、超高清、AR、VR等技术的融合创新，推动5G技术应用的持续发展。同时，积极开展与垂直行业的深入合作，推进新技术与业务场景的深度融合。

中小金融机构数字化转型的思考与研究

杨 超 夏浩淳 唐明剑 等[①]

1. 引言

1.1 背景

2017年10月18日，“数字中国”正式写入党的十九大报告，“数字化”成为国家战略。一直居于我国电子化、信息化前列的银行业陆续将数字化战略作为转型升级的必选项。

数字化与过往的电子化、信息化最大差别在于，不仅仅是对物理世界各类人工处理过程的简单模拟和替代，而是带来商业决策与商业模式的变革，对银行当前及未来的影响重大而深远。

今天，中国银行业业态各异，既有微众、网商、新网等与生俱来的互联网民营银行，也有“能跳舞的大象”——工、农、中、建、交等转型中的国有大型银行，更有众多各具特色、立足本地、服务百姓的区域性中小银行。过去、现在及未来较长一段时间内，各家金融机构都在全力开展数字化转型建设，但如何相对准确地衡量银行的数字化程度、相对客观地评价银行的数字化能力，目前在国内乃至全球范围内都缺乏可遵照执行的标准与规范。

管理大师彼得·德鲁克认为，“无法衡量就无法管理”。作为银行管理者必须拓展思路、创新思维，尽快解决数字化评价的标准化和可视化难题，回答好如何评价金融数字化投资是否值得、信息科技应用系统是否成功、信息科技外包风险是否可控等一系列问题。因此，研究科学合理的金融数字化评价体系，促进信息科技管理和运行水平的提高，不断提升信息科技对银行战略实施和业务发展的支持度，提高银行的核心竞争力，更好地服务于实体经济发展，具有重大的理论价值和实践意义。

1.2 数字化现状

2005年，四川省农村信用社联合社应势而生，在省委省政府的领导下，授权对全省农信实施行业管理，四川农信阔步向前，由微至盛，逐步成长为资本充足、管理科学、服务

---

① 课题组：四川省农村信用社联合社。课题组成员：杨超、夏浩淳、唐明剑、钟莉佳、王丽芳、刘鸿亮、陈沛容、陈静琰。

规范的银行业金融机构，成为推动四川富民强省的重要金融力量。四川农信服务覆盖全省100%的县域、91%的乡镇和80%的行政村，是四川省内经营规模最大、渠道覆盖最广、服务触角最深、社会责任担当最多的金融机构。同时，已建成西南地区数据规模最大的金融数据中心，各类信息系统服务于全省农信5182个网点、3.1万个农村金融综合服务站（点）、近10万台终端机具、7900万注册客户，为支持“三农”和地方经济社会发展提供了强有力的信息化支持。截至2020年12月末，四川农信资产规模达1.6万亿元，各项存款1.3万亿元，各项贷款7755亿元，辖内99家法人机构，近4万名在岗员工，其中科技人员占比1.72%。

省联社信息科技中心成立于2006年，以建立SC 6000综合业务系统和全省集中的数据中心为起点，陆续建设各类应用软件180个，逐步建立起由柜面业务与互联网银行、移动银行、自助银行等电子化服务组成的全方位、多层次的金融服务渠道，形成了涵盖柜面基础业务、支付结算、中间及代理业务、自助及电子银行、经营管理和风险管理等系统的综合性交易平台，为业务发展提供了有力支撑。按照“强基固本、开拓创新、提质增效”的总体思路，四川农信提出了打造合规银行、智慧银行和主力军银行的战略规划，大胆实践大数据分析、云计算平台、分布式架构、三地四中心等信息化建设思路，业务系统交易量以每年30%以上的速度递增，核心业务系统每日最高交易笔数达5694万笔，每秒最高交易笔数达1636笔。

1.3 研究目标价值

综合使用定量和定性的分析手段，建立指标体系并运用数理统计和计量模型方法，对业务产品的数字化程度与信息科技能力做出量化、透明的评价，增强信息科技发展与战略目标实现的一致性，目标如下：

（1）采集设计指标所需数据，运算实证模型，建立一套衡量业务数字化程度及科技数字化能力的评价量表，明确评估机制。

（2）确保数字化评估方向与信息科技战略目标相符，有助于在全行范围内贯彻信息科技关键举措，确保上下目标一致，促进战略目标实现与信息科技能力提升的良性互动。

（3）成为内部多层面的沟通工具，将数字化程度与能力情况量化展示给决策层、管理层、业务部门，传达至信息科技部门的管理者和员工，明确改进方向。

（4）精细化业务管理，支撑银行发展战略，促进各业务条线以业务发展战略为目标全面梳理业务架构，审视各业务产品及业务流程当前的数字化状态，发现业务条线或产品的数字化短板，辅助决策数字化建设重点及资源投向。

（5）数字化科技管理，精准投放科技资源。推动科技部门，全面审视其应用系统及系统服务，建立清晰的应用架构，通过数字化能力评估指标，发现科技生产过程的能力弱项，辅助决策科技资源配置策略与方案。

1.4 研究方法内容

1.4.1 研究范围

（1）建立金融数字化程度评价规范。立足业务视角，按照巴塞尔协议的业务分类（共八类），从“产品”出发、以产品生命周期“业务场景”为线索，以“业务功能点”为基本单元，建立数字化广度、数字化深度、数字化强度等业务数字化程度的多维度评价指标及获取各指标方法（规范）。

（2）建立金融数字化能力评价规范。立足科技视角，以应用子系统为线索，以“服务”为基本单元，通过对支持业务功能的应用系统和服务梳理，及其建设全生命周期各阶段能力获取方式的梳理，建立对过程能力的多维度评价指标及获取各指标方法（规范）。

（3）在“金融数字化程度与能力评价规范”充分试点运行基础上，开发评价工具。

1.4.2 研究方法

（1）样本分析法。样本分析法是在众多样本中抽样出较有代表性的样本来测试研究方法的有效性及可行性。

（2）层次分析法。层次分析法是一种将定性转为定量描述的决策算法，此算法与一般的直接确定权重的专家经验法相比，更具有客观性。

（3）归一化函数。统一各指标得分的取值范围，即让所有指标的取值范围为[0，1），我们采用双曲正切函数作为研究的归一化函数，即 $thah(x)=\frac{e^{x/a}-e^{-x/a}}{e^{x/a}+e^{-x/a}}$，其中 a 是调节因子。

2. 研究成果

2.1 模型的框架、算法等相关原理

2.1.1 模型指标设计原则

（1）Specific：具体的，评价可聚焦特定的管理工作。

（2）Measurable：可度量的，可量化或可行为化的，验证指标数据或信息是可获得的。

（3）Achievable：可实现的，指标具有一定挑战性但通过努力是可以实现，同时也是必须要达到的基本目标。

（4）Realistic：现实的，可被验证和观察的，与实际工作紧密相关的。

（5）Time-boxed：确定的时间要求，即为指标设置特定的完成期限。

2.1.2 模型指标设计思路

（1）评价指标的前瞻性和先进性——充分借鉴行业标准 TOGAF、ITIL、COBIT、ISO/IEC 20000、CMMI 的最佳实践。

（2）评价指标的可操作性——指标体系的建立要满足中小金融机构的实际情况和发展需要，指标所需原始数据及指标产生过程要符合中小金融机构业务管理、科技管理现状，且简单易行可落地。

（3）与数字化战略目标的相关性——评价指标要素来源于战略目标，应直接反映或关联业务战略意图，并与数字化战略滚动规划与实施成果结合，协助跟踪数字化关键目标的执行进度和效果。

（4）评价指标的“平衡”性：从多维度评价数字化程度及能力状况，全方面关注数字化整体目标，同时通过调整权重反映重要程度。一是时间跨度上的平衡，既要有评价近期工作的指标，又要有评价影响远期业绩的指标；二是衡量手段的平衡，既要有定量指标，又要有定性指标；三是指标性质的平衡，既有业务部门关心的指标，也有决策层和管理层关心的指标；四是成果性指标与前导性指标的平衡，不仅面向结果，也要面向过程。

2.1.3 层次分析法简介

层次分析法（Analytic Hierarchy Process，AHP）是美国运筹学专家 T. L. Saaty 教授于1970 年提出的一种定性与定量相结合的多目标决策分析方法，特点是将定性因素变为定量，方法核心是将决策者与专家的经验判断量化，为决策者提供量化的决策依据，适用于目标结构复杂且缺乏必要数据的情况，方法应用步骤如图 1 所示。

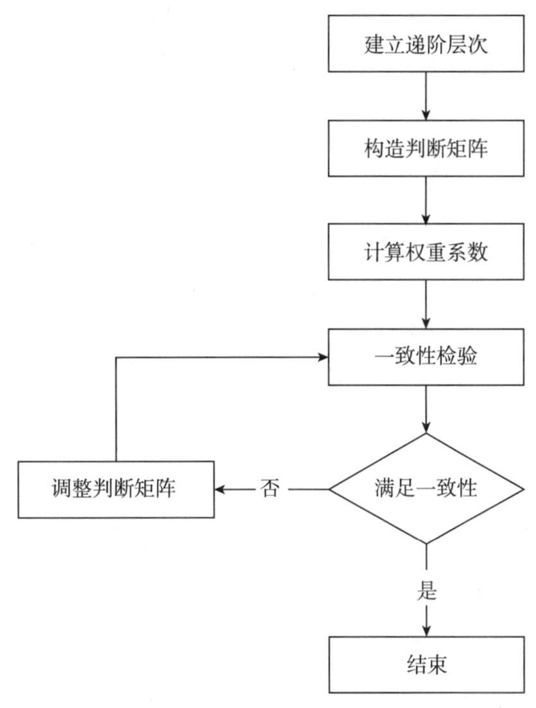

图 1　层次分析法流程图

第一步是建立递阶层次模型结构。把问题条理化、层次化，构造出一个有层次的结构模型。层次可分为三类：最高层、中间层、最低层。递阶层次结构中的层次数与问题的复杂程度及需要分析的详尽程度有关，一般层次数不受限制，每一层次元素不超过 9 个。

第二步是构造各层次的判断矩阵。确定权重系数是度量系统或方案间相似度中的重要内容，下面就以度量机械系统相似度为例，论述 AHP 法确定权重系数的使用方法。从客观上说，相似机械系统中每一个由相似特征属性构成的相似元对系统的相似度量影响是不等同的。把相似元作为评估因素，建立评估因素集 $A=\{a_1, a_2, \cdots, a_i, \cdots, a_n\}$。设定 a_{ij} 表示 a_i 对 a_j 的相对重要性数值，其中 $i, j=1, 2, \cdots, N$，a_{ij} 的取值选择常用的1~9标度方法，如表1所示。

表1 判断矩阵中各元素值的确定

a_{ij} 取值	定义（重要性等级）
1	相似元 a_i 和 a_j 相比较，同等重要
3	相似元 a_i 和 a_j 相比较，a_i 比 a_j 稍微重要
5	相似元 a_i 和 a_j 相比较，a_i 比 a_j 明显重要
7	相似元 a_i 和 a_j 相比较，a_i 比 a_j 非常重要
9	相似元 a_i 和 a_j 相比较，a_i 比 a_j 极端重要
2，4，6，8	介于相邻判断的两个标度之间时，取中值
$a_{ji}=a_{ij}^{-1}$	相似元 a_i 与相似元 a_j 比较后得 $a_{ji}=a_{ij}^{-1}$

根据上述数值标度及定义，通过对评估因素集 A 中元素进行两两比较，构造判断矩阵 $A=(a_{ij})_{N\times N}$，即：

$$A=\begin{pmatrix} a_{11} & \cdots & a_{1n} \\ \vdots & \ddots & \vdots \\ a_{n1} & \cdots & a_{nn} \end{pmatrix} \tag{1}$$

第三步是计算各层次指标的权重。要根据判断矩阵通过求判断矩阵 A 的最大特征值 λ_{max} 和经归一化的特征向量 w，即可计算出每一个元素对上一层元素的权重。

第四步是判断矩阵的一致性检验。计算出判断矩阵的最大特征根后，还需要对判断矩阵的一致性进行检验，判断矩阵一致性检验的方法是根据一致性比例 CR 值的大小来判断。判断矩阵的一致性检验步骤如下：

（1）计算一致性指标 CI

$$CI=\frac{\lambda_{max}-n}{n-1}\text{，}n\text{ 为判断矩阵的阶数} \tag{2}$$

（2）计算平均随机一致性指标 RI。RI 是多次重复进行随机判断矩阵特征值的计算后取算术平均数得到的，表2给出了1~9维矩阵重复计算1000次的平均随机一致性指标。

表2 平均随机一致性指标

维数	1	2	3	4	5	6	7	8	9	10
RI	0	0	0.52	0.89	1.12	1.26	1.36	1.41	1.46	1.49

（3）计算一致性比例 CR，其公式为

$$CR=\frac{CI}{RI} \tag{3}$$

当 $CR<0.1$ 时，则认为判断矩阵的一致性检验通过；当 $CR>0.1$ 时，则认为判断矩

阵不满足一致性条件，需要对判断矩阵进行调整。

根据构建的结构模型，按照上述步骤从上至下分别进行计算，可以得出每一元素对应上一层的权重，经过逐层计算，则可计算出最底层的元素对于最上层的权重值，并将各层权重值分别相乘得到综合权重值，再将各指标值与综合权重值相乘，可得出综合评分值。

2.1.4 专家组层次分析法原理

传统的层次分析法是建立在判断矩阵的基础上，存在很大的主观性，为减少主观性带来的缺陷，本研究引入了专家组决策的概念。通过模拟人思维中的分解、判断和综合，将一位专家扩大到 m 位专家，将一组判断矩阵扩大到 m 组判断矩阵，通过比较判断结果的综合计算结果，得到关于指标重要性的排序，从而为决策者提供定量形式的决策依据。下面简介专家组层次分析法，如表 3 所示。

表 3 专家组层次分析表

人的思维	专家组层次分析
分解	将复杂系统分解成有序的阶梯层次结构模型
判断	因素相对重要性的两两比较，建立判断矩阵
综合	单排序和总排序

专家组层次分析过程体现了人的思维过程，即分解、判断、综合。算法步骤如下（设有 m 位专家，n 个指标）：

（1）构造两两比较判断矩阵。采用 1~9 标度法来获得判断矩阵。数字 1~9 说明指标 i 相对于 j 的重要性。1 表明指标 i 与 j 同样重要，3 表明指标 i 比 j 稍微重要，5 表明指标 i 比 j 明显重要，7 表明指标 i 比 j 强烈重要，9 表明指标 i 比 j 极端重要，2、4、6、8 则表明重要性介于两数之间距离。若用 a_{ij} 表示指标 i 相对于指标 j 的重要性，则 $a_{ji} = 1/a_{ij}$。

（2）判断次序一致性。若 $a_{ij} > 1$，$a_{jk} > 1$ 能导出 $a_{ik} > 1$，则称判断矩阵具有次序一致性，否则 $a_{ik} < 1$，称判断矩阵不具有次序一致性，予以舍弃。

（3）计算满意一致性比率 C_R。判断矩阵 A 的每行元素的积：

$$M_i = \prod_{j=1}^{n} a_{ij} \ (i = 1,\ 2,\ 3,\ \cdots,\ n) \tag{4}$$

M_i 的 n 次方根：

$$\overline{W_i} = \sqrt[n]{M_i} \ (i = 1,\ 2,\ 3,\ \cdots,\ n) \tag{5}$$

对 W_i 进行归一化得到各指标的权重：

$$W_i = \overline{W_i} / \sum_{i=1}^{n} \overline{W_i} (i = 1,\ 2,\ 3,\ \cdots,\ n) \tag{6}$$

根据第 k 位专家的判断矩阵得出的指标 i 的权重记为 $W_i^k (k = 1,\ 2,\ 3,\ \cdots,\ m)$。

判断矩阵 A 的最大特征值：

$$\lambda_{\max} = \frac{1}{n} \sum_{i=1}^{n} \frac{\sum_{j=1}^{n} (a_{ij}) \times W_i}{W_i} \tag{7}$$

第 k 位专家的判断矩阵 A_k 的最大特征值可记为 $\lambda_{\max}^{k}(k=1, 2, 3, \cdots, m)$。则第 k 位专家的判断矩阵 A_k 的满意一致性比率：

$$C_R^k = \frac{\lambda_{\max}^k - n}{(n-1)R} \tag{8}$$

式中，R 为平均一致性指标，查表可知。

当 $C_R < 0.1$ 时，判断矩阵符合满意一致性，可以使用；当 $C_R \geqslant 0.1$ 时，判断矩阵不符合满意一致性，予以舍弃。

专家相对权重的确定。利用 C_R 求得专家相对权重：

$$P_k = \frac{1}{1 + aC_R^k} \quad (a > 0, \ k = 1, 2, \cdots, m) \tag{9}$$

将 P_k 进行归一化处理，得到专家的相对权重：

$$P_k = P_k / \sum_{k=1}^{m} P_k \tag{10}$$

参数 a 起调节作用，当 a 的取值过大或过小时，专家的权重往往难以辨别。

（1）多专家指标相对权重的确定。在求得专家权重 P_k 和指标权重 W_i^k 之后，就可以求得多专家指标的相对权重。

$$W_i = \sum_{k=1}^{m} W_i^k \times P_k \tag{11}$$

对 W_i 进行归一化处理，得到多专家指标的相对权重：

$$W_i = W_i / \sum_{i=1}^{n} W_i \tag{12}$$

（2）因为本研究指标体系由三层指标组成，所以最终的三级指标综合权重记为 W_{xyz}（其中 x 为该三级指标对应的一级指标的序号；y 为该三级指标对应的二级指标的序号；z 为该三级指标对应的三级指标的序号）。则：

$$W_{xyz} = W_x \times W_y \times W_z \tag{13}$$

2.2 指标筛选

从业务视角和科技视角出发，秉着“做减法”的理念，在指标选择过程中考虑了以下因素：

（1）提供银行业务、科技数字化最佳实践，并进行深入的分析和理解。

（2）采用结构化的分析和推导方法来定义和选择有限数量的指标。

（3）指标直接或间接与期望实现的目标相关，每个目标通常与一个或者两个成果指标相关。

（4）筛选关键性指标时从数据的可获取性、获取的难易程度、数据来源的可靠性等方面考虑，同时结合业务和管理要求。

（5）采用统一的标准指标定义模板，给出指标的通用性定义和解释使其易于理解。

（6）能在中小金融机构的业务及科技部门内层层分解，每个层次应用适当的考核方式。采用“因果关系”方法保证各层次评价工作的连贯和统一。

2.3 指标因素集的设计

面向业务的数字化程度指标，从梳理银行业务架构入手，对银行产品生命周期内的所涉业务场景逐一分析，针对支持各业务场景的业务功能点处理方式进行评定，得出数字化程度的量化指标，包括数字化程度深度指标、数字化程度强度指标、数字化程度广度指标，通过三个维度的数字化程度指标加权计算得到数字化程度综合指标，以此评估银行业务的整体数字化发展程度。

面向科技的数字化能力指标，从梳理应用架构入手，对应用系统、子系统及系统服务在需求、设计、开发、测试、运维五个主要阶段的能力获取方式进行评定，得到数字化能力过程指标，再结合相关后评价指标，评估科技对银行业务的数字化交付能力。如表4至表5所示。

2.3.1 数字化程度指标因素集设计

表4 数字化程度指标因素集

指标名称	指标定义	指标计算
数字化程度	从数字化深度、数字化强度、数字化广度三个维度，根据权重综合得出	$score_{DL} = \varphi_{DD} \cdot score_{DD} + \varphi_{DSp} \cdot score_{DSp} + \varphi_{DSt} \cdot score_{DSt}$
数字化程度广度	针对某产品的账户活跃程度指标，以该产品对应的活跃账户数作为基础数据	$score_{ANi} = \dfrac{e^{\log_a^{x_i}} - e^{-\log_a^{x_i}}}{e^{\log_a^{x_i}} + e^{-\log_a^{x_i}}}$ $score_{DSp} = \sum_i \dfrac{score_{ANi}}{n}$
数字化程度强度	针对产品的资产规模及非批量年金融交易笔数来评估业务数字化强度，其中相应指标通过某产品的当前余额和年金融交易笔数作为基础数据进行归并计算获得	$score_{BOAi} = \dfrac{e^{\log_b^{y_i}} - e^{-\log_b^{y_i}}}{e^{\log_b^{y_i}} + e^{-\log_b^{y_i}}}$ $score_{NFTi} = \dfrac{e^{\log_c^{z_i}} - e^{-\log_c^{z_i}}}{e^{\log_c^{z_i}} + e^{-\log_c^{z_i}}}$ $score_{DSt} = \sum_i \dfrac{score_{BOA_i} + score_{NFT_i}}{2n}$
数字化程度深度	将银行业务功能的处理方式分为人工、半自动、自动、半智能、智能五种状态，不同状态则代表该业务功能数字化的深度。 • 人工：业务处理由人或结合手工台账（含电子表格等）完成。 • 半自动：业务功能由人及计算机系统共同完成，如理财产品签约中的“面签”。 • 自动：由计算机系统代替人完成信息的加工与处理，但不参与商业决策，如人脸识别、OCR等。 • 半智能：结合人与计算机智能共同做出商业决策。如智能授信审批+人工授信审批。 • 智能：计算机系统完成商业决策，如反欺诈、智能授信审批等	$score_{DD(PCL)} = \sum_i w_i \cdot \dfrac{f_i}{n_{PCL}}$

2.3.2 数字化能力指标因素集设计

表5 数字化能力指标因素集

指标名称	指标定义	指标计算
数字化能力	从数字化能力过程和数字化后评价维度，根据权重综合计算得出，评定科技对银行业务的数字化交付能力	$score_{DA} = \delta_1 \cdot score_{Pro} + \delta_2 \cdot score_{PE}$
数字化能力过程指标	评估支撑业务功能在需求、设计、开发、测试、运维5个阶段的能力获取方式，含自有、自主1、自主2、总行统管、关联外包、同业外包、社会外包7类。 •自有：指行内自行完成，能力全部掌握在机构自有人员。 •自主1（人员驻场）：银行人员主导并掌握核心内容，非核心工作借用外部人力资源完成。 •自主2（产品交付）：银行负责规划、需求及验收，指定供应商负责产品交付过程。 •总行统管：指支撑银行分支机构的业务能力的系统服务在总行，分支机构没有控制权和管理权，只有使用权。 •关联外包：指非驻场外包或托管的模式，能力为外购而来，外包方为本机构关联单位（如股东）。 •同业外包：指非驻场外包或托管的模式，能力为外购而来，外包方为银行机构。 •社会外包：指非驻场外包或托管的模式，能力为外购而来，外包方为社会机构	$score_{Pro} = \beta_1 \cdot score_{Dem} + \beta_2 \cdot score_{Des} + \beta_3 \cdot score_{Dev} + \beta_4 \cdot score_{Test} + \beta_5 \cdot score_{OM}$
数字化能力后评价	对组织过程质效和交付质效的综合评价，包含系统可用率、投产/变更后缺陷率、系统一次发布成功率	$score_{PE} = \gamma_1 \cdot score_1 + \gamma_2 \cdot (1 - score_2) + \gamma_3 \cdot score_3$

2.4 数字化程度与能力指标量表构建

面向业务的数字化程度指标，从梳理业务架构入手，对产品生命周期内的所涉业务场景逐一分析。业务架构的业务条线、业务板块、业务种类、针对业务产品，结合其当前账户数与资产余额，以及支持各业务场景的业务功能点的处理方式进行评定，得出数字化程度的量化指标，包括数字化程度广度指标、数字化程度强度指标、数字化程度深度指标，通过三个维度的数字化程度指标加权计算得到数字化程度综合指标，以此评估银行该产品项业务的整体数字化发展程度。

面向科技的数字化能力指标，从梳理应用架构入手，对应用系统、子系统及系统服务在需求、设计、开发、测试、运维五个主要阶段的能力获取方式进行评定，得到数字化能力过程指标，再结合相关后评价指标，评估科技对银行业务的数字化交付能力。

最后设计了12个指标，包含2个一级指标，5个二级指标，5个三级指标，同时，为确定指标间权重，我们采用专家评价法，获取不同工作背景专家对上述指标因素重要性的认识，并将其量化处理作为模型的权重参数。

2.5 数字化程度与能力指标量表的权重分析

权重计算主要通过层次分析法求得，具体的计算权重的步骤如下（以数字化深度为例）：

（1）输入：专家打分模板，见表6。

表6 专家打分模板

项目	人工	半自动	自动	半智能	智能
人工	1	1/2	1/4	1/6	1/8
半自动	2	1	1/3	1/5	1/7
自动	4	3	1	1/3	1/4
半智能	6	5	3	1	1/2
智能	8	7	4	2	1

（2）根据专家打分模板，构造成对比较矩阵A。

$$A=\begin{pmatrix}1 & 1/2 & 1/4 & 1/6 & 1/8\\ 2 & 1 & 1/3 & 1/5 & 1/7\\ 4 & 3 & 1 & 1/3 & 1/4\\ 6 & 5 & 3 & 1 & 1/2\\ 8 & 7 & 4 & 2 & 1\end{pmatrix} \tag{14}$$

（3）求得矩阵A的最大特征值$\lambda_{max}=5.1139$，以及最大特征值λ_{max}对应的特征向量$w=(0.0428, 0.0639, 0.1406, 0.2913, 0.4615)$。

（4）计算一致性指标$CI=\frac{\lambda_{max}-n}{n-1}=\frac{5.1139-5}{5-1}=0.0285$。

（5）计算一致性比例$CR=\frac{CI}{RI}=\frac{0.0285}{1.12}=0.0254$（其中$RI$为平均随机一致性指标，对应取值见表7）。

表7 平均随机一致性指标

n	1	2	3	4	5	6	7	8	9	10
RI	0	0	0.52	0.89	1.12	1.26	1.36	1.41	1.46	1.49

（6）$CR=0.0254<0.1$，矩阵A一致性检验通过，则保存特征向量w，否则舍弃特征向量w。

（7）若所有专家打分表的权重计算完成，则执行步骤（8），否则执行步骤（1）。

（8）计算一致性检验通过的所有特征向量w的平均值，即为所求指标的权重。

（9）输出：指标的权重$w=(0.0471, 0.1063, 0.2067, 0.2314, 0.4085)$。

表8 指标权重

项目	人工	半自动	自动	半智能	智能
人工	0.0471	0.1063	0.2067	0.2314	0.4085

表 9　数字化程度与能力指标权重清单

一级指标	二级指标	二级指标权重	三级指标	三级指标权重
数字化程度	数字化程度广度	0. 3165	—	
	数字化程度深度	0. 3494	—	
	数字化程度强度	0. 3341	—	
数字化能力	数字化能力过程评价	0. 4794	需求阶段数字能力过程评价	0. 1914
			设计阶段数字化能力过程评价	0. 2417
			开发阶段数字化能力过程评价	0. 2026
			测试阶段数字化能力过程评价	0. 1852
			运维阶段数字化能力过程评价	0. 1791
	数字化能力后评价	0. 5206	—	

2. 6　数字化评价工具

2. 6. 1　研发目标

为保障研究成果的适用性、可操作性及可推广性，结合研究成果，开发了配套的支持工具——“数字化评价系统”，支持从产品、客户、业务条线等不同维度，纵向比较其数字化程度与能力的发展情况等，并通过图表等方式实现了对研究成果的可视化展示，也支持对业务架构、应用架构等资产的长效管理与运用。

2. 6. 2　工具的系统结构

系统架构主要分为四层（见图 2）：

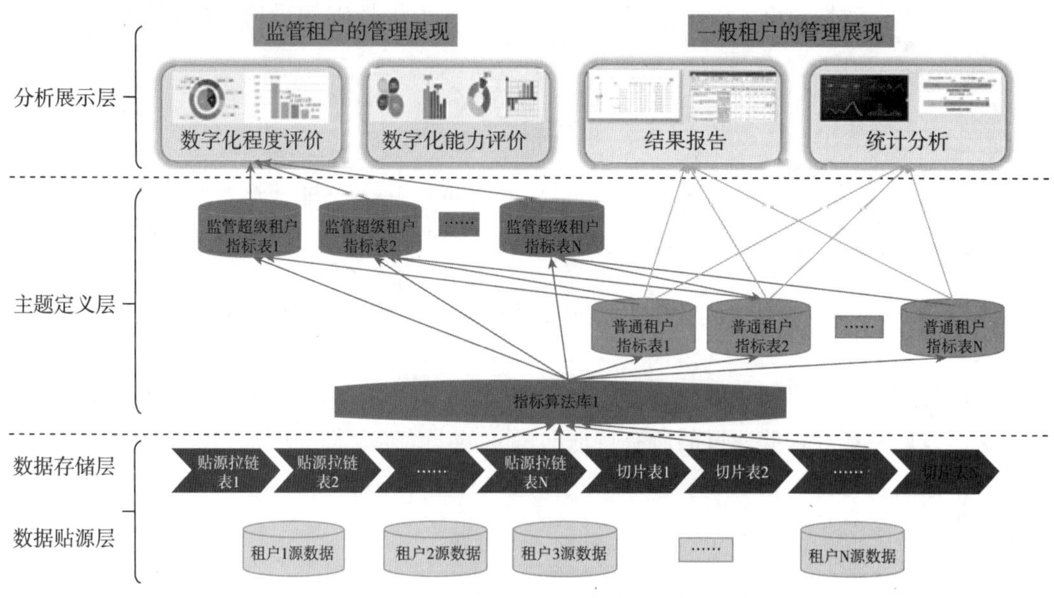

图 2　数字化评价系统架构图

（1）数据贴源层：处理、存储业务架构、应用架构等架构资产及评价因素；

（2）数据存储层：以拉链表和切片表形式存储标准化后的数据；

（3）主题定义层：实现指标定义及结果表存放；

（4）分析展示层：实现数据可视化展示。

2.6.3 系统主要功能

（1）业务架构管理：实现从“业务条线—业务板块—业务种类—产品”的业务架构以及“产品—业务场景—服务入口—业务功能点”的链式管理；

（2）应用架构管理：实现从“应用架构分层—应用系统—应用子系统—系统服务”的应用架构分层管理；

（3）血缘关系：实现从“业务场景—业务功能点—系统服务”关联关系的可视化；

（4）数据导入：支持产品资产余额、账户数，应用系统投产/变更后缺陷率、系统可用率、系统一次发布成功率以及针对银行的需求平均响应周期等基础数据的导入；

（5）3D 视图：实现银行对本行数字化程度与能力的可视化；

（6）系统配置：支持系统运行所需的机构、用户以及权限管理，支持对本系统的字典及标签管理。

3 研究应用与实证

本次选取“个人消费贷款”和“个人活期存款”进行指标采集、试算，客观、量化评价银行机构的业务和科技数字化水平，结果及初步分析如下：

3.1 个人消费贷款

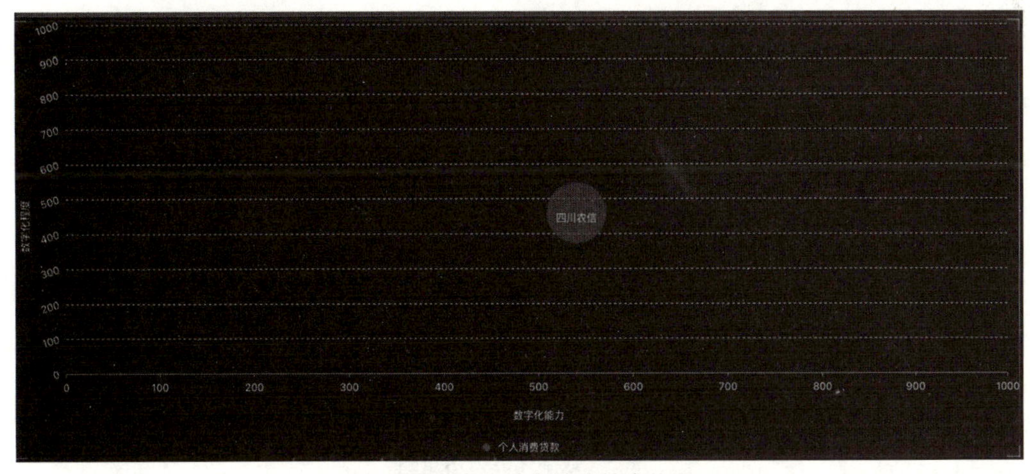

图 3 数字化程度与能力综合位图

数据简析：图 3 展示个人消费贷款产品的数字化程度与能力综合得分情况，其中数字化程度得分 459.49，数字化能力得分 540.34。细化分析如下：

3.1.1 数字化程度

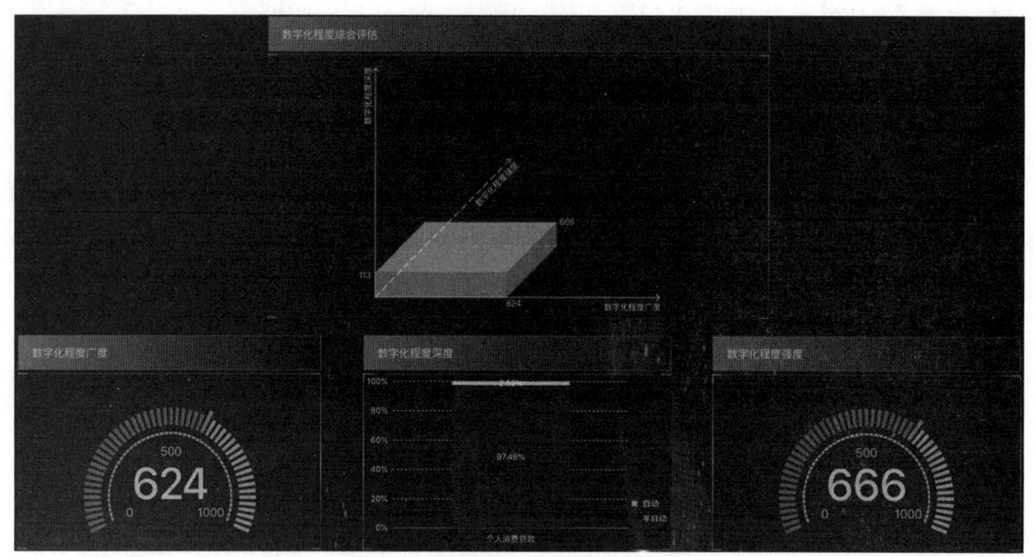

图 4 数字化程度综合评估示意图

数据简析：个人消费贷款产品数字化广度及强度得分均为六百多分，得分较高，与我社深耕地方金融，用户数量多、资产规模大的实际情况相吻合，但在数字化深度得分偏低，因我社当前仍还采用较为传统的服务方式，虽 2020 年发布“蜀信 e 贷”开始探索智能风控和决策，但整体业务功能自动化及智能化还有较大的发展空间，未来也将利用自身庞大的数据资源，结合分布式架构转型和信贷系统升级改造，将大数据、云计算等技术应用于客户的贷款申请、信息录入、审核审批等环节，提高贷款产品智能化水平和客户体验。

3.1.2 数字化能力

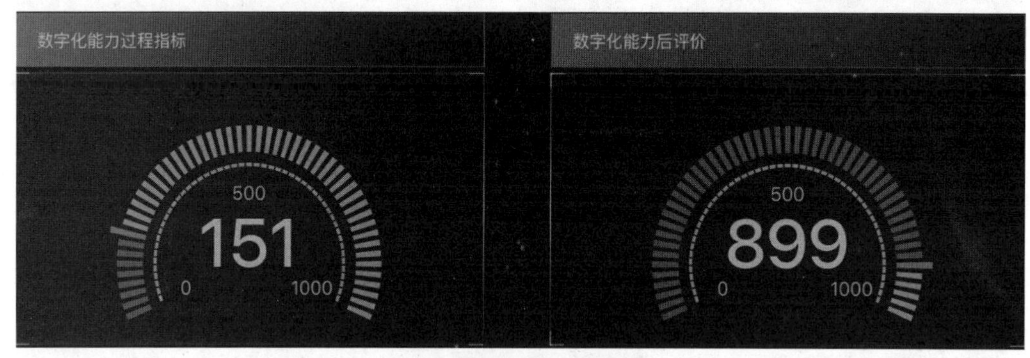

图 5 数字化能力示意图

数据简析：“个人消费贷款”产品数字化能力过程指标得分 151 分，数字化能力后评价得分为 899 分。其中，数字化能力过程指标得分偏低，因我社科技自有人员占比较低，全系统科技人员占比尚未达到 3%，需结合人员补充强化自主可控能力建设。后评价指标得分较高，表明我社系统建设质量较为稳定，但仍有提升空间。

图 6　信息系统建设示意图

数据简析：我社信息系统建设在“安全可靠、自主可控”的前提下，采用与合作公司共同开发模式，即需求阶段由业务主导，抽调行社业务骨干自主分析完成，进入设计、开发、测试以自有人员为主，合作公司外包辅助，运维阶段考虑到操作风险和监管要求，以自有为主导，因此从得分看，设计过程、开发过程、测试过程较需求过程、运维过程分值低，与实际相符。

图 7　数字化能力后评价情况示意图

数据简析：个人消费贷款隶属于我社“贷款业务系统”，为重要业务系统，系统可用性、安全性、连续性要求高，投入资源保障、技术保障充分。系统可用率按照监管口径计算，含计划内和计划外停机时间并达标 99.95%，系统一次发布成功率 97%，投产变更缺陷率也处在较低水平，表明我社信息系统建设质量和运维质量均得到较好管控，可总结经验，持续改进。

3.2 个人活期存款

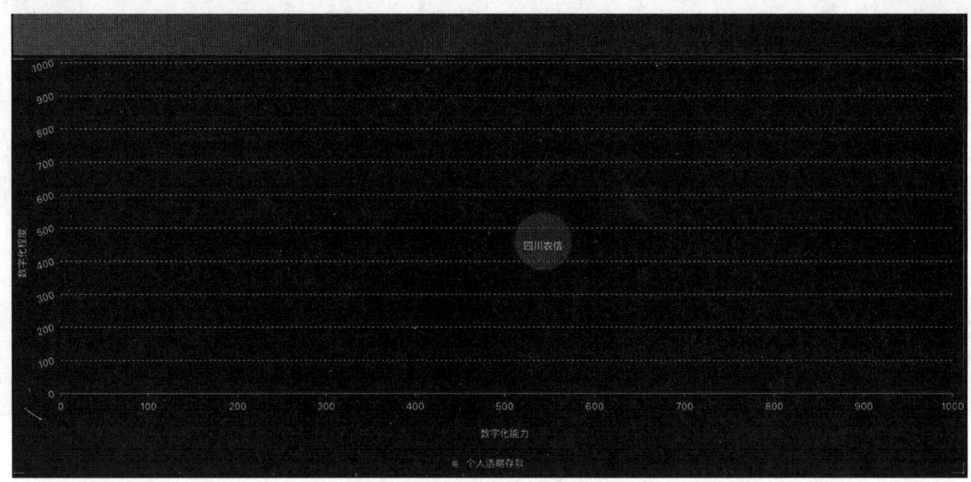

图 8　数字化程度与能力综合位图

数据简析：图 8 展示个人活期存款产品的数字化程度与能力综合得分情况，其中数字化程度得分为 460. 27 分，数字化能力得分为 542. 81 分。细化分析如下：

3.2.1　数字化程度

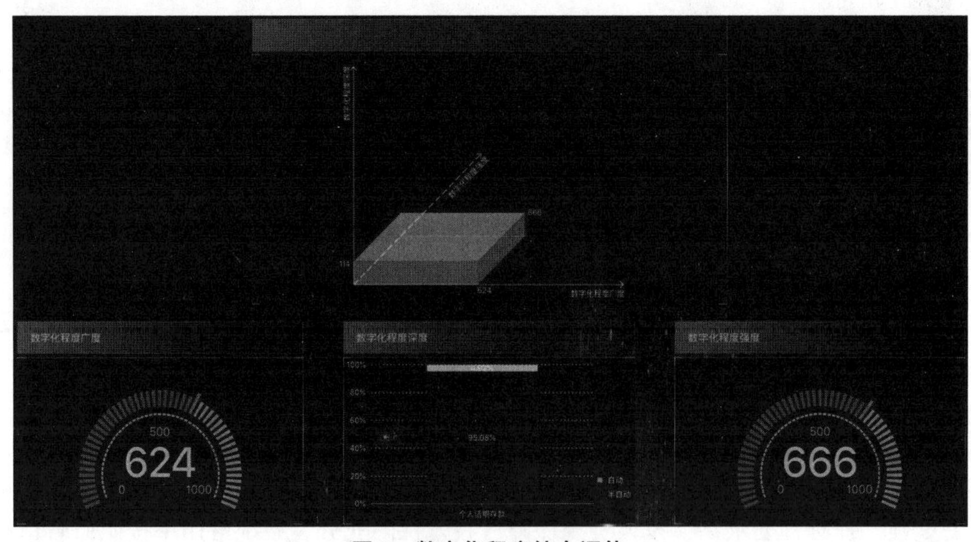

图 9　数字化程度综合评估

数据简析：与个人消费贷款产品具有趋同性，在广度和强度得分高，特别个人活期存款属于我社优势业务，得益于网点触角广，客户数量多、新产品旺销顺等原因，但同样在深度得分较低，虽个人活期存款本身对智能化功能要求不高，但“半自动”占比过高（95. 08%），即人工和系统结合方式，结合自身定位，需考虑服务客群的实际需求和接受能力、服务体验、安全性等多方面因素，因此人工服务具有存在的必要性，但未来向自动以及智能方向转化提升的空间还很大。

3.2.2 数字化能力

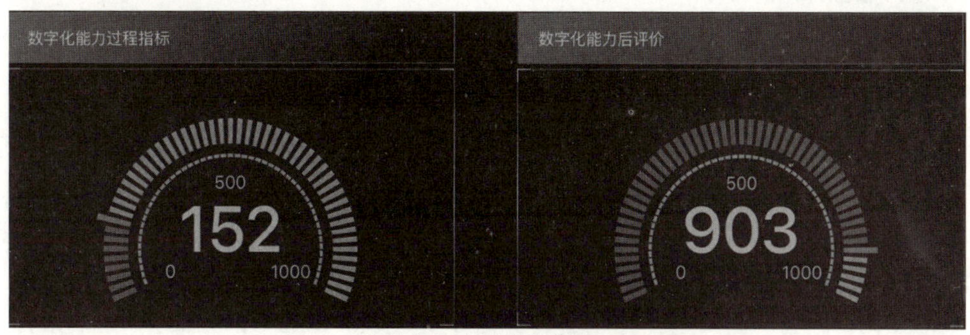

图 10　数字化能力过程指标及后评价图

数据简析：“个人活期存款”产品的数字化能力过程指标得分为 152 分，数字化能力后评价得分为 903 分，情况与“个人消费贷款”产品非常接近。

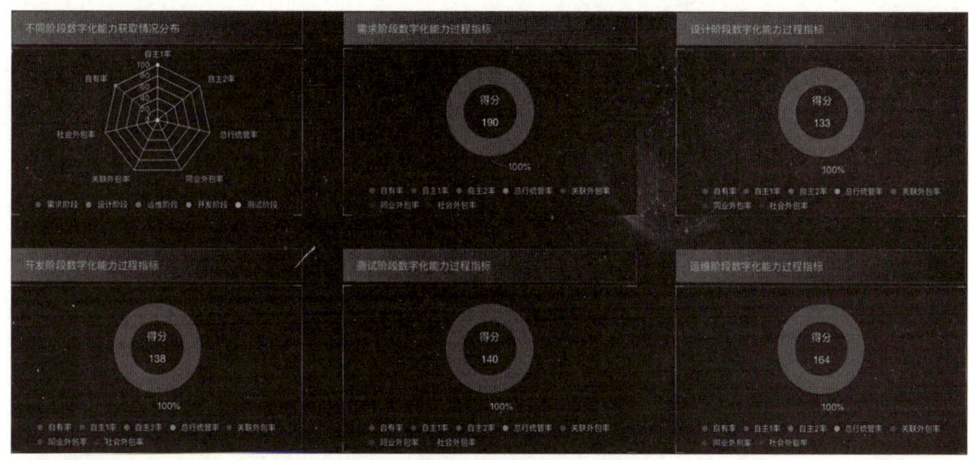

图 11　数字化能力综合示意图

数据简析：个人活期存款隶属于我社核心业务系统，该系统需求阶段由业务部室主导，行社借调人员共同自主分析完成，设计根据自主可控要求，基本以行方为主实施完成，实际编码和测试执行由合作公司外包人员辅助，因此开发过程、测试过程得分较需求过程、设计过程、运维过程分值略低。

数据简析：核心业务系统为我社账务交易类系统，系统可用性、连续性、安全性管理均按最高级别进行保障，建立各类质量控制机制，系统可用率达 99.95%，系统一次发布成功率达到 99%，投产变更缺陷率较其余系统也明显处在较低水平，总体建设质量和运维质量较好。

图 12　数字化能力后评价情况图

4. 研究总结与展望

4.1 研究总结

银行业经过会计电算化、业务信息化等阶段的演进，目前已迈入数字化阶段。各中小银行在数字化建设方面投入了大量的人力、财力和物力，但由于缺乏一套相对客观、全面、量化的金融数字化评估规范，导致金融数字化能力与水平的评价无法标准化和可视化。

我们在调研问卷的基础上，设计了数字化程度与数字化能力两方面共12个指标，运用专家组层次分析法和信度效度分析，构建了银行数字化程度与能力指标量表，并选择“个人消费贷款”“个人活期存款”两个产品作为试点，完成数字化程度与能力指标量表的验证。

通过数字化程度与能力指标量表可从不同维度看数字化程度，识别重点改进领域。例如，站在全行视角，按渠道、产品、客户、风险、管理等业务领域，对该领域的数字化程度进行评估；或针对某一业务产品，可运用其全生命周期所涉及的业务场景的数字化程度指标，评估该产品的数字化程度。

另外，针对某应用系统进行数字化能力评估，可通过应用系统的数字化过程能力指标，评估应用系统自主可控能力与银行重要业务的匹配度，提升重要系统各阶段的自主可控能力；或通过应用系统数字化后评价能力指标，评价系统建设过程中的质量、绩效，改善系统建设过程管理能力。

研究成果具备以下五方面的价值：

（1）独创性：建立了定量衡量中小金融机构数字化程度与能力的指标体系。

（2）新颖性：成为银行多层面的沟通工具，可将数字化程度与能力的评估结果量化、图形化地展示给决策层、管理层和业务部门主管、各级信息科技部门管理者和员工，使相关人员量化理解和掌握数字化程度与能力的现状，为制定业务及科技改进提供依据。

（3）实效性：银行数字化程度与能力指标量表量化地、有效地反映了所评估的银行业务产品的数字化，有助于推动信息科技能力改进的良性互动，并促进业务、科技部门改善其业务架构、应用架构资产的管理工作。

（4）推广性：通过在四川农信应用推广，证明了本规范及相应的工具能量化呈现数字化程度与能力情况，帮助识别数字化转型的优劣势领域，有针对性地改进提升。

（5）可操作性：为支持研究成果验证与落地，研发配套工具（数字化评价系统），支持图形化展示各指标及其趋势。

4.2 研究展望

本次研究仅以“个人消费信贷”及“个人活期存款”两个产品作为试点，在对评价模型及参数调优后将进一步扩大样本基础，充分验证不同产品的数字化程度与能力应用，同时在研究成果的推广应用中，探索以下两个问题解决的可行性：

（1）立足行业角度，探索建立统一的、标准化业务架构，以及与业务架构相对应的应用架构，并拓展课题成果在同业的试点，充分验证落地性和实操性。

（2）精细化业务架构、应用架构标准化的层次粒度，确保体现差异的基础上具备横向可比性。

参考文献

许树柏．层次分析法原理［M］．天津：天津大学出版社，1988.

致谢

本次研究在选题、指标设计、专家打分、成果评审等方面得到了李东、舒萍、张林、周勇、龚亮、罗熙、陈星的指导与帮助，他们的专业知识、严谨态度、创新思维给课题带来了巨大启发，在此表示衷心的感谢。

监管沙盒：域外经验、本土适用性和实施建议

陈　娟　丁民生[①]

摘　要：2019年12月以来，伴随着“中国版监管沙盒”落地北京、上海等九市（区），监管沙盒的域外经验、本土适用性和实施路径亟须进一步研究。本文认为，我国和域外均面临相似的时代背景，都需面对金融科技3.0时代市场结构和金融产品特征的重要变化；监管沙盒与我国现有试点机制既有联系也有区别，是两个互为补充的机制，在实际应用中，应当作为前后衔接的两个机制共同使用。在现有监管沙盒试点的基础上，建议进一步完善合法性授权，及时公布沙盒管理办法，择机推出行业沙盒和积极参与全球沙盒。

关键词：监管沙盒　试点　行业沙盒　全球沙盒

1. 导言

改革开放40多年来，伴随着中国经济的发展、市场的开放和改革的推进，中国的金融也发生了翻天覆地的变化：从以传统信贷业务为主导的单一金融业态，发展成为一个涵盖信贷市场、货币市场、资本市场、金融科技、财富管理、支付清算等多元化的金融业态。金融风险也由改革开放初中期的单一机构风险（资本不足风险）演变成机构风险与市场风险并存的格局。与之相适应，金融监管模式也由“大一统”的模式历经“分业监管”到目前正在探索的功能监管模式。

“十四五”规划时期，中国金融需要着力解决利用金融科技实现转型升级过程中的体制机制问题，积极稳妥推进治理结构、管理模式、组织方式的调整优化，切实发挥科技引领驱动作用，构建系统完备、科学规范、运行有效的制度体系。加强管理制度创新，增强组织与管理的灵活性、适应性，提升对市场需求的反应速度和能力，探索优化有利于科技成果应用、产品服务创新的轻型化、敏捷化组织架构，更好地促进金融科技转化为现实生产力。监管沙盒是优化我国金融监管体制机制的重要工具。将“监管沙盒”与我国现有的试点机制相结合，利用监管沙盒摸索监管与市场合力的治理机制，摸索监管的规则，再通过试点进行规模应用和推广，有利于优化我国的金融监管体制机制。

本文围绕监管沙盒在我国的适用性问题展开。导言之后，第二部分总结了监管沙盒的

---

① 陈娟，法学博士，深圳证券交易所综合研究所研究员，研究方向：金融科技监管和资本市场基础制度。丁民生，工学博士，深圳证券交易所综合研究所博士后研究员，研究方向：金融科技、科技金融。

域外经验，包括制度背景、主要内容、实施效果和特点四个方面，涵盖英国、新加坡、中国香港和全球沙盒的制度和实施情况。第三部分探讨了监管沙盒对我国的适用性，重点辨析了监管沙盒与试点的关系。第四部分结合现有实践，提出了我国监管沙盒机制的进一步完善建议。

2. 域外经验：制度背景、主要内容和实施效果

从域外各国/地区的监管沙盒实践看，域外的沙盒机制既有共性特征，也有特色安排。总体上看，共性多于个性；特别是在沙盒的实施背景和具体制度安排上（申请条件、豁免机制、投资者保护、报告披露和退出后安排），存在明显的相似性。

2.1 制度背景

监管沙盒是各国/地区监管机构应对金融科技 3.0 时代的重要措施。部分西方学者将金融科技划分为三个阶段：1866 年至 1967 年为金融科技 1.0 阶段，表现为从模拟技术向数字技术发展；1967 年至 2008 年为金融科技 2.0 阶段，突出表现是电子支付系统的兴起和金融机构的互联，传统金融机构是这一阶段的主角；2008 年至今为金融科技 3.0 阶段，一个显著特征是互联网企业等非金融机构的全面崛起。

3.0 时代始于金融危机，其重要特征是金融市场结构的变化：在传统金融机构之外，初创公司和技术公司迅速崛起。这些公司从小到大，迅速发展到“大到不能忽视”甚至“大到不能倒”；其服务范围往往针对传统金融服务无法或者不愿意触及的领域；其服务内容较多地使用了人工智能、数据分析等技术手段；由于依托互联网、智能终端进行推介，往往容易形成巨大的规模，甚至进而影响金融稳定。

市场结构的变化倒逼监管者采取新的监管应对措施。金融科技 2.0 时代，监管者将目标集中于系统重要性的机构。3.0 时代更加分散且迅速变化的市场格局给监管者提出了新的挑战。从本质上讲，监管机构需要与行业密切合作，以了解不断变化的市场和技术动态，并制定促进创新的方法，同时平衡风险，消除监管套利的机会。监管沙盒的出现顺应了市场的要求。监管者通过与参与机构的密切合作，一方面能够了解不断变化的市场和技术动态，探索合适的监管方式；另一方面有利于在市场创新和风险防控之间寻求平衡。

2.2 主要内容

各国/地区监管机构对于监管沙盒申请条件的设置总体相同，均要求申请进入沙盒的企业满足以下几方面的要求：一是产品归属地要求。即要求拟测试的产品或服务在该监管机构的管辖区范围内运营，且申请企业有意向退出沙盒后在本辖区内推广该产品或服务。二是产品创新性要求。即拟测试的产品或服务具有创新性，或者说市场上没有与之类似的服务。三是产品有效性要求。即产品或服务能够为市场和消费者带来福利，是有益的创新。四是产品预测试要求。即申请企业预先已对拟测试的产品或服务进行了相关检测，大致了解了该产品的性质、特征和风险等事项。五是沙盒预设计要求。即申请企业事先对沙

盒测试的预期目标、豁免事项、测试范围、运营规模、风险管理和消费者保护等问题有明确、合理的规划与设计。

此外，各国/地区监管机构对于沙盒测试豁免机制的设计大相径庭，主要包括牌照豁免和法规豁免两大类。各国/地区的监管沙盒机制均明确规定了相应的消费者保护措施，主要包括信息披露、消费者补偿措施、沙盒退出或停止后的过渡期保护措施等。在运作程序方面，各国/地区监管沙盒的流程设计基本趋同，均要经历“申请”“评估”“测试”“退出”四个阶段。在信息披露方面，英国监管沙盒、新加坡“快捷沙盒”和中国香港SFC监管沙盒均规定了测试企业的报告义务。此外，各国/地区监管沙盒均规定了测试企业和监管机构的信息披露义务。

2.3 实施效果

英国、新加坡、中国香港的监管沙盒都在2016年前后开始运行，运行至今的实施效果有着以下相似点：第一，都有公司成功向市场推出产品。FCA公布其第一批沙盒的18家测试企业中有12家成功向市场推出产品；HKMA截至2019年6月向市场推出了34个测试产品；MAS批准了3家公司进入市场。第二，在监管沙盒运行一段时间后，基于过往运作经验，都推出了更优化的沙盒运作方案。FCA开始建立了跨境沙盒和跨行业沙盒，帮助企业开展跨境和跨行业的产品测试。中国香港HKMA升级其金融科技监管沙盒到2.0版本，向拟参与测试的公司提供金融科技监管聊天室，方便获取HKMA的反馈，同时推出跨证券、银行、保险三个监管机构的便捷沙盒申请通道；IA面向仅有数字分销渠道的保险产品推出快速申请通道，帮助符合条件的产品更快地开始沙盒测试。MAS推出“快捷沙盒”，针对风险较低、市场容易理解的产品或服务类型，包括保险经纪类、公认的市场运营商类和汇款业务类三种，为他们提供快速的审批和标准化的沙盒结构。第三，监管沙盒由对口业务部门兼职运作，没有专门的沙盒团队。新加坡MAS的监管沙盒由其金融科技部门负责；中国香港SFC监管沙盒由发牌科管理。第四，监管沙盒并未带来法律制度的改变。在我们观察的沙盒实践中，并未发现监管者在沙盒结束后，推出修改法律制度的方案或者提案；从测试企业看，退出沙盒后仍需要遵循现有的监管制度，监管者原则上不提供退出后容错的机制。

各国/地区的监管沙盒制度也保留了一些特色。英国是最早推行监管沙盒制度的国家。FCA为每个企业都量身定做监管沙盒的条件，并指派专门的项目专员辅导企业。FCA监管沙盒按批次统一申请、运作、结束。新加坡则推行了标准化沙盒与定制化沙盒两种模式。中国香港的监管沙盒更加倾向于持牌机构，SFC监管沙盒中的产品只向专业投资者开放。“全球沙盒”为各国/地区的监管机构搭建了一个交流、学习的平台。

需要注意的是，监管沙盒也面临共同的弊端：由于监管资源有限，实际参与测试的企业比例和数目较少，监管沙盒的实际影响有限。例如，FCA迄今为止是测试企业数目最多的监管机构，其第一批和第二批测试的获准参与机构/申请机构的平均比例为28%。其中第一期测试从69家申请人中选出18家；第二期测试从77家申请人中选出24家。MAS的获准参与机构/申请机构的比例仅为2.8%，在250余名申请企业中，仅有7家正式获批开展沙盒测试。

3. 本土适用性：共性问题、个性问题和重点争议

作为舶来品，监管沙盒是否适用于我国取决于两个基本问题：第一，我国是否具有与其他国家类似的问题，亟须改良监管方式以应对。第二，我国是否有个性的情形或者特征，促进或者阻碍了监管沙盒在我国的适用。针对第一个问题，本文认为，无论是我国还是他国，均面临相似的时代背景：金融科技3.0时代市场结构和金融产品特征的重要变化。针对第二个问题，我国传统监管方式和金融科技发展的矛盾相对较为突出。从以上两点出发，我国需要借鉴监管沙盒的理念，改良现有的金融监管方式。

3.1 共性问题：金融科技3.0带来的机遇与挑战

无论是在国际还是国内，都需要应对金融科技3.0带来的市场变革。前文提到，3.0时代的重要特征是金融服务市场结构的变化：在传统金融机构之外，初创公司和技术公司迅速崛起，这些公司从小到大，迅速发展到“大到不能忽视”甚至“大到不能倒”。新兴科技金融机构的服务范围往往针对传统金融服务无法或者不愿意触及的领域；由于依托互联网、智能终端进行推介，往往容易形成巨大的规模，甚至进而影响金融稳定。

监管沙盒通过监管方式的变革，调和了发展金融科技与沿用传统监管模式的冲突，减少了监管所产生的延迟或者抑制创新的后果。在解释为何要引入监管沙盒时，FCA指出：“破坏性创新是有效竞争的关键组成部分，这也正是我们启动创新工程的原因。创新工程旨在支持那些向客户提供新的产品和服务并挑战现有商业模式的创新。为此，我们同创新企业进行建设性接触，并设法消除不必要的监管障碍。……欧洲有希望的‘破坏性’金融科技初创企业半数在英国。为了保持欧洲领先的金融科技中心地位，我们必须确保英国继续是一个有着适当监管框架的有吸引力的市场。”

3.2 个性问题：我国传统监管方式与创新的矛盾相对突出

由于监管经验和法制进程相对发达国家落后，我国传统监管方式与创新之间的矛盾较为突出。在严格监管以防范风险和放松监管以促进创新之间，监管者尚在探索如何找到合适的平衡。

我国传统监管对创新业务可采取三种应对模式。首先，禁止发展。金融监管机构对代币发行的禁止是典型的例子。其次，“先发展、后规范”。我国P2P行业的发展体现了这一发展轨迹。最后，经过研究论证后，发放金融业务牌照。例如，任何非金融机构从事网络支付服务业务，必须获得《支付业务许可证》。

但是，这三种模式均可能对破坏性创新产生明显的抑制作用。禁止模式由于不允许业务开展，抑制性的影响不容否认。以加密资产为例，加密资产是一种民间金融资产，其价值主要基于密码学及分布式记账等技术。值得注意的是，加密资产的种类众多，除了类货

币性质的“代币”外，还包括数字化的资产证券化产品、数字化的使用权益等。我国虽然出于保护投资者、防范金融风险的考虑，对代币发行和融资予以严格禁止，但是可能形成“一刀切”的政策效果，对于货币之外其他类型的加密资产也形成打击。

先发展后规范的模式可能对于行业的创新者和投资人形成重要的打击。以 P2P 行业为例，从 2005 年的 2595 家至 2019 年 7 月正常运营平台数量为 772 家，下降幅度超过 70%，行业活跃出借人、借款人数量从 2018 年 6 月底高峰时期的超过 400 万人降至 2021 年 5 月底的不足 250 万人，下降幅度超过 35%。在此过程中，无论是投资者还是经营者都遭受了巨大的损失。

三种应对方案中，发放牌照的做法对于创新的支持作用最为明显，但是面临的挑战也最大。首先，由于监管者对于创新业务的牌照发放一般持谨慎态度，需要进行充分的研究和论证。在此过程中，如果缺乏常态的机制，监管者可能受到突发事件的干扰而中断甚至终止对创新业务的研究判断。其次，设置新的行政许可非常困难。按照《行政许可法》的要求，只有法律和行政法规才能创设新的行政许可。但立法和修法都是极为消耗时间的事情，可能无法满足金融创新的发展速度。最后，即使部分业务最终获取了牌照，也可能会由于等待时间太长而实际阻碍了创新。

3.3 重点争议：监管沙盒与试点的关系

尽管我国已经有相关的监管沙盒实践，但是，关于监管沙盒是否适用于我国一直存在争议：一方面，我国已经有与沙盒类似的试点机制，再引入监管沙盒是叠床架屋、重复建设；另一方面，监管沙盒针对个案量身打造的制度特征与我国地广人多、企业众多，监管资源相对有限的现状不符，导致该制度在我国实际效果有限。

试点与监管沙盒的初衷均为“通过监管的变化来应对创新”。除此之外，两者还具备以下相似之处：第一，均挑选符合条件的试点单位参与，试点过程中有反馈和纠错机制，部分试点可能分多轮推进。例如，在股权分置改革，首批试点四家企业暴露出了流通股东议价能力弱、上市公司劣币驱逐良币等问题。监管者及时采取有针对性措施提振投资者对制度改革的信心，同时及时推出第二批试点方案。第二，在部分试点机制中，还采取了技术性的监控手段。例如，在 P2P 监管试点中，就要求参与平台接入“国家互联网金融风险分析技术平台网贷机构统计报送系统”和“全国互联网金融登记披露服务平台”，报送统计监测数据和信息披露数据。第三，从试验结果看，试点给政策留下了可进可退的空间。以 P2P 监管试点为例，2020 年的政策进退取决于 2019 年第四季度被纳入监管试点的平台运营情况。如果这些平台运营得好，让借款人的借贷成本不断下降，让投资人的利益确实得到了保障，平台自身也能获得一定的盈利，那么可能会获得备案。如果运营得不好，依然出现各种各样的问题，那么试点平台不排除会全部转型或退出。

但是，试点与监管沙盒存在关键区别：前者是监管者“自上而下”推进的，而后者是在市场主体积极参与下，采取“上下合力”方式实施的。一般情况下，[①] 试点是在监管机构主导下形成的政策试验。市场参与者在此过程中的作用主要是配合监管机构，试验其想法是否切合实际，如果不行的话，应当如何进行调整。以 P2P 监管试点为例，无论是改革的步骤和节奏设定，还是 P2P 平台备案的基本条件，均是监管机构主导的，是监管制度设想的试验。监管沙盒则集合了监管者和市场两方面的力量，一方面服务创新创业，另一方面也有助于监管者在可控的范围内实际测试新业务的风险，通过制度化的程序，探索合理的监管方案。监管者在此过程中需要与市场主体密切合作。综合来看，在市场主体的参与程度上的差异进而会带来启动机制、测试方案、运作形式和运作过程的差异。

第一，启动机制上的自下而上和自上而下。作为监管沙盒的起源国家，英国的金融市场主要靠市场机制自发成长，同时长期进行自律监管，进而逐步发展成为世界金融中心，其所依赖的是一种市场主导、自下而上的发展路径。因此，监管沙盒的设计理念中也蕴含着“以市场为主导、自下而上”的制度逻辑，反映在制度规则中，即是监管沙盒的启动以申请人的申请行为为准。这种自下而上的机制设计有利于最大限度地尊重市场的自主意识。与此相反，我国在各种政策试验中倾向于选择“政府设计—市场配合”的试点路径。特别在试点启动过程中，监管机构处于绝对的主导地位，市场主体的作用几乎可以忽略不计。

第二，测试方案上的共同协商和政府规划。在监管沙盒中，一般由企业根据自身的产品特性和测试需求设计个性化的沙盒方案，包括测试期限、监管豁免、消费者保护措施等事项，然后提交给监管者，并由监管者在与企业协商后，在充分尊重企业自主选择的基础上决定最后的监管方案，呈现为“企业申报、共同协商、政府确定”的制度逻辑。同时，在方案协商的过程中，监管者主要关注豁免事项是否可能导致大规模风险，消费者保护措施是否充分有效等与市场稳定和消费者利益有关的事项。在监管试点实施过程中，不管是项目选择、测试单位确定[②]，还是阶段设置、具体流程规划等事项主要由开展试点的相关政府部门实施。企业的参与权和建议权较小，整体呈现出“政府主导规划、市场单向配合”的制度逻辑。

结合监管沙盒和试点共性及特点，本文认为两者在使用中应当互相配合。监管沙盒具备小范围内监管试验的特征，市场主体参与程度高，启动机制灵活，监管风险较小，可以作为“先遣部队”在小范围内试验推广，一方面测试商业或技术方案的可行性，另一方面也探索相应的监管规则。试点作为政府主导下较大规模的推广应用，需要在监管沙盒经验的基础上进行，可以弥补监管沙盒“小范围内监管试验”的弊端，在更大范围内测试相关产品/服务的实效和监管方案的可行性，为全面地推广和常态化的监管做准备。

更进一步看，名称只是一种标签，有关名称的争议是无足轻重的。无论是否采取“监管

① 需要注意的是，这里讨论的是一般、普遍的情形。但是，在个别情况下，试点和沙盒机制也可能较为相似。例如，我国股权分置改革试点中，给予市场主体较大的自主权，允许股东之间协商确立非流通股转换为流通股的条件。在监管沙盒方面，新加坡最近推出的快捷沙盒中，沙盒的适用条件是监管机构预先设定的，对所有沙盒参与机构一概适用。也就是说，在方案设计方面，快捷沙盒和试点机制有一定的相似性。但是，在启动机制、制度化运作和程序公平方面，快捷沙盒和试点机制的差异仍然成立。

② 也有部分试点工作，由符合条件的相关企业自主申报参与，例如《证券公司直接投资业务试点指引》。

沙盒”的名称，在金融科技3.0时代的监管体制都应当注意监管的灵活性、适应性，提升对市场需求的反应速度和能力。以此为目标，监管试验需要经历两个阶段：初期阶段，市场与监管共同参与小范围的试验；后期阶段，在前期经验的基础上，以监管为主导进行大规模的推广。在此过程中，之所以建议引入“监管沙盒”的机制，是因为相对于传统试点而言，监管沙盒在运作程序上更加规范、更加具有程序上的公正性。监管沙盒一般以明确的监管制度和规范化程序为基础，相关的规范性文件中已预先明确了监管沙盒的适用范围、申请条件、豁免事项、运行程序等事项，监管者和每一个欲进入沙盒的申请人都必须严格遵守相关规范性文件的制度要求，呈现出较强的明确性、常态性等制度化特征。相对而言，传统的试点机制缺乏统一的、明确的、标准化的制度基础，呈现出灵活性、行政主导性等特征。此外，监管沙盒向社会公开，任何符合条件的机构都可以向监管机构申请，参与沙盒测试。测试完成后，沙盒参与机构需要满足现有的正式监管条件，方可正式开展业务。在合理范围内，平衡了支持创新与保证公平的矛盾，有利于减少有关公平性的争议。

4. 完善建议

2019年12月以来，中国版监管沙盒加速在各地落地。2019年12月，中国人民银行支持北京率先成为金融科技创新的试点地区。2020年1月14日，北京金融监管局公布了第一批进入监管沙盒的六个试点项目，涉及贷款类和支付清算类。由于对入选门槛要求较高，该批入选机构大多为持牌金融机构。4月27日，中国人民银行又公布了第二批金融科技创新监管试点。试点覆盖地区从北京扩展到了上海市、重庆市、深圳市、河北雄安新区、杭州市、苏州市6市（区）进行。另外在申请主体上，可申请入盒的主体从持牌金融机构扩展到持牌金融机构和非持牌的金融科技公司。当前，中国版“监管沙盒”已扩大至9个城市，包括7月宣布的成都和广州。在试点地区中，北京、上海、深圳已分别公示了金融科技“监管沙盒”试点应用名单，其中北京已公示了两批共17个试点应用项目，上海公布了第一批共8个应用的试点名单，深圳发布首批4个试点项目，杭州也正式启动了创新应用项目征集工作。在央行主导的试点之外，2020年6月5日，广州出台“地方版监管沙盒”相关文件，宣布将在小额贷款公司、融资担保公司等地方金融领域开展“监管沙盒”试点工作。通过“监管沙盒”运行测试，将有效降低相关金融产品风险，保护金融消费者权益。

整体来看，目前我国的监管沙盒创新试点有以下特征。首先，从申报方的数量分布来看，各类银行是参与主体，而由两家及以上的持牌金融机构和头部金融科技公司联合申报也十分常见，这从侧面体现了金融科技发展的多元生态融合。以上海为例，首批公示试点的8个应用项目中，金融服务创新项目4个，科技产品创新项目4个，申报主体涵盖国有银行、股份行、城商行、民营银行、银行卡清算机构等持牌金融机构及相关科技公司。同时，申报主体多为实力机构和科技公司的这一特征也体现了项目技术示范性，比如，深圳首批创新应用主体包括招商银行、微众银行、中信银行、百行征信和华为等头部机构。而且，结合北上深渝四地的项目来看，往往持牌机构更加注重金融服务方面的创新，科技产品应用大多与金融科技公司合作申报。

其次，在技术应用项目方面，大数据、人工智能、机器学习和区块链等成为关键词，而这些新技术往往被应用在智慧金融、小微普惠金融、政信金融服务等方面。比如，深圳首批试点项目突出金融普惠性，探索金融科技助力疫情防控和复工复产，优化中小企业信贷融资，增强信用服务支撑作用，推动粤港澳大湾区生产要素融合发展。上海的数个项目也是多从惠民服务和中小微企业融资两大类场景切入，聚焦于前沿技术解决金融行业在开展普惠金融、数字金融时面临的各种难题，如风险数据获取成本高、银行融资服务覆盖面小等，特别是针对中小微企业金融服务中“数据孤岛”问题的解决进行创新。

最后，新技术兼顾接地气，具备地域特色。例如，重庆公示的5项应用中，2项应用类型为科技产品，3项应用类型是金融服务，分别是基于多方学习的涉农信贷服务（重庆农商行、腾讯云计算）、基于5G的数字化移动银行服务（重庆银行）、支持重庆地方方言的智能银行服务（重庆农商行）。最后一项的预期效果是为当地习惯使用地方方言的客户提供更精准便捷的智能语音服务能力，方便重庆地区尤其是农村地区、中老年客户群体的普惠金融服务需求。

在目前实践的基础上，本文认为中国版的监管沙盒在以下方面还需进一步完善。

4.1 完善合法性授权

法律面前人人平等。在监管沙盒的实施过程中，不可避免地会涉及对个别主体豁免适用相关法律等情形。从维护法律公平性的理念出发，需要为实施监管沙盒进行法律上的准备。针对沙盒测试过程中豁免或修改法律、行政法规、部门规章和规范性文件的情形，需要由上一级立法机关做出概括性授权，授权沙盒执行部门可以暂时突破现有法律文件的规定。

具体而言，首先，对于涉及法律和行政法规的豁免或修改的情况，需要比照《立法法》第十三条，由全国人大及其常委会作出决定，授权国务院在监管沙盒所涉领域内暂时调整实施有关法律规定。其次，对于涉及证监会部门规章修改的，需要比照《立法法》第七十九条（三）的规定，由国务院对证监会进行概括性授权。最后，对于涉及规范性文件修改的，《立法法》对这类法律文件的豁免或修改未明确规定，本着维护法律确定性的精神，建议由国务院对证监会进行概括性授权。

从金融科技的实践情况看，预计最多涉及的是部门规章、规范性文件的修改，一般需要国务院的授权。由于不少部门规章和规范性文件中有“监管机构另行规定除外”的字样，建议由国务院对沙盒事项进行概括性授权。此后，“一行两会”可以就监管沙盒相关事项作出新的规范性文件，以满足实施监管沙盒的合法性要求。

在地方沙盒层面，由于有地方立法权限的地区，可以依据全国人大常委会的规定，由地方人大及其常委会在遵循宪法和法律、行政法规基本原则的前提下，立足改革创新实践需要，对监管沙盒所涉及的，需要对法律、行政法规、地方性法规作出变通规定的事项进行概括性授权；对于需要暂时调整适用或者暂时停止适用国家法律、行政法规规定的，报请司法部统一协调后，按法定程序提请全国人大、国务院作出决定。

4.2 尽早公布沙盒管理办法

在目前试点的基础上，建议尽早公布沙盒相关的具体监管制度，以完善沙盒程序。在监管措施上，监管者可以采取豁免相关法律规定或出具不采取行动函件两种方式实施监管沙盒。对互联网保险、第三方支付等有明确的、体系化的监管规则的业务，可以通过豁免现有法律规定的方式实现。对智能投顾和加密资产等监管制度尚不明确的业务类型，沙盒立法可借鉴英国的无强制措施信件机制，在申请人保证不违反监管者提出的相关要求的前提下，监管者授予申请人无强制措施信件，保证在测试期间不对申请人采取强制措施，但申请人违背先前保证的义务或其业务运营有可能危及行业稳定的除外。

在沙盒具体测试内容上（包括产品规模、消费者数量和测试时间等的规定），建议以消费者保护为基本考虑因素，从信息披露、赔偿安排、争议解决等方面进行规定。在信息披露上，申请人应根据监管者的信息披露要求和申请人预先报送的具体披露安排，定时通过企业官方网站、指定的媒体或网站等渠道披露产品基本信息、业务运营现状、公司结构变动、风险发现情况、风险缓释方式、消费者保护措施等信息，同时应向潜在客户预警相关的风险并告知其相应的维权措施。在损害赔偿安排上，我国可以积极探索相关的基金和保险机制，并根据不同的项目类型，设置不同的最低标准。

在退出机制上，为了解除企业的后顾之忧，鼓励创新的发展，可考虑推出“退出后容错”机制。具体而言，在企业即将退出沙盒测试，并且相关规则尚未制定或修改时，如果企业测试结果能很好地满足测试计划、在风险控制和消费者保护等方面也表现良好，可以申请“无异议函”以在更长期限内和更大规模上提供产品。申请企业应承诺提供与产品规模相适应的消费者保护及风控措施。无异议函仅在相关规定出台前有效，一旦企业违反承诺或者存在其他违反监管原则的情况，监管机构可以撤回无异议函。企业在此期间仍然要履行持续信息披露义务。

4.3 行业沙盒和全球沙盒

建议考虑成立行业沙盒。行业沙盒又称虚拟沙盒，是由行业协会而非监管机构推动建立的，其要旨在实现虚拟计算机环境下，沙盒测试资源的合理共享。从现有实践看，行业沙盒的共享内容主要包括两类：数据（包括公共信息和脱敏用户数据）以及 API。由行业协会推进设立的行业沙盒有助于减少单个企业开发虚拟沙盒的资源浪费，实现行业协同发展。建议证监会可以联合网信办，推进建立证券行业的数据和 API 共享沙盒，作为证券系统行业沙盒的突破口。

建议监管机构根据业务需要加入全球金融创新网络（GFIN），先期借助 GFIN 平台学习其他国家和地区的监管措施，后期考虑推动中国企业参加跨境沙盒测试。GFIN 致力于通过合作交流赋能全球金融监管机构和金融业发展，目前已有 50 个监管机构参加。GFIN 的三个主要功能包括：为各国监管机构搭建合作交流的平台，帮助企业接触其他国家的监管机构；促进监管科技的交流与进步；推进跨境沙盒测试。我国监管机构可以通过加入

GFIN，了解其他国家对新兴科技和商业模式的监管实务，优化我国的监管措施。

GFIN 包括三种不同的成员类型，协调小组成员、会员和观察员。国家和地区的监管机构可以申请成为协调小组成员和会员。协调小组负责 GFIN 的管理和运作。会员可以参加 GFIN 的各项工作。非国家和地区的监管机构能以观察员身份加入 GFIN，前海地方金融管理局是 GFIN 的观察员，也是中国内地唯一参加 GFIN 的机构。① 我国只有“一行两会”符合 GFIN 会员的要求，可以根据业务需求部分或全部加入。“一行两会”加入 GFIN，需要获得协调小组多数成员同意。申请加入的监管机构需要向协调小组说明其支持金融创新的措施和计划。协调小组拥有 11 个成员②，包括中国香港的 HKMA 和新加坡 SFC。“一行两会”可在申请前与协调小组成员沟通，确保申请顺利通过。

参考文献

［1］彭冰．反思互联网金融监管的三种模式［J］．探索与争鸣，2018（10）：10-13+141.

［2］柴瑞娟．监管沙箱的域外经验及其启示［J］．法学，2017（8）：27-40.

［3］韩博天，石磊．中国经济腾飞中的分级制政策试验［J］．开放时代，2008（5）：31-51.

［4］廖凡．金融科技背景下监管沙盒的理论与实践评析［J］．厦门大学学报（哲学社会科学版），2019（2）：12-20.

［5］龚浩川．金融科技创新的容错监管制度——基于监管沙盒与金融试点的比较［J］．证券法苑，2017，21（3）：161-190.

［6］白士泮．新加坡如何监管金融科技［J］．中国金融，2017（23）：84-85.

［7］刘志云，刘盛．金融科技法律规制的创新——监管沙盒的发展趋势及本土化思考［J］．厦门大学学报（哲学社会科学版），2019（2）：21-31.

［8］张红伟，陈小辉．我国对 FinTech 有必要实施沙盒监管吗？［J］．证券市场导报，2018（7）：11-19+36.

［9］孟娜娜，蔺鹏．监管沙盒机制与我国金融科技创新的适配性研究——基于包容性监管视角［J］．南方金融，2018（1）：42-49.

［10］张红．监管沙盒及与我国行政法体系的兼容［J］．浙江学刊，2018（1）：77-86.

［11］张景智．“监管沙盒”的国际模式和中国内地的发展路径［J］．金融监管研究，2017（5）：22-35.

① GFIN 条例规定观察员没有常设性的义务，只能在恰当的时候加入 GFIN 工作。

② 加拿大 Australian Securities & Investments Commission（ASIC）和 Autorité des marchés financiers（AMF）、巴林 Central Bank of Bahrain（CBB）、英国 Financial Conduct Authority（FCA）和 Guernsey Financial Services Commission（GFSC）、中国香港 Hong Kong Monetary Authority（HKMA）和 Hong Kong Securities and Futures Commission（HKSFC）、哈萨克斯坦 Astana Financial Services Authority（AFSA）、新加坡 Monetary Authority of Singapore（MAS）、阿联酋 Dubai Financial Services Authority（DFSA）、美国 Consumer Financial Protection Bureau（CFPB）。

[12] 黄震，张夏明．监管沙盒的国际探索进展与中国引进优化研究［J］．金融监管研究，2018（4）：21-39.

[13] 黄震，张夏明．互联网金融背景下改革试点与监管沙盒比较研究［J］．公司金融研究，2017（Z1）：1-19.

[14] 黄震．各国金融科技的“监管沙盒”有何不同［EB/OL］．http：//www.01caijing.com/article/4241.htm，accessed on Aug. 13th，2019.

[15] FCA. Regulatory Sandbox [EB/OL]. https：//www.fca.org.uk/publication/research/regulatory-sandbox.pdf，2019-08-23.

[16] MAS. Fintech Regulatory Sandbox Guidelines [EB/OL]. https：//www.mas.gov.sg/-/media/MAS/Smart-Financial-Centre/Sandbox/FinTech-Regulatory-Sandbox-Guidelines-19Feb2018.pdf，2019-08-23.

[17] MAS. MAS Proposes New Regulatory Sandbox with Fast-Track Approvals [EB/OL]. https：//www.mas.gov.sg/news/media-releases/2018/mas-proposes-new-regulatory-sandbox-with-fasttrack-approvals，Nov. 14，2018，accessed on Aug. 15th，2019.

[18] Hong Kong Monetary Authority. Fintech Supervisory Sandbox (FSS) [EB/OL]. https：//www.hkma.gov.hk/eng/key-functions/international-financial-centre/fintech-supervisory-sandbox.shtml，accessed on Sep. 1st，2019.

[19] Securities and Futures Commission. Circular to announce the SFC Regulatory Sandbox [EB/OL]. https：//www.sfc.hk/edistributionWeb/gateway/EN/circular/doc? refNo = 17EC63，accessed on Sep. 1st，2019.

[20] Insurance Authority. Insurtech Corner [EB/OL]. https：//www.ia.org.hk/en/aboutus/insurtech_corner.html#1，accessed on Sep. 1st，2019.

[21] GFIN. GFIN Financial Innovation Network (GFIN) Consultation document August 2018 [EB/OL]. https：//www.fca.org.uk/publication/consultation/gfin-consultation-document.pdf，accessed on Sep. 1st，2019.

[22] GFIN. GFIN-One Year On [EB/OL]. http：//dfsa.ae/Documents/Fintech/GFIN-One-year-on-FINAL-20190612.pdf，accessed on Sep. 1st，2019.

[23] GFIN. Terms of Reference for Membership and Governance of the Global Financial Innovation Network (GFIN) [EB/OL]. https：//www.fca.org.uk/publication/mou/gfin-terms-of-reference.pdf，accessed on Sep. 1st，2019.

互联网征信信息隐私保护策略研究

田　力[①]

摘　要：我国征信业起步较晚，但近年兴起的互联网征信业务发展势头迅猛，已走在了国际前列。以芝麻信用、腾讯征信为代表的互联网征信机构，是我国“十三五”现代金融体系规划建设的重要组成部分。然而，传统监管制度已无法满足新的消费者金融权益保护需求。频频爆出的征信信息泄露事件，暴露出了互联网征信发展中存在的问题。于是，本文通过比较分析英美两国的征信信息隐私保护制度策略，并结合我国自身制度特点，提出了我国互联网征信信息隐私保护的具体建议。

关键词：互联网征信　隐私保护　征信信息管理

1. 引言

稳步推进信用体系建设是我国“十三五”期间的重要任务，我国征信体系建设经历了数十年的探索，已在政府部门、行业组织和地方政府层面均以不同形式建设着、存在着、发挥着不同程度的作用。随着互联网平台的发展与开放，机构间通过信息共享机制，产生了庞大的网络消费者数据信息，囊括了金融、政务、法律、消费、社交、出行、娱乐等各个方面。而互联网征信机构主要的功能即将来源于不同渠道的多维碎片化数据加工融合，并利用大数据技术从中挖掘出风险信息，帮助解决经济交往中信息不对称等问题。

随着互联网征信业务的开展，互联网征信信息泄露问题也引起了人们的广泛关注。2020年4月，两份关于银行员工侵犯公民个人信息的法院判决书，让消费者对其个人金融信息的安全产生了深深的担忧。某城商银行违规查询公民个人征信信息，并将其发送给无关第三人牟取利益。可见，加强个人信息保护，推动征信市场健康有序发展，面临着严峻挑战。一些加入百行征信系统的互联网、小贷公司，违规使用和泄露公民个人信息的事件频发，公民个人隐私岌岌可危，公民担心自己的个人隐私信息被赤裸裸地当作日常交易活动的“筹码”。

2019年10月，央行向各家银行下发了《个人金融信息（数据）保护试行办法》征求意见稿。监管对“互联网+”领域的整顿，会随着即将落地的《办法》进一步深入下去。然而，专门针对互联网征信的个人信息保护监管规定尚待完善，也亟须制定互联网征信数据采集、使用和处理的框架指引来规范利益相关者的行为。因此，本文希望对征信信息管

---

① 课题组：中国人民大学金融科技研究所，北京大学光华管理学院博士后流动站。

理较为成熟国家的监管经验进行深入分析，并与我国互联网征信的发展现状和自身特点相结合，提出适合我国借鉴的互联网征信信息隐私保护的策略建议。

2. 互联网征信与征信信息管理

2.1 互联网征信的发展现状

我国征信体系建设要求公共征信与市场征信共同发展，在政府职能部门、地方政府的相关征信活动上，出现和成长一批民营征信机构，它们以大数据技术为依托，提供资信调查、信用信息整合、加工、整理、报告等征信活动（见图 1）。随着市场化征信的不断发展、借助互联网技术和平台优势，以蚂蚁金融为代表的互联网金融机构征信业务逐渐成熟，这些机构也被称为互联网征信机构。互联网征信机构的性质类似于英美国家的市场化征信机构，属于央行征信体系以外的补充。但英美两国互联网征信业务多为传统征信机构开展，这又与我国的互联网征信机构的组成有所不同。2015 年 1 月，央行获准首批八家民间征信机构“做好准备”从事个人征信业务。它们是芝麻信用、腾讯征信、拉卡拉信用、深圳前海征信、鹏元征信、中诚信征信、中智诚征信及北京华道征信。2018 年 3 月 19 日，百行征信有限公司正式成立，由中国互联网金融协会牵头，与以上 8 家征信机构共同出资设立。百行征信的成立，标志着我国互联网征信体系的确立。

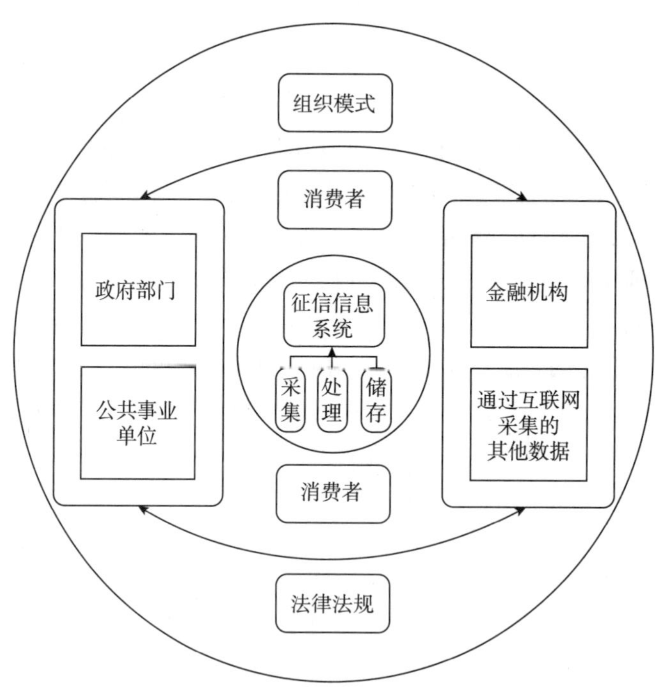

图 1 大数据时代的征信体系

征信机构本身也被看作数据工厂，征信基本业务流程包括数据采集、数据处理、数据分析和挖掘以及数据服务。互联网征信与央行征信在数据采集、数据处理和数据利用等方面均有所不同。互联网征信有着不同于央行征信的数据来源，前者数据项除了金融数据，还包括生活数据、电商数据等其他交易数据；除结构化数据外，还包括非结构化数据，例如，网络图片、视频、聊天记录等。互联网征信通过抓取、采集和整理个人以及企业在使用互联网时所留下的数据信息，同时辅以线下渠道或者其他渠道获取的数据信息，利用大数据、云计算等新兴高科技开展信用评估与服务工作。与央行征信不同，互联网征信运用场景更为生活化，多用于消费信贷和企业小额贷款等以往银行体系较少覆盖的长尾人群。

2.2 互联网征信信息的特点

互联网征信因涉及数据量庞大、数据结构多样，需要大数据技术对原始数据进行清洗、处理和分析。大数据时代，数据作为基础性的生产资料，日益成为企业提升竞争力的核心资产，海量信息尤其是个人信息的收集、多方流转、比对与再利用成为价值创造的源泉，同时也推动着个人信息生态系统朝着去中心化的方向重构。然而，个人信息的累积及分析、比对，构建出完整的人格图像，极易挖掘出个人不愿为他人知晓的敏感信息，敏感信息用于信用评级，极易使个人遭遇不公平及歧视待遇，引发寒蝉效应，用户对自身信息的控制能力日益削弱。

以芝麻信用分和微信支付分为例，观察我国互联网征信所采集的用户数据维度（见表1）。

表1 芝麻信用与腾讯征信产品采集的数据种类

产品	数据维度	占比	数据内容
芝麻信用分	信用历史	35%	例如，与支付宝相关的信用卡还款情况、蚂蚁花呗等过往履约记录
	行为偏好	25%	例如，电话号码、淘宝收货地址是否稳定，购物、缴费和转账过程中的行为特点
	履约能力	20%	例如，支付宝相关理财产品的购买情况，社保公积金缴纳情况等
	身份特质	15%	例如，学历学籍、车辆和单位信息，实名消费行为等
	人脉关系	5%	例如，人际往来中的影响力、好友信用状况等
微信支付分	身份特质	主要	稳定的实名信息以及个人基本信息、社交关系链等
	支付行为	次之	与使用微信支付相关的消费等行为等
	守约历史	次之	与微信支付分相关的守约、负面情况等

资料来源：作者整理自网络。

由表1可知，国内两大互联网征信产品芝麻信用分和微信支付分均以个人消费者在两家平台的使用记录作为主要的信用评价基础数据。虽然在衡量维度上相似，但两个平台各取其数据之所长，对用户的个人信用水平进行评价。例如，社交软件类平台微信，以用户身份特质（包括社交关系链）作为最主要的评价维度，而移动支付类平台蚂蚁金服则以金融交易信息和电商交易信息作为最主要的评价维度。

而国外互联网征信所涉及的用户数据来源更为广泛，以美国第三大征信机构环联为例，其拥有90000个数据来源，包括消费者基本个人信息、保险信息、汽车等动产与不动产信息、租赁信息、公共信息、犯罪记录和医疗缴费信息等。

对比国内外互联网征信信息的数据维度和内容，可总结出如下互联网征信信息数据特征：(1) 范围广。涉及一个人生活工作学习的方方面面。大到金融资产信息，小到社交圈都是互联网征信的数据来源，都是衡量一个人信用等级的标准。(2) 既包含个人基本信息，也涉及个人敏感信息。按照我国《信息安全技术　个人信息安全规范》的说明，个人敏感信息是指一旦泄露、非法提供或滥用可能危害人身和财产安全，极易导致个人名誉、身心健康受到损害或歧视性待遇等的个人信息。包括：个人身份信息（例如，身份证、军官证等）、个人财产信息（包括房产信息、信贷信息和存款信息等）、个人健康生理信息（包括就医史、生育史等）和行程信息（例如，酒店入住信息等）。可见，互联网征信较央行征信涉及更多的个人敏感信息。(3) 存在数据造假、数据失真和数据遗漏等情况。互联网征信数据来源广审核难度大，也难免更易发生数据造假的现象。此外，并不是所有消费者都会如实提供或详尽提供相关的个人信息，这也就导致征信数据存在一定程度的失真或遗漏，信用评价结果的信度也会打折扣。

2.3　征信信息管理与隐私保护

信息资源管理，最早由20世纪70年代美国的政府公文管理发源而来。信息资源管理理论是现代信息技术不断发展和多领域应用下，信息数据逐渐演变成资源后所诞生的一种信息管理理论。狭义的信息资源管理是对信息内容本身实施管理的过程，广义的信息资源管理是对信息内容及与信息内容相关的资源如设备、技术、人员和资金等进行管理的过程。该理论认为，信息资源与人力、物力、财力和自然资源一样，同为企业的重要资源，应像管理其他资源那样管理信息资源。该理论是个人信息隐私保护所遵循的主要理论。

信息资源管理的核心是信息资源的合理配置，即如何实现信息资源的充分开发和有效利用。这与隐私经济学理论的核心与基本目标一致。隐私经济学最早由美国法经济学家波斯纳提出，其核心是研究用户个人信息利用与保护的平衡问题，即追求个人信息保护前提下个人信息最大限度地开发利用，以创造更多的价值，提升社会福利。以往学者从以上两个理论出发，来探讨个人信息保护度的问题，这也是互联网征信信息隐私保护策略应当关注的核心，即并非越严厉越好，还应当考虑征信信息开发利用的积极一面。

3. 英美互联网征信信息隐私保护措施

3.1　监管机构

英美两国均设有专门的监管机构对征信领域隐私保护的情况进行监督管理，英国由英格兰银行、信息专员办公室和金融行为监管局等多个部门各司其职进行监督管理。其中，英格兰银行负责信用评级的监督和指导，金融行为监管局负责审批征信机构准入条件并颁发许可证，信息专员办公室负责实施和监督相关法律的执行情况。

而美国征信监管体系更为复杂，包含七大行政机构和三大自律性组织。七大行政机构包括：美国联邦贸易委员会，负责对征信相关法律执行和解释；消费者金融局，负责全部与金融消费者保护有关的职能，为消费者诉讼提供帮助，约束第三方收债机构等；国家信用联盟管理办公室，负责监督信用联盟组织和信用社的信用活动；储蓄监督办公室，负责监管联邦和州立储蓄机构，包括储贷协会；货币监理局，负责监管所有国家银行和联邦储蓄协会成员的商业借贷活动，对金融机构借贷合规性进行评估和信用风险管理控制；美国联邦储备系统，负责制定、评估和实施金融机构相关的借贷法律，并依照法律对信贷活动进行监管；联邦储蓄保险公司，负责对非美联储成员对州注册银行和储蓄信贷机构进行监管。另外，三大自律性组织包括：国家信用管理协会，消费者数据产业协会和国际信用收账协会。总体上讲，美国对征信市场的监管以行业自律为主，行政监管为辅。

比较美英两国可发现，虽然两国都拥有相应的监管部门负责制定和执行信用信息管理工作，但是，无论是统一监管下的英国，还是分业监管下的美国，其征信监管体系都呈现出“多头”的管理状态。

3.2 监管法律

征信业务数据收集、数据处理和数据使用的各个环节均存在不同的隐私泄露风险。于是，本文从各环节入手，对欧美征信信息隐私保护监管规定进行梳理。英国以统一监管模式为主，征信领域遵守被称为史上最严的个人信息保护监管法规的欧盟《通用数据保护条例》和英国《数据保护法》。此外，英国还有《消费信用法》和《消费者信用监管规定》两个专门针对征信领域的监管规定。针对征信信息的收集、处理和使用等各环节信息隐私保护的规定见表2。

表2 英国征信信息监管规定

阶段	法律法规	具体规定
数据收集	《通用数据保护条例》和《数据保护法》等	征信机构必须在征得数据主体的同意下，以公平、合法的方式从数据主体那里取得信息。与国家安全、犯罪和医疗健康等相关的敏感数据不属于合法采集范围之内
数据存储与处理		征信机构需要确保每月对数据进行更新，对于个人数据的保留期限通常不能超过6年
数据使用和披露		商业银行和贷款机构是主要的个人信用数据的使用机构。 政府机构如司法部门和警察局出于工作需要，可以在法律允许的范围内查询个人信息，但是需要同其他用户一样支付一定的费用。 除了合法的商业和司法用途以外，任何个人和机构都不得私自将个人数据移转至欧洲经济区域以外的国家或领土作为他用。 征信机构只有在征得数据主体的同意下，才能将个人数据向第三方披露。同时，征信机构有义务告知数据主体其个人数据将基于何种目的，被何人或何方机构进行何种处理。如征信机构未履行法定通知义务，即属犯罪。 征信公司可以拒绝政府部门超出法律规定的查询行为，政府部门在被拒绝以后如果仍需进行查询，必须获得法院的相关判决允许

资料来源：作者整理自相关法律法规。

美国是分业监管模式的代表性国家，涉及信用信息管理的规定主要散见于《公平信用报告法》《诚实信贷法》《信用修复机构法》等近20余部法律法规（见表3）。对于美国征信立法来说，公平的保障征信信息的合理开发利用是监管的基本原则。

表3 美国征信信息监管规定

阶段	法律法规	具体规定
数据收集	《公平信用报告法》《诚实信贷法》《信用修复机构法》等多部法律	信息收集应具备完整性，关于个人信用的正面信息和负面信息都应被包含。 征信机构在收集个人信用信息时，可以不经过消费者个人的同意，但是不允许收集任何有关消费者种族、宗教信仰、医疗记录、政治立场的信息。 任何以欺诈方式获取他人信用信息的，应被单处或并处罚款或两年以下的监禁
数据存储和处理	《格莱姆-里奇-布莱利法案》《公平信用报告法》	征信相关机构须确保个人信用信息的安全和保密。 征信公司必须建立自己的信用报告查询系统，记录保存所有查询和购买信用报告的企业及其使用目的
数据使用和披露	《公平信用报告法》《公平信用和贷记卡披露法》	消费者信用信息只能用于与信用交易有关的、判断消费者是否有资格获得信贷的、(个人及家庭）保险承做、雇佣或其他法律许可的目的。 在信息的共享方面，银行、企业与其他第三方之间可以共享非隐私的个人信息，但必须将共享的信息内容和对象告知消费者。 征信机构向使用方提供个人信用信息之前，必须最大限度地验证使用者的身份和使用目的，只有在确认其使用目的合法的前提下才可将信息提供给对方。 对于陈旧信息（超过3个月)，在信息未更新之前，不允许反复公开

资料来源：作者整理自相关法律法规。

对比相关法规可以发现，鉴于市场主导的特征，英美两国征信监管的法律主要侧重于如何规范征信机构取得和使用个人数据，在此基础上，给予征信机构足够的发展空间。

3.3 消费者主动管理

互联网征信数据获取渠道愈加复杂，必然会出现由主观或客观原因导致的不正确的信用信息，对于有误的征信信息，英美两国政府均鼓励消费者主动发现并予以举报和纠正。例如，美国《公平信用报告法》规定，消费者有权了解与自己信用状况相关的全部信息及其评价标准。其中包括消费者有对不实信息进行申诉的权利，如果消费者对其信用信息有争议，可直接通知征信机构，征信机构须在30日内对争议信息进行免费的重新调查和纠正。如果征信机构不采取调查和纠正，则必须在30日内将争议信息从消费者信用档案中删除。

4. 我国互联网征信信息隐私保护监管现状

与欧美金融业发达的国家相比，我国征信业务起步较晚，但新兴的互联网征信业务却排在世界前列，发展势头甚至超过英美两国。这就导致征信业监管制度跟不上征信业务发展的需要这一现状。自《征信业管理条例》颁布后，我国监管部门相继出台了一系列监管规定，不断探索征信体系监管之路。其中，涉及征信信息管理的法律法规见表4。

表4　国内涉及征信信息管理的法规

年份	监管征信	部门	涉及内容
2013	《征信业管理条例》	国务院	征信业务规则 第十三条至第二十四条　对征信信息收集、整理、保存和加工提出了相关规定。 异议和投诉 第二十五条至第二十六条　信息主体认为征信机构采集、保存和提供信息存在错误、违背意愿利用及其他侵犯个人合法权益的行为可向所在地的国务院征信业监督管理部门派出机构投诉
2014	《征信机构信息安全规范》	央行	从安全管理、安全技术和业务运作三个方面明确了不同安全保护等级征信系统的安全要求
2015	《征信机构监管指引》	央行	设立个人征信机构，须建立IT系统安全管理体系，具备征信业务所需的IT系统开发和管理能力
2016	《征信业务管理办法（草案）》	央行	规定征信机构在信息采集、整理、保存、加工、提供、使用和信息安全、征信产品、异议与投诉、征信机构监管、法律责任、跨境信息流动等方面的内容
2016	《信用评级业管理暂行办法（征求意见稿）》	央行	明确评级机构、从业人员、程序及业务、独立性、信息披露、监管和法律责任等内容
2016	《关于加强征信合规管理工作的通知》	央行	要求全面开展征信合规自查自纠工作、保证征信信息安全、加强征信合规教育
2017	《网络安全法》	人大常委会	保障网络安全，维护网络空间主权和国家安全、社会公共利益，保护公民、法人和其他组织的合法权益，促进经济社会信息化健康发展
2018	《关于进一步加强征信信息安全管理的通知》	央行	进一步对金融信用信息基础数据库（央行）运行机构和接入机构征信信息安全管理提出要求
2019	《个人金融信息（数据）保护试行办法（征求意见稿）》	央行	重点涉及完善征信机制体制建设，对金融机构与第三方之间征信业务活动等进一步作出明确规定，加大对违规采集、使用个人征信信息的惩处力度

资料来源：作者整理自相关法律法规。

由以上法律法规及其相关规定可知：（1）我国尚未出台专门的征信（金融）信息保护法，事实上我国还未有一部完整的个人信息保护法，这不仅在立法方面落后于全球其他国家，更会因为未有较高阶法律法规的约束而导致监管效果欠佳。（2）已有的相关规定，极少涉及对征信机构数据保护技术和标准的详细要求。特别是互联网征信机构，它们主要以互联网为媒介，信息技术为手段开展征信业务，掌握的消费者信息更加庞大和多样，应该有不同于传统征信更为严格的保护技术要求。（3）较少涉及对从业者违规的具体处罚规定，从以往经验来看，大部分征信信息泄露是所涉及的相关金融机构（包括征信机构、银行和信贷公司等）从业人员违规造成的。唯有在相关立法中对从业人员（包括管理人员）的义务和责任进一步明确，加大处罚力度，才能真正产生威慑力。

5. 我国互联网征信信息隐私保护策略建议

英美两国虽在监管模式上存在一定差别，但也有值得我国借鉴的成功经验。进一步地，结合我国自身的制度特点，本文提出如下针对我国互联网征信信息隐私保护的策略建议。

5.1 完善征信信息保护相关立法，设置独立且统一的监管机构

我国在征信信息保护方面的立法亟待完善，特别是针对互联网征信领域的监管规定几近真空。互联网征信机构的出现和飞速发展，使得征信服务普及更广，不再是传统央行征信体系中消费者难得办理一次的征信业务。互联网征信时时、刻刻、处处为消费者提供服务，例如，消费者网购时使用的“京东白条”和“花呗”等消费信贷产品，使用的共享单车、共享充电宝免押金服务等均涉及互联网征信业务。因此，一方面，要尽早制定并完善征信信息保护相关法律，以保障行政监管的威慑力。另一方面，需要尽早填补互联网征信场景的监管法规，并配套出台具体的实施细则。此外，设置一个统一且独立的行政监管机构和自律性的管理组织尤为必要，前者负责互联网征信业务的审批、互联网征信机构的监督管理和相关法律的颁布与执行，后者负责协助消费者或相关机构诉讼和维权等工作。

5.2 分级分类管理征信信息，在保护消费者权益的基础上合理利用

通过前文对互联网征信信息的数据特征进行分析，可知其包含了多个涉及个人敏感信息的数据项，英国对此类信息是明令禁止予以收集的，而美国态度模棱两可。我国《征信业管理条例》中虽明确规定，禁止征信机构采集个人的宗教信仰、基因、指纹、血型、疾病和病史信息以及法律、行政法规规定禁止采集的其他个人信息。但由调查结果可知，现有的互联网征信机构确有采集用户指纹、就医等信息情况存在。为推动和保障我国互联网征信业务的健康有序发展，须要求互联网征信机构对消费者征信信息进行分级分类管理。对隐私级别较高的信息提供强保护，例如，在征信报告中对关键字样作出模糊处理或省去，仅作为信用评分的考量依据。同时，要求互联网征信机构对较为敏感的个人征信数据提供更高隐私保护要求的存储和处理技术，并且在未获得消费者知情同意的情况下，不允许与其他机构共享和披露消费者征信信息。

5.3 创新监管科技，提升征信领域监管能力

信息科技与征信业务融合是互联网征信的主要特点，也是互联网征信机构的核心竞争力所在。然而，传统的征信业务现场监管（即现场检查）面临着征信用户界定难、征信查询使用过程隐蔽、监管人员业务技能单一、监管依据滞后等挑战，显然已无法应对互联网征信这一场景。因此，在建立与之相适应的监管法律法规体系的同时，应提升监管队伍的整体素质

和能力，改进监管方式、加强监管科技创新来提升征信信息隐私保护的监管能力。

6. 结论

征信体系作为一国重要的金融基础设施，是一国经济健康运行的基础，而征信信息隐私保护问题又是当下大数据征信面临最尖锐的问题之一。日新月异的金融科技在重塑金融生态的同时，新的风险也随之而来。较之传统征信在个人信息保护方面，互联网征信面临着诸多新的挑战，例如，数量易失真、征信信息滥用和监管难度大等。由于我国在新科技领域的发展已走在世界前列，可以借鉴的国际经验越来越少，制度必须加快“先行”才能及时地防范风险或降低风险的危害。对于互联网征信信息隐私风险的防范，技术与社会共同发力是其应然之路。必须由市场、法律法规和技术来共同规范，要形成道德压力、名誉压力、制度压力的广泛约束机制来保护互联网征信个人数据隐私不被侵犯。

参考文献

[1] 朝乐门. 信息资源管理理论的继承与创新：大数据与数据科学视角 [J]. 中国图书馆学报，2019，45 (2)：26-42.

[2] 刘新海. 传统个人征信机构的大数据征信——以环联为例（下）[J]. 清华金融评论，2015 (10)：97-100.

[3] 李真. 中国互联网征信发展与监管问题研究 [J]. 征信，2015 (7)：9-15.

[4] 张岩，王晖，李宛娴，等. 互联网信用评分机制的潜在缺陷与改进思路——基于“芝麻信用”的调查研究 [J]. 金融监管研究，2017 (9)：48-65.

[5] Bowers J, et al. Characterizing security and privacy practices in emerging digital credit applications, Proceedings of the 12th Conference on Security and Privacy in Wireless and Mobile Networks May 2019: 94-107. https://doi.org/10.1145/3317549.3319723.

[6] Brocardo M L, et al. Privacy information in a positive credit system [J]. Int. J. Grid and Utility Computing, 2017, 8 (1): 61-69.

[7] Posner R A. Papers and Proceedings of the Ninety-Third Annual Meeting of the American Economic Association, The Economics of Privacy [J]. The American Economic Review, 1981, 71 (2): 405-409.

数据安全治理与个人信息保护的探索和研究

田绍新　曾庆元　汪　涛　等[①]

摘　要：随着互联网、大数据、云计算、人工智能等新兴技术与银行业务的不断结合深入，银行业务与信息技术的结合应用场景也愈加广泛。新兴技术在给银行运营带来方便和高效的同时，也带来了不可忽视的数据安全隐患。当前，数据已成为宝贵资源，成为银行改革发展和业务创新的核心推动力；同时，鉴于银行数据信息的巨大社会经济价值，也已成为网络攻击的重点目标。在此背景下，本文针对银行业数据安全治理与个人信息保护这一主题，从面临的挑战、数据安全价值场景、数据安全治理理念流程评价、数据安全治理与个人信息保护的有效策略四个方面进行阐述，为银行业数据安全治理与个人信息保护活动带来参考，推动全行业在“十四五”期间数据安全治理工作的不断进步。

关键词：数据安全　个人信息保护　数据治理　银行业

1. 背景阐述

现如今，许多国家将数据资源开发上升成为国家战略，将个人信息视为重要资源。例如美国、欧盟等国家地区，信息服务已经发展到了较为发达的水平，它们通过数据信息交易制度的建设，建立规范的个人信息交易市场，从而为数据资源提供交流平台，便于更深入地挖掘数据信息的商业价值。随着信息时代的发展，中国也迎来了属于自己的“信息化时代”。“十三五”规划中就提出：“要实施国家大数据战略，推进数据资源开放共享”。2015 年，贵阳建立了第一个大数据交易平台，正式运营后即完成了大批数据交易。国内诸多大中型互联网企业也意识到了个人信息的价值，阿里、腾讯等互联网公司开始主动收集个人信息，建立数据库，各地政府也开始向个人、企业等收集个人信息，建立信息共享体系。

数据技术在不断革新过程中催生出了更多的数据应用领域，同时数据信息安全问题也产生了新的隐患，如数据质量、数据安全、隐私保护、信息共享等多方面内容都暴露了愈加严重的风险。随着数据安全事件的不断发生，个人隐私的大规模泄露，数据治理与信息保护成为国际关注的焦点问题之一，并且各国都极力开展数据治理工作，以更好地保护个人信息。为此，各国针对数据保护相继出台了法律法规，数据安全立法成为一种国际新趋

---

① 课题组：安徽省农村信用社联合社。课题组成员：田绍新、曾庆元、汪涛、叶长明。

势，并且得以快速发展，信息保护法律体系也更加复杂、完善。

2. 数据安全面临挑战

2.1 数据流转过程复杂

首先，信息技术的发展使得人民的日常生活进入了“数据化”模式。数据的生命周期不断扩展，数据的流动作为一种常态化现象，数据的共享和交易已嵌入日常生活的方方面面，司空见惯。如交易时对手机号码、银行卡号以及个人信息的读取，使用手机 APP 时对手机储存、通讯录等信息的读取，都表明大数据时代信息的隐性留存是多环节进行的，可以说泄露个人信息的渠道非常广，因而判断信息泄露的具体渠道、对数据的流转进行追踪，控制的难度不断增加。其次，为保护数据信息和隐私不被泄露，多个部门开展了数据监管和保护工作。但是由于监管部门众多，数据的流转流程被拉长，流转环节增多，流程复杂性增大。最后，如何对个人隐私的限定范围进行界定也具有一定难度。取得信息主体授权、提示信息主体有隐私泄露风险、泄露之后的维权等各方面都存在问题和挑战。在此复杂的情况下，保证各种数据尤其是国家重要数据和企业的机密数据、个人信息等敏感数据的安全十分重要，需要针对数据的流转环节开展更深入的整治。

2.2 数据分享机制缺失

由于缺乏合法信息分享机制的建设，当前非法贩卖个人信息的现象较为常见。许多不法分子通过各种渠道收集大量的个人信息并在黑市上贩卖牟利，而大部分企业虽然需要更多信息以拓展市场，但其处于合法性的考量而未到黑市上购买数据信息。由于没有正规合法的信息交易市场，企业难以收集到大众的有效信息，因而其创新能力受到限制。同时，即使是通过非法的黑市渠道购入了信息，但是由于黑市的非法违规性，难以获得优质精准的个人信息。不仅数据的准确度难以保证，也难以实现数据及时更新。当前，许多非法信息企业都是通过简单的收集整理来获得大量的信息，其并未对信息做深加工就贩卖给企业，不仅没有得到法律认可，其信息的附加值更是十分低，难以符合企业的实际需求。

2.3 网络攻击手段多样

当前，由于技术不断发展，信息的储存、计算和分析都变得更为先进，不少不法分子利用现代互联网技术开发了许多新型的网络攻击手段，给传统的检测和防御系统带来巨大的冲击，很容易造成信息泄露的问题。传统的防护主要是以在网络边界部署防火墙、IPS、IDS 等安全设备为主，其通过流量分析和边界防护的方式对入侵者进行检测防御。但由于针对的是通用网络攻击场景，一旦遇到精准、高频率的攻击很容易就崩溃。同时，高级的网络攻击方式常常具有隐蔽性高、难以感知的特点，如高级可持续攻击（ATP）就能隐蔽在防火墙外并发送持续的攻击。互联网技术的发展催生了大量的网络攻击工具和程序，给信息安全保护带来了巨大的挑战，互联网企业需要投入更多精力到系统和网络平台的保护中去。

2.4 个人信息问题突出

大数据技术的发展带来了人民生活方式的改变，如电子商务的发展带来了网络购物、共享经济和移动支付等数据经济的出现和壮大。一方面，大众生活变得丰富多彩、便捷明了，另一方面其个人信息泄露的风险也不断增大。虽然国家制定出台了一定的法律法规，但是用户信息泄露、企业非法收集用户信息的现象仍屡见不鲜。如使用网购 APP，京东、淘宝时，用户需要提供自己的电话号码、姓名、居住地址和银行卡号等十分隐私的信息，且个人购物信息还会持续保存，这就造成个人信息的泄露风险增大。

3. 安全铸就数据价值

3.1 数据权属界定场景

2016 年 9 月，英国竞争与市场管理局（UK Competition and Markets Authority，CMA）成立了英国开放银行实施组织（Open Banking Implementation Entity，OBIE）。随后 OBIE 在 2018 年陆续发布了英国开放银行标准 V1.0、V2.0 和 V3.0，目前英国开放银行标准最新版本为 2020 年 6 月 25 日发布的 V3.1.6-Final 版。标准中制定的应用程序开发接口（Application Programming Interface，API）实现了从银行产品信息、营业网点位置和营业时间、ATM 位置到个人和企业银行客户账户和交易信息的数据安全开放共享以及银行客户支付业务的完成，通过安全认证并被列入 OBIE 开放银行服务提供商白名单的第三方服务提供商（Third Party Provider，TPP）调用 API 获取银行客户数据前需要取得用户的授权。

TPP 按照欧盟通用数据保护条例（General Data Protection Regulation，GDPR）的特殊类别数据条款规定告知金融消费者所要获取的数据、数据价值变现方式、数据共享范围等信息。

TPP 遵照欧盟支付修订法案第二版（Payment Service Directive 2，PSD2），需要取得金融消费者的金融信息服务授权。

TPP 通过安全调用开放银行 API 从包括银行、房屋互助协会等在内的金融账户与支付服务机构（Account Servicing Payment Service Providers，ASPSP）调用已取得金融消费者同意的金融数据。

用户可以撤销提供给 TPP 的授权，TPP 必须在服务页面提供并明示撤销授权和停用服务的功能，并在用户取消授权后删除或停止使用相关数据。英国推动开放银行的宗旨是要降低银行挑战者、创新金融和金融科技等金融服务和金融科技提供商的进入门槛，让金融服务业实现更加充分的市场竞争，让金融消费者享受到价格更加优惠、方式更便捷高效、服务场景更为全面、整体成本更低、风险更可控的金融服务，让本土的金融服务和金融科技提供者更具活力和市场竞争力。

3.2 数据开放共享场景

2010年上线推广的安徽省农村信用信息共享服务平台定位于全省农户、农民专业合作社、家庭农场“一体两翼”的信用信息采集、录入、更新、评价、查询、汇总统计、分析研判、提供信用产品等服务，并在2014年升级了2.0版本，制定了针对贫困户的信用指标，为农村地区中小企业划分行业类别、规模、前景等金融扶持标准。目前农村信用信息共享服务平台已经覆盖全省95%以上的农户。

共享服务平台的信息采集采取“谁受益、谁付出”和“谁录入、谁维护”的原则，人民银行各级分支机构协调地方党委政府、扶贫办、农委、国土资源局和涉农金融机构等单位共同参与，实现了跨部门信用数据的开放共享。采集指标主要包括基本信息，经营收入、务工收入、生产支出、房产信息等资产状况，贷款种类、贷款状态、未结清余额、是否逾期等负债情况、个人品行等，同时采集政府部门的涉农经济、政务和信用信息，并根据采集信息对农户、农民专业合作社、家庭农场、农村小微企业进行信用状况评价。

共享服务平台的信息采集、更新、查询使用以及管理方面遵照《中华人民共和国政府信息公开条例》《互联网信息服务管理办法》《征信业管理条例》等法律法规和行业监管要求，制定了“分级查询、授权管理、信息保密”的使用原则，各级机构的不同用户拥有适用各自业务范围的CRUD权限（增加Create、检索Retrieve、更新Update、删除Delete），同时系统后台会实时监控并记录用户的所有操作，坚决防范对数据的非法查询，满足安全审计溯源的监管要求。平台在数据安全的基础上实现了全省范围内农村信用信息的集中和全面的开放共享使用。

共享服务平台的数据采集必须面对信息主体相关的包括隐瞒权、知情权、访问权、维护权、删除权、选择权、救济权、数据财产权等各种数据权利的保障和落实的问题。此外《征信业管理条例》第十四条规定“征信机构不得采集个人的收入、存款、有价证券、商业保险、不动产的信息和纳税数额信息”，《征信业管理条例》第二条“国家机关以及法律、法规授权的具有管理公共事务职能的组织依照法律、行政法规和国务院的规定，为履行职责进行的企业和个人信息采集、整理、保存、加工和公布，不适用本条例”。因此信息采集过程中必须审慎采集，严格依法合规，对于明令禁止采集的个人信息不得采集，或者脱敏后采集。从而在切实保障农户的合法权益的前提下，实现农村信用信息的全面开放共享。

同时，可以考虑采用先进的安全计算技术，如安全多方计算、联合学习、联邦分析、零知识证明等数据安全共享技术实现更多部门和金融机构的数据安全计算接入，在数据“可用不可见”的原则基础上实现更为广泛和全面的数据开放共享应用，在不影响数据权属问题的同时，接入更广泛全面的数据，打消信息主体不愿不敢不想录入真实数据的顾虑，有效改善数据质量，让信用评价结果更真实有效，让数据安全风险持续可控。

表 1　农户信用评价指标示例

目标层	准则层	指标层
农户信用评价指数（A）	诚信度（B1）	品行表现（B11）
		户主年龄（B12）
		户主受教育程度（B13）
		居住地的经济发展和稳定性（B14）
		户主主要从事的职业（B15）
	合规度（B2）	遵纪守法情况（B21）
		在当地奖惩情况（B22）
		信用记录（B23）
		农户健康状况（B24）
	践约度（B3）	家庭劳动力数量（B31）
		赡养和抚养的人数（B32）
		家庭年收入（B33）
		家庭财产状况（B34）
		贷款状况（B35）

3.3　数据赋能应用场景

2018 年 11 月，安徽省金寨县人民政府与蚂蚁金服及浙江网商银行合作上线了金寨县农村数字普惠金融服务。蚂蚁金服和网商银行基于“整市推进+县域运营”的合作模式，与政府签订普惠金融合作协议及智慧县域合作框架协议，通过金寨县智慧城市统一城市平台的城市数据中心，将政务数据、公共服务数据、“三农”数据等传输到阿里云平台，建立面向全县农户专属的授信风控模型。农民可以申请额度在 1000 元~20 万元不等的低门槛、无抵押、免担保的纯信用贷款，整个贷款流程通过“支付宝客户端—城市服务—金寨普惠”实现了 3 分钟申请、1 分钟审核放款、0 人工干预（称为“310”模式）的纯线上便捷金融服务。

在县级智慧城市数据中心数据赋能蚂蚁金服实现线上便捷金融服务的基础上，蚂蚁金服通过数据赋能科技平台的方式，把数字金融机构+电商平台+县域小微企业或农户、数字金融机构+政府+农业产业经营者、数字金融机构+农业科技机构+种养大户等多种农村产业金融服务对商业银行开放，通过搭建科技平台、构建风控模型和开展智能风控等方式，接入小贷公司共同服务“三农”客户。

在农村数字普惠金融服务中，主要依靠县级或市级智慧城市提供的各类数据实现数据赋能，尤其是涉及农户相关的各类信息，包括农民身份、新农合、土地承包权等基础数据，其中很多数据涉及用户的隐私。因此政府在数据赋能普惠金融服务的时候要制定监管框架和数据保护方法，明确数据的来源，确定数据的权属，完成数据的分类和分级工作，对各类各级数据的使用范围和敏感数据的访问制定全面的安全管控策略，合法合规的管理、应用和维护用户隐私数据，在赋能金融服务全过程中落实数据全生命周期的安全管理。政府要与服务提供商及合作金融机构签订数据保密协议和承诺书，明确保密责任，限定数据使用范围和使用场景，数据共享限制，以及合作退出机制，数据销毁或禁止使用的措施和流程，全面落实数据安全工作，切实保障用户对数据的各项权利。

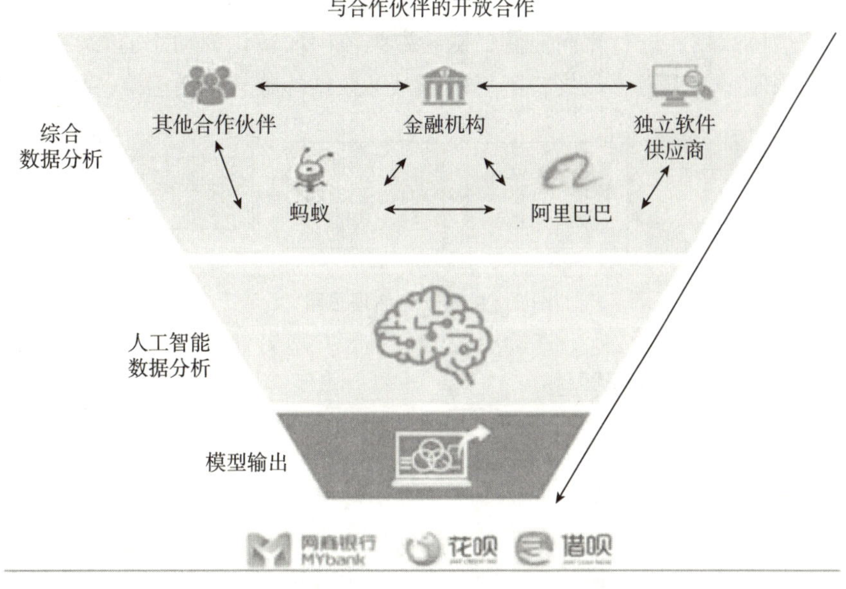

图 1　蚂蚁金服信贷业务技术合作体系

现在金寨县农村数字普惠金融服务年化利率为 7.2%~18%，略高于蚂蚁金服其他网上信贷金融项目利率。而且在整个服务过程中，地方政府承担了全部的数据提供服务、组织协调和宣传推广工作，极大地节省了蚂蚁金服和网商银行的成本。因此政府要在切实保障农民数据权利的基础上，提高完善数据质量，提高数据覆盖广度和穿透深度，引入更多的金融机构，促进良好有序的市场竞争，扩大数据赋能金融服务的市场开放，进而降低贷款项目年化利率，让银行真正减费让利，让金融服务进一步“普惠三农”。在数据赋能金融服务的合作过程中地方政府要明确职能边界，找准自身定位，既要保护农民合法权益，积极为农民争取利益，但又不能干涉正常的商业行为，干扰市场机制的运作；要践行“为人民服务”的理念，以农民合法权益为纲，以数据赋能金融业务为目，纲目并举，实现普惠金融。

4. 数据安全治理理念、流程和评价体系

4.1　数据安全治理理念创新

2017 年，在 Gartner 安全与风险管理峰会上首次提出了“数据安全治理”的概念，并对这一概念进行了详细阐述。会上提出，数据安全治理绝对不是只依靠某一套特定的产品解决组合工具，也不能这样定义，而是需要联合多方面的内容，上到决策层，下到技术层，包含管理制度的建立与信息技术工具的运用，从而形成一套自上而下的完整治理体

系。图 2 为会议提出的数据安全治理思路。首先是制定数据分类分级标准，根据条件进行数据筛选与划分，从而找出需要被保护的敏感数据；然后通过治理方案、技术应用等一系列体系对敏感数据进行监管，实行数据前期防护，打破数据时间、空间的限制，在全网中实行动态监控，无论数据在全网的什么地方何处流动变化衍生等，都可以准确地定位、追踪、警报、阻断溯源等，开始执行分级的监控保护。因此，针对数据安全治理的实时技术措施是先盯住敏感数据，进行靶向监管，随着数据流向而转化为动态监管，打破传统监管对外不对内的限制，针对敏感数据，不局限于某一数据环节，全网追踪、内外皆防。

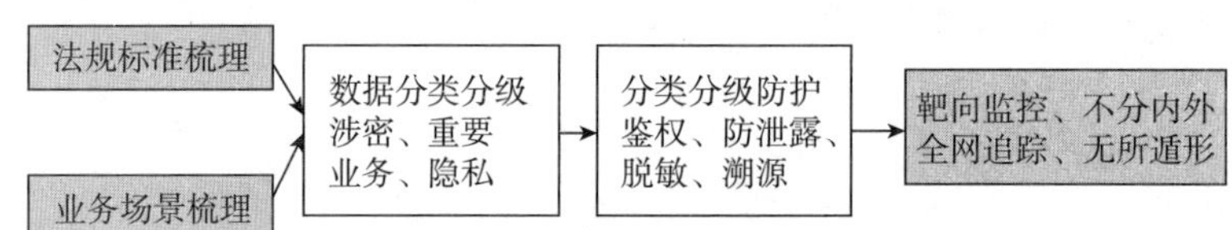

图 2　数据安全治理思路

4.2　数据安全治理流程管理

数据安全治理自上而下贯穿了决策层、管理层、执行层到配合层以及监督层等整个组织架构，包含了从顶层战略、政策总纲到管理制度、流程规范等各层级的完整制度体系，涉及整体的技术规划以及各项技术工具的落地实施。数据安全治理以数据资产的安全使用为愿景，通过组织构建、数据摸底、策略制定、数据管控、行为稽核和持续改善，从技术支撑和管理体系两方面建设数据安全治理体系。

图 3 是数据安全治理流程。在明确数据安全治理战略目标和阶段性目标后，首先要构建数据安全治理组织架构：包括银行董事会、高管团队和首席信息安全官的决策层；各业

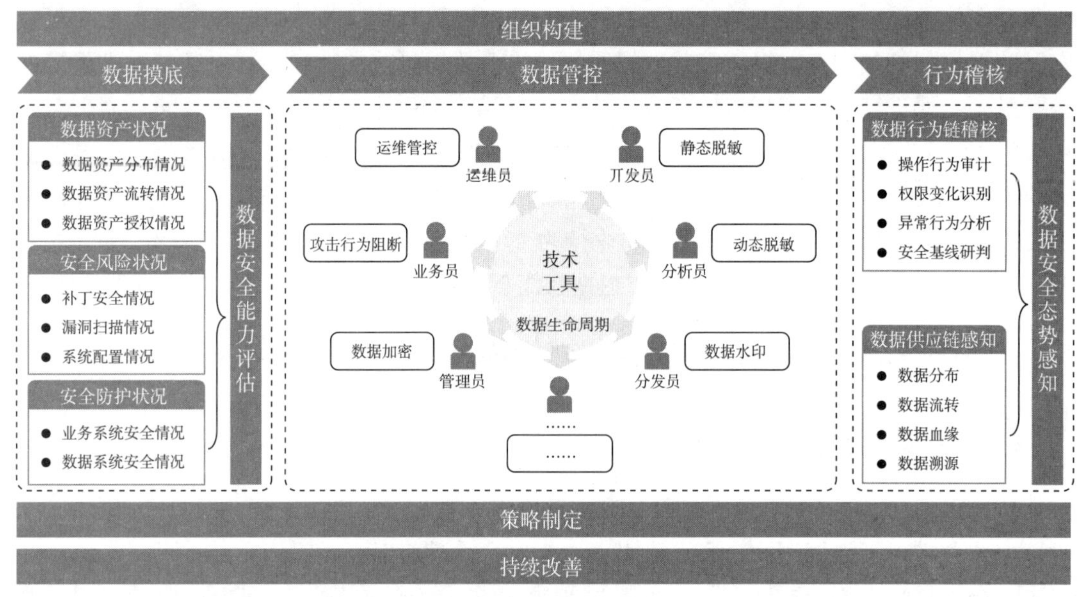

图 3　数据安全治理流程

务部门、信息科技部、数据部和安全管理部的管理层；各层级业务团队、技术团队、数据团队和安全运营团队的执行层；全体员工、合作伙伴以及外包团队的配合层；此外审计部门、合规部门和风险管控部门等监督层贯穿在各组织层级中。

数据安全治理首要工作是数据资产摸底，数据资产的分类和安全定级，从而全面定位核心数据资产和银行敏感数据，识别数据安全风险点并有针对性地制定数据安全策略，规划数据安全解决方案，为下一步数据资产的开放共享和业务数字化奠定数据基础，为数字化转型和面对数字化时代挑战做好数据准备。

通过数据安全能力成熟度评估，制定数据管控的具体管理制度，整理数据安全相关技术工具的需求和工作，参见图4数据安全相关技术工具架构图。伴随着数据安全策略制定和落地实施，以及数据安全能力持续优化改善，通过对用户数据行为链的稽核和对数据供应链的持续感知，进而实现真正的数据安全态势感知。运用数据安全集中管控和行为审计稽核平台，让人工智能、自然语义处理、图形图像识别等前沿科技在数据安全治理体系中发挥巨大的价值。

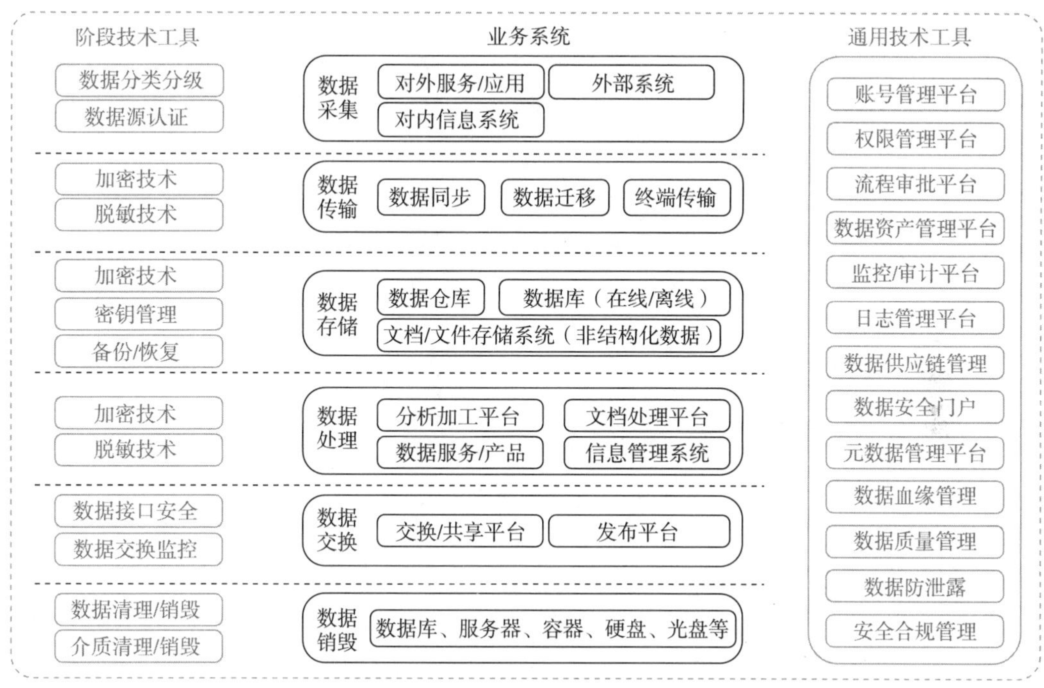

图4 数据安全相关技术工具架构图

数据分类和安全分级是数据安全治理的实践基础，参见表2商业银行数据分类示例、表3商业银行数据分级示例和表4商业银行数据安全定级规则参考表，银行数据可以从多个维度、不同主题域进行多层级的分类，针对数据对象的主体要求和以数据安全属性遭到破坏后可能对客体造成的影响程度作为分级的重要判断依据。具体的分类分级实施方法和过程可以参见图5商业银行数据分类分级实施方法。

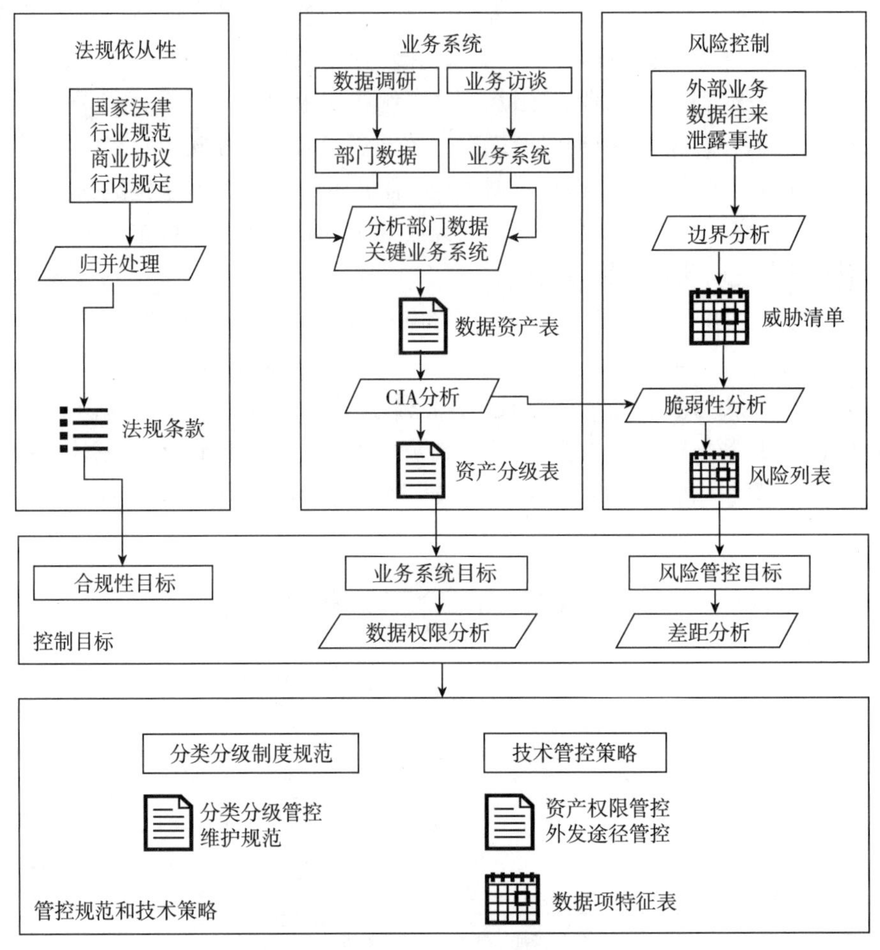

图 5　商业银行数据分类分级实施方法

表 2　商业银行数据分类示例

数据类别		数据分类内容
客户类	个人用户	姓名、证件号码、家庭情况、工作单位名称/职务、联系信息、预留印鉴等
		照片、证件其他信息、人口统计数据、教育情况、婚姻信息、财务状况、工作其他信息、社会职务、关联信息、资产信息、重大事件等
		客户号、存款业务、贷款业务、中间业务、签约信息、营销信息、交互信息、风险与信用、个人统计信息、员工信息、黑白名单等
	对公用户	客户名称、企业执照号、法定代表人姓名、法定代表人证件号码、股东名称、公司高管姓名、公司名称、公司高管证件号码、联系信息、预留印鉴等
		客户证件其他信息、资质自理、上市信息、股东其他信息、公司高管其他信息、员工信息、行政主管部门、进出口业务信息、关联方、财务信息、重要事项、重要资产等
		客户号、风险和征信、其他营销信息、交互信息、授信信息、机构与员工、存款业务、贷款业务、中间业务、电子银行业务等

续表

数据类别	数据分类内容
账户类	账号、余额等
	冻结金额、透支金额、额度、积数、积分、利率、账户状态等
交易类	交易日期、交易金额、交易种类、交易渠道、交易来源、交易地点等
产品类	支付密码、查询密码等
	介质号码（如卡号、折号、存单号、凭证号等）、磁道信息等
	产品号、产品信息等
合约类	合约名称、合约签约机构、合约签署柜员、合约状态、签署渠道、利息计算方式、汇率条件、收费条件等
机构类	机构业务方向、机构房产信息等
	机构名称、机构编码、机构状态、机构地理位置、柜面资源数量、机构证件、行政类别、业务类别、评级类别、机构设立与变更信息、与上下级的行政关系、与上下级的业务关系、主管人员姓名、主管岗位信息、法定代表人或负责人身份证件信息等

表 3　商业银行数据分级示例

数据级别	级别名称	数据分级定义
第 1 级	完全公开数据	主要包括已公开的各类月报、季报和年报数据，以及机构公开信息等
第 2 级	慎重公开数据	本级数据不涉密、不敏感。由于反映银行现存的缺陷或隐患，可能使监管、审计机构或客户对银行的风险评价带来不利影响，或给银行的公众声誉带来不利影响
第 3 级	一般数据	本级数据不涉密、不敏感。主要用于支撑业务逻辑、位置信息、系统运行，通过统计、分析或加工这些数据，不能获得银行的重要信息、客户隐私信息、商业秘密或国家秘密
第 4 级	重要数据	本级数据不涉密、不敏感。主要涉及银行未公开的报告、指标、规范、合同、利率、状态等重要信息，其泄露会对银行在同业竞争中的地位带来不利影响，本级数据的业务主管部门一般比较明确
第 5 级	一般敏感数据	本级数据本身不涉密，但通过与保密性要求不高于本等级的其他数据进行组合、映射、统计、加工或分析后，可获得客户的一般隐私信息、交易信息或账户信息等，其泄露会导致银行在法律、财务、声誉等方面的损失
第 6 级	特别敏感数据	本级数据本身不涉密，但通过与保密性要求不高于本等级的其他数据进行组合、映射、统计、加工或分析后，可获得客户的重要隐私信息或密码等，其泄露不仅会导致银行在法律、财务、声誉等方面的损失，还可能会导致客户资金损失
第 7 级	商业秘密数据	本级数据与一般商业秘密、重要商业秘密和核心商业秘密相对应，其泄露会使银行经济利益、公众信誉受到不同程度的损害
第 8 级	国家秘密数据	本级数据与秘密级、机密级和绝密级国家秘密相对应，其泄露会使国家金融安全和利益遭受不同程度的损害

表 4　商业银行数据安全定级规则参考表

<table>
<tr><th rowspan="2">最低安全级别参考</th><th colspan="2">数据定级要素</th><th rowspan="2">数据一般特征</th></tr>
<tr><th>影响对象</th><th>影响程度</th></tr>
<tr><td>5</td><td>国家安全</td><td>非常严重/严重/中等/轻微</td><td rowspan="2">重要数据，通常主要用于金融行业大型或特大型机构、金融交易过程中重要核心节点类机构中的关键业务使用，一般针对特定人员公开，且仅为必须知悉的对象访问或使用；
数据安全性遭到破坏后，影响国家安全，或对公众权益造成非常严重的影响</td></tr>
<tr><td>5</td><td>公众权益</td><td>非常严重</td></tr>
<tr><td>4</td><td>公众权益</td><td>严重</td><td rowspan="3">数据用于金融业机构关键或重要业务使用，一般针对特定人员公开，且仅为必须知悉的对象访问或使用；
个人金融信息中的 C2 类信息；
数据的安全性遭到破坏后，对公众权益造成中等或轻微影响，或对相关个人隐私及企业合法权益造成严重的影响，但不影响国家安全</td></tr>
<tr><td>4</td><td>个人隐私</td><td>非常严重</td></tr>
<tr><td>4</td><td>企业合法权益</td><td>非常严重</td></tr>
<tr><td>3</td><td>公众权益</td><td>中等</td><td rowspan="4">数据用于金融业机构关键或重要业务使用，一般针对特定人员公开，且仅为必须知悉的对象访问或使用；
个人金融信息中的 C2 类信息；
数据的安全性遭到破坏后，对公众权益造成中等或轻微影响，或对相关个人隐私及企业合法权益造成严重的影响，但不影响国家安全</td></tr>
<tr><td>3</td><td>公众权益</td><td>轻微</td></tr>
<tr><td>3</td><td>个人隐私</td><td>严重</td></tr>
<tr><td>3</td><td>企业合法权益</td><td>严重</td></tr>
<tr><td>2</td><td>个人隐私</td><td>中等</td><td rowspan="3">数据用于金融业机构一般业务使用，一般针对受限对象公开，通常为内部管理且不宜广泛公开的数据；
个人金融信息中的 C1 类信息；
数据的安全性遭到破坏后，对相关个人隐私造成中等或轻微影响，或对企业合法权益造成中等影响，但不影响国家安全</td></tr>
<tr><td>2</td><td>个人隐私</td><td>轻微</td></tr>
<tr><td>2</td><td>企业合法权益</td><td>中等</td></tr>
<tr><td>1</td><td>企业合法权益</td><td>轻微</td><td>数据一般可被公开或可被公众获知、使用；
个人消费者在一定情况下主动公开的信息；
数据的安全性遭到破坏后，可能对企业合法权益造成一定影响，但不影响国家安全、公众权益及个人隐私</td></tr>
</table>

4.3　数据安全治理评价体系

针对数据安全治理工作的执行情况，建议定期开展评价评估工作。考虑到数据应用的全生命周期环节较多、流程较长，相应的评价体系也要做到全覆盖、广监测。表 5 是商业银行数据安全治理风险评价指标项（数据传输环节）。类似地，还要建立数据采集、数据使用、数据备份恢复、数据共享、数据销毁各个环节的安全治理评价指标项。

表 5　商业银行数据安全治理风险评价指标项（数据传输环节）

编号	数据安全治理评价指标项	风险发生可能性	风险影响	固有险值	控制后可能性	控制后影响程度	残余风险值
1	数据传输过程数据完整性保护措施是否完善	3	4	12			
2	重要数据传输过程加密措施是否完善	3	4	12			
3	文件传输管理机制是否完善	3	4	12			

其中，控制后可能性和控制后影响程度由银行数据管理员评估填写；残余风险值=控制后可能性×控制后影响程度。

结合表 6 商业银行数据安全治理风险评价分类表，即可判断出数据安全治理中各环节工作质效，进一步对中高风险环节开展针对性的治理和加固。

表 6　商业银行数据安全治理风险评价分类表（浅灰低风险、深灰中风险、黑色高风险）

风险发生可能性		风险影响				
		1	2	3	4	5
		几乎无	轻微	一般	严重	极其严重
1	可能性较小	1	2	3	4	5
2	中等可能	2	4	6	8	10
3	可能性较大	3	6	9	12	15

5. 数据安全治理与个人信息保护的有效策略

5.1　完善数据信息保护法律制度

从法律框架层面首先对信息管理形成约束，建议出台统一的数据信息保护法规，针对大数据库和互联网操作制定专门的隐私保护条例。需要进一步完善针对保护个人信息和商业敏感数据的配套设施细则和明确的法律解释。对于数据治理行业，制定统一的行业标准和数据治理准则，增强员工的自律性和数据治理操作的规范性。对于数据的采集和使用，也需要特定的法律法规进行规范，提升信息采集和分享的规范性，杜绝非法采集信息问题，提升信息的对称性。

5.2　加强对网络数据信息行政监管

作为一项复杂的系统性工程，数据信息保护必须要有政府部门介入。首先，相关部门要明确自身职能，协调好部门之间的工作安排，制定完善的工作和监管制度。其次，相关的部门在开展信息保护时应当坚持对个人信息安全保护工作进行监督管理，加强对涉及公民信息较多的电信、网络企业的监管，要引导相关企业建立信息保护工作制度，避免企业泄露用户个人信息。同时，各个部门要加强通信网络安全防护建设，对持有电信业务经营许可证的企业进行检查监督，以保护用户的合法权益，要加大资金投入和政策支持的力度，鼓励企业在技术和管理上有所突破，做好网络监管工作并惩罚非法窃取或贩卖公民个人信息的行为，以保护公民的个人信息安全不受侵犯。

5.3 落实基于全生命周期数据安全防护

第一，数据采集环节的防护。数据采集是数据安全防护的起始环节，首先需要关注采集到的数据内容是否符合国家法律和行业相关规定，例如是否存在涉密、敏感信息。对采集数据进行敏感数据探测，利用敏感数据界定和数据分级管理系统等，快速准确地筛查出敏感数据，做好信息属性标记与来源验证，对敏感数据源进行追踪，阻断敏感数据外流的途径。除了关注信息内容，还需对数据采集手段进行防护，了解数据采集手段，杜绝采用非法手段。

第二，数据存储和传输环节的防护。数据储存与传输环节是安全防护周期的重要环节，有两点需要注意。首先，注重数据传输程序的规范性，筛查是否存在数据从高安全域终端向低安全域终端流向，存在信息非法传输、拷贝等情况，或者存在非法用户采用不合理途径查看、窃取机密数据的隐患。其次，则是需要关注数据储存环境的安全性，数据库的安全防护系统是否存在漏洞以及数据库人员的工作是否规范。针对数据储存及传输安全防护的措施有：提升自动处理能力、数据管理能力、风险审计能力和问题发现能力。

第三，数据使用环节的防护。是数据安全防护的重点环节，对这一环节的数据安全防护工作主要从内部人员、工作程序、数据库建设等方面入手。首先对内部人员的信息盗取、泄密、疏忽等行为进行严肃处理，做好员工思想工作，打好“预防针”。关注下一代防火墙、防 DDoS、漏洞检测等安全措施的设立，做好数据防护体系的建设工作，更加关注数据访问权限、数据库操作、数据信息共享三个环节的数据动态，进行实时的安全防护。运用逆向思维，保护敏感数据的机密性，对敏感数据进行模糊处理，尤其注重对姓名、联系方式与证件等内容的处理，进行模糊处理需要再次验证，进行二次鉴权。对数据库进行开发、测试及深入挖掘时，对数据进行批量脱敏，准确导入数据信息，防止信息错漏。

第四，数据共享环节的防护。数据共享环节是数据外泄的高发环节，在这一环节中，需要密切关注敏感数据的动态流向，是否存在高密级数据流向低密级业务终端的情况。建设设备权限与应用和数据相对应的安全数据体系。设立“零信任”身份权限控制，在数据分级管理基础上建立鉴权机制，能提升信息访问者的可靠性。保证对外传输数据是完整、可追溯的，利用信息分享者、接收者的电子签名、时间戳等，保证信息的可追溯性。利用脱敏技术精确识别信息共享过程中的敏感信息，做好信息使用检测与流行动态追踪。

第五，数据销毁环节的防护。数据销毁必须规范操作，否则有极大的信息泄露风险。利用系统准确检测敏感信息是否在数据库、服务器及终端中删除完全，防止片段数据的挖掘和泄露。进行专业的数据销毁，确保无剩余片段信息，销毁后用敏感数据检测，对数据销毁工作进行验证。

5.4 推进后续数据安全风险评估

一是对敏感信息进行分类管理及合规性检测。例如，敏感数据的保密性、隐私性及授权情况等检测，确保敏感数据库的管理安全。检测内容需重点关注涉密信息、国家重要数据、个人隐私及业务机密信息等，对这些信息的储存方式、传输动态及使用规范进行审查。

二是风险评估要全面覆盖。从数据的信息资产、网络威胁、系统脆弱性等多方面评估数据的安全隐患，计算出数据的安全风险，根据信息监管部门规定对存在过高安全隐患的数据及时作出调整，提前做好安全预防。

三是国家相关法律法规是数据动态审计的依据。公共计算机设备不能存储敏感数据，在对敏感数据进行动态审计的过程中，一经发现违规操作，则按照既定程序进行预警和动态记录，以便进行数据追踪和设备搜索。

四是态势分析是风险评估工作的重要方向。将敏感信息检测结果和数据风险评估情况进行统计分析，将其制作为可视化的趋势呈现图表，从而形成敏感信息分布与风险发展的态势分析。

5.5 构建数据信息安全生态圈

个人信息生态圈由政府、企业和个人三个层次组成，数据产生、收集和使用都涉及这三个层次的主体，因此信息安全生态圈的构建需要从多个层面入手。首先政府层面，需要意识到信息保护的重要性，主动承担职能，对数据治理进行推动和监管；从企业层面来说，应严格遵守行业规则，推进信息安全的软硬件建设，从企业内部保护大数据；从个人层面来说，建立信息安全防护意识，不随意分享个人信息，谨慎处理数据分享，从源头上改善信息泄露、滥用的问题。

作为现代社会金融领域的重要一分子，商业银行在数据安全生态圈中扮演的角色至关重要。一方面，银行要做好内部数据的保护，确保内部数据信息被正常使用；另一方面，又要在数据保护的基础上，挖掘数据价值，服务社会发展。

5.6 推进互联网信誉体系和网络道德建设

现如今，电子签名和身份验证已经普及开来，互联网大环境具备推进信誉体系建设的各项应用。可以提升政府支持力度，推进互联网实名制身份验证，对网络进行整治，肃清不良信息和不良信息套取网站，从而建立互联网信誉体系。互联网上的用户都具有信息发布自由，也能参与信息传播与分享，要做好普法工作，开展相关知识讲座，引导群众保护个人信息的同时也尊重他人信息，推进群众的网络道德建设。以校园、社区、村落等为单位，开展网络知识宣传、上网教育，开展集体讨论会等，提升网络用户的道德意识。

6. 结论

信息科技的不断沿革推动了时代的发展，同样也催生了这一时代特有的数据安全问题。面对数据安全呈现的新特点和风险，银行业应将“制度、技术、人员”三方资源进行有机融合，加强数据治理管理并强化安全措施，为银行提供一个安全、可靠的数据安全生态体系。随着人们对数据价值的认识，数据资产使用与数据安全保护便成为两个相生相伴的问题。银行数据保护需要多方面的协调与配合，既涉及组织架构的调整，也有技术手段的增加，管理策略补充，更需要长期地进行人员教育与培训。通过分析数据安全隐患，提升全社会数据安全防护意识，从数据治理内部与外部环境多个方面解决数据的泄露、非法窃取和滥用，对维护行业发展、保护个人隐私，甚至是推动国家的发展，都具有重要的现实意义和社会价值。

参考文献

[1] 杨渊 . 大数据背景下个人隐私保护和信息应用研究 [J] . 征信，2014.

[2] 姬蕾蕾 . 个人信息保护立法路径比较研究 [J] . 图书馆建设，2017.

[3] 王少辉，杜雯 . 大数据时代新西兰个人隐私保护进展及对我国的启示 [J] . 电子政务，2017.

[4] 王敏，江作苏 . 大数据时代中美保护个人隐私的对比研究——基于双方隐私保护最新法规的比较分析 [J] . 新闻界，2016.

[5] 陈星 . 大数据时代软件产品个人信息安全认证机制构建 [J] . 重庆邮电大学学报（社会科学版），2016.

[6] 罗娇 . 大数据环境下个人信息保护法律问题研究 [J] . 图书馆，2018.

[7] 刘雅琦 . 大数据环境下个人信息的保障性开发利用现状分析及对策研究 [J]. 图书馆学研究，2015.

[8] 王忠，赵惠 . 大数据时代个人数据的隐私顾虑研究——基于调研数据的分析 [J]. 情报理论与实践，2014.

[9] 匡文波，童文杰 . 个人信息安全与隐私保护的实证研究——基于创新扩散理论的大数据应用视角 [J]. 武汉大学学报（人文科学版），2016.

[10] 梅夏英 . 数据的法律属性及其民法定位 [J]. 中国社会科学，2016.

[11] 于冲 . 侵犯公民个人信息罪中“公民个人信息”的法益属性与入罪边界 [J]. 政治与法律，2018.

[12] 杨惟钦 . 价值维度中的个人信息权属模式考察——以利益属性分析切入 [J]. 法学评论，2016.

[13] 储节旺，李安 . 新形势下个人信息隐私保护研究 [J]. 现代情报，2016，36（11）：21-26.

[14] 史卫民 . 大数据时代个人信息保护的现实困境与路径选择 [J]. 情报杂志，2013.

[15] 王利明 . 论个人信息权的法律保护——以个人信息权与隐私权的界分为中心 [J]. 现代法学，2013.

[16] 冯源.《民法总则》中新兴权利客体“个人信息”与“数据”的区分 [J]. 华中科技大学学报（社会科学版），2018.

[17] DAMA International. DAMA-DMBOK Data Management Body of Knowledge 2nd Edition，2017.

[18] 黄劲松.银行业办公环境敏感数据安全治理 [J]. 大数据产业生态大会，2019.

[19] 中华人民共和国国家标准.信息安全技术数据安全能力成熟度模型 [J]. 2019-08-30.

[20] 阿里巴巴数据安全研究院.数据安全能力建设实施指南 V1.0 [J]. 2018-09-29.

[21] 中国人民银行.个人金融信息保护技术规范. [J]. 2020-02-13.

[22] 中华人民共和国国家标准.金融数据安全数据安全分级指南 [J].（送审稿）2020-04-13.

[23] 中国软件评测中心.电信和互联网行业数据安全治理白皮书（2020 年） [J]. 2020-07.

[24] 杜跃进.数据安全治理的几个基本问题 [J]. 大数据，2018（4）.

[25] 杨东，龙航天.开放银行的国际监管启示 [J]. 中国金融，2019（10）.

[26] 朱永红.安徽省农村信用信息共享服务平台设计与实现 [J]. 金融电子化，2016（3）.

[27] 王娟.农户信用评价在安徽省的探索与实践 [J]. 金融纵横，2015（4）.

[28] 从宝辉.安徽省农村信用体系建设问题研究 [D]. 安庆师范大学，2019.

[29] 谭晓雯.农村数字普惠金融的实践与思考——基于安徽省金寨县的实际案例 [J]. 中国民商，2019（10）.

金融业数字化转型路径与措施研究

吴土荣　林常乐　何志强　等①

国信证券和清华大学交叉信息学院的联合投稿以观点集的形式重点关注“十四五”时期金融业数字化转型的国内外发展经验，以及证券金融行业数字化转型所涉及的关键技术和重点提升方向。主要观点如下：

1. 巩固根基，在更多金融关键基础领域整合或培养掌握底层金融科技的服务商

在当前历史环境下，考察各行各业的国际竞争形势，金融业是我国与世界先进水平差异较大的领域，任何一个产业的长远健康发展都主要依赖科学技术的推动，科学技术同样是金融能力的倍增器，是金融业生产力的主要代表指标。在当前金融业改革开放的大背景下，推动金融业数字化、科技化转型是我国金融业竞争力长期提升的无法绕开的关键一步。

金融科技与产业链的对应关系同样是分层次的。近期中美贸易摩擦过程中，国人普遍认识到了在人们的“电子信息消费”行业的产业链中的科技层次，认识到我国电子信息消费品领域过去在应用类的科技方面有很多发展，出现了阿里巴巴、腾讯、小米等一大批技术领先的应用类科技企业；近期也崛起了个别在更底层的网络建设方面的强大企业诸如华为；但是我国长期在最底层的芯片制造、商用操作系统、工业软件等方面长期有严重的欠缺，以至于在中美贸易摩擦的关键时期经常被“卡脖子”。类似地，在金融行业也具有产业链的这种上下游结构，与我国在电子信息消费领域的国际领先地位不同，我国在金融科技领域的落后是全方位的，虽然借助电子支付、脸部识别身份认证、消费金融 APP、电子商务平台上卖保险卖基金等创新业务有所发展，但是整体上即使是应用领域也仍然属于技术严重落后的局面。由于缺乏系统性的行业技术赋能方案，各类金融机构往往各自发展自身的科技系统，金融行业发展多年来，只有少数科技系统被“独立”出来并发展壮大，例如以恒生、金证代表的证券交易服务提供商，以万得、东方财富等机构为代表的金融信息与数据服务提供商，这些服务商有对应的国际竞争机构，且国内企业的组织形态和技术服务能力也有很大的发展，但是在风险评估与风险管理、随机环境下的优化决策等底层金融

① 课题组：国信证券与清华大学交叉信息学院。课题组成员：吴土荣、林常乐、何志强、夏泽宇、曾锦镶。

科技服务领域，我们还是有极大的欠缺。在国内几乎找不到有实力的服务商，迫使相关中下游金融企业广泛地采购了外国企业的底层科技服务。

在目前中美贸易摩擦的大背景下，我国的金融科技企业实际上同样面临类似于电子信息消费品行业类似的处境，最底层的核心科技并不掌握在我们自己人手里，这让我国的金融科技产业链实际上面临着巨大的底层风险。因此，我们重点建议能够在“十四五”期间，国家能够出台政策，在每一个重要底层金融科技服务领域，重点扶持和发展1~3家独立的底层科技服务商，专门做底层科技产业的研发，同时独立的企业能够避免与下游特定企业的利益冲突问题，与此同时还能够各自引入少数国际领先的科技企业，与本土企业保持竞争，促进相关细分行业的长期健康快速发展。将底层的核心科技掌握在我们自己人手里，培养出一批专注于深挖底层金融科技的服务商，真正建立我国在金融科技领域的牢固根基。

1.1 发展风险量化引擎：在智能化时代超越 RiskMetrics

1.1.1 风险控制技术是金融业长期发展的基石

风险控制是金融业的基石。随着金融一体化和经济全球化的发展，金融产品和金融风险日趋复杂化和多样化，金融风险管理的重要性愈加突出，大型企业、金融机构和监管部门都在积极探索金融风险管理的技术和方法，以对金融风险进行有效识别、精确度量和严格控制。风险测度是风险管理的首要环节，只有准确地度量风险，确定风险来源，才能保证其后的控制风险措施行之有效。借助人工智能、大数据、云计算等新技术，行业要在场景化风控的广度和深度上发力，提升金融服务效率和准确度，同时也要在金融核心风控系统上深耕，构建具有自主知识产权的全资产风控系统。

随着我国金融业改革开放进程的逐步展开，过去传统的粗放式发展道路已经逐渐变窄了，这一阶段必须要深入推进金融业的全面科学化转型。我们认为下一阶段的金融数字化工作中，着力发展的金融企业的风控能力是一个重要的核心工作，各行各业具体情况有很大不同，各类金融企业也会独立建设符合自身业务特征的风控工具，但是如果能借助此次机会，重点扶持一到两家企业，发展一套具有普适性的底层风险量化评估引擎，将会在长期起到带动整个行业在风控能力方面的全面升级。

1.1.2 有必要建设适应中国本土环境的风控系统体系

国外领先的投行类机构均有自行开发或研发的核心风控系统，如高盛自1993年开始研发的SecDB（Securities Database）资产风险定价和情景分析系统，系统每天对280万个组合，结合50万个不同的市场场景（market scenarios），执行2300万次定价计算。该系统是高盛衡量风险并分析证券价格的主要工具，一直被视为高盛的核心竞争力，在公司发展历程中，系统总在关键时刻尤其是金融危机期间扮演重要角色，高盛也凭借该平台在2008年国际金融危机中获得了极大的收益和保护。

阿拉丁系统（Asset Liability and Debt and Derivative Investment Network）是贝莱德研发和创新的驱动器，这个“超级大脑”将风险分析、投资组合管理、交易融为一体，真正实现了“一个系统，一个数据库，一个过程”。贝莱德行业领先的风险模型和多资产类别分析涵盖了从固定收益和股票到房地产和对冲基金等广泛的投资工具。系统监测2000多种以上的风险因素，每周进行5000次投资组合压力测试和1.8亿次期权调整计算。每天快速测试数千种可能的情况，回答诸如“通货膨胀会有什么影响?”“石油或天然气价格的变化会有什么影响?”或者“如果欧洲出现衰退怎么办?”，预测解释和回应世界各地发生的大大小小的变化。系统帮助贝莱德的基金经理管理成千上万个复杂的组合，为全球逾200家机构管理的约14万亿美元资产提供风控模型。

在风控方面，RiskMetrics集团是一家具有普遍意义的能够进行行业赋能的企业。这是一家立足于美国，面向全球服务的金融市场风险管理和企业管理服务提供商，其对于市场风险的多维度综合度量“方法标准”与对应的计量引擎是大多数金融从业机构都无法绕开的基础服务，该企业能够实现针对全球绝大多数规模较大的金融市场的多类金融资产的风险评估、建模和报告服务，在国内市场上，RiskMetrics同样有着广泛的客户群体。但是，RiskMetrics针对中国市场上的金融资产的评估服务还不够本土化，多数国内的资产在中国特殊的市场环境下有自身特殊的运作机制和运动规律，完全贴合中国市场本土化的风险估计引擎、建模和报告服务是RiskMetrics这类美国公司不可能完成任务。如何将风险估计的普遍原理以及业界普遍接受的技术标准在中国市场上实现应用，也是任重道远，同时又影响深刻的工作，且这项工作只能由国内自己来培育。

因此，我们认为在“十四五”期间我国需要鼓励国内相关金融机构建设具有自主知识产权的风控系统，推进金融市场多资产类别风险评估、建模和报告服务，推进人工智能、大数据、金融风控的深度融合，充分发挥人工智能在超大规模数据处理，信息挖掘上的优势，助力金融业风控能力提升。

1.1.3 人工智能技术有机会彻底改造传统的风控技术

传统的风险模型体系，不仅能使用复杂多样的市场风险，也有对应的流动性风险、信用风险、操作风险等数学模型，这些模型的缺陷在于普遍采用简化的抽象假设，虽然模型可以越做越复杂，能够分析的风险类型越来越多，但是仍然无法脱离“简化抽象假设”的窠臼。随着人工智能技术的快速发展，各种面向细分场景，基于大数据的风险控制模型被开发出来，人工智能技术正全面改造着我们对于风险控制的认知，并可能将我们推向一个风险控制的全新高度。

尤其是随着近些年来互联网金融和普惠金融的快速发展，智能风控在信贷、反欺诈、异常交易检测等领域得到了非常广泛的应用。风险作为金融业尤其是个人零售银行的固有特性，与金融业务相伴而生，如存贷款业务，风控是传统金融机构面临的核心问题。与传统的风控手段相比，智能风控改变过去以满足合规监管要求的被动式管理模式，转向依托新技术进行监测预警的主动式管理方式，全面提升风控的效率与精度。例如，在传统金融机构中一个信贷审批流程中包含了欺诈和信用风险评估，其申请流程烦琐，审批时间较长。而通过人工智能，系统可以从多维海量数据中深度挖掘关键信息，找出借款人与其他实体之间的关联，从贷前、贷中、贷后各个环节提升风险识别精准程度。

1.2 标准化的优化决策求解方案服务商：能够匹敌 IBM CPLEX

1.2.1 优化决策求解工具是金融科技的最核心科技之一

归根结底，金融系统的本质应该解决的是“在不确定环境下的决策问题”，其他所谓交易、支付、客户展业等都不过是围绕最终的决策问题之外的执行系统，如何识别和度量不确定性并且在不确定环境下做出最合理的决策才是金融科技的终极问题。对于这个最重要的“决策”问题，在数学上我们往往将决策问题抽象为一系列的优化方程，但是运筹与优化问题的求解并不是一件容易的事情。

虽然传统的简单运筹优化工具，例如线性优化问题是简单的甚至开源的，但是还存在大量、重要且复杂的运筹优化问题很难得到准确合理的求解。

就我方的实践经验而言，绝大多数在随机环境下的金融决策优化问题，在从实践中抽象出来对应的优化方程的步骤并不是非常困难，但是相关系统的求解则往往“非常”困难，属于金融科技的“最底层、最核心”技术之一。

但是在该领域的企业级优化系统求解服务提供商，主要由一些国际老牌科技企业把控，例如，享有盛名的 IBM 公司的 CPLEX Optimizer 系统，该系统中内置了大量算法专门用于复杂优化问题的求解，无论从计算精度、计算速度、计算适应性等方面都具有极大的领先优势，几乎垄断国内国际的商业级优化决策求解服务，价格昂贵且几乎没有替代者也无法简单绕过，没有优化求解工具，抽象出来的数学优化问题也就失去了意义，金融科技也就不可能有深入发展。反过来说，如果我国在“十四五”期间能够着力发掘该领域的专家，重点攻克其中一批应用广泛的标准化问题并且实现商业化运营，则能够打破该领域的垄断，为我国金融科技的长期健康发展打下更加坚实的基础。

1.2.2 人工智能技术有机会改造传统优化决策科技

人工智能时代涌现出一批先进的机器学习、增强学习、深度学习算法可以用于求解传统的优化问题，为过去长期困扰我们的大量的优化决策问题找到了很多具有很强实践意义的近似求解的解决方案。例如，我们在业务中结合学术界的最新进展，开发了基于强化学习技术的求解随机动态优化决策问题的求解方案，为相关的复杂抽象决策问题的解决开辟了新的道路，虽然增大了问题本身的计算量，但是有了更强的适应性，而且随着未来大规模云计算的普及，计算的成本会迅速降低，相关求解引擎将可能快速大范围应用，从而实现对 IBM CPLEX 引擎的变相替代或超越。

1.3 具有公信力的评级服务提供商：能够匹敌“标普评级”

企业信用评级是非常基础的金融基础服务，涉及大量的尽职调查技术人员、大型的数据收集系统、复杂的信用评估系统等技术。根据以往我国相关评级服务提供商的数据，我们有理由相信我国现有的信用评级服务商与国际领先水平还有较大差距。这可能是由我国信用评级市场基础设施建设不足、人才不足、相关数据模型开发不足等原因导致的。另外标准普尔于 2019 年正式被批准进入中国市场，可能也是为了弥补在这方面我国相关企业能力的不足。作为一种非常基础的金融服务，我们认为在“十四五”期间，我国需要着力建设和培育3家左右能够与标准普尔评级相匹敌的国内评级服务提供商。

1.4 具有公信力的金融信息综合服务商

金融业是一种强烈依靠信息的服务行业，理性高效的金融系统，最终必然是信息流最终主导了资本的流动方向和规模大小。国内的金融信息服务商主要以万得、东方财富等金融机构为代表，但是这些机构目前同国际知名服务商如彭博、汤森路透还有很大差距。不仅是信息服务的覆盖范围方面，无法适应长久的未来我国金融业逐步走出国门服务“一带一路”沿线国家乃至全世界的信息需要，而且是在信息服务的质量方面，也实际上难以满足国内金融机构对于数据质量精度、广度、深度的要求。我们同样建议在“十四五”期间，国家能够出台相关政策，推动国内金融数据服务企业的整合和升级，面向全新的国际形势，推动国内金融信息基础服务的全面转型升级。

2. 分层次推进金融数字化转型

2.1 数字化转型的第一层“信息化”和第二层“泛ERP化”

数字化转型的第一层“信息化”指用系统把业务管起来，代替原来的手工操作。很多券商的资管、机构服务系统的建设就属于这个阶段。

数字化转型的第二层是“泛ERP化”。ERP本身是来源于制造业的一个概念，指“通过信息化系统建设把企业的人、财、物、产、供、销及相应的物流、信息流、资金流、管理流、增值流等全部打通，高效流转，实现企业的高效运营”。泛ERP的核心是围绕着“人、角色、场景”的数据通、流程通、场景通。

其中“数据通”是指数据从离散的数据到数据仓库、数据集市的集成的数据，以有效的“数据治理”为基础，打破数据壁垒，让数据易用、方便数据分析，让业务能自主进行数据分析，人人都是数据分析师，最终实现“数据驱动业务”。

“流程通”是指实现将跨系统的异构后台多场景都打通的一体化流程，并给用户以一致的体验，也就是说做一件事一个流程一气呵成就做好了，而不是要先在这个系统操作一下然后到那个系统再操作一下。

“场景通”是指围绕场景组织内容和服务，当前场景下需要的各类功能和服务触手可及，场景间有效衔接。比如差旅服务，一下飞机APP就把相关接机人员信息、当地日程安排、公司推荐的餐饮、当地的常用地址、常用联系人等这个场景下需要的信息和资源推到手机上。证券行业的“场景通”，可以是围绕用户诉求贴心设计、各类功能和服务触手可及的APP，也可以是开户或购买产品过程中前后台无缝衔接、线上线下紧密协同、场景间流畅切换的使用体验，还可以是结合机构客户综合金融服务和业务机会挖掘/潜在客户搜索/风险监控识别/事件与舆情监控的机构CRM。

在实现流程通和场景通的过程中，将业务规则标准化并不断固化/集成到系统中，并且实现确定性的业务自动化、不确定性业务智能化、共通的业务中台化（如集中审核、集中呼叫中心、质控中心、集中财务），致力于以用户体验为中心，通过数字化赋能，实现敏捷运营，推进业务模式重构和管理模式变革。

2.2 数字化转型的第三个层次“商业模式的数字化转型”

数字化转型的第三层也是最高层次是商业模式的数字化转型，即借助数字化技术实现对传统经营方式、经营范围、经营模式的突破。通过对新一代数字技术的深度应用，构建一个全感知、全连接、全场景、全智能的数字化世界，实现对管理模式、业务模式、商业模式的全面创新和重新塑造。

这类案例可以从现实中看到很多，如券商在技术的加持下从线下走到线上、从人工服务转到依托 APP 的自动化智能化服务、从高佣金走向低佣金抢流量再通过个性化、智能化服务转向财富管理挖掘流量价值。

阿里巴巴商业操作系统通过能力整合打通了商业的各个环节，让天下没有难做的生意；蚂蚁金服推出的余额宝以及根据芝麻信用给客户放贷款，低成本服务长尾客户，这些都是典型的商业模式的数字化转型。

高盛推出的线上数字消费金融服务平台 Marcus，进军消费借贷与零售银行业务；高盛还通过 Marquee 以 SaaS 服务及 API 的方式整合其核心风控平台 SecDB 的数据提取、组合管理、量化分析、定价、风险预测等能力并对外进行能力输出。高盛通过这些转型方式以服务长尾客户并实现他们的愿景：成为华尔街的谷歌。在高盛看来其风控能力就相当于搜索引擎之于谷歌。

3. 金融业数字化转型离不开政策支持

综观国际形势，金融还是我国与世界先进水平差距较大的领域，而金融科技是金融能力的倍增器，在改革开放不断扩大的当下，大力发展金融科技、推进金融业数字化转型的必要性更为凸显。正值当下，建议通过减税、建立金融科技投资基金等模式鼓励企业持续在数字化方面进行投入和整合，提升整个行业的信息化、数字化水平。

金融新一代网信体系内生安全框架与系统的探索

李凤辉　陈　骏　张泽洲[①]

摘　要：面向金融的信息安全体系化建设前提，是能够体系化地识别出网络安全存在的问题，将“一体之两翼、驱动之双轮”作为其金融信息化和网络安全的战略定位，进而用安全能力全景的框架作为引导，确保分析问题的准确性、全面性。因此，金融机构的安全防护能力建设应该以“问题导向”“框架引导”“保障业务”为方向，以“本质安全+过程安全”一体的防护核心，构建“关口前移，防患于未然”的网络安全防御体系，以“统一谋划”作为落实“四统一”的起点，以“三同步（同步规划、同步建设、同步运行）”为机制保障，以三个聚合（技术聚合、数据聚合、人的聚合）为落地保障，推动网络安全从“局部整改”“辅助配套”建设模式向体系化规划建设模式转变。从而开展新一代金融网络信息安全体系建设和内生安全能力落地。

以系统工程方法论来指导网络安全体系的规划、设计和建设工作，面向叠加演进的基础结构安全、网络纵深防御、积极防御和威胁情报等能力，识别、设计构成网络安全防御体系的基础设施、平台、系统和工具集，融合新一代金融网络信息体系安全，并围绕可持续的实战化安全运行体系以数据驱动方式进行集成整合，从而构建出动态综合的网络安全防御体系。以项目为抓手，合理调配资源、完善管理机制，使网络安全工作能够得到充足保障和有力推动，从而在“十四五”期间通过升级、替换或重构的方式使网络安全规划得到落实，实现网络安全能力演进提升。

关键词：内生安全　框架　金融　新一代网信体系　工程

1. 金融新一代网信体系面临的安全风险

1.1　金融安全的危机

金融安全在国家经济安全的地位和作用日益加强，金融安全与金融危机、金融风险紧密相关，大量金融风险聚集会引起金融安全的危机。信息技术的快速演进，使金融科技发展进入快速的“转型期”，承载金融信息的通信设备、开发网络，信息安全风险不断积聚、隐患持续增多，个人金融数据、金融资产数据的保护面临严峻挑战。金融工具创新引入前

① 课题组：奇安信科技集团股份有限公司。课题组成员：李凤辉、陈骏、张泽洲。

沿的信息技术，在大数据、5G、区块链、人工智能等新兴领域开展金融业务时，信息化与对称的安全防护及反馈响应机制相一致时，将会达到安全动态的平衡，此时安全的形态在同步动态的过程中相互良性发展。因技术安全能力支撑不足，一旦动态平衡的安全状态被打破，比如，出现某个领域的短板，按照木桶短板效应，其脆弱性会成倍地释放，影响金融运行、金融业务的稳定，同时对金融资产的安全也带来巨大冲击。金融安全危机包含了金融体系的安全、资产安全、数据风险、隐私数据风险等。同时，金融装备落后、信息技术创新应用替换过渡周期长也是我国金融安全的重大隐患。

1.2　金融体系服务的危机

我国当前的金融体系基本上是依靠国外的体系和经验建立起来的，开放的技术环境下，金融体系依赖的科技资源，相似程度非常高，国际金融的理论面临的风险，在一定程度上会影响我国的金融体系。金融体系随着金融市场的分层和融合，在不同时期呈现出“中心化”和“去中心化”的形态，提供金融服务也依赖于金融科技的转型和升级，两种形态下安全能力的重组会带来挑战。随着我国金融体系融入全球化进程的加速，服务形态、服务途径均发生了变化，原有金融科技能力是否能适应变化。核心金融基础设施与体系外系统互联，利用科技手段，产品和服务向“移动化、平台化、场景化、智能化、数字化”升级，固有的安全风险防护手段，是否还能解决新的安全风险，以适应服务模式创新、服务能力升级、提升服务效能，降低金融生态安全风险。

1.3　金融系统的可靠性

金融系统中，大量的电子设备核心技术都依赖国外进口，其中主要以计算资源为主的服务器、平台大部分采用进口，对应配套的软件也无法对代码进行评估，金融系统内的操作系统、平台，乃至电子支付系统等信息化基础设施，从硬件到软件，从理论和技术都对国外技术有着很深的依赖，由此存在安全隐患、被“卡脖子”的风险。金融机构也未开展自己设备研制开发和生产制造，从元器件、芯片、内存、存储、网络几乎都是国外技术组成。构建在国外技术之上的金融系统设施，很难保障在特殊环境下，稳定可靠地运行。同时，以金融系统中的 SWIFT 系统为代表的，被国外政府持续监控其系统代码，监控金融行为及窃取全球各地金融数据和交易信息等。以上种种都对金融系统的可靠稳定埋下巨大隐患。

1.4　金融领域数据安全及应对危机

金融科技的根本是大量的金融数据，这类数据不限于业务数据、交易数据、客户信息、产品数据、经营数据、机构数据、系统数据、员工信息等，这其中涉及不同的业务场景，不同的数据类型，同时还要面临外部和内部威胁。海量数据带来如何识别并掌握数据的正确使用和分布，敏感数据对外服务的风险控制，数据出境的安全保障措施，外包服务的数据安全隐患，提升客户对金融机构个人隐私数据保护的信任，有效进行金融数据管理，建立金融数据安全管理文化等。云计算、大数据、区块链、人工智能等场景下，金融内在的脆弱性、新技术不确定性和风险的外部性以及网络的强涉众性使得金融数据面临更多的问题和风险。

1.5 金融科技风险

以银行为代表的金融科技同样面临如开放银行业务风险、数字货币活动风险、信息系统第三方通道攻击、APT 攻击等外部风险，金融科技内部应用生态的风险、信息技术服务风险、安全运营风险、行业合规风险、内部威胁等。在提供金融服务过程中，如何通过信息化手段识别并抑制金融欺诈、薅羊毛等业务风险。以往金融机构安全意识形态的局限，将限制科技风险安全防护的高度和视角，如果不能全面识别就无法形成有效的应对措施，这无异于扩大了科技风险。

综上所述，一个网络安全体系，必然面临着层出不穷的攻击。漏洞是不可避免的，只要这个系统的漏洞还没有被黑客穷尽，就永远面临着未知的威胁。这个漏洞可能存在于芯片、操作系统、应用系统、网络设备等任何地方，可能掌握在任何一个未知的敌人手中，可能导致数据被盗或系统崩溃。如果只用攻防技术来防护，这类安全问题是永远无法解决的。

2. 金融新一代网信体系对安全架构稳定性与可靠性的要求

防范化解金融风险特别是防止发生系统性金融风险，是金融工作的根本性任务。加快金融市场基础设施建设，稳步推进金融业新一代网信体系的信息技术创新应用。解决金融新一代网信体系面临的危机，将对基础设施和配套的安全架构和可靠性提出更高的要求。面向金融新一代网信体系的安全能力顶层设计，必须从网络安全体系化规划开始，以体系化的高水平安全规划为牵引，按整体化、集中化、规模化的方式规划建设，从支撑金融业务的物理设施、主机硬件、操作系统、网络设施等构建“原始、本质”的安全基因，确保信息化系统建立在安全“底座”之上，从协同联动动员全社会的力量构筑防线到强调人的决定性作用，再到开始逐渐从外部向内部进化，触及网络安全的本质“内生安全”。

2.1 内生安全的定义

内生安全是“不断从信息化系统内生长出的安全能力，能伴随业务的增长而持续提升，持续保证业务安全”。其核心在于将网络安全的能力与金融科技信息化环境相融合，使金融可以在数字化环境的内部去获得安全免疫力与抵抗力。

内生安全构建由内而外的安全能力，一方面是本质安全（与生俱来的信息化环境安全），另一方面是过程安全（安全的防护体系），建立从 IT 底层基础软硬件设施到中间云计算、大数据平台再到上层业务应用的所有环节的安全可控。

单纯关注过程安全不能控制信息系统内部安全风险，本质安全存在漏洞和后门，不仅受制于人，也难以对后门进行修补。网信体系内生安全，必须对信息化环境的核心技术、关键零部件、各类软件都能够实现自己研究、自己开发、自己制造、自行完善。打造从可信芯片、新一代基础软硬件设施以及配套自研业务和安全产品，是保障信息安全和金融产业安全的根本。

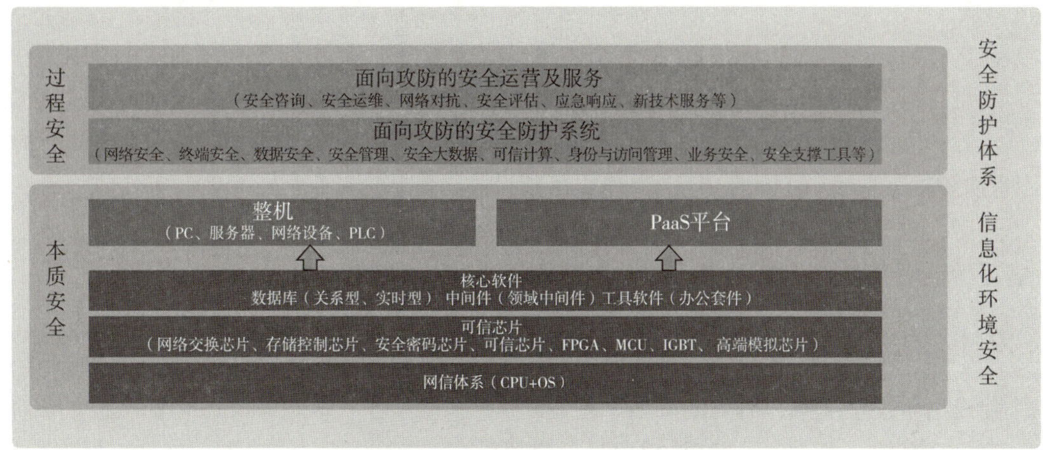

图 1　新一代网信体系内生安全示意图

2.2　为什么需要内生安全

首先，传统的网络安全防护都是“外生”的，立足于外围防护。网络安全是高度对抗性的行业，网络安全系统包括技术、数据、人员和体制机制等，是一个复杂的系统，不能仅仅考虑产品和技术因素。

其次，所有的体系都是人来操控管理的，人本身的弱点也是网络体系最大的脆弱性。比如弱密码、密码丢失、使用不安全的设备等，甚至还有人会被策反成间谍。

再次，根据 FBI 和 CIA 等机构联合做的一项安全调查报告，超过 85%的网络安全威胁来自内部，危害程度远远超过黑客攻击和病毒造成的损失。这些威胁绝大部分是内部各种非法和违规的操作行为造成的。

同时，信息安全作为金融科技关注的重点之一，往往面临最大的问题是安全管理推动困难，安全能力落地不深、覆盖不全、保障有限，安全长期处于附属层面。

还有，在网络攻击对抗极其激烈的今天，没有任何一台设备是能够保证 100%不被攻破的，只有具备应急能力，用最快的速度让应急措施到位，如此才能够及时地切断网络攻击的源头，避免因为攻击导致安全事故。

最后，面向金融新基建的新一代网络安全框架，需要以系统工程的方法论结合“内生安全”的理念，改变以往“局部整改”和产品堆叠为主的安全规划及建设模式，从顶层视角建立安全体系全景视图。

2.3　内生安全的特征及当前发展形势

通过内生安全框架的方法与工具集，能够实现网络安全能力体系与新基建信息化环境的深度融合与全面覆盖，将安全能力平衡有序、工程化落地实施，并实战化运转起来。内生安全能力具有自适应、自主、自生长三个特点。

首先，自适应的内生安全：针对一般性网络攻击能自我发现、自我修复、自我平衡；针对大型网络攻击能自动预测、自动告警和应急响应；应对极端网络灾难时能保证关键业务不中断。

其次，自主的内生安全：结合业务场景、业务系统、业务数据等结合，针对业务特性，立足自身安全需求，建设自主的安全能力。为软硬件系统赋能内生安全功能的设计方法及步骤，需要同时具备“计算与安全防护同时进行”“计算部件+防护部件双重结构”“三重防护框架”“人机可信交互”“建立可信设施”“让攻击者无处下手”等特点。

最后，自成长的内生安全：安全能力应该能做到动态提升，核心是人的进步和成长，既需要懂金融专业知识的 IT 人才，也需要具备专业能力的安全人才。

2.4 内生安全的思路

建设内生安全框架，需要明确四个假设：

第一，系统一定有未被发现的漏洞，有漏洞就会有针对漏洞的攻击，就会有针对性地进行防护；

第二，一定有已发现但未修补的漏洞，攻击不依赖于最高风险，短板一定成为突破的关键，防护也要从最基础的开始；

第三，系统已经被渗透，关键在于发现安全风险，阻断风险蔓延，回溯攻击路径，判定风险影响；

第四，内部人员不可靠，要像应对外部威胁一样，第一时间消灭内部安全威胁。

基于以上四个假设，构建内生安全实现自适应，把信息化系统与安全系统聚合起来。通过对信息化系统的分层解耦、异构兼容，以及把安全能力资源化、目录化，拉通网络控制系统和业务控制系统。实现自主，需要的是业务数据和安全数据的聚合。建立起业务与安全统一的实体关系数据模型，把不同的数据聚合成一个完整的安全数据视图，通过检索、AI 及更广泛的知识来发现隐藏在多层关系背后的安全问题，感知网络层面的威胁、数据滥用与泄露窃取。实现自成长，靠的是聚合 IT 人才和安全人才。

2.5 内生安全带来的模式转变

内生安全参考新一代网络安全框架，采用新理念、新方法规划建设有效应对金融数字化风险的新型网络安全服务化工作模式。将“一体之两翼、驱动之双轮”作为其金融信息化和网络安全的战略定位，构建“关口前移，防患于未然”的网络安全防御体系，以“统一谋划”作为落实“四统一”的起点，在做好“关口前移”的基础上，推动网络安全从“局部整改”“辅助配套”建设模式向体系化规划建设模式转变。

3. 面向金融新一代网信体系的内生安全框架与系统

新一代网信体系包括从可信的“芯片安全”“机器安全”“软件安全”“平台安全”

建立本质安全，安全能力从“零”内生，结合过程安全控制，实现内生安全。新一代企业网络安全框架为金融“十四五”网络安全规划、设计提供思路与建议。

3.1 内生安全总体目标

内生安全的关键是管理。一套“新管理”模式，它由数据驱动，通过与安全体系中的能力平台和服务平台有效对接，实现对安全技术、安全运行等各方面要素的有效管理，结合过程安全从而发现和规避黑客利用安全体系里的漏洞发起的攻击，克服人的不可靠性、弥补人的能力不足。

管理的关键是框架。实现内生安全是一套复杂的系统工程，需要用工程化、体系化的方式实施，它的关键是安全框架。内生安全框架有三个重点：“理清楚”“建起来”“跑得赢”，让网络安全体系具有本质可信、动态防御、主动防御、纵深防御、精准防护、整体防护、联防联控的能力。

框架的关键是组件化。需要对安全体系进行“统一设计，分步实施”，把安全框架组件化，让这些组件既能是新体系的一部分，又能部署到老系统中，避免把安全系统推倒重来，确保现在安全上的投资是面向未来的。

（1）构建内生安全体系，同时关注本质安全与过程安全，将网络安全与信息化环境进行聚合，深度融合，全面覆盖。

（2）以保护大数据与关键业务为核心，引入零信任体系，升级安全架构。

（3）规划网络安全体系性建设，信息化视角、全景化视角，以十大工程五大任务为建设抓手。

（4）以实战化的安全运行作为最终检验标准。

（5）人的聚合，信息化人员与网络安全人员的相互理解与能力覆盖。

（6）安全运行与指挥，与网络安全监管相协同。

3.2 内生安全总体框架

内生安全体系总结成“一个中心”“五张滤网”“本质可控”，“一个中心”是指安全运营中心，“五张滤网”是指网络、身份、应用、数据和行为，建立在以本质安全为“底座”的可信环境基础上，结合过程安全实现内生安全。

内生安全，代表的正是这种新形态的网络安全管理模式。它用“一个中心”“五个滤网”，有效实现对网络安全体系的管理，构建无处不在，处处结合，实战化运行的安全能力体系。这种新管理模式，需要能力体系支撑，需要用工程化、体系化的方式实施，这套方法的成果，就构成了内生安全框架。

3.3 金融内生安全框架设计

面向金融的信息安全体系化建设前提，是能够体系化地识别出网络安全存在的问题，进而用安全能力全景的框架作为引导，确保分析问题的准确性、全面性。因此，金融机构的安全防护能力建设应该以“问题导向”“框架引导”“保障业务”为重心，以“三同步”（同步规划、同步建设、同步运行）为机制保障，以三个聚合（技术聚合、数据聚合、人的聚合）为落地保障，从而开展新一代金融网络信息安全体系建设和内生安全能力落地。

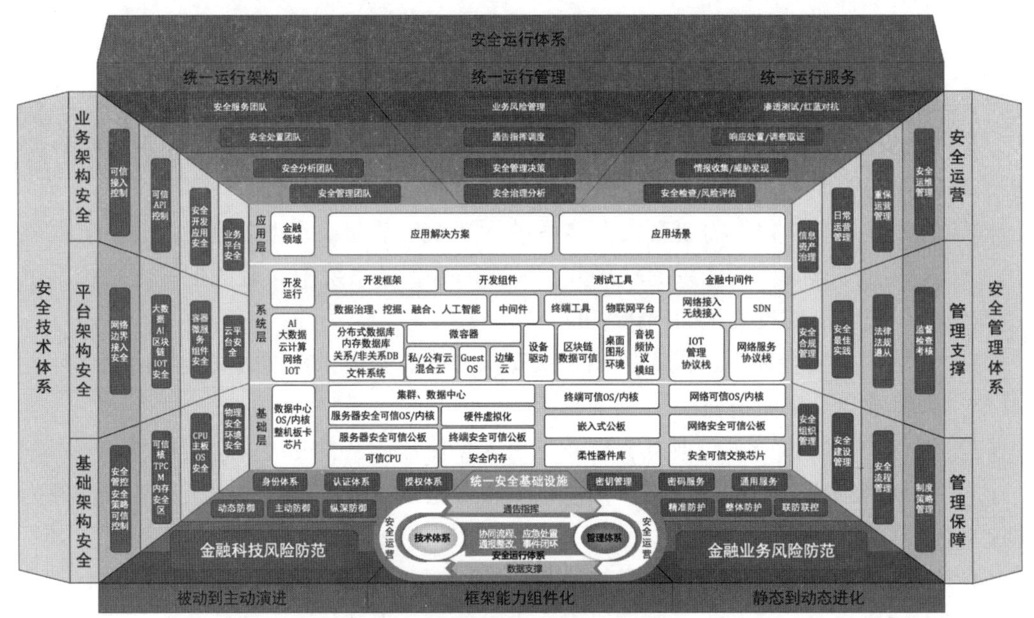

图 2　金融行业内生安全框架

金融机构应以系统工程方法论来指导网络安全体系的规划、设计和建设工作，融合网信体系安全，并围绕可持续的实战化安全运行体系以数据驱动方式进行集成整合，从而构建出“有高度(大局观)、有深度(纵深化)、有梯度(层次化)、有宽度(能扩展)、有广度(覆盖全)、有限度(忌盲目)、有力度(促执行)、有尺度(易评价)”动态综合的网络安全防御体系。

以围绕网信体系本质安全为基础，结合过程安全防护，重构金融网络纵深防御体系，进一步围绕数据确定防御重点，围绕人员开展实战化安全运行，规划建设动态综合的网络安全防御体系，使安全能力全面覆盖云、终端、服务器、计算硬件（操作系统、CPU 芯片等）、通信链路、网络设备、安全设备、人员等 IT 要素；建立 IT 基础设施可信计算环境的基础层、建立国产技术平台的系统层、建立面向金融自研的业务应用层，多层级本质安全；将过程安全能力深度融入物理、网络、主机、系统、应用、数据与用户等各个层次，确保安全能力能在 IT 的各层次有效集成。

建立实战化的安全运行体系，加强人防与技防融合，根据 IT 运维与开发的特点将安全人员技能、经验与先进的安全技术相适配，通过持续地安全运行输出安全价值。通过安全运行流程打通团队协作机制，提升响应速度和预防水平；健全网络安全组织，形成安全组织常设化、建制化。建立层级化的日常工作、协同响应、应急处置机制，做到对任务事项、事件告警、情报预警、威胁线索等各个方面的管理闭环，面对突发威胁能快速触发响应措施，迅速、弹性恢复业务运转。

结合自身信息化现状，规划网络安全建设项目，定义关键工程和任务。以项目为抓手，合理调配资源、完善管理机制，使网络安全工作能够得到充足保障和有力推动，从而在“十四五”期间通过升级、替换或重构的方式使网络安全规划得到落实，实现网络安全能力演进提升，通过组件化的安全框架融入新旧安全体系中，避免推倒重来同时还能面向未来。因此，构建内生安全体系框架需要包括以下组件：

- 组件一：安全能力体系
- 组件二：安全规划方法论与工具体系
- 组件三：组件化安全能力框架
- 组件四：规划纲要
- 组件五：金融机构网络安全技术部署参考架构
- 组件六：金融机构网络安全运行体系参考架构

内生安全体系框架设计通过以下工具进行支撑，帮助组件化的安全能力融入业务体系，体系化的梳理、设计、建设、整合。

- 工具一：现状调研问题模板
- 工具二：安全能力分析评价模型
- 工具三：组件化安全能力框架
- 工具四：安全建设路线图
- 工具五：安全项目规划纲要
- 工具六：项目投资概算模型等
- 工具七：金融机构网络安全防御全景模型
- 工具八：金融机构网络安全协同联动模型

4. 以系统工程视角构建金融内生安全防御体系

构建金融所需要的“网络安全”组织能力，从局部整改为主的外挂式建设模式走向深度融合的体系化建设模式；以系统工程方法论结合内生安全理念，形成新一代网络安全建设框架；以“十大工程、五大任务”指导网络安全体系的规划、建设与运行，指导金融网络安全建设，输出体系化、全局化、实战化的网络安全架构，通过两次“聚合”，形成“内生安全”能力体系，构建出动态综合的网络安全防御体系。

作为一个在数字化时代能够保障金融业务安全有序运转的金融机构，应构建适合自身的“十大工程、五大任务”。

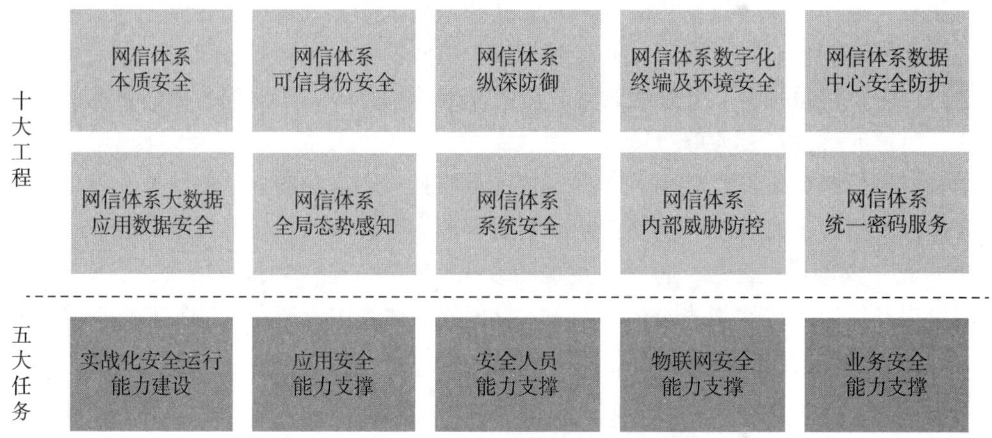

图3　金融视角、信息化视角、全景视角

4.1　工程一：网信体系本质安全

构建以信息技术创新应用的软硬件资源为基础的计算、存储、系统、网络、应用等金融网信体系基础设施。建设面向网信体系的本质安全能力，以 CPU、操作系统组成的“网信体系”为基础，包括国产芯片、可信 CPU、可信核、安全内存、整机板卡、可信 OS、核心软件、加密算法等。面向国产自研硬件、系统、网络、软件、平台的本质安全能力建设，同时解决计算机体系结构天生缺乏免疫力、漏洞易被利用、加载常规安全防护机制后运行效率低等问题。

4.2　工程二：网信体系可信身份安全

构建基于属性的身份管理与访问控制体系，全面纳管数字化身份，为网络安全与业务运营奠定基础。建设基于属性访问控制（ABAC）的技术路线的身份管理与访问控制平台。聚合人员、设备、程序等主体的数字身份、认证因子等数据和 IT 服务资源属性、环境属性、数据资源安全属性等数据，形成企业级统一身份数据视图；建立基于资源属性的数字身份统一授权管控策略，加强特权操作管控，实现多层级、流程化的身份与权限生命周期安全管理；加强对异常行为的发现与处置；建立面向应用系统的分布式用户访问控制平台，形成数字身份细颗粒度访问控制的全面覆盖；开放身份与行为数据查询和响应控制接口，实现安全运营协同。

4.3　工程三：网信体系纵深防御

采用标准化、模块化的网络安全防护集群，适配网络节点接入模式，构建覆盖多层次的网络纵深防御体系。采用集约化模式，设计标准化、模块化的网络安全防护集群，适配网络各节点的业务连接模式，提供按需灵活编排调度的流量清洗、网络访问控制、加解密、入侵防范、恶意代码防范、应用安全防护、安全代理、数据泄露检测、全流量检测、攻击诱捕等能力。通过分别部署网络安全防护集群，形成多层次、跨区域、协同联动的网络纵深防御能力。建设独立的管理网络，实现数据平面与管理平面分离；统一管理全网各节点的安全防护集群。

4.4 工程四：网信体系数字化终端及环境安全

在终端和接入环境上构建一体化终端安全技术栈，网信体系终端安全，构建全面覆盖多场景的数字化终端安全管理体系。充分考虑组织的管理模式和文化，在确保为终端用户提供良好用户体验的基础上，建设跨数字化终端类别的统一安全管理系统。在终端和接入环境上构建面向终端硬件、操作系统、应用软件、数据资源、用户身份、操作行为和末梢网络的一体化安全技术栈；制定和落实标准纳管、分权操作、分级管控、集中分析、全局可视的安全运营目标。

4.5 工程五：网信体系云数据中心安全防护

将安全能力深入融合到云数据中心多层次的网络纵深和组件中，应立足于混合云模式，结合虚拟化、弹性扩展等云计算技术特点，构建云数据中心的安全防护体系，面向云服务交付层、云基础平台层的资源访问服务与资源运维管理活动，提供网络纵深防御、系统安全支撑、云特权访问控制、流量分层隔离、云资源隔离与安全服务串接、安全态势感知等数据中心级安全能力，实现安全防护体系和云环境的一体化编排调度，并与云数据中心中的 IT 建设与运维工作实现聚合。

4.6 工程六：网信体系大数据应用数据安全

基于数据全生命周期及数据应用场景，构建面向大数据应用的数据安全防护体系。在数据治理的基础上，建设数据安全治理系统，强化确定数据安全属性、环境安全属性及访问控制策略，建设面向数据运维的特权操作管理系统、面向数据操作访问的 API 安全代理、数据访问控制系统，实现基于访问主体、数据安全及环境等属性的细粒度动态访问控制；建设数据安全交换平台，防范数据交换过程中的威胁传播及数据泄露；建设数据安全开放平台，通过“数据不动，应用动”的方式，保证原始数据不出数据中心；建设数据安全管理与风险分析平台，全面监控数据流转过程安全状态，统一管理数据安全策略，防范违规、越权、滥用数据行为。

4.7 工程七：网信体系全局态势感知

覆盖所有信息资产的全面实时安全监测，持续检验安全防御机制的有效性、动态分析安全威胁并及时处置。面向安全实战化运营建设态势感知平台，覆盖所有信息资产的全面实时安全监测，持续检验整体纵深安全防御机制的有效性、动态分析安全威胁并及时处置相关安全风险；依托平台实现数据处理、安全分析、自动化响应、安全运行、指挥控制、态势呈现等多层次的安全能力，实现安全态势全面分析、逐级钻取事件调查分析、安全溯源和取证。

4.8 工程八：网信体系系统安全

以数据驱动的系统安全运行体系，聚合 IT 资产、配置、漏洞、补丁等数据，实现及时、准确、可持续的系统安全保护。构建企业级系统安全体系，持续监控信息系统的资产状态，分析配置符合性、漏洞状态等信息，判定风险缓解措施优先级，提供修复方案。构建企业级资产管理体系，为资产与漏洞对应、系统安全风险分析、整改责任落实提供全面、准确的数据基础。构建企业级安全配置管理体系，为脆弱性修复提供全面、准确的数据基础。构建企业级系统漏洞缓解体系，为漏洞修复方案提供全面、准确的基础。对补丁进行全周期管理，设计不符合项与漏洞修复方案并验证，最大限度修补系统漏洞。建设系统安全运行平台，进行资产、配置、漏洞、补丁等多维度数据碰撞，分析资产脆弱性、风险暴露情况、配置项符合性、判定风险缓解优先级等。

4.9 工程九：网信体系内部威胁防控

构建内部威胁安全管控体系，基于操作监控、访问控制、行为分析等手段，结合管控制度、意识培训等管理措施，提升内部威胁防护能力。应构建内部威胁安全管控体系。在已经完成的信息安全项目的基础上，建设内部威胁感知平台，形成用户行为监测和内部威胁发现能力。建立场景化的分析模型，有效应对内部欺诈、权限滥用、数据窃取、意外泄露、系统破坏等多种内部威胁类型。重点关注高权限用户群体，针对特权账户、外包人员、普通员工等不同用户/实体类型建立有针对性的风险分析策略。非技术管理层面，机构应建立稳定有效的信息安全组织、制定完善的内部威胁管控制度、明确员工管理和培训机制提升员工安全意识。

4.10 工程十：网信体系统一密码服务

秉承“内生安全”理念，规划、设计密码体系，支撑业务系统密码服务需求，建立完整的企业级密码体系，建设密码基础设施平台，形成对常用密码算法、协议以及软硬件实现的统一部署和对云安全、物联网密码模块的统一支撑，并根据身份安全、数据安全、应用安全等领域需要进行功能开发和性能优化；建设密码应用虚拟中台，开展密码应用适配与信息技术创新应用替代，为数据安全、身份安全等领域提供密码应用接口；建设应用开发密码支撑服务体系，为应用开发的密码需求、架构设计和开发过程提供开发套件，为应用测试与运营提供密码服务支撑；建设密码应用管理平台，实现密码全生命周期的结构化管理；建设密码应用测评服务体系，对密码应用的正确性、有效性和合规性开展持续的测评与改进。

4.11 任务一：实战化安全运行能力建设

建立实战化的安全运行体系，涵盖安全运行团队、安全运行流程、安全操作规程、安全运行支撑平台和安全工具等。需持续提升安全技能和安全经验并与先进的安全技术相匹配，发挥人防与技防融合提升的效果；建立以人员身份为主线的身份、凭证、权限管理，以资产为主线的资产、配置、漏洞、补丁管理，以安全策略和访问关系为主线的纵深防御安全策略管理，以威胁和安全事件为主线的安全事件处理、威胁猎杀、攻击模拟、策略优化管理，以情报数据为主线的威胁情报运营和适配提升响应速度和安全预防能力。依照既定的操作规程快速有效地处理安全事务。安全运行支撑平台和安全工具的建设也需要与实战化安全运行能力相匹配。持续开展运行能力的评估、优化，持续提升安全运行体系的成熟度。

4.12 任务二：安全人员能力支撑

基于安全体系规划和安全运行体系，结合信息化体系和人力资源特点，系统化设计企业网络安全团队，涵盖组织结构、汇报关系、成员构成、岗位设置、职级划分、岗位职责及薪酬体系等方面。根据岗位职责，结合网络安全人才框架能力模型，确定各个岗位能力要求，综合设计网络安全实训课程体系，建立一支具有实战化运行能力的团队。建立不同岗位的人才评价标准，设计符合行业网络安全岗位能力要求的网络安全能力认证体系。作为人员安全能力提升的平台支撑，建设用于网络安全学习和实践的网络安全实训/竞赛平台和用于网络安全实战和应急响应的网络安全实战训练靶场，提升人员的网络安全技能和安全团队的实战能力。

4.13 任务三：应用安全能力支撑

结合开发运行一体化模式，推进安全能力与信息系统持续集成，使安全属性内生于信息系统，保持敏捷的同时满足合规，使信息系统天然具有免疫力。需要围绕软件开发生命周期，构建应用安全能力支撑体系，优化应用开发流程，添加需求确定、架构管控、编码开发、测试评估等环节的软件开发生命周期安全控制机制。同时面向应用安全设立安全应急响应中心、导入漏洞情报、开展渗透测试，建立漏洞评估和修复体系；依托身份安全、密码体系等安全工程，制备身份管理、访问控制、权限执行和密码操作等开发库；通过培训增强应用开发团队的安全意识和能力，使安全成为应用技术团队文化的一部分。

4.14 任务四：物联网安全能力支撑

结合物联网“端边云”的架构，构建具有灵活性、自适应性和边云协同能力的物联网安全支撑体系。在终端侧建设物联网软件供应链安全管控体系，分析物联网设备固件，发现漏洞并进行生命周期追踪；建立物联网设备安全纳管体系，对关键运行状态如资源占用、进程列表、端口监听等进行上报。在物联网边缘侧建设物联网安全接入平台，对设备证书、标识进行可信身份检查，控制设备接入安全状况、持续感知边缘威胁，隔离风险设备、阻断威胁攻击行为。在云端建设物联网统一安全管理平台，对边缘侧上报的日志、数据进行分析，掌握物联网资产漏洞分布情况、运行状态与风险状况，对接入的物联网设备进行安全管理；建设物联网大数据威胁分析平台，持续提升边缘侧威胁感知能力。

4.15 任务五：业务安全能力支撑

聚合业务与行为数据，利用大数据分析技术，保护客户隐私、交易安全，加强欺诈防范，打击涉黄、涉政等行为。需要将客户身份及隐私信息纳入企业数据安全防护体系，防范客户身份信息泄露和盗用。需要面向各业务领域，结合业务流程实现内生的业务安全能力。在面向互联网服务业务领域，强化注册、登录等环节的安全管控；在面向营销业务领域，建设营销安全系统，在隐私合规的前提下采用大数据智能技术，发现并防范刷单、薅羊毛等异常的“黑灰产”行为；在面向涉及操作风险的业务领域，建设反欺诈监测平台，增强内外部欺诈风险事件检测能力，通过欺诈风险事件的检测、分析、处置、反馈的闭环流程，完善业务操作风险防范工作；在面向渠道推广业务领域，建设渠道反作弊系统，对抗虚假点击等流量作弊；在面向音视图文等内容业务领域，发现并拦截涉恐、涉政、涉黄等内容，保障平台内容安全及业务合规。

5. 总结

随着“数字中国”“网络强国”等战略部署稳步推进，信息化、网络化、数字化带来巨大红利，但同时也引入了更多新的风险，现实世界与网络空间的边界逐渐消弭，网络空间的安全问题会直接投射现实世界中，直接危害业务安全、社会安全，甚至国家安全。

“十四五”时期是数字化战略转型的关键阶段，做好“十四五”网络安全规划编制工作，对金融机构意义重大。“新基建”作为先行举措，将进一步加快自研IT设施部署、数字化转型步伐，网络安全是发展“新基建”的重中之重，金融机构需要加强“安全基建”建设，突破技术限制，让数字基建的每一块砖，从建立之初都安全可靠。以能力为导向的网络安全体系化规划建设模式，并逐渐向安全能力服务化转型，加强网络安全防御的主动性和可持续性，提升实战化运行能力。

金融机构可借鉴新一代网络安全框架，做好“十四五”网络安全规划设计。以规划出的重点项目为抓手，合理调配资源、完善管理机制，使网络安全体系建设工作得到充足保障和有力推动，在金融机构数字化环境内部建立无处不在的“免疫力”，构建出动态综合的网络安全防御体系，从而在“十四五”期间实现网络安全能力演进提升，保障数字化业务平稳、可靠、有序和高效运营。

应用大数据智能推动期货监管科技发展

——郑州商品交易所智能化监管科技系统建设经验

康　乐　张廷利　赵国平　等[①]

自1990年中国期货市场诞生至今，经历了30多年的发展，取得了令人瞩目的成绩。我国期货市场已经初步形成了期货期权、场内场外、境内境外协同发展的良好局面。中国期货市场以习近平新时代中国特色社会主义思想为指导，坚持服务实体经济和国家战略的发展导向，牢牢守住不发生系统性风险的底线，在国民经济中发挥着显著作用。作为期货市场"五位一体"监管协作体系的重要组成部分，期货交易所担负着期货市场的一线监管职能。在期货市场对外有序开放、市场成交量屡创新高、违规违法交易日益隐蔽多样的背景下，期货交易所面临着监管任务繁重、监管手段单一、监管技术发展滞后的压力。

近年来，以大数据、云计算、人工智能为代表的新一代信息技术迅猛发展，这些新技术与金融领域交叉融合，为改进监管手段，提升监管水平，带来了新的机遇。监管科技作为科技与监管融合的产物，成为提升监管效率与监管质量的有效手段。监管科技系统建设引起了金融机构的广泛关注，我国对监管科技的工作部署走在世界前列。中国证监会于2018年正式印发了《中国证监会监管科技总体建设方案》，完成了监管科技建设工作的顶层设计，明确了监管科技各类信息化建设工作需求和内容。中国证监会还设立了科技监管局这一新的职能部门，全面负责证监会科技管理与建设工作，统筹监管系统科技资源。

郑州商品交易所积极贯彻落实中国证监会关于期货交易所要强化交易所一线监管职责的要求，以《中国证监会监管科技总体建设方案》为指引，自2018年起开始进行监管领域的智能化应用的研发和探索工作，引入大数据平台和机器学习平台，先后落地包括用户画像、关系图谱、辅助决策、异常交易识别、疑似实控账户挖掘等一批智能化应用，为交易所监管部门提供了强有力的监管工具。从一定程度上，通过技术手段缓解了监管业务所面临的压力。智能化应用提高了数据采集、整合、计算、分析、共享的效率，为监管部门提供了市场整体运行状况和市场风险的感知能力，实现对市场运行状态的监测，能有效发现违规交易、内幕交易、关联交易和高风险交易等潜在问题。

本文首先介绍了交易所在市场高速发展过程中，监管业务所面临的各项挑战，并对国外证券期货行业监管科技发展进行介绍。然后，介绍郑商所智能化监管系统目前的系统架

---

① 课题组：郑州商品交易所（牵头单位）、郑州易盛信息技术有限公司。课题组成员：宫朝辉、赵颖杰、田博远、邵辰、高光、杨和国、宁晓冬。

构、业务功能以及技术方案。随后，对建设智能化监管科技系统方面经验进行总结。最后，从交易所监管的角度，结合郑商所关于监管科技下一步的发展计划，提出监管科技应用进一步发展的方向和建议。

1. 高速发展的期货市场给交易所一线监管带来严峻挑战

伴随着我国经济的高速增长，中国期货市场实现历史性突破和跨越式发展，成为全球有重要影响力的衍生品市场。新品种不断推出，市场规模稳步扩大，衍生工具不断丰富，随着参与的交易者不断增多，市场新增品种速度加快，国际化持续推进，监管部门面对的是资金流动更为频繁、违法违规行为更加隐蔽、风险传导路径更为复杂的市场。市场繁荣的背后，给交易所履行有效的一线监管，带来了严峻挑战。

1.1 持续增长的客户和交易量对系统处理能力带来的挑战

得益于法规体系更加完善、上市品种不断创新、市场主体逐步多元化、国际地位不断提高，我国期货市场的参与者逐步增多，交易量、持仓量逐步扩大。2020 年，郑州商品交易所每日成交量约 600 万手，每日的订单量约 2000 万条，成交匹配记录约 400 万条。监管业务系统通常需要对历史较长一段时间的交易订单、成交记录进行查询，数据量往往可以达到几亿条。监管系统涉及的数据来自交易、结算等多个生产系统，不仅数据量大，数据类型、数据关联关系也较为复杂。此外，为了实现对市场有效的监管，许多监管业务对实时性要求较高。传统数据库面对大规模数据的查询处理、复杂的数据关系以及较高的实时性要求时显得力不从心，制约了监管业务的开展，成为市场监管的性能瓶颈。快速发展的市场对监管系统的处理能力提出了新的要求，所以，需要引入大数据处理技术提升系统的数据查询和处理能力，提高系统的实时性。

1.2 持续增长的业务量对监管业务人员带来的挑战

过去的监管方式更多是依赖监管人员，不同的监管人员有各自的判别标准和认定规则。这些标准与规则是监管机构业务人员在实际工作中积累的经验，具备一定准确性和可操作性。但是，这样的监管方式存在三个主要的弊端：一是这些规则往往因人而异，缺少固定的标准，同时人工规则往往较为简单，缺少对各种数据之间暗含关系的挖掘；二是随着期货市场交易者的增多，交易量不断攀升，对交易者行为进行监管的复杂度也大幅增长；三是交易规模的上升，导致交易数据呈现出爆炸性的增长，导致人力严重不足。期货市场业务量的增长无法简单地通过增加监管人员来解决，首先人员增长会带来较大的人力成本；其次由于专业性较强，培养具有丰富监管经验的人员需要较长的时间。解决业务增长与人力不足的矛盾只能通过研发先进的监管科技系统，提供有效的工具，提升监管部门业务人员的监管效率。因此，在期货市场监管工作中引入大数据和人工智能技术，构建智能化监管科技系统是实现期货市场海量数据挖掘的有效途径，也是促进期货市场繁荣发展的技术保障。

1.3 复杂化、隐蔽化的违规交易行为对传统监管方法的挑战

信息化技术在金融市场的广度和深度上不断拓展，使得金融市场出现了前所未有的繁荣。目前，程序化交易和高频交易已经占据期货市场约30%的交易量。程序化交易和高频交易的出现，为违规交易者操纵股价、侵害投资者利益提供了工具。违法者常使用晃骗、塞单等方式操纵市场，这些行为给期货市场带来了巨大风险。总的来说，当前市场违规行为趋向于复杂化、隐蔽化，能否对这样的违法违规进行有效应对，是交易监管部门所面临的一项重大挑战。监管系统的技术水平需要能够跟得上违规交易者的技术改进，要能够从海量、隐蔽、多元复杂的交易行为中，准确发现违规线索，制止违规行为。原有监管能力已经不能适应期货市场的发展需求，市场的持续发展对监管能力提出了更高要求。所以，提升市场监管的技术水平，发展监管科技应用，建立监管科技技术体系，既是市场发展的切实需求，也是保障期货市场安全平稳运行，持续推动中国期货行业稳健发展的必要手段。

2. 国内外监管科技发展情况

全球领先专业交易软件提供商 Trading Technologies（TT®）推出了面向监管合规的产品 TT® Score，它在监管规则上有所创新，改变了传统的依赖于简单的“if-else”语句的规则式欺诈检测方法。TT® Score 提供了基于机器学习技术的监控方法，用来自实际监管案例的数据进行训练，检测和分类潜在的操纵交易行为。Cognizant 是纳斯达克上市公司，推出了基于大数据的交易监管平台。该平台提供了从交易账本数据、市场数据、用户数据、历史数据、社交媒体数据等众多数据源进行实时统计分析和智能报警。著名数据分析软件的开发商和供应商 Kx-System 帮助加拿大证券管理委员会 CSA 搭建和管理下一代市场分析平台（MAP），目的在于识别、评估和调查潜在的市场滥用案例。Kx 提供了用于事务和 eComms 数据的监管解决方案，可以将其单独部署或组合部署在同一个平台上，以实时检测已知违规行为，例如，分层，晃骗或操纵收盘价。印度塔塔咨询服务公司（Tata Consultancy Service，TCS）提供了资本市场解决方案 TCS BaNCS，覆盖 100 多个国家/地区，每天在为超过 1 亿笔交易提供结算和交易服务。TCS BaNCS 使用了基于 Hadoop 的大数据处理技术，通过基于规则的分类和统计分析技术提供了风险管理和监控能力。在科技创新的推动下，越来越多的国家探索新技术在金融监管领域应用，科技监管正成为全球金融监管潮流，受到越来越多国家金融监管部门的重视。

对比国外的发展现状，我国对监管科技的布局走在世界前列。中国证监会于 2017 年就开始强化科技监管工作，制定了利用科技手段加强监管、推动金融科技创新的总体方针。从《中国证监会监管科技总体建设方案》的公布，到科技监管局的成立，都表明了监管层对监管科技发展的重视程度。郑州商品交易所积极响应证监会部署，高度重视政策走向，紧紧把握技术发展趋势，以《中国证监会监管科技总体建设方案》为指引，自 2018 年起开始进行监管领域的智能化应用的探索和研发工作，取得了良好的示范效果，为后续

更多智能化科技项目的建设提供了丰富的实践经验。

3. 郑州商品交易所智能化监管应用建设情况

郑州商品交易所从 2018 年起，加大技术研发投入，开展了一系列基于大数据和人工智能技术的监管科技应用探索。总的来说，取得了一定的成果，在监管业务中取得了良好效果。我们将智能化监管科技系统建设情况进行总结，希望能够通过分享系统建设的经验，促进行业监管科技的发展。

郑州商品交易所的智能化监管科技系统包括大数据平台和机器学习平台两大基础平台。在两大平台的基础上，目前开展了用户画像、品种/合约画像、关联账户分析、看穿式监管、内幕交易识别、老鼠仓识别、辅助决策、趋同交易分析、套保额度推荐、高频交易分析 10 个应用。图 1 展示了智能化监管科技系统的架构。下文从平台建设和业务应用建设两个方面来介绍郑州商品交易所在智能化监管方面的系统建设情况。

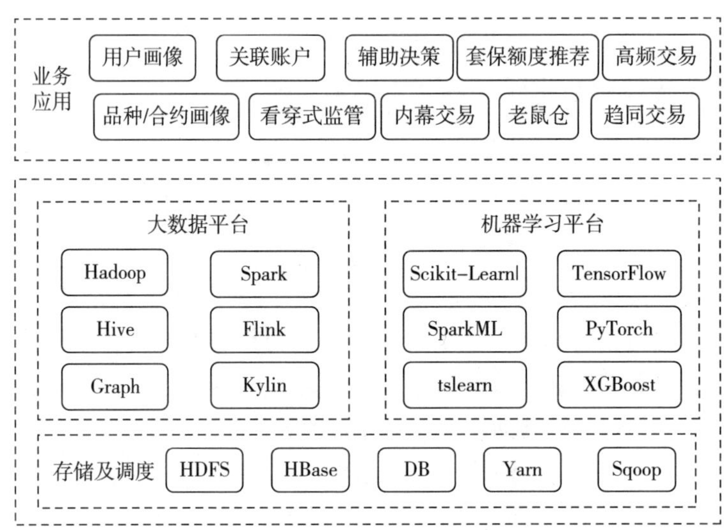

图 1　智能化监管科技系统架构图

3.1　系统平台建设

为了能适应不断增长的业务需求和数据需求，提升开发效率，监管科技系统首先规划建设了两大平台：大数据平台和机器学习平台，用于支撑智能化监管业务系统。大数据平台采用目前主流的架构方案，基于 Hadoop 和 Spark 生态体系。机器学习平台包括数据处理、特征加工、模型训练、模型评估、模型发布、服务部署、在线预测和效果评估等功能，集成了主流的机器学习和深度学习算法库。

3.2　业务应用建设

在大数据平台和机器学习平台的基础上，我们根据监管部门的业务需求，开发了一些业务应用，以缓解传统监管方式存在的工作量大、人力不足、违规线索发现滞后的问题。

3.2.1 用户画像

用户画像为市场上的每一个交易参与者构建了画像，是描述分析用户的有效工具。用户画像应用从多个业务系统整合数据，内容涉及交易者的基本信息、交易行为、交易习惯、资金费用等，使用表格、折线图、饼图等多种可视化效果进行展示，全面地展示用户特征。用户画像的核心在于给用户打标签，每一个标签都用于描述对交易者的某种特征。根据期货市场的特点，我们的标签体系涵盖了基础信息、交易、持仓、套保等近 30 个类别数据，超过 200 个标签，形成了数据全面、维度丰富的画像标签体系。

3.2.2 品种/合约画像

品种/合约画像的目标是在交易所挂牌的品种和合约，用于对合约和品种的运行情况进行多维度分析和可视化展示。品种/合约画像应用，从期货品种和期货合约两个维度，通过计算交易、持仓、资金、流动性、波动率等方面的指标，提供对市场运行状况的描述。使监管业务人员能够直观地了解市场上各个品种以及每个具体合约的整体运行情况，做到实时监控，迅速发现潜在风险。

3.2.3 关联账户分析

关联账户是指存在实际控制关系的一组账户，实际控制人对关联账户组具有管理、使用、收益或者处分等权限。关联关系的挖掘主要依赖于对用户交易行为的分析。系统对原始的交易数据进行数据清洗、特征提取、特征转换等特征工程的工作，然后通过机器学习算法从交易行为和持仓行为两个维度分析账户之间的相关性。相关性高的账户由系统标记为存在疑似关联关系。在图数据平台，系统将账户作为节点，在存在疑似关联关系的账户之间连边，构建成交易者关系图，导入到图数据库中。以关系图谱的形式展示各个账户之间的联系，借助图挖掘算法，进一步确定存在实际控制关系的账户组。

3.2.4 看穿式监管

看穿式监管，不仅使监管部门可以“看穿”投资者账户，清楚掌握每一个账户的情况，而且具备对每一个交易行为所使用的终端信息进行分析和溯源的能力。看穿式监管应用，实现对采集到的终端信息按多种维度进行组合分析，从终端信息中挖掘异常的交易账户、异常的交易行为。终端信息的采集维度包括：IP 地址、MAC 地址、CUP、硬盘序列号、操作系统、地址位置坐标、运营商、设备信息、网络信息等维度。我们借助 Kylin 的预聚合功能，先在数据仓库 Hive 上对数据做预聚合，优化了查询的复杂度，加快了数据处理的响应时间。看穿式监管应用，支持监管业务人员按任意的维度进行分组，分析组内客户的交易情况。依托图计算平台、关系推理算法，充分挖掘客户、设备、网络、地址等多维度之间的关系，全维度分析用户的行为。

3.2.5 内幕交易识别

内幕交易指内幕人员根据内幕消息在期货市场进行交易的行为。内幕交易识别应用的目的是通过对大规模客户历史交易数据进行分析，查找在重大政策和决策公布前，是否有内幕消息知情人提前进行交易的行为。根据交易所监管部门设计的一套内幕交易评分模型，计算每个交易客户在内幕交易评分模型上的得分。对于得分超过设置的阈值的用户，标记为疑似内幕交易用户。内幕交易评分模型从开户、交易、持仓、盈利情况等多个维度判断用户行为的异常程度，在每个评分维度上，设计得分的计算公式来反映用户参与内幕交易的可能性。由于目前市场交易用户多，而内幕交易涉及的敏感期周期较长，导致内幕交易计算所使用的数据较大，因此内幕交易应用通过大数据平台提供的分布式计算能力，采用离线计算的方式进行。

3.2.6 老鼠仓识别

老鼠仓是一种营私舞弊、损公肥私的违法交易行为。具体指资产管理人员在用公有资金（资管、基金）进行交易之前，先用自己个人（机构负责人，操盘手及其亲属，关系户）的资金开仓，然后利用公有资金影响相应的合约价格后，个人率先平仓获利的行为。根据老鼠仓的特点，本系统对老鼠仓行为进行识别和监控的重点是资产管理、特殊法人（证券、基金、信托等）账户，以及与此类账户形成实际控制关系的关联账户。老鼠仓识别算法基于对账户的交易行为的分析，通过交易行为数据，利用特征工程的方法构建用户持仓和交易的特征。特征充分考虑了账户之间在期货合约上的持仓的规律情况，开平仓的趋同情况。通过特征匹配、空间距离计算、聚类、时间序列算法，得到重点资管客户与普通客户在交易行为上的相似度和聚类簇。

3.2.7 监管措施辅助决策

保证金水平、涨跌停板幅度、交易手续费等监管措施是期货交易所开展市场监管、防范市场风险、保障市场平稳运行的重要手段。是否调整、调整多少这些风险调控措施主要依赖于业务人员根据长期的历史经验进行判断，存在偏差较大、调整手段不科学的弊端。辅助决策应用通过学习历史上调整前数据和调整后数据之间潜在的规律，为监管人员提供调控措施调整的决策建议。该应用根据历史措施调整情况，预测实施监管行为后（平今仓手续费、调整保证金、交易费用、涨跌停板幅度）未来5天的交易量和持仓量情况，以及不进行调控的情况下未来5天的交易量和持仓量情况，来评估风险监管措施对期货市场产生的影响。模型采用序列建模中常用的深度学习方法：Seq2Seq模型，并融合业务经验规则方式，聚焦于交易量和持仓量震荡最大点的捕获，通过深入地分析行情、持仓、订单数据做预测，从客户、合约、订单三个维度进行分析（如客户偏好、主力合约趋势、客户购买能力评估、买卖盈利评估等），寻找可能的趋势。

3.2.8 趋同交易分析

趋同交易用于分析两个交易用户在同一个合约上的买卖情况、开平仓情况和持仓情况的相似程度。用户的行为数据在时间维度上表现为时间序列数据，所以用户趋同交易分析主要用动态时间弯曲（Dynamic Time Warping，DTW）算法分析用户行为序列的相似性。DTW算法可以度量不同长度时间序列间的相似性，用户的行为数据可以根据周、日、小时、分钟不同的时间跨度进行汇总分析。周粒度和日粒度的相似性体现的是较长一段时间内，用户行为的相似程度。而小时粒度和分钟粒度的交易行为可以用于衡量用户在较细粒度的行为相似程度。

3.2.9 套保额度推荐

套期保值就是买入（卖出）与现货市场数量相当，但交易方向相反的期货合约，以期在未来某一时间通过卖出（买入）期货合约补偿现货市场价格变动带来的实际价格风险。交易所对套期保值有严格的管理办法，申请套期保值的企业必须具备与套期保值交易品种相关的生产经营资格。但在实际情况中，存在伪造销售/采购合同，使用循环合同、相似合同的情况。此外，套保额度的审批，长期以来也主要依靠业务人员的经验规则，套保合同的要素提取占据了套保业务人员较多精力。套保额度推荐应用从套保材料的要素提取、套保材料审核、套保额度推荐 3 个方面缓解业务人员的工作。要素提取主要使用 OCR 和 NLP 技术，实现从套保合同图像中自动识别字符，将套保合同的内容进行结构化存储。套保材料审核通过图像识别和比对技术，检查图像是否符合要求，例如，是否存在公章、是否是循环合同、是否与其他合同属于相似合同、是否存在伪造嫌疑等。套保额度推荐对合约的风险评估、持仓情况、仓单情况、交割情况、客户资质等相关材料汇总，结合客户的套保申请情况，自动计算推荐批准的套保额度供套保审批业务人员参考。

3.2.10 高频交易分析

高频交易是指从那些人为无法利用的极为短暂的市场变化中寻求获利的计算机化交易，比如，某种证券买入价和卖出价差价的微小变化，或者某只股票在不同交易所之间的微小价差。高频交易的出现和发展，为违法者操纵期货价格、侵害投资者利益提供了便利。因此，对高频交易的监管是未来期货市场监管的重点。我们利用逆强化学习（Inverse Reinforcement Learning，IRL），对交易客户的订单数据进行建模，获得客户的交易策略特征。并在策略特征的基础上通过分类、聚类、异常值检测算法，判断客户是否存在晃骗、动量点火、实际控制等违规行为。

4. 监管科技系统建设经验及建议

通过两年时间的持续建设，郑州商品交易所建成了两大基础平台和数十个智能化监管的应用，推动了监管科技系统发展。在系统建设的过程中，我们对遇到的困难和挑战进行总结，全面梳理了监管科技系统建设的经验，希望能够对后续其他监管科技方向的相关系统建设给出指引和帮助。

4.1 全面引入大数据处理技术

近些年，金融行业得到了快速的发展，用户越来越多，伴随而来的是数据量的爆炸式增长，这给监管业务带来较大压力。第一，业务数据体量大。每日新产生数据数千万条，月数据量上亿条，给传统数据库的处理造成了巨大压力。第二，数据格式多。随着业务的不断扩展，数据的格式越来越多样，除了结构化数据之外，也产生大量的非结构化数据，数据的复杂性增大。第三，数据价值密度低，表现在大量的交易数据是正常合规的数据，违规、非法交易往往只占非常小的比例。第四，数据实时性要求高，业务的快速发展增强了对数据分析处理的实时性要求。总的来说，面对当前的监管形势和海量业务数据，依靠数据库、人工为核心的监管方式已经无法适应市场的监管需求。

监管系统目前所面临海量数据处理的种种困难，而大数据技术发展至今，针对各种海量数据的处理场景，都提供了良好的解决方案和工具。在监管业务中全面引入大数据处理技术，搭建大数据处理平台，是解决目前监管业务在数据处理能力方面的钥匙。此外，大数据相关技术多数基于开源的解决方案，采用低成本的集群架构，大幅降低了监管系统的建设成本。

4.2 稳步推进智能化算法应用

郑州商品交易所在此次监管科技系统的建设中，在多个业务场景，探索使用人工智能算法解决监管工作中存在的困难。例如，将关联账户作为探究异常交易行为的切入点，利用机器学习开展基于交易行为数据的疑似关联账户识别方法研究。利用对用户交易相似性的建模，研发了内幕交易、老鼠仓、趋同交易分析等应用。利用图像识别算法，实现了套保合同内容的提取，套保合同的自动化审核。利用 Seq2Seq 神经网络模型，对市场行情进行预测，为监管人员调整市场风控手段提供参考依据。从技术角度说，本次监管科技系统建设，从传统机器学习的分类、回归、聚类问题，到深度学习的递归神经网络、卷积神经网络等不同的网络结构，从时间序列数据的处理、图形数据的分析到自然语言处理，涉足的领域和方法较多。全面地探索了人工智能在交易所监管业务中如何发挥作用，减轻人力劳动，提升监管效率和监管质量，是一次大胆探索和有益尝试。实践的结果表明，在大多数的场景中，通过人工智能强大的数据学习、推理能力，能够为监管业务人员提供一些支持和帮助。但是在项目的开展中，我们也逐渐意识到，虽然人工智能技术在当下许多领域取得了长足发展，但并不是万能的。在开展实际的智能化监管科技应用时，还需要结合业务部门的经验，根据实际情况，采用合适的算法，稳步推荐智能化算法的应用。

4.3 采用分层的体系架构

此次监管科技系统建设，采取了将数据管理、存储与计算、服务能力、业务逻辑进行划分的分层体系架构。数据管理层实现了对多源异构数据的统一管理。存储层实现了基于分布式的数据存储。计算层搭建了大数据平台和机器学习平台，使系统能够实现百亿级数据的处理任务，同时具备了各种算法的建模能力。应用层提供智能化监管应用服务，全面支持业务逻辑的实现。分层架构模式隔离了业务复杂度与技术复杂度之间的耦合关系，减少业务开发人员与技术平台人员相互之间的干扰。各层次功能清晰、任务明确，实现了层内高聚合，层间低耦合的效果。采用分层体系架构方案，在完成基础平台搭建后，后续业务应用只需要利用下层平台提供的功能和接口进行开发，可以更关注于业务的逻辑，而无须担心数据和计算资源。

4.4 注重数据可视化展示

可视化是把数据、信息和知识转化为一种形象化的视觉形式的过程。在此次智能化监管科技系统各个应用的建设中，在关联账户、用户画像、辅助决策、内幕交易、老鼠仓等应用中，我们尽量使用可视化的方法展示数据，并且提供交互式的可视化方法，能通过对图表的点击、拖曳、右键扩展等动作，对展示的数据进行查询、扩展、聚合，具备良好的拓展性和动态分析能力。数据可视化提供了有效的传递信息的方式，使用图表、图形和设计元素把数据进行可视化，可以更容易地解释数据模式、趋势、统计规律和数据相关性，而这些“信息背后的信息”在其他呈现方式下可能难以被发现。面对监管业务中复杂的数据，高效的数据可视化可以帮助业务人员提高对市场数据的认知，更好地了解数据背后的规律和问题，所以，我们建议在进行监管科技系统研发时，要注重使用数据可视化技术，提高系统的展示和交互效果。

4.5 立足监管业务的实际需求

监管科技的本质是以大数据、云计算、人工智能等新一代信息技术在监管领域的创新应用，所有的技术都是手段，而监管业务才是本质。技术手段的目的是为监管业务更好地开展提供解决方案。监管科技是传统监管的补充，是对现有监管规则和监管业务的优化和改造。在监管科技系统的建设过程中，需要充分了解和理解监管业务部门的需求，做好需求沟通。只有将新技术与监管业务深度融合，充分利用信息技术提升监管业务的智能化水平，才能更好地将技术手段应用到监管领域，促进监管系统和监管方式的创新。

4.6 加强监管科技人才队伍建设

通过此次监管科技系统建设，我们认为要做大做强监管科技系统，金融监管机构必须要加强监管科技人才队伍建设。由于监管科技发展至今还处于早期探索阶段，存在自身的人才储备不足，而对监管科技系统的需求又在快速度增长，这就造成目前可以投入监管科技系统研发的人力严重不足。从事监管科技系统研发的技术人员，需要完成的工作大到监管科技系统的规划、架构设计，小到具体的技术方案、算法实现、交互设计、调度策略等，工作覆盖面广、技术要求高。除了具备专业技术知识外，还必须掌握金融领域的业务知识，同时必须了解金融市场监管的特点，才能从各个角度全方位地做好监管科技系统的设计和开发。所以持续加强监管科技人才队伍建设，是高质量推进监管科技系统发展和完善的关键。

4.7 扩大对外交流合作

监管科技系统涉及业务范围广、技术点众多，单独依靠自身的技术力量，往往难以全面覆盖。因此，对相对独立的技术问题，我们采用了第三方合作的方式，选择对该技术有深度研究的高校研究组或行业内技术领先的公司进行技术外包合作。另外，要加强与相同领域的、其他单位进行深度交流。例如，在监管科技系统建设的过程中，我们与其他交易所也进行了多次技术交流，吐故纳新、扬长避短，从而推动监管科技系统技术螺旋式上升。

5. 监管科技发展趋势展望

监管科技的发展要适应期货市场的发展情况，新时代期货市场面临全新机遇，但与此同时，也面临挑战。中国早已成为全球第二大经济体，经济总量超过 14 万亿美元，而期货市场影响力与我国的经济地位不相匹配。目前我国期货市场个人投资者比例较高，企业和机构投资者的参与水平在逐步增多。同时，我国期货市场对外开放力度逐渐加强，取消期货公司外资股比限制，境外投资者不断涌入。可以预见，我国的期货市场规模会进一步扩大，最终建成与经济强国地位相匹配的中国特色期货衍生品市场。而增强市场风险管控能力，同步建设与期货市场发展相匹配的市场监管措施和方法，才能为期货市场可持续发展保驾护航，推动期货衍生品市场体系进步，服务实体经济能力再上新台阶。未来一段时间，大力推进监管科技的应用，利用先进的技术来优化和改造监管业务流程，提高监管业务人员工作效率，依然会是未来监管科技系统主要的发展方向。

5.1 监管科技向多层次全方位建设发展

目前我国期货市场建立起了“五位一体”的期货监管协调工作机制。五位包括中国证监会、证监局、期货交易所、中国期货市场监控中心有限责任公司和中国期货业协会。监管科技的发展在未来会呈现出多层次、全方位建设的趋势。从顶层的中国证监会，到最接近交易客户的期货公司，各单位都有强烈的监管科技系统建设需求。我们认为，各单位会根据自身的职责，制定符合自身需求的监管科技系统建设规划，全面和多层次地开展监管科技建设。证监会负责证券期货行业的监管科技发展规划。期货交易所承担一线监管职责的任务，关注交易市场风险和交易客户的违法违规行为的监管。中国期货市场监控中心集中全期货市场的数据，具备更全面的监控视角，能够提供全面的风险监测监控能力。期货公司直接接触客户，交易合规是期货公司最为关注点。

5.2 监管科技向实时化发展

通过对海量数据的挖掘和运用，实现了对期货市场的数字化监管。基于数据分析、数据建模、数据预测、数据可视化的智能化应用，有效提升了监管水平。但是，目前基于大数据分析的监管科技系统，更多的是利用离线批量计算的方式对期货市场数据进行处理，实时性还存在不足。下一步，通过流式数据处理，实现对交易数据实时采集、实时分析，快速生成评估报告和监管解决方案。通过先进的技术方案将监管科技系统的能力提升到实时化监管的水平，实现对市场风险早识别、早预警、早发现、早处理。

5.3 顺应国际化发展的趋势

随着境外投资者不断进入，监管科技系统也需要兼顾国内与国外不同的监管规则。由于国外程序化交易技术成熟，各种交易策略都经历了长时间的实战检验，而国内期货市场对程序化交易的监管尚处于初步阶段。所以，针对程序化交易研发有针对性的监管科技措施，是一个重点研究方向。

6. 结论

近些年大数据、云计算、区块链、人工智能等技术层出不穷，在新技术的推动下，金融科技应运而生，科技手段不断赋能金融领域技术进步，有效促进金融行业的发展。而其中以提升监管技术水平为目标的监管科技应用，更是引起了国内外广泛的关注。郑州商品交易所作为国内主要的商品期货交易所之一，紧紧把握技术发展趋势，运用大数据及人工智能技术，建设智能化监管科技系统，促进监管业务的智能化转型，提高期货市场监管系统科技化水平。经过近两年的建设，初步建成了以大数据平台和机器学习平台为基础，包含数十个具体应用的智能化监管科技系统。为交易所监管业务部门提供了有效的智能化监管工具，全面提升了交易所的监管能力和监管手段。随着技术进一步发展，监管与科技的结合度会越来越高，从此次郑州商品交易所在建设监管科技系统的实践和探索情况看，以大数据、人工智能等技术为切入点，加快构建新技术在期货市场监管领域的应用，结合监管部门的实际需求场景，稳步开展监管科技工作，有助于优化监管模式，提高监管效率，更好地防范金融风险。希望通过分享我们的经验和教训，促进整个行业监管科技的发展。

商业银行数据中心安全态势感知体系研究与实践

王国义　张　煜[①]

摘　要：本文介绍了当今商业银行数据中心所面临的安全威胁形势和态势感知的重要性，通过对建设目标、架构设计、运营体系和迭代演进等方面的详细说明，论述了商业银行数据中心安全态势感知体系模型，同时对感知、分析和展现三项态势感知关键能力的技术实现方式进行剖析，特别是针对最为核心的分析能力，从 ATT&CK 框架在用例设计的实践运用角度进行了说明，最后还介绍了数据中心安全态势感知体系建设实践案例和经验收益。

关键词：安全态势感知　ATT&CK

1. 背景

商业银行数据中心作为信息化中枢，承载了大量高价值、敏感的数据和资产，时常引发不法分子觊觎。从早期单枪匹马的黑客炫技，到如今利益链驱动的庞大黑产，数据中心所面对的是分工明确、攻击技术更先进、方法更多样的团队化、专业化攻击。一次计划周全的攻击包含了信息收集、扫描探测、漏洞利用、横向移动、信息回传等多个复杂的步骤，从每个环节来看，都可以通过技术手段藏匿在传统的安全防护措施下，堆积大量单一边界防护技术的传统防御体系已无法应对这种多维度、多层次的攻击。只有通过大数据为基础的安全态势感知，从全局视角收集整合各层面信息，充分结合攻击者的 TTP［战术（Tactics）、技术（Techniques）和过程（Procedures）］，尽可能多地在各环节设置检测点，才能有效实现对威胁的识别、分析和响应，从而全面掌控安全形势，提升网络安全防范能力。

2. 体系模型

态势感知（Situation Awareness，SA）概念历史悠久，前美国空军首席科学家 Mica R. Endsley 在 1988 年指出，态势感知是在一定时间和空间内对环境中各组成成分的觉察、理解，进而预测这些成分的随后变化状况。根据被广泛接纳的 Endsley 的态势感知理论模型，态势感知分为觉察、理解和预测三个层级，每一层级都是先于下一层级，该模型沿着

① 课题组：中国农业银行数据中心。课题组成员：王国义、张煜。

一个信息处理链，从觉察通过理解到预测规划，从低级到高级，具体为：第一级是对环境中的状态、属性及各相关成分要素变化的觉察，是最为基础的层级，主要涉及监控、线索侦测以及基本的识别，实现对事件、人员、系统和环境等多要素以及其相应位置、状态、模式、行为等状态的觉察。第二级是对第一层级的元素通过模式识别、演绎以及评估等进行综合推理，这一层级整合以上信息，实现对特定目标影响情况的感知理解。第三级为态势感知的最高层级，是对随后情境的预测能力，此层级必须依据第一层级的基础知识信息，结合第二层级的动态理解态势，进一步推理出环境未来的态势状况。

2.1 建设目标

为应对商业银行所面临的各种内外部威胁，根据态势感知理论模型，结合当前安全现状，数据中心安全态势感知体系建设目标为：

具备觉察发现异常和攻击威胁的能力：通过安全工具开展具体的检测和评估，发现可能的弱点和威胁，集中收集保存各方向数据。

具备多维度、多层面关联分析理解能力：通过对多源异构数据实施关联分析等技术，识别网络攻击者和攻击意图、检测失陷系统，并展示安全状况。

具备对威胁的预测能力：通过大数据分析，实现威胁预测和未来趋势判断。

同时，运营能力决定着落地实现效果，因而在整个建设实现过程中，还应包括安全运营体系的建设，明确团队角色，形成监控、分析、响应流程和机制，实现对威胁的快速应对。

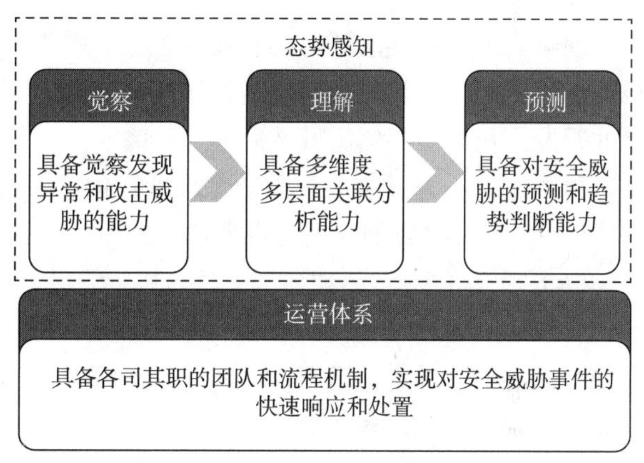

图1 安全态势感知体系

2.2 架构设计

2.2.1 逻辑架构

数据中心安全态势感知体系逻辑架构整体设计分为收集层、处理层、展现层和运营层。收集层主要为采集保存各类数据，包括纵深防御体系数据，资产配置、运维操作、威胁情报等支撑信息。处理层主要是通过算法和逻辑进行关联和统计等分析，形成威胁告警和预判结果等结果。展现层为通过多渠道将处理分析结果呈现给运营和决策者，并以可视化方式展现当前态势。运营层是围绕整个架构展开的，在各层面同步开展运营来保障各层功能运作，并开展监控响应等工作。

四个层次构建达成安全态势感知体系需要觉察、理解和预测三个能力：

觉察能力：首先收集层为觉察能力提供了直接的威胁信息，然后信息通过展现层的各个渠道提供给运维和决策者，实现对威胁态势的觉察发现。运营层则负责安全工具运维管理、数据收集状况监测及基础威胁信息的分析。

图 2　安全态势感知逻辑架构

理解能力：觉察为理解感知提供了基础数据，而理解能力大部分来自处理综合关联分析的能力支撑，分析结果最终通过展现层输出给运营人员。运营层则负责各类分析算法策略的开发优化、态势监测及威胁响应处置。

预测能力：为了对未来安全态势进行预判，处理层增加了统计分析、机器学习等能力，以实现基于历史和现实数据的趋势判断，展现层则通过可视化图表方式直观呈现趋势，提高决策效率。运营层、收集层与觉察和理解能力实现过程类似。

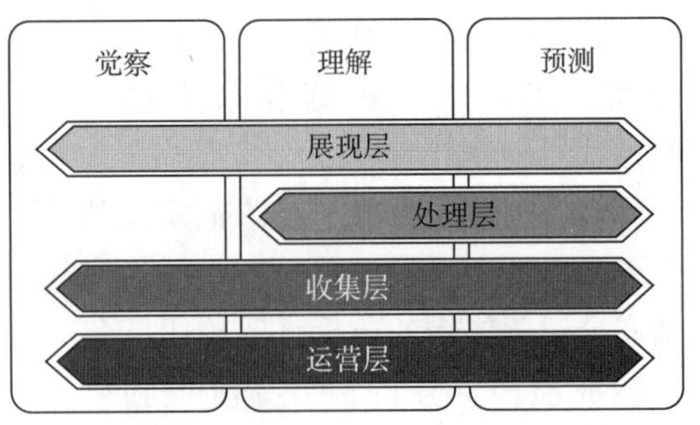

图 3　安全态势感知逻辑层次与三层能力的关系

2.2.2　技术实现

为实现态势感知体系模型和三大能力，我们设计了基于四层架构的平台技术架构，各层技术模块主要如下：

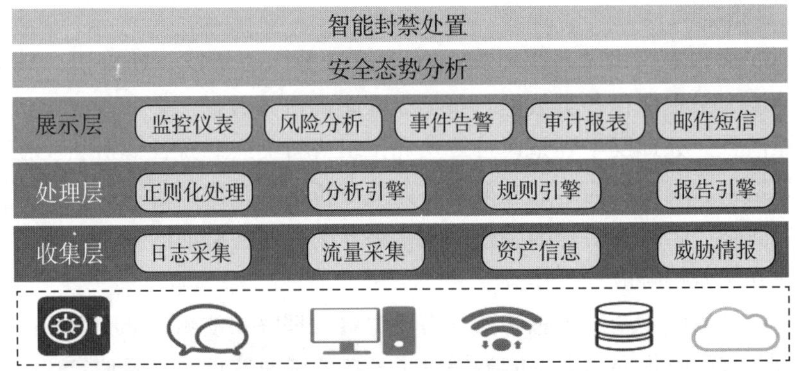

图 4　安全态势感知平台技术架构

收集层：统一收集并存储纵深防御各层安全工具实时日志信息，同时包括生产系统自身系统和应用层面与安全相关的日志，例如，认证访问、用户操作等，此外还引入失陷指标 IoC 等外部威胁情报信息。

处理层：各类数据上收后进行标准化定义，将各属性字段切后，以便被快速读取分析。数据标准化后在此层进行分析，方法主要为关联分析、统计分析等。

展示层：将结果数据以不同形式提供给不同层面的阅读者，包括运营人员、主管和管理层，展示方式主要分为告警通知、报表、仪表等几方面。

2.3 运营体系

运营能力决定体系落地效果，态势感知核心是人与设备的协同，数据和平台做处理，但是最终要融入人的经验和智慧，来判断事件真实性，做好事故响应。

2.3.1 组织团体

态势感知体系运营工作主要分为基础运维管理、威胁监控分析和事件响应处理三个方面，组织和团队相对应地分为运维管理组、监控分析组和响应处置组，各组角色职能如下：

运维管理组：负责整个平台相关的基础设施运维管理，主要是网络安全工具、态势感知平台的运行监控、配置管理、数据源维护等。运维管理组根据数据中心各专业条线布局设立，可在各相应部门设立并分别承担相应职责。

监控分析组：负责态势感知平台的使用运营，一线负责态势监控和简单告警分析和一般事项处置，二线为分析角色，负责开展分析策略设计，并在必要时支持一线开展威胁分析。

响应处置组：负责开展事件响应和处置，组织开展分析定位，协调开展处置实施，并跟踪处置进程；针对重大事件，与监控分析组共同组成调查小组，对事件原因、过程、结果等进行调查和取证。

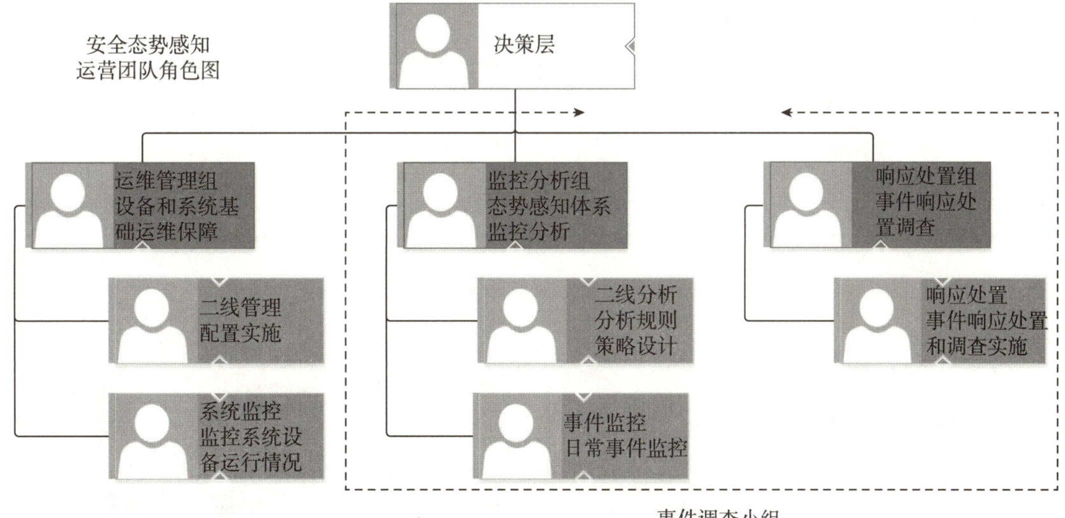

图 5 安全态势感知运营团队角色

2.3.2 工作流程

核心工作流程主要分为监控、处置和优化阶段。监控阶段主要为告警判断分析过程，一线监控角色依据知识库判断是否可以直接处置，如为已知简单场景即可由直接启动处置，如为新增事件且相对复杂，则由二线协助或接管。如怀疑或确定存在失陷可能，则将事件升级至响应处置角色，同时上报决策层以评估是否启动调查处置程序，即进入处置阶段。处置阶段由响应处置角色组织一线、二线角色和各专业共同开展，包括遏制、隔离、修复、恢复等环节。优化阶段是在处置完成后，由响应角色组织对处置情况进行归纳形成案例库，按需调整防护和分析策略，同时针对事件发生和处置中存在的问题进行分析改进。

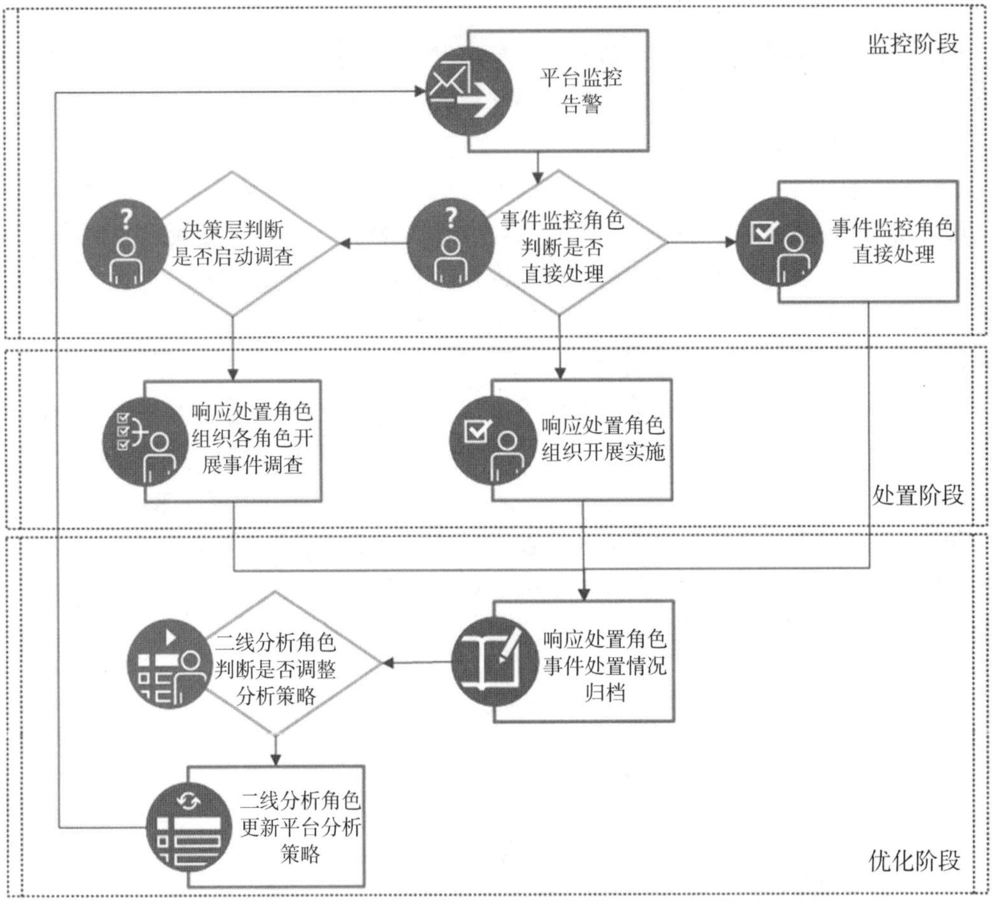

图6 安全态势感知运营工作流程

2.4 迭代演进

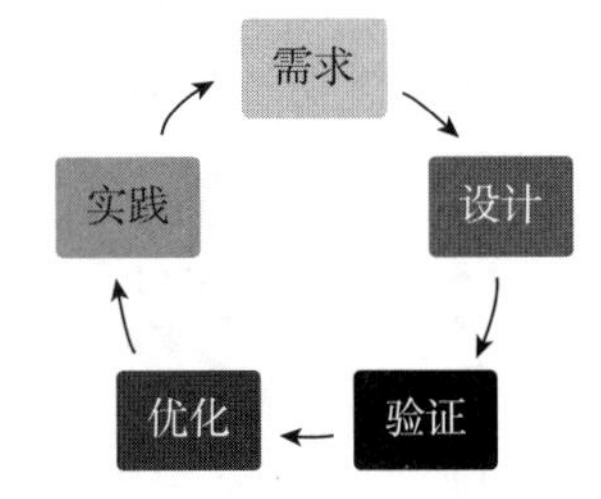

图7 安全态势感知迭代机制

当前安全威胁模式千变万化，感知应是一个迭代反馈的过程，安全态势感知整个体系运行采用类似 PDCA 环的模式进行，逐步趋于完善，能够更为准确地识别和发现安全风险。我们设计的迭代循环优化演进机制主要分为需求、设计、验证、优化、实践五个环节。

需求环节：感知需求来源于对安全风险控制要求，可以是各类监管要求，也可以是历史安全事件；

设计环节：针对需求，通过建模设计开发策略方法，确定需要收集的数据集；

验证环节：验证环境落地策略，并采取类似红蓝对抗方式去验证有效性；

优化环节：修复在验证环节发现的问题和缺陷，优化感知分析策略；

实践环节：将经过验证和优化后的检测分析策略交付实际运行。

3. 关键能力实现

3.1 感知能力

态势感知就是要实现知己知彼，首要解决的就是要能够“看得见、摸得着”威胁，因此数据是态势感知的最基础的要素，全面的安全检测数据、多维度的系统运行数据、外加权威的威胁情报是当前“数据驱动安全”时代实现态势感知的基础能力。态势感知系统想要充分发挥作用必须从真实的数据做起，基础数据收集好，这是打下坚实的基础，下面将从数据收集、网络能见度以及威胁情报三个方面详细阐述。

3.1.1 数据收集

数据能力对于态势感知至关重要，要有对整个环境要素的完整获取能力，要有对数据采集的能力，如安全工具数据读取和理解、信息系统运行状况数据、人员操作行为数据，以及网络流量数据的还原与监控，把来自不同的源头、不同类型的数据融合在一起产生关联，通过进一步分析去发现问题。

安全数据是所收集数据中相对最重要的，成体系、多维度的防护检测体系也是态势感知平台成功实施的基础。安全数据一类侧重威胁检测，比如 IPS（入侵防御系统）、WAF（WEB 应用防火墙）、HIPS（主机入侵防御系统）等，其中 HIPS 等一般日志量较大，应优先收集进程、命令等高价值信息；另一类是安全管理或评估工具，如漏洞扫描、终端安全系统等，由于部分不支持通用协议，一般通过文件或 WEB API 获取。

信息系统运行数据主要分为操作系统、中间件、应用日志等，其中针对字符类操作系统，可采用 syslog 方式，针对 Windows 可借助安装 Agent 等方式实现；中间件日志包含应用交互信息，有助于发现交易欺诈、暴力破解等威胁，此类数据通常也需要利用文件方式采集。

人员操作行为数据是检测内部操作风险的重要线索，主要来源于用于运维登录和操作记录的堡垒机，此类场景侧重于实时性，建议采取 syslog 等方式。

网络流量数据最为全面和丰富，反映网络交互情况，包含源目的 IP、端口、协议和数据内容等。网络流量采集有多种方式，最常见的是镜像方式，也可使用流量捕获平台选择性采集。

3.1.2 网络能见度

商业银行数据中心一般划分较多网络区域，部分安全域之间存在 NAT 等情况，但如果仅采集了隔离面一侧的数据，则地址转换会导致目标不明确，影响分析和响应。因此应充分考虑网络能见度问题，包括以下几方面：

规划感知位置：在设计感知架构逻辑前，应从定位和溯源角度评估是否需要在隔离面两侧部署；另外针对 HTTPS 加密场景，可部署在 SSL 卸载后侧，实现明文数据感知。

辅助数据采集：在必须对隔离界面两侧进行检测分析时，应全面收集多点数据，特别是转换关系信息，后续可通过关联两侧数据来实现溯源和调查。

调整网络配置：对于 Web 反向代理或负载均衡场景，应配置开启 X-forwarded-for 等参数，在 HEADER 中添加源地址信息，但需要进行应用评估验证。

3.1.3 威胁情报

威胁情报是提升感知效果的重要因素，能够降低噪声，协助运营者更快、更高效地发现攻击。作为一种动态信息，其时效性极为关键，因此态势感知平台往往与威胁情报平台（Threat Intelligence Platform，TIP）以 STIX/TAXII 方式实时连接，TIP 提供可机读威胁情报（Machine-Readable Threat Intelligence，MRTI），例如，C&C（Command and Control）恶意命令控制中心地址、URL、恶意文件 Hash 等，从中选定关注的失陷指标（Indicator of Compromise，IOC）可用于优化分析模型，并为威胁溯源和拓线分析提供支撑。

3.2 分析能力

分析能力是态势感知平台核心能力，为实现良好的感知理解能力，可利用业界权威的威胁模型框架，例如 ATT&CK，结合攻击者常用的 TTPs，对可能面临的威胁进行拆分剖析，提取特征和规律，明确每一个攻击技术所需要的检测数据源，根据特征指标设计关联分析用例，从而实现对威胁的检测和趋势感知。

3.2.1 ATT&CK 框架

ATT&CK 是由专注于网络安全的组织 MITRE 所提出，最早是在洛克希德·马丁公司提出的杀伤链（Kill Chain）模型基础上，构建了一套更细粒度的知识模型和框架，其实质是针对攻击者对抗战术和技术的矩阵，以不同战术阶段即攻击者执行某项行动的战术目标为导向，针对每个战术阶段所可能采取的技术，即攻击者通过执行动作来实现战术目标的“方式”，扩展阐述其攻击的过程思路，同时还包括针对每个技术检测所需的数据源、检测方式和缓解方式。因此，ATT&CK 框架对企业系统性地开展威胁检测，有针对性地制定控制措施有着很强的指导意义。

针对每项攻击者技术，ATT&CK 矩阵都展开描述，部分技术的过程还提供了具体示例，例如，操作系统凭据 Dumping 中的子技术 LSASS Memory，展示了常见的执行命令方法，但大部分技术的过程只是简单描述，具体的检测用例还需要用户进一步挖掘场景，根据自身系统的特点进行适用性调整和剪裁。

通常在应用 ATT&CK 之前，应先了解企业内部资产的技术特点、重要的业务以及相应可能的攻击途径，由于有多达几百种攻击技术，需要结合攻击的难度、可行性、潜在的获利程度等因素，对检测用例的优先级进行排序，同时还要考虑实际环境中能够提供检测的数据源，综合分析从而确定实施路线。

3.2.2 用例设计

在完成威胁识别后，下一步是设计有效的检测逻辑来进行威胁发现。用例设计以威胁具体技术表现为基础，因此利用 ATT&CK 框架对 TTP 识别得越全面和细致，就越有利于设计。检测策略是一组包含判断、比较的逻辑过程，为了能够清晰地表达逻辑思路，用例设计以伪代码的形式表示。

关联分析用例设计大致可以分为微观关联和宏观关联两大类，微观关联为针对具体条件要素的满足检测，如 IP、威胁名称等字段检测；宏观关联为针对多信息来源的匹配情况检测，如漏洞、配置、多设备间等信息的检测。以前文的网银客户暴力尝试威胁以及操作系统漏洞导致的病毒感染威胁为例：

网银用户暴力尝试威胁：针对 Web 访问日志中存在短时间内多次用户认证请求日志的情况，可以推出存在用户暴力尝试威胁。

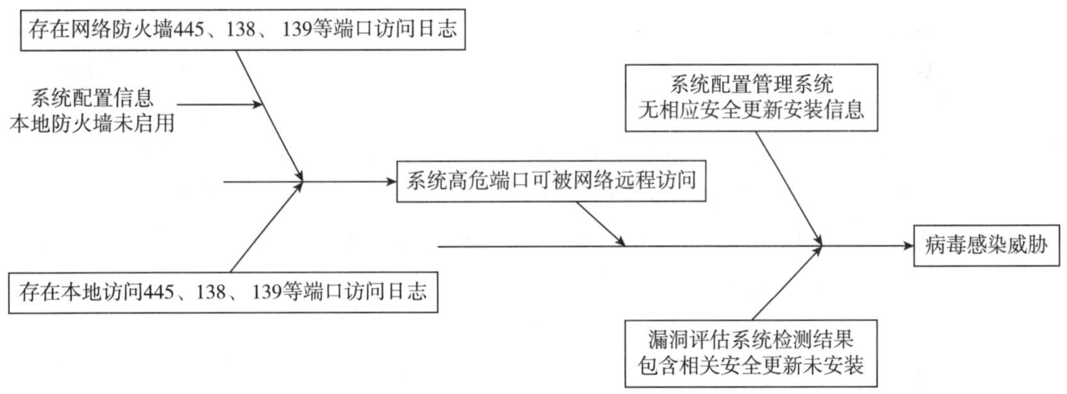

图 8　场景用例设计思路

病毒感染威胁：此用例设计为宏观关联设计，主要为端口访问情况和系统配置的关联，首先根据检测是否存在高危端口的访问日志来推断是否能够远程访问，其次根据漏洞或系统配置信息数据来推断是否存在漏洞，两者推断相结合若均满足则可以推出存在病毒感染威胁。

完整的威胁发现实践的过程为威胁建模、分析用例设计、数据收集、规则运行四个环节，首先通过对目标对象进行威胁建模，厘清各个相关方和数据流向等情况，完成威胁各要素的拆分和梳理，根据建模思路完成分析逻辑的设计，根据分析逻辑所需的数据进行相应的数据收集，最后对实时真实数据进行规则运用，检验发现逻辑准确性。

3.3 展现能力

数据收集、理解分析能力都是后台能力，只有将分析的结果直观易于理解地展现给使用者，才能真正发挥感知的效能。展现的方式主要包括：

通知告警：最基本的展现方式，例如，邮件、短信、平台提示等，此种告警应以反映准确真实的情况为准，滥用实时通知将会产生“狼来了”效应，导致后续处理不力，应优先选择没有争议、指向明确的信息。

实时状态仪表：用于展示各类威胁分布、TOP 攻击源或指定条件下的威胁趋势等，展现形式主要以时间序列图、数值直方图等，实时状态仪表配置时间范围宜在重点关注范围稍做延伸，能够观察到历史趋势。

统计报表：主要是按照指定条件筛选的数据集合信息，是后续开展调查和分析重要数据源，展现形式应清晰明了，各个数据列应明确定义，无关列可以不显示，确保数据简洁。

威胁可视化：将威胁态势以可视化方式展现，目前较主流的有威胁源目的路径展示图，此种图基于地理或方向流向图等形式，直观地将威胁来源、目的、数量情况等要素展现出来，非常适用于大屏展示和关系模式研判，如少量来源针对多目标的攻击就可体现为一个从中心点到外围扇形图，能够大大提升分析效率。

4. 实践与成效

4.1 实践情况

4.1.1 功能架构

目前，数据中心态势感知平台的功能模块从纵向看主要分为控制台、处理器和采集器三层，其中收集层用于采集日志、流量等数据，处理层用于数据存储、标准化处理和关联分析，而控制台作为展示层用于整个态势感知的用户接口、策略管理以及安全状况的呈现。

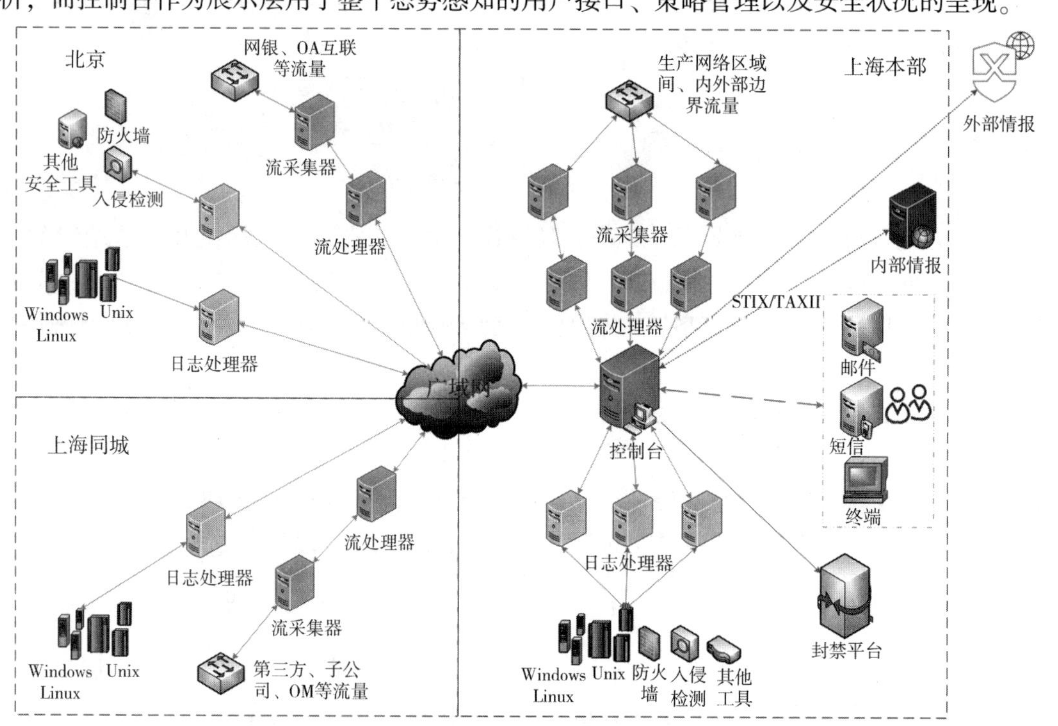

图 9　安全态势感知平台部署架构

注：实际所使用日志处理器同时兼具收集和处理两类功能。

在实际部署中，采用分布式架构，综合考虑物理位置、区域安全等级、数据传输性能等因素，分别在上海和北京的不同区域部署了处理器和采集器，而在上海主生产中心部署了控制台，实现了日志、流量数据的本地就近采集和分析，以及策略的集中管理和安全态势的统一展现。各模块采用 HA 架构部署，保障了整体安全运营的连续性。

（1）收集层

• 日志收集

由于大多数系统设备支持对外发送日志，因此采用 syslog 通信协议被动接收日志，包括几乎所有的基于 Linux/Unix 的操作系统、网络安全设备和其他工具类系统。在 syslog 协议类型上，绝大部分日志长度短于 1024 个字节，因此主选较为轻量的 UDP syslog，尽可能减少对日志源系统的影响。

对于 Windows 系统，采用 Agent 部署方式，再将数据以 syslog 协议发送至处理器，由于日志通常较长，采用 TCP syslog 协议，保证日志数据的完整性。

而对于其他不支持 syslog 协议的场景，采取远程批量读取方式。

表 1　数据收集情况

日志源类型	收集方式	收集协议
Microsoft Windows	主动抓取	Agent
Linux	被动接收	syslog
病毒流量监控	被动接收	syslog LEEF
防 DDoS	被动接收	syslog
IDS、IPS、WAF、HIPS 等入侵检测设备	被动接收	syslog
各类防火墙	被动接收	syslog
堡垒机	被动接收	Syslog
防病毒	被动接收	SNMP

• 流量收集

目前通过 SPAN 方式采集 7 层网络流量，不同流就近收集分布层交换机流量镜像数据，对于特殊需求（例如，分布层以下的特殊流量节点或特定实体间的访问流量）利用 VSS 系统过滤后再进行收集。流收集器收集流量后，通过高速万兆网络发送至流处理器。

• 其他数据收集

其他数据主要通过控制台进行收集，包括威胁情报、用户信息、资产信息等。

目前收集的威胁情报主要为失陷指标（Indicate of Compromise，IOC），采集方式为 STIX/TAXII，主要有 IP 和 URL 两类，每条 IOC 信息按不同属性以信心度评价，代表失陷指标的确定性，例如，C&C 分类指标评分 100 即代表一个确认的恶意命令控制中心。

表 2　主要 IOC 分类

类别	描述
恶意软件	恶意网站或恶意软件托管网站的 IP 地址
恶意命令控制中心	僵尸网络命令和控制服务器的主机 IP 地址
垃圾邮件	发送垃圾邮件的源 IP 地址
扫描 IP	非法扫描网络中漏洞的 IP 地址
自动运行木马	被僵尸网络控制的 IP 地址

用户信息、资产信息通过 RESTful 方式从用户管理系统、配置系统中获取。

（2）处理层

处理层主要功能包括数据标准化、数据存储和关联分析。处理层策略通过控制台统一配置。

• 数据标准化

针对日志而言，标准化主要包含事件分类和属性正则化，结合日志源类型、格式特征，对日志进行事件分类，例如，不同设备都可能产生登录成功事件，尽管日志格式不同，利用分类学手段可将其定义为 Login. Success。在此之后，再利用正则技术对日志中的标准属性进行识别，消除不同日志类型信息的差异性，为后续关联分析和查询检索提供便利。日志标准属性主要包含时间戳、源目的 IP、源目标端口、用户名、URL 等。

表 3　事件分类

高级分类	低级分类举例
恶意软件	病毒、木马、后门、间谍软件
访问权	防火墙许可、防火墙拒绝、会话终止
风险	配置错误、弱加密、存在漏洞
渗透	远程代码执行、SQL 注入、缓冲区溢出
认证	认证成功、认证失败、添加用户、删除用户

针对流量而言，经标准化处理后，以流（Flow）的形式存储和展现，其中包含了每个会话的 Netflow 信息、请求响应原文、应用程序类型（利用 DPI 深度包检测技术）、关键字段信息（如 HTTP Referer、HTTP 响应代码等）。

表 4　主要流信息

流类型	协议	首次组包时间	源 IP	目的 IP	源端口	目的端口	源字节数	目标字节数	总字节数	流源	流方向	应用类型

• 数据存储

数据标准化后，通过散列和加密保证完整性和保密性，并针对同一时间关键字段和事件类型相同的事件进行归并，以优化存储空间。在保留策略方面，在线日志整体保存期限为一年，结合网络安全法、境外监管等要求及实际成本，对不同条件数据配置不同的保留期限。例如，Web 日志保留 6 个月，海外分行日志保留 3 年，而流量数据保留 1 个月。上述数据以热数据形式存储，可在线检索、关联；而超出保留期的则可立即或在需要存储空间时进行归档或删除。

此外，为加强所收集个人信息的保护，应用数据模糊技术，通过正则表达式定位身份证号码、银行卡号等信息，并以字段加密形式存储。

• 关联分析

在收集日志、流量、情报等信息之后，将执行最为关键的关联（Correlation）分析。关联将多个相似或者不相似的事件联系起来，形成对更大的事件将要发生的认识。关联通常以规则（Rule）实现，规则在完成一系列分析后，将触发后续响应动作，例如，生成安全事件、记录日志或维护观察列表等。关联包括微观关联和宏观关联两类。

◇ 微观关联

微观关联关心的是单一事件或一组事件中关联的字段，目前态势感知平台规则中利用到的关联主要有字段关联和规则关联。

字段关联的实例为：需要寻找 FTP 或 Telnet 协议使用情况，应分析目标端口为 21 或 23 的事件或流量；需要关注访问拒绝行为，则应分析类型为 Deny 的事件，来源可以是防火墙日志或系统访问日志。

规则关联则用于发现一种行为模式，主要通过状态型匹配功能实现，并辅以时序、计数、比较等多种机制。简单的状态型匹配规则可能由一个或多个状态组成，这一过程是实时进行的。相对复杂的规则关联实例为：在 5 分钟内同一用户登录失败 3 次后成功登录，该规则可以拆解成：5 分钟内同一用户的登录失败事件 3 次（计数），紧接着该用户登录成功（时序）。

◇ 宏观关联

宏观关联所关心的是通过获取的其他信息来源，进一步验证或增强关联的效果，这种技术有时称为融合关联。宏观关联通常包括漏洞关联、资产关联、观察列表关联、威胁情报关联、地址位置关联等。

√ 漏洞关联

为减少假阳性事件，执行部分与攻击相关的关联分析时，将攻击手段与受攻击对象的漏洞信息进行关联，从而过滤非实质性攻击。例如，攻击目标资产的 445 和 443 端口，攻击手段为 SSL 协议漏洞 A、SMB 协议漏洞 B 和 C，而资产实际开放端口为 445，并未开启 443 端口，同时仅存在漏洞 B，因此针对 443 端口的攻击，以及针对 445 端口漏洞 C 的攻击被过滤。

√ 资产关联

资产关联主要适用于减少假阳性和优化事件分级。一方面针对特定组件的攻击需要和资产信息关联；另一方面根据应用系统重要等级（如等保定级）对资产价值权重进行定义，在规则设定时，能够结合权重进行不同级别的响应。

表 5 等保级别与资产权重关系

等保级别	相关资产权重
四级	10
三级	7
二级	5
未定级及其他	3

√ 观察列表关联

观察列表是用于为规则提供引用的一系列数据集合，数据结构有简单的单维集合，也有类似关系型数据库表的多维集合。例如，在优化入侵行为检测中，将已封禁的 IP 置入观察列表并排除。观察列表数据可通过规则自动维护，例如，明确的攻击源 IP 地址可置入可疑 IP 地址列表，作为内部威胁情报；当发生 Logon Type 为 10 的 Windows 登录成功事件时，将日志源写入观察列表的键，将用户名写入对应键的值，用于识别使用远程桌面的用户。

√ 网段关联

将各个区域对应的实际 IP 地址段以 CIDR 形式配置，并将内部 IP 地址段定义为本地网络（Local），而非本地网段则定义为远程网络（Remote）。在实际规则使用过程中，可利用具体网段寻找特定流向的访问，例如，源网络为办公区域+目标网络为生产服务器区域；也可利用整体流向寻找内外部交互的访问，例如，通过远程至本地寻找入侵事件，本地至远程寻找可疑出站事件。

√ 威胁情报关联

态势感知平台中所利用的威胁情报为 IoC（失陷指标）信息，通过 STIX 方式获取，并按照类型和标签将数据存放在观察列表中，并不断维护。此外，通过联动获取 IoC 的分类和信心值。规则方面主要与 IP 地址和 URL 相关，例如，用于发现内网失陷事件的规则逻辑为在本地至远程的事件或流量中，目标 IP 或 URL 分类为恶意命令控制中心，信心值大于 75%。

√ 地理位置关联

将 IP 地址所具有的地理位置信息进行关联，增强对部分场景的分析能力，并在可视化展现时提供攻击事件追踪的参考依据。例如，在分析网银访问异常时，对于来自特定地区的访问设定更低的阈值以检测欺诈行为。

（3）展示层

目前，态势感知平台以控制台作为展示层，主要形式包括仪表板、安全事件调查、报告、日志流量检索等。

• 仪表板（Dashboard）

目前态势感知平台的仪表板用于反映整体网络安全状况，可视化展现安全态势。仪表板中主要包括入侵事件变化趋势、防火墙拒绝访问趋势、异常用户认证行为等状况，通过仪表板的可视化监控，能够直观地发现一部分异常情况，特别是与数量规模、访问关系相关的情况。

• 安全事件调查

目前态势感知平台中对于触发安全规则的异常情况，将根据规则和上下文的关联关系聚合成独立的攻击事件，提供统一的调查视图，能够从时间轴、攻击源、攻击目标、事件类型等多个角度对事件开展调查分析。

• 报告（Report）

结合日常内部审计以及回顾分析需要，在态势感知平台设计实现了各类定期报告，总结和聚合需要重点关注的数据，并由安全部门及各专业部门审核。报告包含了身份认证和授权、重要配置变更、网络访问活动、生产运维操作等内容。

• 日志流量检索

目前所有已收集的日志和流量数据物理存储于各地不同类型的处理器，通过统一的 UI 对在线数据进行检索。结合专业差异、网络区域等实际，对检索权限进行了限定，确保各专业在使用中仅能获取与本专业相关的信息，同时敏感字段加密功能也避免了数据过度展示问题。

4.1.2 感知策略

目前数据中心安全态势感知策略主要按照内外部威胁分类进行检测规则设计，包括详细策略主要分为互联网入侵、受害者异常、外联失陷检测、扫描探测、异常协议、系统异常、恶意邮件、认证异常等 20 余类，一些策略示例如下，其中涉及 ATT&CK 的，TA 为战术，Technique 为技术。

• TA0001 初始连接

目标

发现受信任的主机存在异常的访问互联网行为，访问钓鱼链接行为或利用有效账户进行异常操作。

数据源

以系统日志和网络流量为主，入侵检测、邮件安全检测等安全系统日志以及堡垒机信息为辅。

策略逻辑示例

首先收集所有的内部资产、受信任第三方信息和外部攻击源地址，并将其分别置入不同的观察列表中。通过对内部、第三方、其他受信任组织与内部网络的连接、记录日常的访问行为、面向互联网的计算机活动进行监控。如检测到存在异常跳转或账户异常操作行为则产生告警。

例如，检测到内网 IP 访问钓鱼邮件中的恶意域名。关联规则：首先邮件网关检测到带有钓鱼链接的邮件，将恶意发件人和钓鱼链接置入钓鱼邮件二维观察列表中。在一段时间后发现内网 IP 访问恶意域名且该恶意域名命中钓鱼邮件列表，则产生失陷告警。

• TACTIC 0004 权限提升 Technique 1548 利用权限提升漏洞

目标

发现内部系统存在提升权限漏洞，发现遭受到针对提升权限漏洞的攻击或存在异常系统账户权限提升行为。

数据源

以系统日志和 HIPS 日志为主，漏洞扫描信息为辅助。

策略逻辑示例

收集全部资产信息并对内部资产进行定期漏洞扫描，将扫描后存在权限提升漏洞的资产信息置入观察列表中。通过关联威胁情报库或人工设置关联规则，对符合权限提升攻击场景的行为和异常账号提权行为进行监控。如发生系统提权行为、利用漏洞攻击行为或扫描资产存在漏洞，则产生告警。

例如，同一系统中某一属于非 root 组的账号新建后 30 分钟内先提权至 root 后删除。关联规则：首先检测到 Linux、Windows 或其系统产生账号新建事件且账户名称不是 root 或 administrator，并在后续 30 分钟内检测到账号权限提升事件和账号删除事件。

• TACTIC 0006 凭据访问 Technique 1003 凭据转储

目标

监控与 lsass. exe 交互的意外进程，如 Mimikatz 之类的通用凭据转储工具通过打开进程、查找 LSA 机密密钥和解密存储凭证的详细信息。

数据源

以系统日志和 HIPS 日志为主。

策略逻辑示例

首先内部 Windows 资产进行统计，对 Windows 安全日志进行收集监控并收集所有操作系统为 Windows 的资产中注册表的基础信息和正常修改活动。当 Windows 安全日志检测到进程连接事件，并且连接目标名称为“lsass \ . exe”或检测到两个注册表项 HKLM \ SYSTEM \ CurrentControlSet \ Control \ Lsa \ Security Packages 和 HKLM \ SYSTEM \ CurrentControlSet \ Control \ Lsa \ OSConfig \ Security Packages 被修改，则产生凭证转储告警。

• TA0008 横向移动 Technique 1021 远程服务

目标

发现系统账号未通过堡垒机进行登录的异常行为，挖掘违规操作和潜在的横向移动（Lateral Movement）攻击行为。

数据源

以系统日志和网络流量为主，入侵检测、WAF 和防病毒等安全系统日志以及堡垒机信息为辅。

策略逻辑示例

首先收集堡垒机 IP 地址，并置入合法登录源观察列表，再将入侵检测、WAF 等威胁日志中所有内网地址置入风险 IP 观察列表。如在系统日志和流量中发现来自合法登录源 IP 之外的登录时，生成绕过堡垒机行为告警，如源 IP 地址处于风险 IP 观察列表中，则生成疑似横向移动告警，如通过网络流量进一步发现使用非标准端口的 SSH 或 RDP 协议时，则生成横向移动或后门告警。

• TA0011 命令控制

目标

发现内网失陷主机外联恶意命令控制中心或其他恶意目标的行为。

数据源

以威胁情报、网络流量以及防火墙/DNS 日志为主，入侵检测和 WAF 日志为辅。

策略逻辑示例

入侵检测和 WAF 日志中发现同一外部源 IP 进行持续攻击或短时间内利用同一手段进行攻击，将内部目标 IP 地址置入受攻击系统观察列表（Potential Compromised Host），之后发现防火墙日志/网络流量中对外访问的目标 IP 地址或内部 DNS 日志请求解析的 URL 命中威胁情报 IOC，并且源 IP 地址在受攻击系统观察列表中，生成异常外联告警。此时，如防火墙日志显示为访问允许（Permit）或网络流量回包显示请求成功（例如，HTTP 200、请求侧数据量持续增大或带有敏感数据），则生成严重失陷告警。

4.1.3 运维团队

按照安全态势感知运营体系设计，结合数据中心生产运维的专业分工和组织架构，分别按照专业条线和安全条件建立了运营团队，对安全事件进行有效响应和处置。

表 6 安全运维团队分工

角色	岗位	相关工作	落地部门
运维管理团队	专业安全监控	一线专业安全监控，负责专业安全设备的运行监控	专业部门
	专业安全运维	二线专业安全运维处置，负责专业安全配置设计和实施运维，参与事件处置	专业部门
监控分析团队	安全监控	一线安全监控，负责安全条线及整体安全态势监控	安全部门
	安全分析	二线安全分析运维，负责运维安全态势感知平台及相关的感知规则设计和实施	安全部门
响应处置团队	事件响应处置	组织网络、系统等各部门开展安全事件响应和处置，组织开展事件调查和分析	安全部门

4.2 收益和成效

近年来，数据中心按照纵深防御的思路，在完成防火墙、入侵检测、DDoS 防御等专用安全系统建设的基础上，建设了统一的态势感知平台，逐步启动了安全态势感知工作。截至目前，数据中心态势感知平台已集中管理了京沪两地 13000 余个 IT 系统日志，包括操作系统、网络安全设备、Web 服务器等日志，以及重要网络边界等处的七层流量纳入态势感知平台进行综合分析。结合生产系统架构和运维操作特点，目前数据中心已建立 20 余类分析模型、120 余套关联策略，主要涉及操作行为、身份认证、账号管理、访问控制、恶意威胁、业务安全等方面，能够从海量多源异构数据中挖掘分析网络攻击、违规操作、异常访问等情况，同时还与运维操作平台进行对接，自动处置高危攻击行为，初步实现了安全态势感知的智能化识别、响应和处置。

5. 结语

态势感知是一项复杂的系统工程，商业银行数据中心在进行实践过程中会碰到各种实际运用的困难和问题，但是态势感知平台的效应是巨大的，其对海量数据的处理和分析能力，其对威胁风险的感知能力，其对安全运营的支撑能力都是至关重要和不可替代的，未来数据中心的发展越来越趋于智能化、自动化，同理安全态势感知也将演化成更为智能的技术平台，人工智能、机器学习等深度分析和处理的智能算法和技术必将与感知平台全面融合，有力支撑未来安全态势感知的发展和运用。

参考文献

[1] Micah Endsley，Debra Jones. Designing for Situation Awareness（Second ed.）[M]. CRC Press，2011，12：3-4. ISBN 978-1-4200-6358-5.

[2] Shostack，A. 威胁建模：设计和交付更安全的软件 [M]. 江常青，等译. 北京：机械工业出版社，2015.

[3] Anton A. Chuvakin，Kevin J. Schmidt，Christopher Phillips. The Authoritative Guide to Understanding the Concepts Surrounding Logging and Log Management [M]. CRC Press，2011，12：3-4. ISBN 978-7-111-46918-6.

[4] https：//attack. mitre. org/.

“十四五”期间金融业数字化转型路径与措施研究

吕国豪　崔　朝　刘大海　等[①]

摘　要：“十四五”是我国开启全面建设社会主义现代化国家新征程的第一个五年，金融业数字化转型面临的机遇前所未有，挑战前所未有。为此本文从“十四五”时期金融业数字化转型面临的形势与挑战、数字化转型涉及的关键技术及趋势出发，推导“十四五”期间金融业数字化转型的思路、路径以及“十四五”期间金融业数字化转型的措施建议。通过调研本文认为金融业的数字化转型是一个螺旋上升、不断迭代的过程，其核心是通过敏捷高效的企业组织、数据驱动的经营决策、灵活弹性的基础支撑和多层次多维度的金融生态构建起金融业的数字化能力体系，从而实现全行业的数字化跃迁。具体来说，金融业的数字化应包含金融机构的数字化转型和金融行业的数字化转型两方面。金融机构的数字化转型，需要金融机构树立科学的数字化转型理念，认清自身所处阶段，找准定位，重塑合理的组织架构、构建业务与技术、数据与服务相辅相成、互相促进的体系。金融行业的数字化转型，需要全行业通力合作，通过基础平台的联合研究，行业数据资源的开放共享、制度保障体系和人才培养机制的建立，逐步实现全行业的整体数字化转型。

关键词：金融　数字化转型　互联网　人工智能

1. 引言

当前以人工智能、大数据、云计算、区块链、移动互联、物联网等为代表的新一代信息技术的快速发展和应用，推动着各行各业加速向数字化迈进。金融行业作为典型的信息密集型产业，其经营和管理均高度依赖信息技术，是全社会数据化浪潮的重要组成。一方面人工智能、大数据、云计算、区块链、移动互联、物联网等数字技术蓬勃兴起，全面赋能金融业务，金融行业数字化转型的技术基础日益坚实；另一方面用户对金融服务的需求正向高效化、便捷化、精准化、个性化转变，金融业应用数字技术创新业务模式、提升业务效率的要求愈加迫切，金融行业的数字化转型正逐步加速。

2. 当前金融业数字化转型面临的形势与挑战

“十三五”期间金融业数字化转型已取得一系列成果，“十四五”期间金融业数字化

---

① 课题组：中国证券登记结算有限责任公司。课题组成员：吕国豪、崔朝、刘大海、韩晨曦、陆昌昕。

转型面临的内外部环境更加复杂，挑战更加严峻，总体看来有以下几方面要求：

一是国际政治经济环境变化要求。从政治角度看，国际格局和政治力量对比加速演变，在单边主义和保护主义的冲击下，地缘政治风险不断加大，世界政治格局或将改变。从经济角度看，伴随全球流动性收紧，利率上行，贸易摩擦升级，全球经济下行压力在增大，全球债务水平持续攀高，新兴经济体金融市场风险日益集聚，“灰犀牛”与“黑天鹅”并存，国际经贸合作格局将进入艰难重构期。这种复杂的国际环境无疑给金融业的风险控制、内部管理以更大的挑战，更需要金融业主动适应变化，加快数字化转型，通过技术建设进行有针对性的调整，补齐短板，提高生存能力。

二是国内经济发展新常态、经济内循环要求。伴随着国际环境不确定性因素的增多，一方面国内经济循环逐步切换到以内循环为主体、国内国际双循环相互促进的新发展格局；另一方面国内以投资拉动经济增长的粗放式增长模式难以为继，经济发展进入新常态，经济增长从高速增长转为中高速增长，经济驱动从要素驱动、投资驱动转向创新驱动，全面深化改革进入深水区。为此金融业更需主动适应经济高质量发展的要求，以数字化技术为武器，增强利用大数据、人工智能等数字化技术进行差异化服务的能力，服务实体经济，聚焦产业升级，把资源配置到经济社会发展的重点领域和关键环节，切实扭转金融行业脱实向虚的势头。

三是国家金融政策和行业监管要求。党的十九大报告提出，健全金融监管体系，守住不发生系统性金融风险的底线。中央经济工作会议明确要求，必须加强党对金融工作的领导，紧紧围绕服务实体经济、防控金融风险、深化金融改革三项任务，创新和完善金融调控，保障国家金融安全，促进经济和金融良性循环、健康发展。“十四五”时期是我国全面建成小康社会、实现第一个百年奋斗目标之后，乘势而上开启全面建设社会主义现代化国家新征程、向第二个百年奋斗目标进军的第一个五年，金融业更应响应党和国家号召，加快数字化转型，用金融活水筑牢实体之基。近年来，人民银行、银保监会、证监会也多次对金融机构数字化转型做出指示，如人民银行要求引导金融机构加快数字化转型，加强数字监管能力建设。银保监会强调“科技创新引领”，推动行业向精细化、科技化、现代化转型发展；证监会正式印发《中国证监会监管科技总体建设方案》，强调“数据让监管更加智慧”，构建科技监管的一张网、一片云、一个库、一班人。

四是新冠肺炎疫情应对要求。2020 年初新冠肺炎疫情席卷全球主要经济体，受新冠肺炎疫情影响，远程无接触式服务成为服务的新趋势和主流形势。全国范围内几乎所有年龄段的人群均开始主动适应数字化工作和生活。整个社会的数字化习惯和数字化基础在疫情期间获得了切实提升。伴随着新冠肺炎疫情防疫的常态化，更要求金融业数字化建设进一步加速，业务线上化、智能化进一步发展，以直播、远程服务为代表的无接触式服务或将成为未来发展的重要趋势。

五是网络安全、自主可控要求。近年来，网络安全形势日益严峻，网络攻击的隐蔽性和危害性不断升级。金融业信息系统中所汇聚的大量客户信息和业务数据具有一定价值，可能成为网络攻击的目标，存在遭受网络攻击的风险。同时当前中美贸易摩擦不断，特别是疫情发生后，美国政府针对华为、字节跳动等中国高科技企业打压进一步升级，面对操作系统、数据库、芯片等基础软硬件短板，我国信息科技产业存在巨大风险。金融是国家重要的核心竞争力，金融安全是国家安全的重要组成部分，软硬件设备安全是金融安全的重要组成，“关键核心技术是要不来、买不来、讨不来的”，推进金融业信息化核心技术安全可控，已成为摆在金融行业面前的重要命题和历史使命。

3. 数字化技术发展情况及趋势

金融业的数字化转型离不开数字化技术的支持，“十三五”期间数字化信息技术迅猛发展，表现出一系列新情况、新趋势，主要体现在：

一是万物互联即将到来，数字孪生辅助决策。物联网即万物相连的互联网，是将各种信息传感设备与互联网结合起来而形成的一个巨大网络，实现在任何时间、任何地点，人、机、物的互联互通。5G 网络是第五代移动通信技术的简称，在 5G 技术的支持下，通过将更多的物联网设备连入无线网络中，围绕智能手机为核心的伴生模式生态系统将进一步发展到以大规模多样化独立终端为核心的散生模式，进而导致海量的用户数据的汇集，并由此开启移动互联向万物广泛互联、人机深度交互的新时代的演进。

海量的用户数据的汇集也使得金融业可以利用掌握的数据构建业务服务主体在真实世界和数字世界的映射关系即数字孪生，通过真实数据不断修正数字世界的模型，尽可能地得到真实世界最精准的模拟，实现数据仿真到数据全真的跨越，进而利用算法模型模拟、推演未来业务决策可能的影响范围、影响路径或强化金融机构风控体系的防控能力，进而提升金融机构数字化水平。

二是 IT 云化成为趋势，边缘计算迅速发展。在 IaaS 层面，许多金融机构均将云计算作为 IT 的核心支撑，开始逐步用云计算替代传统的数据中心。在 PaaS 层面，以云原生为代表的新一代 IT 架构逐步开始在金融机构普及应用，金融机构从互联网业务入手逐步开始利用云原生、服务化技术重构整个核心业务系统，并采用服务化的方式利用开放 API 对外暴露自身服务能力，给养外部生态。在 SaaS 层面，部分中小型金融机构开始将部分业务放在公有云或专有云上，而大型金融机构则试点采用混合云，利用私有云来保证数据的安全，利用公有云来补充计算能力。

边缘计算是一种分布式的计算模型，作为云数据中心和物联网设备/传感器之间的中间层，边缘计算可以过滤、聚合用户消息，匿名处理用户数据以保证隐秘性，初步处理数据以便实时决策，提供临时存储以提升用户体验。目前互联网金融机构已经开始逐步布局边缘计算。通过边缘计算一方面可以直接在终端对数据进行清洗、预处理、聚合、筛选，释放服务端计算压力，节省用户带宽，提高用户响应；另一方面也可通过在终端提取数据而将加工后的数据传输云端，降低终端敏感数据隐私的泄露风险，保护用户的隐私。

三是数据成为人工智能应用的核心，联邦计算、迁移学习逐渐兴起。当前人工智能应用已经在金融机构逐步展开，并在风控、票据识别、语音输入、人脸识别等一系列领域取得较好的效果，这些成功的应用所采用的模型和算法主要是由监督学习推动的，而监督学习需要海量的有标记的数据支撑来达到应用的精准，数据丰富程度、数据质量对于算法的影响逐步凸显。

同时对于金融业往往存在小样本学习问题，即在海量正样本中仅存在少量负样本数据，传统的机器学习方法较难从中学习出较好的数据模型，于是以迁移学习、强化学习为代表的小样本数据学习技术逐步成为下一阶段金融机构应用人工智能技术的重要方向；另外，为保护用户隐私数据，行业内不同机构之间的数据孤岛尚未完全打通，联邦学习可在不共享原数据的基础上，实现算法模型的有效共享，进而有效盘活金融数据资产，成为金融机构关注的重点。

四是数字货币或将改变现有金融格局，行业联盟成为应用主体。近年来，随着比特币、Libra 等掀起数字货币风潮，全球各国央行也纷纷投入对央行数字货币的探索。根据国际货币基金组织（IMF）的调查，全球 80%的央行正在探索数字货币，如新加坡央行数字货币与区块链技术项目 Ubin，瑞典央行数字化货币 e-krona，我国人民银行组织部分商业银行和有关机构共同开展数字人民币体系等。一方面未来数字货币推出，将进一步加快全社会的数字化进程；另一方面当实体货币被完全数字化时，未来金融业格局可能随着数字货币而改变，值得金融业重点关注。

区块链本身是一系列技术的组合，其诞生之初更适合于各方主体平等，不存在中心化节点的业务场景，并有望通过去中介化实现自组织的商业模式。在企业内部建立区块链系统更多是作为分布式数据库使用，较难发挥区块链技术的应用价值，故当前行业联盟、商业联盟已成为区块链应用主体，主要的区块链项目无不采用联盟或者合作伙伴参与的模式，多方共建已取代一方建设成为区块链建设的主要模式。

五是不同技术的边界正在消失，逐步形成完整的数字化技术体系。其中 5G、物联网技术为其他技术提供了数据基础和传输能力；云计算技术为大数据、人工智能、区块链、数字孪生技术提供了基础的计算资源、存储资源、网络资源和资源抽象与控制，并且借助服务化技术和容器技术，与大数据技术、人工智能、区块链技术进行深度融合；大数据技术借助海量数据的汇集，通过在数字空间构建真实世界的数字化模拟实现了数字孪生，借助对数字空间的数字化模拟，为真实世界的决策提供依据，同时大数据技术还为人工智能技术的发展提供了海量的数据资源；区块链为金融业务基础架构和业务组织机制的变革创造了条件，它的实现离不开数据资源和计算分析能力的支撑。

4. 金融业数字化转型思路和路径

4.1 当前金融业数字化转型存在的问题

当前金融业数字化转型正在不断提速，但也存在一些问题亟待解决，主要表现在：

一是金融机构的观念理念仍需更新。数字化转型不是简单地开发线上产品或建设信息系统，而是对金融机构经营文化、理念的革新，以及组织架构、考核体系、人才培养机制的全方位再造，是一场全新的考验。观念上，一些金融机构仍抱有惯性思维，坚持固有盈利模式，数字化转型主动性不足，数字化思维欠缺，尚未形成以客户为中心的服务理念；开发上，金融机构技术和业务人员之间的壁垒依然森严，业务和技术无法实现有机融合，技术人员尚未从响应业务需求向创新业务模式转变；机制上，一些金融机构在产品研发上延续传统项目管理模式，环节多、流程长、耗时久，难以适应市场快速变化的需求；服务上，随着互联网金融的推进，金融机构对私业务线上化发展很快，但对公业务线上化依然存在短板。

二是数据资源的价值难以充分发挥。数据是数字化转型的基础性资源，金融机构拥有海量的客户身份信息、账户数据、交易数据等数据资源，数据资源总量较为丰富。但数字化转型的关键在于对数据资源的充分挖掘和利用，而金融机构拥有的数据一方面由于存在存储分散、标准不统一等问题，数据的整合使用面临挑战；另一方面，对于如何使用用户数据，如何在保障用户隐私的基础上与同业机构共享用户数据，进一步提高数据利用程度，目前尚未形成统一的方案，虽然金融机构内部的数据孤岛逐步打通，但金融行业各细分领域的数据孤岛还有待进一步解决，金融机构在实际应用中往往不敢用、不够用、不会用，数据不能充分发挥价值。

三是数字化转型所依赖的 IT 基础设施仍有待提高。技术平台是金融机构数字化转型的底层支撑，是数字化能力的基础，没有技术平台的支撑，金融机构数字化转型无疑是无源之水、无本之木。综观行业，一方面，不同类型金融机构的技术能力差异显著，大型金融机构的技术能力相对较高，部分机构的技术水平已经与国内金融科技公司接近，而大量中小型金融机构的技术能力相对较低，通常没有足够的技术实力去满足自身的技术需求，只能依靠外包等方式，无法有效实现自身业务的定制化、个性化开发。另一方面，金融机构内部的竖井化开发模式正在逐步打通，云化应用、应用上云已成为金融机构未来业务的首选，但应用上云的范围仍然有限，金融机构大多将应用上云集中在互联网类业务上，核心系统上云、不同业务模块组件化共享化和不同业务条线数据共享化仍有待打通，同时在底层技术平台上，金融机构的自主可控能力仍然有限，金融机构或采用开源平台进行二次开发，或采用外包商封装的技术平台，不同平台之间的兼容性有待提高，目前行业尚未出现专门针对金融领域设计并得到广泛认可的通用平台或分布式数据库，行业底层技术基础设施仍然薄弱。

四是数字化为金融安全和监管带来新挑战。金融行业与国计民生息息相关，对信息安全具有极高的要求。在金融业数字化转型进程中，涉及数据的大规模采集、传输和计算，过程中极易发生信息安全问题。同时，随着金融行业数字化的深入推进，IT 系统越来越复杂，金融数据的关联性、交叉性持续强化，金融风险的复杂度也随之不断提高，这种变化使得金融安全面临更加严峻的挑战。同时对监管来说，金融业数字化转型对制度设计、风险防范等也提出了更高要求。金融业数字化转型可能衍生出技术、业务、网络、数据等新的风险，监管也要加快数字化步伐，跟上行业转型脚步，既要鼓励也要规范、引导创新。

4.2 金融业数字化转型思路

基于上述讨论，我们认为“十四五”期间金融业数字化转型思路在于构建以金融机构为视角的数字化能力体系，转变金融业的管理和建设方式，使数字化转型从局部规划和设计向全局规划和顶层设计转变，由一家或多家金融机构的进一步数字化转型带动整个行业的数字化转型。金融业的数字化能力体系包含组织、经营、技术和生态四方面的内容，即敏捷高效的企业组织、数据驱动的经营决策、灵活弹性的基础支撑和多层次多维度的金融生态。

敏捷高效的企业组织

构建数字化转型能力，首先需要改变组织的运作体系。改变组织的运作体系就是要从原本多层级模式转变为敏捷高效的扁平化管理。在技术和业务层面，要摆脱业务提出需求，技术负责实现的传统模式，鼓励业务技术融合；在管理经营层面要摆脱金融机构对风险的厌恶思维，通过设计风险隔离机制，以创新实验室、Hackathon（黑客马拉松）等多种机制，鼓励全员创新；在人力管理层面要逐步改变当前的绩效管理模式，由过程考核向结果考核转变。这里的组织不单指数字化团队或 IT 技术团队，也涵盖业务、行政等相关部门。只有全员参与同步改变，才有可能实现产品、服务到流程的全链路进化，最终实现公司层面的转型目标。

数据驱动的经营决策

金融业的数字化转型就是要赋予金融机构对于业务数据和其他数据的分析和挖掘能力，这也是金融机构数字化转型的基石。通过大数据技术从自身、从外部收集海量的数据资源，通过对数据资源进行整合、提取、分析，构建以用户为视角的用户画像和关联关系图谱，通过在数字世界构建真实世界的数字孪生，一是可以从定期报表转为实时数据动态分析，从简单的数据统计转为对内外部数据的深层次、多维度挖掘分析，理解用户需求，促使经营决策由经验主义向数据主义转变，提高业务决策的准确性；二是借助海量的数据汇集，建立完整的数据治理体系，可以在数字世界得到真实世界的最接近逼近，通过算法模型模拟，推演公司未来推出的业务决策可能的影响范围、影响路径进而反馈现实；三是海量的数据资源本身就是巨大的财富，通过价值共享机制进一步共享数据资源，金融机构可由金融产品服务派生出金融数据提供服务，实现自身数字化转型升级。

灵活弹性的基础支撑

金融机构的数字化转型对 IT 基础架构提出新的需求，需要新型 IT 基础架构进行支撑。新型的 IT 基础架构以云架构为核心，提供丰富的连接能力和灵活的横向扩展能力。底层的软硬件基础设施通过云的形式进行组织部署，统一对外提供服务。云架构统一管理内部计算、存储和网络能力，优化基础设施利用效率，并且提供统一管理能力，提升管理效率。云架构提供丰富的接口，连接多样化的设备，提供输入输出能力，以便适应不同的应用。随着业务规模的提升，新型的 IT 基础架构具有灵活扩展能力，能够弹性扩展计算和存储，实现 IT 能力的快速部署。最后通过 PaaS 云平台对外提供服务，可以应对未来灵活多变的业务形态。行业应用基于 PaaS 平台进行开发，应用与 IT 基础设施之间通过丰富的接口进行交互，业务更新不需要底层应用进行升级改动，满足敏捷开发的需求，提升了业务灵活性。

多层次多维度的金融生态

上述三种能力更偏向于金融机构自身，而在行业层面，更为重要的是构建多层次多维度的金融生态。在传统的金融行业中，虽然存在银行、保险、证券等多个维度的金融细分领域，但在不同细分领域上，金融企业的产品服务仍存在同质化，较难做到根据自身服务的对象设计个性化、定制化的产品。同时行业的服务对象也存在长尾效应，由于风险、利润等原因，广大的长尾用户较难享受金融机构的优质金融服务。构建数字化转型能力，就是要在行业层面构建多层次多维度的金融生态，通过政策引导和技术提升，改变当前金融产品服务同质化的模式，通过能力开放的方式，推进不同细分行业金融机构的能力互融、场景互通，以数据为武器，提升金融机构服务不同类型金融客户的能力，回归金融本源，进一步量化风险，通过合理的风险定价，实现金融服务实体经济的目标。

4.3　金融业数字化转型的路径

基于上述的金融业数字化转型思路，考虑到金融行业不同细分领域企业数字化转型的情况和条件的不同，各金融细分领域数字化转型应当根据本领域信息化特点逐步推进，我们认为金融业数据化转型是一个循序渐进、逐步提高的过程，可分为金融机构数字化转型和金融行业数字化转型两部分。

4.3.1　金融机构的数字化转型路径

金融业的数字化转型以每家金融机构的数字化转型为基础，金融机构的数字化转型则包含完善基础建设、技术辅助业务和数据驱动决策三个阶段，上述三个阶段彼此之间的界限并不严格，可以叠加出现，只是不同阶段的侧重点略有不同。

完善基础建设

根据康威定律，技术系统架构本身既是公司组织架构、业务架构的反映，同时也在深刻影响着公司的组织架构、业务架构。考虑到不同金融机构在数字化转型的道路上处于不同的位置，在完善基础建设阶段，需要从底层开展基础构建，构建能够有力支撑数字化转型的组织架构、管理机制和基础设施。

技术上，就是通过制定云转型策略、企业级应用上云策略、云平台的安全和自动化运维策略，利用云计算技术整合金融机构的软硬件资源，降低硬件采购成本和提升硬件使用效率，为中层业务服务提供安全可靠的软硬件保证。

业务上，就是在上层遵循数据完整性、持续运营、大数据的原则，金融机构的业务部门会同技术部门完成内部全部业务流程的梳理，通过服务化（微服务）技术，将业务、技术共性功能归并为业务、技术公共服务，形成共享服务中心，加快创新速度，降低创新成本，为业务应用提供稳定可靠的业务功能保证。

组织上，就是逐步在内部整合资源，试点引入扁平化的组织体系，通过小步试错不断调整使金融机构的组织架构逐步与业务架构、技术架构相匹配，实现良性的互动。

技术辅助业务

在技术辅助业务阶段，需要充分引入数字化技术，实现技术对人工的逐步替代，提高响应效率和精准性，降低人力成本。

技术上，就是将技术嵌入现有流程，推动业务由线下转为线上，让金融机构的业务尽可能地在线上留痕，进一步增强公司共享服务体系的建立，不断完善和调整公司的共享服务体系，实现高效的支撑业务。同时在不断完善共享服务中心时，打通公司内部各个软件系统的数据孤岛，实现对公司内部数据的积累，开始数据化及智能化的试点应用。

业务上，就是需要公司业务与技术人员更加紧密联系，摆脱业务提出需求，技术负责实现的传统模式，以技术为手段，将技术用于改进业务办理模式或业务模式创新上，通过技术提升业务流程的处理效率，优化业务办理。

组织上，就是由原来的试点扁平化逐步转向推广应用扁平化管理，打通不同部门之间的部门墙，构建快速反应、灵活调整的技术业务团队，逐步调整公司的绩效考核体系，发挥员工的主观能动性，由被动接受向主动思考转型，由传统的重过程向重结果转型。

数据驱动决策

在数据驱动决策阶段，在前面完成机制构建和技术替代的基础上，通过在数字世界构建真实世界的数字孪生，对内外部数据的深层次、多维度挖掘分析、挖掘理解用户需求。借助海量的数据资源及其数据关系可以通过算法模型模拟、推演公司未来推出的业务决策可能的影响范围、影响路径进而反馈现实。

技术上，一方面通过内部数据与外部数据的协同，通过数据可视化、数据分析等服务，数据被最大化地利用起来产生业务价值即数据业务化，有效地运营数据，帮助业务发展。另一方面通过人工智能技术，完成原来人工无法完成或者无法快速完成的海量数据分析学习工作，降低人力成本。

业务上，就是将公司业务技术人员从大量重复的日常工作任务中解放出来，从事更加有技术含量和思考密度的工作，从而将数字化技术与业务场景进行深度融合，不断扩大服务范围，尝试探索创造出新的业务模式，如采用区块链技术或采用联邦计算进一步的共享数据，实现行业内的数据资源共享，由金融产品服务派生出金融数据服务，实现自身转型升级。

组织上，就是推动金融机构由经验决策向数据化、智能化决策改变，全面挖掘数据价值，根据数据分析结果进行运营决策和模式创新。

4.3.2 金融业数字化转型路径

金融业的数字化转型，最终反映为全行业的数字化转型，对于金融业数字化转型则包含大型金融机构数字化转型试点、中小型金融机构数字化转型跟进和数字生态的全面构建三部分。

大型金融机构数字化转型试点

在一些内部条件相对较好的大型金融机构进行数字化转型试点，该阶段以企业 IT 转型为主，通过采用新一代金融业 IT 架构，提供灵活调度、自动化管理的应用运行环境，满足弹性伸缩、高可用、异地灾备等一系列的要求，建立灵活弹性的基础支撑，将数据作为资产管理并充分利用起来构建数据驱动的经营决策。逐步将内部机构扁平化，建立敏捷高效的企业组织，在行业内率先树立标杆。

中小型金融机构数字化转型跟进

在完成第一阶段大型金融机构进行数字化转型试点后，部分中小型金融机构开始利用大型金融机构的技术输出进行 IT 和业务的数字化转型。技术上，可通过开放 API 方式借助大型金融机构或行业共有金融技术基础设施的金融云平台实现中小型金融机构业务功能上云。业务上，中小型金融机构保留核心业务团队并借助云平台提供的公共功能实现自身特色业务场景的搭建，为用户提供有针对性的服务。组织上，中小型金融机构逐步伴随自身业务技术特点探讨适合自身的组织模式。

数字生态的全面构建

在行业大部分机构完成 IT 架构和业务的数字化转型后，机构的内部各部门之间数据孤岛已经消除，数据将贯穿整个业务服务周期，从客户引流、客户需求、客户服务、客户评价、客户存续再到客户需求挖掘，最终形成反馈，指导新一轮的业务开展，构成数据闭环。而在整个行业中，数字化转型将帮助金融机构进一步清楚地认识到自身的定位、服务对象及经营方式，从而实现行业内针对不同用户的不同层次服务。同时加强细分领域内以及不同细分领域的数据流动，乃至构建跨行业服务平台，利用云平台、大数据对金融业数据进行沉淀、复用和重构，封装成为功能模块，直接对外提供服务，实现企业内部到行业的集成，进而形成合理的数字生态。

5. 金融业数字化转型的措施

金融业的数字化转型是一个螺旋上升不断迭代的过程，一方面有赖于企业自身的发展，通过树立科学的数字化转型理念，认清自身所处阶段找准定位，重塑合理的组织架构、构建业务与技术、数据与服务相辅相成、互相促进的体系。另一方面有赖于行业环境的支持，通过基础平台的联合研究，行业数据资源的开放共享、制度保障体系、教育和人才培养机制的建立，逐步实现全行业的整体数字化转型，为此我们从金融机构数字化转型措施和金融行业数字化转型措施两个角度进行展开。

5.1 金融机构数字化转型措施

一是树立科学的数字化转型理念。数字化转型思维与传统金融机构的经营发展思维不同，侧重于技术的融合应用，重塑平台、重塑数据和重塑服务。有鉴于此，金融机构必须转变对数字技术的发展理念，审时度势，以数字化转型发展思路，及时调整自身经营策略。当前，由金融机构科技部门驱动的单一的云计算、大数据、区块链项目，都只是局部改造，并未将传统思维转化为数字化思维。真正的数字化转型，实质是组织、文化、流程、管理等全面变革，而非单一部门、单一项目驱动。只有获得管理层的坚定承诺，同时使技术和业务进行深度的融合与协同，建立跨职能团队，业务数据同频共振，才能推动数字化转型落地。

二是认清自身所处阶段找准定位。金融领域不同主体信息化建设程度不同，所处的数字化转型阶段也不尽相同，在实际数字化转型的过程中，金融机构、金融行业的数字化转型更应同步启动，同时金融机构内部在不同业务上数字化转型的难度、方向也不尽一致，还可能存在多态叠加，需要金融机构认清自身所处阶段，找准定位，从而制定符合自身需要的数字化转型战略。

三是重塑合理的组织架构和发展模式。组织架构改革是数字化转型能否成功的关键。目前，大多数金融机构都开始重视并强调“以客户为中心”的核心理念，也引进了各种先进技术甚至战略合作者协助转型，但是，如果没有一套完整的与数字化相契合的内部生态机制，高效服务客户、建立外部生态都将是无源之水、无本之木，无法在金融机构内部形成流转。因此，在做好风控、把好安全关的基础上，金融机构数字化需要首先建立支持数字化的组织架构和人才机制，培养和鼓励内部创新文化，打破传统的利益分配机制和价值评估体系，建立起全公司拥抱数字化的能力和文化氛围，赋能员工、赋能企业，激活组织活力。

四是构建业务与技术、数据与服务相辅相成、互相促进的体系。金融机构数字化离不开业务与技术、数据与服务之间的配合。业务架构是从业务视角出发，将业务流程、产品和体验组件化；而技术架构则从技术视角出发，实现系统平台化、松耦合、面向服务，形成众多独立的微服务，同时打通企业数据架构体系，构建数据共享机制，为跨部门跨团队的创新提供基础。业务与技术、数据与服务相辅相成、相互促进，通过业务协作化、技术平台化、数据协同化、服务共享化，支撑数字化转型发展。

5.2 金融行业数字化转型措施

从行业的角度来讲，金融业的数字化转型，不再仅仅是某个或某些机构的数字化跃迁，而是整个细分领域、整个行业的数据化能力的提升和业务服务能力的跃迁，为此建议行业应凝聚共识，在以下几个方面进行努力：

一是形成一套完整的制度保障体系。进一步完善行业规范，填补数字化领域金融行业规范的空白，加快制定金融行业数字化关键规则，包括数据的权属、流通、跨境以及数字货币、隐私保护等方面的规则。研究人工智能、物联网、区块链等领域的规则，参与全球金融行业数字化规则制定，构建完整的数字经济规范，让金融机构的数字化转型有一整套制度保障。加强监管方式的变革，可按照数字化转型的需要加快监管职能转变，结合实际，突出金融业数字化转型相关管理和服务，加强行业各领域数字化转型的宏观管理，明确金融业数字化转型的关键指标、目标，制定相关战略规划和政策标准规范，进一步减少和下放具体管理事项，做好面向行业和机构的服务与管理，提供数字化发展所需的公共服务，进一步加强完善金融业数字化转型的统计监测和风险监测体系，持续动态跟踪金融业数字化转型的发展演变和风险变化，使我国金融业数字化转型处于可管、可控的范围内。

二是加强基础平台的联合研究。金融业的数字化转型离不开基础平台的支撑，当前一些大型金融机构的技术投入力度已经接近或者超过部分互联网金融公司，在云计算、大数据、开源开放、自主可控方面进行了大量的尝试，对内依靠自身实力完成或正在进行私有云、分布式架构的转型，对外通过构建行业云，开启了技术的对外输出，但作为市场的参与者，其既是运动员又是裁判员的身份也受到了一定的质疑。对于大量中小型金融机构而言，由于其自身经营收入有限，自身技术实力相对较弱，短期较难改善，对于数字化转型所需的基础设施建设往往力不从心，只能依靠外包商完成，而外包公司输出的技术产品趋同性较强，无法满足数字化转型要求的差异化竞争需求，广大中小型金融机构的数字化转型依然任重道远。对此，建议行业更应凝聚共识，以行业名义，加快信息基础设施建设，积极投入云计算、大数据等共性行业基础设施建设，科学规划金融行业通用云计算、大数据中心选址布局，推进金融行业基础设施建设，对部分涉及自主可控、金融安全的关键技术领域如服务器、数据库、交换机等加强联合选型并与国家相关企业进行联合研究共建，搭建数字化发展公共平台，建立行业公用的人工智能标注库和知识库，建立 5G、物联网等相关通信标准的金融行业通用规范，解决金融行业不同标准通信问题，加强对区块链等技术在金融行业应用的前期研究，推动主导相关行业联盟的建立。

三是加强行业乃至跨行业的数据共享。金融业的数字化转型离不开数据的支撑，目前在各种金融机构内部已经或者正在通过数据集中建立起机构内部的数据共享和数据分析机制，机构内部不同部门之间的数据孤岛正在消失，但在行业内部，不同机构之间的数据共享，数据利用还存在数据孤岛问题，同时在数据治理、数据泄露等一系列问题仍需行业统一规范，为此行业应凝聚共识，制订行业数据分享方案，采用集中或分布式的技术完成数据的共享。同时随着金融活动的日益复杂和跨界化，金融机构或行业的用户数据逐渐不能满足行业对用户的风控需求，亟须引入行业外部数据资源，与行业数据资源相互映照，产生"1+1>2"的化学反应，这些都需要行业统一进行规划。

四是探索教育和人才培养机制。金融行业的数字化转型离不开人才的培养。当前各类金融机构的数字化转型过程中人才成为最大的瓶颈，既懂业务又懂技术的人才较为紧缺，一方面是由于长期的业务技术分类导致，另一方面由于金融机构对信息技术的相对封闭性导致。因为更需充分发挥用人主体在人才培养、吸引和使用中的主导作用，加强金融机构与高校、科研院所等企事业单位和社会组织的交流合作。统筹金融业数字化发展和人才培养开发规划，加强产业人才需求预测，加快培育金融行业重点技术领域，关键技术领域数字化领军人才培养。注重人才创新意识和创新能力培养，探索建立以能解决问题带来效益为导向的数字化人才培养机制，完善产、学、研、用结合的协同育人模式。建立完整的在职教育培训体系。以新型 IT 架构为基础，发挥企业创新能力，围绕行业平台、金融机构和普通用户打造完整的数字化生态。

参考文献

［1］张巾．金融行业数字化转型的现状、挑战与建议［J］．信息通信技术与政策，2019，12（9）：39-41.

［2］金瑞庭．“十四五”时期国际环境将发生深刻复杂变化［J］．中国发展观察，2019，13（8）：27-29.

［3］IMT—2020（5G技术）推进组．5G技术概念白皮书［R］.

［4］赵梓铭，刘芳，蔡志平，等．边缘计算：平台、应用与挑战［J］．计算机研究与发展，2018，55（2）：327-337.

［5］中国信息通信研究院．可信区块链推进计划　区块链白皮书［R］．2018.

［6］平安证券宏观团队．新时代中国股份制商业银行转型研究系列之五．

［7］CB Insights. The Global Fintech Report Q3 2017［R］．CB Insights，2017.

［8］王观．加快金融业数字化转型［N］．人民日报，2020-03-16.

［9］付晓岩．银行数字化转型［M］．北京：机械工业出版社，2018：56-57.

［10］Conway. Melvin E. How do Committees Invent?［J］．Datamation，1968，14（5）：28-31.

建设新型数据基础设施，助力金融行业数字化转型

丁南森　肖立志[①]

1. 金融数据基础设施是现代金融体系的关键支撑

数据基础设施是传统 IT 基础设施面向数字化、智能化演进的必然结果。新技术如 AI、5G、云计算、大数据、IoT 的广泛应用，推动了数据爆发增长。数据已经成为数字经济时代的“血液”，驱动着国家、社会和企业的数字化转型。围绕数据为中心，深度整合计算、存储、网络和软件资源，以充分挖掘数据价值为目标，使数据“存得下、流得动、用得好”所设计建设的数据中心和边缘基础设施被称为数据基础设施。金融数据基础设施，即支撑金融业务的数据基础设施，完善的金融数据基础设施是保障金融体系健康运行的“压舱石”，为金融业务稳健高效运行提供基础性保障。

随着智能时代的来临，数据已成为金融行业的重要生产要素，各种 IT 新技术将推动金融行业进行大规模的数字化变革，逐渐形成以数字+智能为中心的新兴业务。随着 5G、物联网等技术的发展，海量的金融数据正在无时无刻地产生。而金融行业的新产品和新服务也对数据基础设施提出了更高要求。

2. 金融行业数据基础设施当前面临诸多挑战

改革开放以来，我国金融业发展取得了长足进步，为国民经济发展作出了重要贡献。金融科技的发展也使我国金融行业数据基础设施关键技术有所突破，相关技术标准也在逐步完善。通过各产业机构和行业机构的持续投入与攻关，金融领域在数据采集、数据传输、数据存储、数据治理、数据分析等数据基础设施的关键软硬件技术取得了长足进步。但也要看到，金融供给侧仍然存在结构性短板，具体到金融数据基础设施，其发展速度、改革深度还滞后于现代化金融机构与金融市场建设，难以满足人民日益增长的多样化金融服务需求，也难以适应经济高质量发展的要求。加快推进金融数据基础设施建设，既是引导金融业务回归服务实体经济本质、推动经济高质量发展的必然要求，也是防范和化解金融业务风险的重要保障。

我国目前比较缺少对数据基础设施标准化的整体规划，新型产品和服务形态的标准也

① 课题组：华为技术有限公司。课题组成员：丁南森、肖立志。

较为缺乏。金融行业的海量数据既蕴含了巨大的价值，也带来了前所未有的挑战，数据接入难、管理难、使用难成为金融行业数据基础设施及行业应用最普遍的问题。

2.1 金融数据接入难

（1）金融行业的数据来源越来越多样化，日志、柜面、互联网、移动、网点、第三方等均有数据需要接入，对接入的数据缺乏统一管理和存储。

（2）传统存储的扩展能力非常有限，如果单套存储无法满足需求，就只能部署数十套高端、中端和低端的设备，但这样就会导致管理复杂，同时数据被割裂，成本也更高。

（3）传统存储协议类型单一，无法同时满足块、对象、文件、大数据等多样性数据的存取需求，金融机构不得不为每种新的数据类型新增一种存储设备，从而增加了高效利用存储资源的难度。

2.2 业务数据管理难

（1）不同应用产生的数据分别存放在不同的存储系统中，而且这些数据由于各自的特征不同、使用目的不同、存放地点不同，彼此之间很难共享、管理和使用，即形成“数据孤岛”问题。

（2）由于采用了不同的计算资源、网络资源和存储资源，各个数据系统的 CPU 算力资源不能共享使用，各个网络协议不同，彼此之间无法互联互通，很难共享访问，这样就带来了数据资源墙问题。

2.3 行业数据使用难

（1）没有统一数据目录和全局数据视图，要在上百万张报表中找到特定的数据，好比大海捞针，无法应对灵活多变的业务需求。

（2）典型的分析业务通常需要跨平台的数据协同，缺乏统一的隐私与安全共享机制，数据就需要经过多部门间协调、拉通、核实才能获得。

（3）数据分析的链路冗长，一旦出现问题，就需要“六方会谈”才能定位，无法保证数据供应稳定和高可用，更无法实现高效的数据融合分析。

3. 新型数据基础设施助力金融行业挖掘更大数据价值

长期以来，我国一直重视金融基础设施的建设和发展，金融基础设施不断完善，为金融市场稳健高效运行提供了重要支撑。为了更好地推动金融业高质量发展、建设金融强国，补齐金融基础设施建设短板、改善对金融基础设施监管的薄弱环节，使金融行业挖掘更多的数据资产，释放数据能量，解决传统数据基础设施无法满足金融行业数字化转型的问题，我们需要建设更加深厚坚实的数字技术设施支撑底座，同时通过对数据的全生命周期管理来挖掘数据价值，让金融行业数据全生命周期每比特价值最大，每比特成本最优。

3.1 新型数据基础设施架构

金融行业新型数据基础设施整体架构上呈“3+1”层架构布局：3个基本层分别是能源设施、数据基座及开放平台，1个边缘层指的是金融行业应用，行业应用承载于数据中心之上（见图1）。金融行业的数据基于上述架构的全生命周期流动处理，与行业深度融合，从而发挥出其真正价值，助力实现产业数字化。

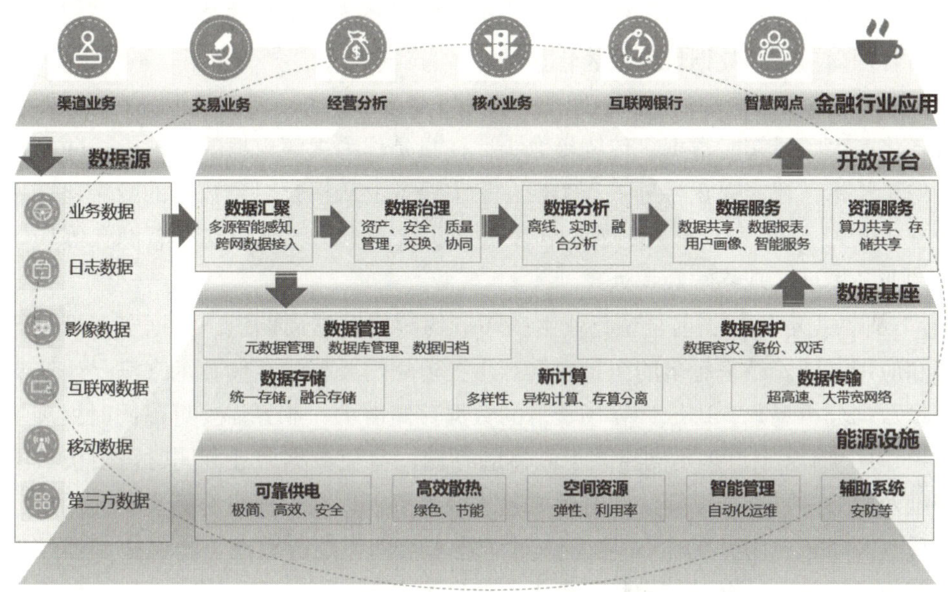

图1 金融行业新型数据基础设施架构

3.2 新型数据基础设施先进性

金融行业新型数据基础设施为满足数字化转型要求，具备以下先进性：

（1）能源设施：绿色、极简、弹性、智能，可持续发展

云和AI促进计算密度提升，能耗与碳排放增加，对能源设施提出更高的要求，向绿色节能、架构极简、弹性升级、安全可靠、智能运维等方向发展。

（2）数据基座：端到端数据效能全面提升

区别于传统的软硬件设备和数据平台，数据基座包括数据存储、新一代计算、数据传输、数据保护及数据管理等几个部分，具有更强的计算能力、更可靠的存储保护能力、更低的每比特成本、更快的网络传输能力以及更兼容的数据管理能力。

（3）开放平台：数据中心对外服务的操作系统层

开放平台包括数据汇聚、数据治理、数据分析、数据服务和资源服务，是上层数据应用所依赖的核心层基础设施，是产业需求与底层核心计算能力之间的纽带。

（4）行业应用：市场需求驱动产业数字化转型

金融大数据要加以应用，才能真正发挥价值，所以需要让数据与金融产业深度融合，

推出有针对性的产品或解决方案，服务社会大众。当前，行业应用还存在数据采集难、存不下、流不动、用不好等难题，需要借助新型数据中心来解决这些困难。

3.3 新型数据基础设施的能力要求

新型数据基础设施需具有海量数据的“采、存、算、管、用”能力，以此来满足“采集、存储、治理、共享、管理和安全”的要求，以便支撑金融行业数字经济快速升级的高效、安全、分层解耦的新型数据基座，帮助数字经济转型中的金融机构实现数据存储智能化、管理简单化和数据价值最大化。

“采”指的是数据源端的感知与采集。随着 IoT 及 5G 的发展，基于 IoT 传感器、智能视觉设备将产生大量实时数据。传统摄像头往往只是作为视频数据的输入，通过 SDC 软件定义摄像机技术，智能视觉将进一步实现在采集设备上从视频对象数据的数字化转型。金融行业基于 SDC 更可以在摄像头借助 AI 及摄像头自身算力，可以在智慧网点等场景自定义自己的业务模型实现终端数据处理。

“存”即数据存储，当前金融行业生产环节的数据存储周期短，数据资产没有得到有效挖掘和应用，随着越来越多的海量数据产生，迫切需要新的存储技术来满足生产交易场景、海量数据分析场景、边缘计算场景下的数据存储需求。业界需要可以同时处理块、文件、对象、HDFS 甚至更多不同格式于一体的存储，避免数据搬迁，同时需要极致的存储空间密度及高效的重删压缩算法，避免大量冗余浪费，以获得海量存储资源。因此，支持新型介质（NVMe/SCM）的全闪存、AI 压缩技术、具备高可靠性、增强控制器性能、完整灾备解决方案能力的存储技术将是未来存储发展方向。

“算”是指数据基础设施各部件所具备的最基本的计算和处理能力，现在摩尔定律减缓，工艺发展变化逐渐减慢，使我们计算追赶的步伐更容易，计算的趋势将走向多样化，走向异构，走向超带宽内存、低功耗、安全可信，计算能力将确保端到端高性能优化、低时延，同时，结合 AI 能力，匹配多样性数据，为数据基础设施提供强壮的“心脏”。

“管”指数据的管理，从边缘到核心数据存储全生命周期自动化管理与智能运维，帮助客户简化存储管理，提升数据中心运营效率智能存储管理平台，通过统一的管理界面、开放的 API、云上联动的 AI 功能、多维度智能风险预测与智能调优，实现“规划、建设、运维、优化”。

“用”即对数据的应用，科技创新无一例外需要以海量数据作为技术创新的基础，数据从数字世界回到物理世界，通过边缘服务平台、云服务平台加以创新使用，端、云、边协同，在金融行业的核心业务、经营分析、智慧网点等各个场景广泛释放出价值，丰富人们的美好生活。

3.4 金融行业新型数据基础设施的必备特征

“融合、协同、智能、安全、开放”是金融行业新型数据基础设施所具备的五大特征，以帮助金融数字经济转型中的金融机构实现数据存储智能化、管理简单化和数据价值最大化。

融合：指的是“一横一纵”的融合模式，横向融合是数据全生命周期存储的融合，纵向融合是数据处理与数据存储的垂直优化；

协同：指的是支撑异构异地数据源的协同分析；

智能：指的是贯穿数据基础设施每个环节的智能化的能力支撑；

安全：指的是提供平台安全、数据安全、隐私合规全方位的安全防护体系；

开放：指的是数据基础设施的发展需要包容开放的技术和产业生态。

4. 新型数据基础设施场景化建设思路

金融行业的新型数据基础设施需要围绕金融行业的业务场景来建设，以满足不同业务场景对数据基础设施的需求。

4.1 核心生产业务数据系统建设思路

为满足未来5G、IoT等应用高吞吐、低时延、高可靠要求，只有建设高速、可靠的生产业务系统才能满足日益增长的数据业务需求。

一方面，高吞吐、低时延的数据业务需求越来越多，闪存数据存储系统在人们生产生活中的应用越来越普及，随着介质技术发展升级，闪存的成本将逐步降低，数据的核心生产业务场景将逐步完成老旧替换，进而普惠全行业。

另一方面，针对银行交易、支付、清算等核心业务系统，对可靠性有非常高的要求，需要建成可保障业务零中断、零数据丢失的高品质数据存储系统，建设高可靠两地三中心系统是金融机构在该类场景下的首选。

4.2 大数据存储系统建设思路

为满足VR、AR、超高清、超算、人工智能、大数据等海量数据全量保存的要求，金融行业需要建设多种类数据高效协同的、高容量的大数据存储系统。

首先，要打破现有数据孤岛，实现金融行业数据统一入湖、简化管理，满足金融行业数字化业务快速开发、灵活创新的需求；

其次，要建设满足EB级超大规模数据存储系统，且存储规模随业务可灵活部署、弹性扩展，实现数据存得下、用得好；

最后，要建成绿色、高效能、高利用率的云化高弹性数据中心，实现资源充分利用，成本最优，发挥最大数据价值。

4.3 边缘计算系统建设思路

为满足分支机构、营业网点等近设备、近数据的智能计算要求，我们需要建设具备融合算力、本地全栈、云端协同的边缘计算系统。

第一，边缘计算系统必须是大规模的、硬件融合、软件开放的极简高可靠一体化数据基础设施，实现计算、存储、网络、安全、AI 五合一，以支撑边缘节点的万物感知、万物连接、万物智能应用。

第二，高智能、近数据的边缘计算系统，需要支持具备云边端协同能力（AI 云训练、边推理）、边缘自治能力（本地全栈）、边缘智能感知能力的存算智能化应用。

第三，在建设了大规模边缘系统后，维护和管理成本较大，因此，要从边缘运维走向统一远程运维，建设具备智能运维能力的智能管控 SLA（Service-Level Agreement）服务等级体系，实现智能运维。

4.4 多维机器感知系统建设思路

为满足重点区域高清视频监控智能化率，需要建设超高清、全智能、全天候、以视频为核心的多维机器感知系统。

早期安装的视频系统落后，视频数据存不下、用不好，随着 AI 技术和机器感知技术的提升，老旧产能摄像机需要替换或升级为软件定义摄像机，提升业务和应用效率。建设以视频为核心的多维数据感知系统需要包括超高清摄像头体系、全智能的感知网络、全天候能力以及海量设备免维护能力。

5. 场景化数据基础设施发展目标建议

5.1 建设高吞吐、高可靠的核心生产业务数据系统

金融机构的核心生产交易随时在发生，数据处理必须高效，7×24 小时永不中断，而且，急剧增长的交易频次需要核心系统提供低时延、高可靠性保障，为了匹配业务需求，“十四五”期间，建议对有高吞吐、高可靠要求的核心生产业务数据系统分三个阶段建设演进（见表 1）。

阶段一：2021 年，发展闪存占比，50% 的核心生产业务数据系统采用闪存替换或升级，数据存储支持 NVMe（Non-Volatile Memory express）标准，充分发挥非易失性存储更快、更稳的优势，数据网络采用 RoCE（RDMA over Converged Ethernet）通过以太网远程直接内存访问的网络协议，服务器 RoCE 支持占比 30%，交换机 RoCE 支持占比 30%，存储 RoCE 支持占比 30%，网络端口支持 10GE/25GE 带宽；设备高可靠性支持主备/双活模式，实现向核心生产业务下一代数据网络平滑演进的基础态势。

阶段二：2023 年，80%的核心生产业务数据系统采用闪存，服务器 RoCE 支持占比 50%，交换机 RoCE 支持占比 50%，存储 RoCE 支持占比 50%，网络端口支持 25GE/100GE 带宽；设备高可靠性支持双活/两地三中心模式，基本形成核心生产业务下一代数据网络能力。

阶段三：2025 年，100%的核心生产业务数据系统采用闪存，服务器 RoCE 支持占比 80%，交换机 RoCE 支持占比 80%，存储 RoCE 支持占比 80%，网络端口可达 100GE 带宽；设备高可靠性达到两地三中心标准，完成核心生产业务数据系统高吞吐、高可靠的建设目标。

表 1　核心生产业务数据系统

项目	指标	2021 年	2023 年	2025 年
全闪存	闪存占比	50%	80%	100%
支持 E2E NVMe 网络	服务器 RoCE 支持占比	30%	50%	80%
	支持 RoCE 交换机占比	30%	50%	80%
	传输网络端口	10GE/25GE	25GE/100GE	100GE
	存储 RoCE 支持占比	30%	50%	80%
可靠性	设备高可靠级别	主备/双活	双活/两地三中心	两地三中心

5.2　建设多业务数据融合的高容量大数据存储系统

新技术、新应用正加速数据的产生和流动，新兴业务对数据存储与处理提出更大挑战。“十四五”期间，金融行业数据必然呈爆发式增长，面对挑战，建议对需要存放多种业务数据类别、高容量的大数据存储系统分三个阶段建设演进（见表 2）。

阶段一：2021 年，建成满足金融行业数字化业务快速开发、灵活创新需求的多业务应用数据融合存储系统，数据入湖比例达 50%，支持多协议互访的数据量占比达 30%；满足超大规模存储需求，数据保存能满足 3~6 个月周期，数据中心存储量可达 5PB/机柜；提高数据中心利用率，推动容器化应用部署比例达 30%，数据中心平均 CPU 利用率达 30%，数据可利用率 30%。

阶段二：2023 年，数据入湖比例达 80%，支持多协议互访的数据量占比达 50%；数据保存满足 3~5 年的生命周期，数据中心存储量达 8PB/机柜；逐步提高容器化应用部署比例达 50%，数据中心平均 CPU 利用率达 50%，数据可利用率 50%，基本形成多类别、高容量大数据存储系统生产能力。

阶段三：2025 年，各类数据可 100%入湖，支持多协议互访的数据量占比达 80%；数据可永久保存，冷温热数据自动流动，数据中心存储量可达 10PB/机柜；容器化应用部署比例达 80%，数据中心平均 CPU 利用率达 70%，数据可利用率 70%，完成建设目标。

表 2　大数据存储系统

项目	指标	2021 年	2023 年	2025 年
不同种类数据统一管理	数据入湖比例	50%	80%	100%
	支持多协议互访的数据量占比	30%	50%	80%
超大规模数据灵活部署	可用数据保存周期	3~6 个月	3~5 年	永久（冷温热自动流动）
	单位数据中心空间存储数据量	5PB/机柜	8PB/机柜	10PB/机柜
数据中心高利用率	容器化应用部署比例	30%	50%	80%
	数据中心平均 CPU 利用率	30%	50%	70%
	数据中心数据可利用率	30%	50%	70%

5.3 建设具备智能一体、AI 算力、云边协同、边缘自治能力的边缘计算系统

5G+IoT+AI 功能金融行业边缘数据存储和处理应用加速，智能边缘计算系统成为数字化普及应用非常重要的一环，由于海量数据在边缘产生，时延和传输成为关键因素，网络去中心化，贴近数据就近生产成为趋势。“十四五”期间，建议从边缘一体化程度、边缘采存算智能化程度、智能运维能力三个方面考量，分三个阶段建设智能边缘计算系统（见表 3）。

阶段一：2021 年，普及边缘一体化建设，大型边缘如省级节点边缘一体化设备部署占比 50%，中型边缘如市级节点边缘一体化设备部署占比 30%，小型边缘如区县节点边缘一体化设备部署占比 30%；边缘支持 AI 处理占比 30%，支持云边协同占比 30%，支持边缘自治占比 30%，支持边缘智能感知能力占比 30%；智能管控 SLA 能力方面可支持数据冗余、主备容灾、云端备份等功能，基本可以为边缘应用提供高可靠的数据基础设施。

阶段二：2023 年，大型边缘如省级节点边缘一体化设备部署占比 80%，中型边缘如市级节点边缘一体化设备部署占比 50%，小型边缘如区县节点边缘一体化设备部署占比 50%；边缘支持 AI 处理占比 50%，支持云边协同占比 50%，支持边缘自治占比 50%，支持边缘智能感知能力占比 50%；智能管控 SLA 能力方面可支持本地全栈、AA 双活。

阶段三：2025 年，大型边缘如省级节点边缘一体化设备部署占比 100%，中型边缘如市级节点边缘一体化设备部署占比 80%，小型边缘如区县节点边缘一体化设备部署占比 80%；边缘支持 AI 处理占比 80%，支持云边协同占比 80%，支持边缘自治占比 80%，支持边缘智能感知能力占比 80%；智能管控 SLA 能力方面可支持本地全栈、AA 双活，完成建设目标。

表 3　边缘计算系统

项目	指标	2021 年	2023 年	2025 年
边缘一体化程度	大型边缘如省级节点边缘一体化设备部署占比	50%	80%	100%
	中型边缘如市级节点边缘一体化设备部署占比	30%	50%	80%
	小型边缘如区县节点边缘一体化设备部署占比	30%	50%	80%
边缘采存算智能化程度	边缘支持 AI 处理占比	30%	50%	80%
	支持云边协同占比	30%	50%	80%
	支持边缘自治占比	30%	50%	80%
	支持边缘智能感知占比	30%	50%	80%
智能运维	智能管控 SLA 能力	数据冗余、主备容灾、云端备份	本地全栈、AA 双活	本地全栈、AA 双活

5.4 建设超高清、全智能、全天候、以视频为核心的多维机器感知系统

机器视觉已具备替代人类视觉的能力，成为采集感知的主要手段，是金融行业数字化的重要抓手，新一代的摄像机应具备全时智能、全景协同、全息感知、软件定义等能力，老旧的摄像机需要进行替换或升级，以便在“十四五”期间，实现多维数据感知和采集，建议分三个阶段建设演进（见表4）。

阶段一：2021年，建设具备4K以上分辨率的机器视觉占比不低于30%；具备4T以上AI算力的智能摄像机不低于30%；具备夜间全彩成像能力的不低于30%；具备软件定义能力的不低于30%；具备IoT多维物联数据接入能力的不低于30%。

阶段二：2023年，建设具备4K以上分辨率的机器视觉占比不低于50%；具备4T以上AI算力的智能摄像机不低于50%；具备夜间全彩成像能力的不低于50%；具备软件定义能力的不低于50%；具备IoT多维物联数据接入能力的不低于50%。

阶段三：2025年，建设具备4K以上分辨率的机器视觉占比不低于80%，其中8K不低于20%；具备4T以上AI算力的智能摄像机不低于80%，其中8T以上不低于40%；具备夜间全彩成像能力的不低于80%；具备软件定义能力的不低于80%；具备IoT多维物联数据接入能力的不低于80%。

表4 多维机器感知系统

指标	2021年	2023年	2025年
4K以上分辨率占比	30%	50%	80%
4T以上AI算力	30%	50%	80%
夜间全彩成像能力	30%	50%	80%
软件定义能力	30%	50%	80%
IoT多维物联数据接入能力	30%	50%	80%

6. 新型数据基础设施在金融行业的布局和研究建议

金融行业在新一轮科技革命和产业变革浪潮中，发展金融数字经济已成为不可逆转的时代潮流。发达国家将通过强化技术创新巩固数字经济先发优势，发展中国家则将通过深化融合应用努力实现赶超，数字经济领域的竞争将越发激烈。新型数据基础设施可以帮助金融行业实现数据采集智能化、存储安全化、管理简单化和价值最大化，是推动金融行业拥抱数字经济浪潮的关键因素之一。建议从以下几个方面展开布局和研究：

6.1 强化对新型数据基础设施领域的基础科学技术研究和投入

金融行业在“十四五”期间应强化对新型数据基础设施领域的基础科学技术研究和投入，驱动产业端到端自主竞争力构建，实现“十四五”期间从追赶到全面超越，在金融行业实现这些关键技术的规模化应用。

采集方面，推动具备全息感知、全时智能、全景协同的软件定义摄像机技术。

存储方面，聚焦新介质 SCM、NVMe 架构、全闪存、智能存储、智能调度、ALL IP 等技术研究，分场景应用。在边缘下沉场景，通过超融合一体化架构高可靠、快速上线、极简管理等特点，加上边缘智能机器视觉，实现云上训练，边云协同的应用架构；在有高可靠性需求的生产交易场景，需要具有极致性能和智能芯片的存储架构，具备双活能力，可平滑升级到两地三中心解决方案，满足最苛刻的可靠性要求；在海量数据存储场景，需要高密度大容量存储技术，多样性数据包括块、文件、对象、HDFS 协议无损互通，大数据可支持存算分离，按需扩展，实现资源高效利用，降本增效。

计算方面，拓宽计算领域各类必备高端芯片，包括异构计算芯片（GPU、FPGA）、网络芯片、存储芯片和设备管理芯片等，投资 ERP、CRM、制造 CAD、建筑 BIM、电子 EDA 等工业应用软件发展，形成我国完整的芯片供应体系。

数据管理方面，大力发展数据基础设施的自动化管理和智能运维，通过云上云下协同，提升管理效率。

6.2 构建和完善新型数据基础设施的产业型生态环境

数据是智能时代最重要的生产要素，金融行业应围绕数据的采、存、算、管、用全生命周期，打造技术领先的、自主创新的产业型生态。

一方面，依托“一带一路”加强与海外生态圈的合作，确保如半导体芯片、机械硬盘、晶元、传感器 Sensor 等关键器件的供应安全。

另一方面，开展从介质供应到解决方案集成，从大规模、高宽带网络集群建设到异构计算、智能化运营，从数据采集到金融行业应用的健康生态建设，形成“一行两会”引导，带动研究机构、行业机构、产业联盟协作的生态体系，同时并鼓励民间通过如数据产业生态联盟等形式拉通和壮大生态链，为 5G、AI、云计算、区块链、量子计算等新技术发展提供良好生态环境。

6.3 推动数据采集、存储、协同、安全相关的创新技术标准

金融标准化决定了金融行业发展的方向和规则，应推动数据采集、存储、协同、安全相关的、拥有自主知识产权的新技术标准，拓展国际化空间。金融行业要抓住全球存储介质升级、存储架构跨代演进窗口期，一方面，推动“一行两会”、学术、研究机构、企业、金融机构间技术合作，牵引自主创新的新技术标准与规范，如以新一代存算融合架构为重点的金融行业标准、新介质标准；另一方面，依托“一带一路”“金砖国家”等已有的政府间多边合作机制，以及相关合作论坛等民间交流平台，形成新型数据基础设施领域合作的良好环境，加速技术标准的国际化进程。

6.4 完善客观、可量化、可统计的指标体系

为确保我国智能感知及数据的长期战略安全和可持续发展，面向金融行业金融机构、

经济实体，推动国产化安全可控基础设施布局，开展金融行业存储系统的数字化升级或替换工作，并设置新型数据基础设施领域竞争力指标体系，牵引金融行业新型信息基础设施快速转型，提升国民经济的数字化能力。

建议提出以下指标要求：

（1）从智能感知能力、数据存储能力、数据开发能力、自主创新能力等几个方面评估；

（2）持续提高金融网点智能化能力，在省级网点和市级网点的视频监控智能化率达到100%，其他网点达到50%，支持以视频为核心的多维数据感知，感知数据全量关联记录聚类，构建视频数据关系图谱；

（3）各金融机构生产过程中100%的数据被记录建档，存放时间留有足够冗余量；

（4）新应用100%基于大数据中心开发；

（5）金融机构IT装备中，芯片、操作系统、存储、数据库、大数据、云计算等具备自主创新能力的信息基础设施占比不低于80%水平。

6.5 建立数据确权与跨域数据治理金融行业规范

通过建立数据确权与跨域数据治理金融行业规范，可以让数据更好地流动起来，这样就可以通过法律法规来明确金融数据战略。

习近平总书记在中共十八届三中全会上提出了全面深化改革总目标“国家治理体系和治理能力的现代化”，而提升国家数据治理能力就需要建立跨域数据治理规范，打通金融行业内部的数据孤岛，在建立数据确权、健全数据安全和隐私保护法规的同时，形成跨区域、跨部门、跨层级的数据共享机制：

一是完善金融数据开放共享，激活数据资产价值：推动制定《金融数据开放法》或《金融数据开放条例》，建立国家级金融数据开放平台，扩大公共数据开放范围和数量，优先开放社会经济发展亟须的高附加值数据；

二是建立利益共享的数据确权与价值分配机制，允许数据合规利用：数据作为数字经济的生产要素，其价值的利用并不必然具有排他性，不宜再依循传统的财产权观念，以一种“全有或全无”的方式判断数据价值的归属；

三是健全数据安全治理体系，促进数据流动和价值发现：数据的价值只有在流动中才能得到充分释放，要在数据流动中实现安全和隐私保护，应结合金融行业特点和数据类型、敏感程度、收集规模以及用途等要素，建立覆盖数据全生命周期的安全等级标准，构建个人信息法律保护制度，寻求个人利益保护与数据资源充分利用之间的平衡点，实现流动中的数据充分安全。

6.6 加强金融新型数据基础设施领域软件与专业服务能力建设

在新的产业环境下，加强金融新型数据基础设施领域软件与专业服务能力建设对我国金融科技可持续性发展有至关重要的意义。现阶段我国计算与智能数据领域的软件和专业服务能力不足，欧美主流厂商软件与专业服务占比为50%~70%，利润率高，而我国大多数IT厂家的计算与专业服务占比还不到20%。应激励国内企业掌握核心技术，发展软件与专业服务，鼓励中小企业建立软件与专业服务队伍，提高服务能力，特别涉及金融关键应用的软件服务应尽可能做到自主可控，少依赖或不依赖美国厂家。

6.7　推动金融行业新型数据基础设施产业人才体系构建

国内产业发展容易出现“重应用、轻基础”的状况，但是基础技术人才是制约数据乃至计算产业超越的根本所在。针对数据相关人才总量缺口大、地域和行业分布差异大等问题，建议进一步完善数据产业人才培养机制：

一是研究制定数据产业人才体系的发展规划，建立多层次、多元化的人才培养目标；

二是鼓励高等院校科学设置课程体系，注重学科间的交叉融合，鼓励跨学科选修数据类课程，探索与产业机构建立联合培养机制，培养具备专业理论与金融行业知识的复合型人才；

三是进一步推动人事制度改革，鼓励地方政府引导企业完善人才激励机制，通过优化工资待遇、设置奖励基金等方式引进和留住高端专业人才，优化人才的地域和行业布局；

四是鼓励地方政府、数据产业龙头企业、金融行业协会搭建平台开展社会化培训，组织跨机构之间的人才交流机制，探索建立人才储备机制。

6.8　新型数据基础设施引入绿色高效标准体系

随着我国生态文明建设的加强和绿色发展的推进，我国绿色金融产业呈现出稳步发展的态势，同时我国绿色金融制度也有了一些前瞻性指引。然而，在标准制定方面，各监管部门并未形成统一，特别是绿色产业界定标准也面临着概念界定泛化、标准不一、监管不力等问题，限制了政策和资金对绿色产业的引导和支持，不利于我国绿色金融产业的发展壮大。

金融行业新型数据基础设施需要引入绿色高效标准体系，制定相关政策，并建立测评和监管机制，高效、合理利用各项资源。鼓励采用风、光等清洁能源，采用AI等创新技术降低PUE（能源使用效率Power Usage Effectiveness，该值越低表示能源效率越高），建议新建数据中心实际运行PUE<1.3，改造数据中心实际运行PUE<1.4，新建改造场景实际运行PUE<1.4；鼓励采用预制化装配式建筑，减少建筑垃圾，未来可重复利用，采用铅铬等重金属含量少的环保设备和材料；规划单机柜功率密度≥8kW，并具备弹性升级能力，具备升级到12kW及以上能力；提升资源利用率，容积率≥1.5，IT用电率（IT总功率/电力总容量）>65%；采用AI、大数据、机器人等提高能源基础设施运维效率，提升设备智能化水平，降低人力投入；对于能效、资源利用等各项指标优秀的数据中心，给予政策支持。

区块链金融应用发展趋势与展望

王　建　龚光庆　刘朝伟　等[①]

摘　要：区块链技术作为国家核心技术自主创新的重要突破口，在促进数据共享、优化业务流程、降低运营成本、提升协同效率、建设可信体系等方面发挥着重要作用。为推动区块链技术在金融行业的应用与发展，调研了全球及国内金融领域区块链发展现状，分析了区块链在金融领域的应用价值及其在金融领域的挑战与前景展望。研究表明，区块链底层平台在核心功能、协议、安全、接口等方面逐渐走向标准化，但在发展路线、功能增强等方面呈现多样化趋势。区块链在金融领域的应用涵盖了供应链金融、贸易金融、资金管理、支付清算、数字资产等多个业务方向，行业发展呈现百花争艳的局面。区块链未来发展将面临标准体系、隐私保护、性能效率、链内外协同等诸多技术方面的挑战。金融行业在应用区块链的过程中要考虑百业融合的新业态、组织协作的新模式、监管创新的新规定以及潜在的法律风险等因素，最后提出了区块链在金融服务提质增效、一体化新型服务生态、社会治理新模式方面的应用前景展望。

关键词：区块链　金融应用　前景展望

1. 区块链发展概述

"区块链"这一中文词最早出现自对"chain of blocks"的直译，现在已成为一类综合多种技术的分布式账本实现的统称。在工信部《中国区块链技术和应用发展白皮书（2016）》中定义：区块链是分布式数据存储、点对点传输、共识机制、加密算法等计算机技术在互联网时代的创新应用模式；在中国人民银行《金融分布式账本技术安全规范》中定义：分布式账本技术是密码算法、共识机制、点对点通信协议、分布式存储等多种核心技术体系高度融合形成的一种分布式基础架构与计算范式，整体上业界暂无标准定义。区块链有三种不同的应用模式，优势各有不同，可供不同场景选择使用。其中，公有链是指任何人都可以随时参与到系统中读取数据、发起交易的区块链，典型代表应用为比特币；联盟链是指若干个机构共同参与管理的区块链；私有链则是所有参与节点严格控制在特定机构的区块链。

---

① 课题组：中国工商银行。课题组成员：黄剑、刘彦平。

2. 区块链金融应用价值与概况

2.1 区块链在金融领域的价值体现

金融的本质是经营信用，在大多数场景下，交易信用的建立基本依托于包括金融机构在内的第三方中介机构。现阶段金融领域面临的痛点主要有：一是资产与交易信息真实性验证困难，导致信用评估成本高昂，普惠金融服务难以落地。二是跨机构金融交易业务流程复杂、周期长，导致效率低下。三是互联网金融跨界经营发展，为传统中心化风险管理和监管模式带来挑战。

区块链的出现，使很多传统互联网中因信任粒度或信任成本问题难以进行线上融合的场景有了融合创新的可能。对于已实现的金融场景来说，区块链提供了将其“信任基础”由线下高成本到线上低成本的转移方案，在降低信用成本的同时区块链多方共享的特性也强化了参与方之间的连接与协作，提升价值交换效率。同时，区块链为依托于信任的广泛金融领域业务场景提供了创新的基础，也使未来跨行业融合的商业模式创新成为可能。具体来说，区块链在金融领域的价值体现在以下几个方面：

（1）信任强化。区块链信息溯源能力使业务中交易信息、资金来源、资产信息等数据都可追溯、清晰透明，在融资服务、资产抵押等业务场景中，达到降低金融业务的风控成本、为监管提供真实数据依托的目标。

（2）跨机构合作。区块链防篡改特性为金融应用提供了天然的信任基础，保证了从区块链中获取的数据的有效性。在跨多机构的业务场景中降低了传统业务依赖中介的信用成本；在抵押、融资等涉及数字资产的业务场景中也能为其提供真实性的保障。

（3）数据共享新模式。区块链多方分布式记账的模式保证数据对所有参与方都是可见并一致，实现了数据多方共享的特性，交易被确认的过程就是清算、交收和审计的过程，提高了支付、交易、结算效率。同时节省了金融场景中，多方信息不对称导致的如数据传输、结算对账、人工核实等额外工作开销，从而有效降低资金成本和系统性风险。在区块链架构下，监管部门可以在不影响原有交易流程的情况下通过直接共享交易账本的方式，实现对目标数据的实时或准实时获取，省去了监管材料再次报送的环节。对于某些关键领域，监管部门能够直接旁观整个业务流程的具体过程，实现事中监管。

（4）业务流程重塑。区块链智能合约在架构方面为数据提供统一的入口，同时保证了在区块链中业务执行的独立性，不受任何一方干扰，为金融业务和数据提供了可信赖的执行和处理环境。在业务方面，可将业务场景中的合同合约解析成程序可执行的约束或条件，在达到约束或满足条件的情况下自动智能执行，提高数据处理效率与准确度。当然现阶段智能合约仍然具有局限性，在智能性方面仍然有待提高，其自动执行效力也需要其他途径如线下协议认可。相信随着业态发展区块链智能时代终将到来。

需要特别声明的是，区块链的难以篡改、可溯源的特性，保障的是数据存入区块链后，在区块链搭建的可信数据流转环境中，全生命周期的变化必有记录，所记必所录。在实际应用中，往往需要业务流程中多环节控制，数据采集与录入过程的有效校验，以及数据流转过程中的多维钩稽，进一步保证源数据的真实性，才能达到区块链上的数据真实可信的效果。

2.2 区块链在金融领域的应用概况

2.2.1 全球区块链金融领域应用概况

（1）区块链联盟生态稳步扩张

现阶段全球科技公司、金融公司和咨询公司为加快区块链布局，通常通过组建区块链联盟的方式，合作探索区块链技术及应用场景。各行业联盟纷纷成立，在推进区块链技术在不同行业的应用和发展的同时，也产生了一定程度的辐射效应，吸引着更多的企业加入，促进整个区块链生态的发展（见表1）。

表1 国外联盟组织汇总

名称	发起时间	发起机构	现成员数	联盟宗旨
R3	2015年9月	R3CEV公司联合巴克莱银行、高盛、J. P. 摩根等9家机构	近400家	推动全球金融市场中加密技术和分布式总账智能协议的应用，帮助区块链技术的落地应用，商业化
Blockchain in Transport Alliance（区块链货运联盟）	2017年8月	行业发起	近400家	降低成本，提高运输效率。推动新兴技术落地，发展区块链行业标准，交流与推广区块链应用、解决方案及分布式账本技术
Hyperledger（超级账本）	2015年12月	Linux基金会	近300家	让成员共同合作，共建开放平台，满足来自多个不同行业各种用户案例，并简化业务流程。实现区块链的跨行业发展与协作并着重发展性能和可靠性，使之可以支持全球商业交易
Enterprise Etherum Alliance（企业以太坊联盟）	2017年3月	摩根大通、微软、英特尔等30多家企业	200余家	致力于合作开发标准和技术，提高以太坊区块链的隐私、安全性和扩展性，使其更加适用于企业应用
INATBA（国际可信区块链应用协会）	2019年4月	欧盟	150余家	制定规范，促进标准和监管融合，以支持创新型区块链技术的开发和应用

（2）区块链推动金融创新发展

国外金融创新集中在数字货币和支付清算领域，应用区块链技术对现有业务流程进行创新性重构，提升流程流转效率，加强业务信任度。

在数字货币领域，2019年2月，摩根大通推出基于区块链的数字货币摩根币（JPM Coin），与美元1∶1兑换，主要用于银行联盟机构间的统一支付清算，目前已有100余家银行响应。2019 年 6 月 Facebook 发布 Libra 白皮书，间接推动了各国数字货币的相关政策出台并促进金融监管规则的完善，同时也加快了各国对本国法定数字货币的研发与推进脚步，目前，中国与欧盟已经明确对外公布了法定数字货币规划，日本、新加坡、加拿大、瑞典、印度、土耳其等国家也都在考虑本国的数字货币方案。

支付清算领域，美国金融科技公司 Ripple 通过构建一个去中心的分布式支付网络，提供一个跨境支付平台，致力于提高跨境清算效率，降低跨境支付成本；美国支付巨头 VISA 宣布推出基于区块链的跨境支付网络“B2B Connect”，旨在为国际金融机构的跨境支付提供便利，让跨境支付更快更有效率。

2.2.2 我国区块链金融领域应用概况

（1）区块链专利数量增长明显

随着国家政策对区块链的倾斜与各领域应用的落地，区块链相关的专利也逐渐得到各方的重视。与 2018 年相比，2019 年我国企业区块链相关专利申请量增长明显，入榜前 100 名全球企业中，我国占比 63%。银行业方面，截至 2020 年 2 月，我国银行业共有 204 项区块链相关专利公示，其中 2019 年公示 124 项，比 2018 年增加 2 倍，微众银行、工商银行和中国银行排在前三（见图 1）。

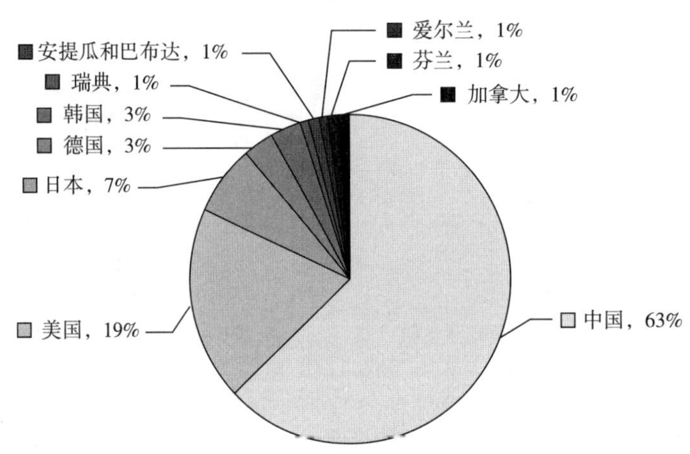

图 1　2019 年全球区块链专利申请统计

（2）区块链联盟组织纷纷成立

金融企业及其相关行业的科技企业纷纷自发成立行业联盟，共同探索和展开基于区块链技术的创新类商业模式和业务，如金链盟、上海区块链企业发展促进联盟等。国家政府机构也积极指导相关单位牵头发起区块链行业联盟建设，致力于促进行业发展、规范行业应用，如中关村区块链产业联盟、可信区块链推进计划、北京金融科技产业联盟等，其中可信区块链推进计划已经成为全球第三大区块链组织。表 2 列举了一些国内较有影响力的联盟组织。

表 2　国内区块链相关联盟/组织表

名称	发起时间	发起机构	发起性质	现成员数	联盟宗旨
金链盟	2016 年 5 月 3 日	深圳市金融科技协会	行业牵头发起	100 余家	探索、研发、实现适用于金融机构的金融联盟区块链，以及在此基础上的应用场景
上海区块链企业发展促进联盟	2016 年 11 月 2 日	众安科技	行业牵头发起	50 余家	以区块链等技术作为切入点，结合保险、智能数据、金融信贷、健康医疗等业务场景，推动技术商业化落地的研究与实践
中关村区块链产业联盟	2016 年 2 月 3 日	清华大学、北京大学等 30 多家单位	工信部、公安部指导下各单位自愿联合发起	70 余家	推动区块链技术研究、成果转化、应用推广和产业发展，推动以区块链为核心的下一代互联网基础设施的加快发展
北京金融科技产业联盟	2016 年 5 月 18 日	中国金融电子化公司牵头发起	中国人民银行指导下各企业/机构联合发起	140 余家	促进我国金融科技健康可持续发展，推动金融科技产用对接，强化产业链上下游整合和优势互补，打造集约高效的新技术联合攻关机制，提升金融领域科技创新应用整体水平
可信区块链推进计划	2018 年 4 月 9 日	中国信息通信研究院联合 158 家企业牵头发起	工信部指导下各单位自愿联合发起	340 余家	推动区块链基础核心技术研究和行业应用落地，加快可信区块链标准的更新迭代，支撑政府决策，促进区块链行业良性健康发展，提升我国区块链影响力

（3）区块链应用落地态势火爆

在政策利好与行业推动的双向加持下，各地都在积极落地区块链应用场景，区块链应用场景落地正呈现爆发增长的态势，在政务民生、金融贸易、司法仲裁、税务发票、智慧医疗、食品安全等领域落地了不同的区块链应用，行业发展呈现百花争艳的局面。从地区分布看，区块链企业主要集中在沿海和一线地区，但中部地区也逐渐有发展的趋势。

金融是区块链技术应用场景中探索最多的领域，在供应链金融、贸易融资、支付清算、资金管理等细分领域都有具体的项目落地。据国家互联网信息办公室“境内区块链信息服务备案”显示，截至2019年底，国内已备案的提供区块链信息服务的公司约420家，共计506项服务。其中提供基于区块链的金融服务的企业有72家，占比17%，共备案120项金融服务。银行业也积极利用其技术优势纷纷布局落地区块链项目，据不完全统计，涉及应用领域如表3所示。

表3　金融企业区块链落地领域

名称	基础平台	资金管理	供应链金融	贸易融资	支付清算	数字资产	住房租赁	数字发票	电子证照	数字存证	数字票据	溯源
工商银行	√	√	√	√						√	√	√
农业银行			√									
中国银行		√			√	√					√	
建设银行		√	√				√					
交通银行						√						
邮储银行		√		√								
招商银行				√	√	√		√				
平安银行	√		√	√		√			√			
浦发银行										√	√	
度小满	√					√						
蚂蚁金服	√				√		√			√	√	√
微众银行	√		√		√			√		√		
京东数科	√		√			√				√		√

3. 区块链金融应用面临的挑战与前景展望

我国已将区块链技术上升为国家核心技术自主创新的重要突破口，国内区块链的研究与应用将进入重要机遇期。同时，也必须看到区块链金融应用仍处于发展初期，整体上金融领域应用处于局部业务流程优化和创新的“点”的层面，跨机构、跨领域、跨行业的由“线”到“面”的杀手级应用尚未出现，应用从试点到大规模落地还需要相当长的时间，实际应用中面临着诸多挑战。

3.1　区块链技术发展面临的挑战

3.1.1　技术标准体系有待完善

目前，业界尚未形成区块链标准及主流技术路线，开源项目林立，稍有规模的机构纷纷自建区块链技术平台，异构系统跨链对接等技术难题导致区块链产业生态兼容性及扩展性较差，应用数据迁移因区块链的独特技术结构也将十分困难。

为此，在加强产用对接、汇聚行业力量推动区块链核心技术突破、加快底层技术平台产品化水平提升的同时，需重点关注区块链技术标准研究工作，在技术参考架构、评价体系、安全要求、管理原则等方面对区块链进行标准化要求，规范区块链产品市场。建议各金融机构根据行业特色，立足应用急需，配合行业主管部门开展区块链在金融领域的应用标准制定工作，引导金融领域中区块链的有序推广，进一步提高不同业务领域的规模化应用水平和推广效率。

3.1.2 隐私保护与数据共享矛盾逐渐凸显

随着区块链应用范围的扩大，交易隐私尤其是敏感数据的访问控制逐渐成为区块链解决方案的重要内容。区块链中记录交易数据的全局账本在所有相关记账节点都有一份拷贝，使得攻击者攻破某一节点能够获取到所有的交易信息，数据安全性风险可控性降低；同时，在业务角度上区块链多方账本数据共享要求与各参与方的隐私保护要求也存在一定程度上的矛盾。如金融行业，因政策与行业特性，对于数据隐私保护、数据权益保障等有极高要求，如何在账本共享的情况下实现数据交互全流程的安全与隐私要求，是区块链在金融领域大规模应用前需要解决的关键问题。

为此，建议各金融机构加大推动区块链安全体系研究的力度，扩大安全问题域的范围，将区块链系统内安全与执行环境安全综合考量；加强对隐私计算技术的跟踪，软硬件结合，进一步研究有限获知的数据共享方法，在满足隐私要求的情况下达到业务正常推进的效果；扩展思路，研究数据本地化、程序或算法区块链传递的方式实现处理结果的多方互认，实现另一种模式的共享。

3.1.3 性能效率存在局限性

在实践当中，区块链能否大规模应用最核心的还是规模与效率的问题，在链上节点数量不断增长的情况下，如何保障系统性能和处理效率。区块链“不可能三角”① 尚未有明确的有效突破手段，商用领域的实际业务处理效率与每秒万级的实验室交易吞吐量数据还有较大差距。随着5G、物联网智能终端的普及，业务对交易响应时间将更加敏感，数据量与交易量将继续膨胀。不彻底解决系统效率问题，区块链只能局限在低频领域应用范围中，无法快速普及真实世界里的大规模商用场景。

为此，建议各技术研究机构对区块链的性能提升方面持续投入，研究提升区块链吞吐量的共识策略与方法，在不降低安全可信效果的条件下既满足高频业务的需要，又突破对参与方数量的限制；探索其他技术与区块链的结合，如边缘计算与区块链的结合，通过提升单次确认的信息量来实现区块链整体处理能力的跃升等。同时加快实验室成果转化，缩短其产业化应用的耗时，为区块链的大规模应用铺平道路。

3.1.4 面临链内外协同等新型挑战

传统的信息系统（链外）与区块链系统都有各自的局限性，一方面区块链系统需要通过链外系统扩展计算和存储能力，另一方面链外系统需要通过区块链系统来解决信息孤岛、数据防篡改等问题，这就要求链内外数据能够有效协同，以确保链上数据与非链数据的关联性和一致性。目前国内外对链内外协同技术的研究刚刚起步，建议各技术研究机构

---

① 区块链“不可能三角”，也称为“三元悖论”，就是区块链网络无论采用哪种共识机制来决定新区块的生成方式，皆无法同时兼顾可扩展性（Scability）、安全性（Security）、去中心化（Decentralization）三项要求，至多只能三者取其二。

加强研究，从技术层面提供保障链内外数据一致性的解决方案或参考模型；行业内加强交流，在场景应用中总结链内外业务协同的经验，形成关于数据协同的行业指导意见；与标准制定工作相结合，推出相关国家标准、行业标准、团体标准、地方标准，以指导区块链技术与传统信息系统的融合应用，提升整体服务能力。

3.2　金融行业区块链应用面临的新形势

随着区块链技术在金融领域的深入应用，金融业务运转与商业模式都将产生一些新变化，需要整个金融行业提前思考与应对。

3.2.1　金融行业需要拥抱百业融合新业态

区块链的应用促进了金融行业与其他行业的融合发展。金融行业需要逐渐改变传统的以自身为核心的业务模式和思维方式，以平等的角色参与到更加自动高效的协作分工中，更加有为地服务实体经济，让金融服务与传统的产业、政务服务深度融合，实现金融场景生态化、金融应用规模化、金融服务普惠化的目标。

3.2.2　金融行业需要创新组织协作模式

虽然近些年区块链技术取得了快速发展，但真正落地的有规模并产生较强社会效益的应用项目很少。其中的原因除了区块链性能容量、信息安全等方面存在一定物理制约外，更重要的是多中心、去信任条件下的商业业务模式及治理机制尚无成功实践可以参考借鉴。一方面，区块链在金融领域的广泛应用和金融业务模式的转变，必然会要求金融机构对现有的组织架构、业务流程、规章制度等多方面进行调整。金融机构必须以共建、共有、共享、共治、共赢为基本理念，重新考虑自身机构架构，重新配置岗位员工，设计新的工作流程，制定新的规章管理制度，来适应新型的多机构协作模式。另一方面，由单一金融机构主体推动区块链业务创新效率较低、业务影响有限，需要行业主管部门或行业协会牵头，整合资源、凝聚共识，聚焦资金清算、国际贸易等典型场景，打造一批有行业影响力和业务规模的联盟链应用解决方案，形成示范效应。

3.2.3　金融行业需要适应监管创新

区块链在金融领域的逐渐应用也为行业监管带来了新的挑战，区块链技术的发展必然促进金融服务跨界与更多产业的融合，增加资产和信息的互动性，加强不同金融业务之间的关联和渗透，也使得金融风险更加隐蔽化、复杂化。随着金融服务的深入和融合，传统的分业监管模式易引发金融监管缺失的风险。而区块链技术也给现有的监管模式带来了新的工具，监管机构可作为区块链联盟方参与建设，从层层监管、单一监管转变为共同监管、穿透式监管，在降低监管成本的同时凸显监管的全新效果。未来在宏观视角下的审计监管和行为监管必然会得到强化，监管机构必将对金融行业的风控能力和风险应对能力提出更高层次的要求。金融行业要密切关注监管动态，配合监管部门全面落实各项监管措施，需要适应区块链应用过程中同步嵌入的监管要求，确保在必要的制度规范和法律保护下进行区块链技术的应用，避免出现业务风险。

3.2.4 金融行业需要考虑潜在法律风险

区块链是分布式的共享账本，同一系统的不同区块链节点可以物理部署在不同国家的不同行政区域内。如何适应跨越不同国家疆域、跨越不同行政区的法律法规，需要在金融领域应用区块链技术实现业务的过程中加以事先充分考虑，避免因不同行政区域司法管辖要求差异导致的法律问题。

3.3 区块链在金融领域的应用前景展望

3.3.1 技术融合赋能应用创新

区块链技术发展与其他新一代信息技术相互关联、相互促进，区块链技术和应用的发展需要云计算、大数据、物联网、5G 等新一代信息技术作为基础设施支撑，同时区块链技术和应用发展对推动新一代信息技术产业发展具有重要的促进作用。未来区块链的应用方向将由单技术应用转向综合云计算、大数据、人工智能、物联网、5G 等前沿信息技术协同共建、融合应用，形成“区块链+”解决方案。

（1）区块链+云计算

数字化时代，计算能力和基础设施的云化是推动互联网技术应用变革的巨大推手之一。区块链即服务（BlockChain as a Service，BaaS）基于云资源提供简便高效的方式创建区块链环境，并提供部署、运行、监控的一体化运维解决方案，降低了区块链使用门槛，助推区块链应用建设进入快车道。各大云服务商与区块链服务商均已纷纷布局 BaaS 平台，大型金融机构也正大力打造自身 BaaS 能力。

（2）区块链+大数据

大数据与数据挖掘的组合，让精准的客户画像成为可能，金融服务对独立个体的关注也逐步提高。区块链难以篡改、可追溯的特性，能保证链上数据的质量，为大数据分析提供可信的数据来源。随着区块链的应用迅速发展，数据规模会越来越大，区块链也将作为基础设施形成大型的数据共享解决方案，大数据无疑能让链上积累的共享数据价值最大化，而区块链的身份授权模式也有可能支持数据产生者实际掌控数据本身的使用授权，解决现今出现数据确权的问题。同时，链上数据的可追溯性与时间关联性，也让大数据能够实现多维度、深层次的数据挖掘，为经营决策、社会治理提供依据。

（3）区块链+人工智能

人工智能通过机器学习的方法“认识”世界，提供了许多方法用于解决原本十分困难的问题，如模糊计算、智能机器等，在金融、医学、工业等方面已逐步显示出其对生产力的巨大提升作用。人工智能需要依靠大数据，区块链的数据源能力将对人工智能的发展提供大量更加可靠的数据；机器自主性需要很高的安全性，区块链的多方共识有助于提供更加稳固的执行逻辑；区块链在具体场景中的业务能力主要由智能合约体现，人工智能有希望提升智能合约对复杂业务的支持能力，扩大区块链的适用范围；随着人工智能在安全领域应用的逐渐成熟，其对区块链的交易校验、执行环境安全、合约代码检测等方面也将起到环境监管与安全防控的作用。区块链与人工智能互相融合，将产生相互促进的积极效果，为数字社会治理提供绝佳助力。

（4）区块链+5G+物联网

5G技术是物联网实现万物互联的基石，它给网络基础带来了能力的跃升。5G技术的运用将使得区块链节点的存在形式可以进一步拓宽，也让其组织模式存在进一步丰富的可能。随着5G的普及，物联网设备将深入社会的各个角落。物联网设备可以直接从信息源头现场获取信息，延伸了区块链信息可信生命周期，为区块链提供了高效可信的数据采集方式；未来，万物互联时代的众多物联网设备也将扩展区块链的数据广度，拓宽区块链的应用范围。同时，区块链技术也能为众多物联网设备的数据交换提供一个可信的、去中心化的数据平台，形成“云+边+端”深度融合、高效协作的区块链基础设施。

3.3.2 促进金融服务提质增效

随着区块链在金融领域多方合作的场景中发挥作用，促进跨机构信息共享、信用传递、自动化协作，金融机构的跨机构服务响应能力和金融风险防范化解能力将得到提升，金融服务范围将进一步扩大。

（1）新型支付清算体系有望建立

随着区块链技术深入应用，金融领域将形成新型支付清算架构，现有烦琐的多级账务记账对账体系必将简化甚至消失，结合数字货币尤其是法定数字货币的线上流通能力，能够实现“无清结算”或“实时清结算”的跨境支付，极大提高国际贸易的货币流通效率。如近几年国外跨境支付网络Ripple发展迅速，全球已有超过300家客户，覆盖40多个国家，成为SWIFT的积极竞争对手。同时，基于区块链分布式账本、点对点网络构建全新的支付清算体系，还可进一步满足监管机构、企业、个人、金融机构的监管、取证、融资等多方面需求，衍生多种金融业务模式。

（2）应用可信数据增强风控能力

目前大数据风控已经成为防范营销、授信、审批等环节中风险的重要手段，因此银行把控数据真实性和完整性、消除数据孤岛的能力日益关键。银行之间、银行与非银行金融机构通过建立联盟链，实现客户金融信息上链共享，对链上数据进行交叉验证，从而使数据内容不完整、数据可信度差等问题得到解决。流程完整、细节完备的数据将进一步完善客户画像，增强金融机构防范化解风险能力。

（3）联盟金融服务模式逐步推广

传统银行的对外服务模式主要是“一对一”方式，即客户一次只能接触一家银行、最终选择一家银行的服务。基于区块链技术构建技术互信的基础平台，可以为银行间的业务合作提供更广阔的空间。尤其是中小银行，可以通过构建行业联盟的方式，提升整体的服务实力。目前已经有联盟金融服务的探索案例落地，如中国银行业协会组织的中国贸易金融区块链平台，中国银行、中信银行与民生银行合作的“区块链福费廷交易平台”等，联盟合作模式主要是通过区块链实现电子化信息共享与存证。未来，各银行可能组成业务受理联盟，通过统一的平台窗口对外提供独立服务，或是更进一步地通过统一渠道受理业务后内部通过撮合竞价或股权比例方式进行利润共享风险共担。这种既竞争又合作的模式，可以扩大整体业务范围，也有利于直面银行同业，推动银行自身业务服务能力的发展。

3.3.3 融入产业链助推实体经济

在区块链基础上，资产形式正在从传统实体资产向数据资产、数字资产扩展，金融业需要抓住机遇，积极应对变化趋势。

（1）金融服务深度融入产业链

区块链的应用使得金融业务由单一机构的集权治理方式进化为多领域多参与方共治模式，金融服务能力将得到其他领域能力的加成，逐步形成覆盖面更广、办理效率更高，业务类型更丰富的金融服务体系。金融机构可参与以区块链为多方共治技术基础的产业联盟，加入行业区块链平台，不再被动地等待客户上门提供数据，而是通过共享账本，在获得授权的情况下，直接获取产业运作的真实过程数据，在对业务运作充分了解的基础上，更加主动地向目标客户提供多样化甚至定制化的金融服务，实现“坐商与行商”的有机结合。

（2）金融服务范围向“数据资产”和“数字资产”扩展

随着区块链应用的扩展，资产的范围与形式已然更新，衍生出“数据资产”“数字资产”等数字化资产的新兴门类。一是使用区块链技术帮助实现数据确权后，极大地丰富了“数据资产”的内涵，原本因产权不明晰而阻碍了合法有偿使用的各类数据资源，将逐步成为可交易的资产，从传统的知识产权，扩张到生产生活中产生的各类数据。二是有了区块链的技术增信，资产交易的公开透明度将得到提升，“整体资产数字化、数字资产证券化”的范围将越来越广，各类线上投融资交易平台在技术上的可靠性通过区块链技术得到提升后，相关数字资产市场的进一步繁荣将可预期。金融机构需要提出积极策略应对数字化资产的发行、流转、保值升值、风险防控等需求。未来，随着区块链应用与数字货币的普及，山林、土地、房产、商铺等实体资产，以及商标、品牌、文化 IP 等都可能在链上通过合理的方式将其数字化，以提高资产的流动性。

3.3.4 共建一体化新型服务生态

随着客户金融需求日趋生活化、场景化，通过“金融+场景”的方式开放合作，构建金融服务生态圈，成为金融企业尤其是银行必须具备的一种新能力。区块链的应用与发展，为“金融+”场景进一步丰富与扩展提供了技术支撑。基于区块链技术，金融可以与政务、医疗、教育等领域更加紧密地融合，通过数据的可信共享、业务流程的无缝交汇，在全新的开放共享、多方共治的协同架构下，最终融合形成一体化的新型服务生态系统，实现服务模式、服务品质、服务生态的多重升级。

（1）区块链+政务+金融

通过区块链打通政府部门与银行之间的共享通路，实现财政专项资金的阳光透明使用，目前已经在雄安、贵州等地有所实践，并得到好评。未来，使用区块链连通的机构越来越多，各类财政资金的使用监管将进一步加强并向末梢延伸。银行等金融机构通过提供资金流信息，融入政务平台。随着财政资金的流动，产业链、供应链等信息图谱逐渐补全，金融服务将随之延伸。

(2) 区块链+医疗+金融

依托区块链技术连通区域性医疗资源，基于数据共享的医疗健康生态圈有望建立，在严格授权流程的条件下实现患者诊疗信息医院间可信共享、诊断用药等信息商业保险直通，实现“互联网+医疗+金融”三方深入互动、资源共享、互利共赢的医疗健康体系。进一步打通其他相关领域，形成政府、医疗机构、居民、银行、药店、药械厂家、医保、商业保险多方的互联互通，进行全行业大数据积累。基于对健康大数据平台做数据挖掘、决策分析，智能优化居民就医体验、精准医疗服务，助力政府机构监管，实现智慧管理。

(3) 区块链+教育+金融

区块链技术在教育领域有助于解决人才档案管理、教育资源配置、培训市场规范等问题。尤其在培训市场领域，基于区块链建设新型教育中介体系，通过节点共享方式直接引入政府监管，建立起难以篡改的培训机构档案体系，学习情况、课程评价、通过率等数据上链，真实反映培训机构资质水平；记录学员的在线课程学习情况，并跟踪学员成绩，形成难以篡改的学员受训记录。同时将技能与劳动力需求相匹配并与雇主建立联系，实现精准就业撮合；引入金融机构，为优质培训机构、雇主单位、学员提供嵌入式金融服务。

3.3.5 支撑探索社会治理新模式

在这个信用已经成为紧缺资源的时代，区块链在金融领域的创新应用，对提高社会化协作效率、助力建设可信社会、探索社会治理新模式将发挥重要支撑作用。

(1) 促进社会信用建设。在金融领域，针对信息不对称导致的银行信贷客户逆向选择的行业难题，可以考虑借助区块链技术实现金融信用共享，金融机构可建立联盟生态，客户授信额度及贷款余额等原始数据在链外保存，通过区块链传递信用联合计算数据，通过链上链下数据协同机制实现客户信息隐私保护和数据共享的平衡。而金融信用是社会信用体系的重要组成部分，以金融信用共享模式为蓝本，可以期待未来实现进一步建立政府机构、金融机构、企业多方互认的联盟生态，构建公民立体数字身份，实现跨部门、跨行业的社会信用信息资源整合共享和互联互通，进一步重塑社会信用机制，降低社会治理成本。

(2) 探索社会治理新模式。业务相关、利益相关的多方社会机构可通过区块链构建一个相互协作的平台，公开可被广泛关注的焦点数据和业务逻辑，通过多方参与形成更加公平、更加开放的治理体系。例如，针对个别慈善机构、众筹互助平台出现的信任危机问题，可借助区块链金融公益服务，实现商业与公益的平衡。与传统公益模式对比，区块链金融公益更加法规化、平民化、透明化，通过将慈善公益项目信息分布在互联网各个节点上，实现资金可追溯，物流明细存证，监管接入透明，从而在社会大众与市场主体、政府机构间构建更加扁平化、透明化、智能化的运作模式，助力社会保障机制和行业公信力不断提升完善。

4. 结语

在国家各个层面的重视下，区块链应用将日益广泛。未来，区块链技术将融合大数据、人工智能、5G、物联网等技术，进行跨领域、跨行业的自动化协作，实现社会化生产、销售、服务、管理体系的融合创新。以区块链技术为支撑的金融服务体系将会渗透到各种业务流程环节当中，随着千行百业各种业务环节的推进而自动实施，成为效能社会高效协作机制中必不可少的有机组成部分，作为基础设施有效提升社会服务质量，满足人民日益增长的对优质金融服务的需求。

区块链金融应用创新发展，离不开监管机构和产业界的大力支持，加强区块链技术的引导和规范，建立适应区块链技术机制的安全保障体系，有效聚合各方力量加速推动区块链技术安全有序发展；需要通过行业跨界合作、联合攻关，进一步拓宽视野、分享经验、凝聚共识；需要金融机构以更加开放及共享的心态，积极参与区块链应用场景实践，共同推动业务创新及生态环境建设。

金融科技发展分析及策略建议

顾 蔚 邱 洋 谢雯华 刘文东 李 松 姚 洪①

摘 要：近年来，新一轮科技革命正席卷全球，新型技术的发展正在改造、重塑传统金融业，金融科技作为技术驱动的金融创新模式，已然成为新金融发展的助推器。本文梳理总结金融科技发展现状，研究重点技术未来趋势及金融科技对银行数字化转型的作用，分析金融科技发展面临的挑战，在此基础上提出“十四五”期间金融业发展金融科技的策略建议，为金融机构提供研究方向和调研思路。

关键词：金融科技 数字化

1. 金融科技发展现状

1.1 国家政策引导支持金融科技有序发展

随着科技与金融业务的结合越发深入和广泛，科技助力金融业高质量发展的态势越发显著。国家和地方监管部门相继出台一系列“科技+金融”政策导向性文件，逐步建立健全金融科技监管制度与市场秩序，为金融科技的发展提供更全面的保障（见表1）。

表1 金融科技监管政策

时间	政策背景	政策目标
1993	深圳科技局提出“科技金融”概念	科技与金融开始走向融合
2014. 1	《关于大力推进体制机制创新，扎实做好科技金融服务的意见》	在大力培育和发展服务科技创新的金融组织体系、进一步深化科技和金融结合试点等七个方面提出了部署和要求
2015. 1	《关于推动移动金融技术创新健康发展的指导意见》	推动科技金融的底层基础环境建设，推动科技金融在各领域的应用
2015. 7	《关于促进互联网金融健康发展的指导意见》	鼓励新型金融业务与服务业态创新，提出“分类指导”的监管思路，健全线上金融业务的监管制度与市场秩序

① 课题组：浦发银行。课题组成员：顾蔚、邱洋、谢雯华、刘文东、李松、姚洪。

续表

时间	政策背景	政策目标
2017.5	央行成立金融科技委员会	旨在加强金融科技工作的研究规划和统筹协调，切实做好金融科技发展战略规划与政策指引
2017.7	《新一代人工智能发展规划》	将智能金融发展上升到国家战略高度
2019.8	《金融科技（FinTech）发展规划（2019—2021年）》	确立金融科技发展的指导思想、基本原则、发展目标、重点任务以及保护措施，全视角统筹金融科技的未来发展

1.2 金融科技关键技术发展突飞猛进

AI、云计算、大数据等关键技术迅猛发展，支撑海量数据价值互联网构建，形成“算力+数据+算法”的新生产方式。人工智能从感知向认知转型，从离线智能向实时智能迁移，AI能力逐步向平台化及规模化演进，跨机构建模及AI安全成为重点。云原生技术快速发展，重构IT运维和开发模式，云边协同技术架构体系不断完善，云+AI打造智能云。大数据技术向异构多模超大容量、超低时延等方向扩展，大数据应用将从消费端向产业端延展，从感知型应用向预测型转变，数据的安全管理、流通与应用的合规性将大幅提升。

1.3 金融科技逐渐从to C转向to B

当前消费互联网发展已逐渐进入成熟阶段，国家出台各项政策持续推动产业互联网发展，实体产业要升级，逐渐成为互联网转型的主力军，金融机构加速创新，积极布局供应链金融，多方面因素推进产业互联网进入高速发展期。同时，以大数据、人工智能、云计算、物联网等为代表的新兴技术飞速发展，支撑传统产业对上下游的全要素、全流程进行数字化改造，实现产业模式升级，传统产业数字化、网络化、智能化的特征趋势日趋明显。

1.4 数据成为数字经济发展关键生产要素

2020年4月，《中共中央　国务院关于构建更加完善的要素市场化配置体制机制的意见》对外公布，数据作为一种新型生产要素写入文件中，与土地、劳动力、资本、技术等传统要素并列为要素之一。大数据管理和应用将是国家治理体系和治理能力现代化建设的基础支撑能力，全国各地加速大数据中心建设，2021年两会期间民法典确立数据隐私权，社会各界在数据分级分类、归属权利和授权使用等方面也进行了积极探索。在抗击新冠肺炎疫情过程中，公共数据的应用在疫情监测分析、病毒溯源、防控纠治、物资调配、居民生活保障、企业复工复产等诸多方面发挥了巨大作用。随着数据成为驱动发展的重要资源，数字化转型已成为企业、机构提升竞争力的必由之路。

1.5 数据安全与隐私保护力度持续加强

为掌握数据主权，德国和法国计划共同推进GAIA-X计划，建立主权、可靠以及具有创造性的欧洲数据基础设施，以减少整个欧洲对亚马逊 AWS、微软 Azure、谷歌云、阿里云等国外云厂商的依赖。同时，《通用数据保护条例》（GDPR）的发布表明，对用户数据隐私和安全管理的日趋严格是世界趋势，银行应加强对信息安全和数据隐私的保护力度。此外，随着数据流通所产生的合规成本越来越高，用于数据保护的 AI 技术正在成为新的技术热点。联邦学习技术旨在保证各方数据安全和隐私的同时，联合使用方实现特定计算，解决数据孤岛以及数据共享可信程度低的问题，让 AI 可以更高效和准确地使用海量数据，实现数据更深层次的价值。目前，微众银行 AI 团队已推出全球首个工业级联邦学习框架（FATE），并已将其应用于金融服务领域，解决在小微企业贷款、反洗钱等场景中的金融数据安全合规问题。

1.6 银行等金融机构加大科技投入并对外输出

商业银行已开始探索科技引领、科技驱动、协作创新发展的新路径，并以成立银行系金融科技子公司为契机，深化金融科技在各个业务场景中的应用。目前，包括国有五大行、招商银行、光大银行、北京银行等 11 家银行均已成立金融科技子公司，专门从事金融科技相关的研发与技术服务。未来将有更多的银行业融入金融科技发展的浪潮，运作模式也不断走向高效、成熟、完善，为银行业在信息科技时代的可持续发展提供坚实的基础和支撑。

2. 金融科技对银行数字化转型的作用

当前金融科技正在以迅猛态势重塑金融行业生态，产品与服务模式向多元化、远程化转变，风险与内控管理向智能化、可视化发展，运营模式向集约化、智慧化转变，深刻改变着金融行业对外服务模式和对内管理模式，全面提升客户体验，增强核心竞争力。

2.1 金融科技重点技术

2.1.1 人工智能

当前，生态开放和科技转型已成为我国金融行业发展的两人关键词。在推动传统金融机构科技化转型和新金融机构逐步开放技术赋能的双向交流过程中，人工智能在金融市场的应用也更为广泛，逐步走向深化。

较早布局人工智能的金融机构已尝试将人工智能应用贯穿于整个业务体系。如银行对人工智能的应用，已不局限于外围的在线智能投顾、智能客服、智能投研、智能风控、智能营销等场景，而是逐渐渗透至产品开发、营销、风险管控、客户管理与客户服务等核心流程。以智能投顾为例，研究机构预测，2020 年中国资产管理行业规模将达到 174 万亿元，参考美国智能投顾渗透率，依照 3%的水平计算，2020 年中国智能投顾管理资产规模或超 5 万亿元，按照 2%费用标准计算，收入规模超过百亿元。①

在未来，根据不同场景的业务特征创新智能金融产品与服务，探索相对成熟的人工智

---

① 资料来源：赛迪顾问《2020 金融科技发展白皮书》。

能技术在多个领域的应用路径和方法，以此构建全流程智能金融服务模式，将推动金融服务向主动化、个性化、智慧化发展，助力构建数据驱动、人机协同、跨界融合、共创分享的智能经济形态。

2.1.2 区块链

区块链技术利用链式存储结构，不仅解决了分布式数据存储问题，也解决了存储时分布一致性问题，基于非对称加密算法实现信用创造机制重构。

区块链在金融领域主要应用于：数字货币、支付与结算、票据与供应链金融、证券发行交易、客户征信与反欺诈、客户身份信息管理等。2018 年 9 月，深圳金融科技研究院联合中国银行等机构，经过近两个月的封闭开发，成功实现湾区贸易金融区块链平台项目一期上线，进入试运行阶段。企业可在平台上进行包括应收账款、贸易融资等多种场景的贸易和融资活动。2019 年 11 月 27 日，在中国人民银行营业管理部组织的“北京市金融科技应用试点工作启动暨金融科技政策解读会”上，国家外汇管理局“跨境金融区块链服务平台应用”项目正式获得批复。

未来区块链技术有着广阔的应用前景，但是实现大规模商业化应用落地，仍面临着诸多问题及挑战。区块链技术在智能合约漏洞、网络攻击、数据隐私泄露等存在安全风险，在计算性能、跨链等方面还有待进一步的完善。同时，区块链主要是解决链上数据可信共享的问题，需要考虑和其他技术的集成，如何保障上链数据的真实性是关键。

2.1.3 云计算

云计算是基于互联网的相关服务的增加、使用和交付模式，具有弹性可拓展、可靠性高的特点，促进金融行业分布式架构转型。在分布式架构中，可以大大缩短应用部署时间，实现系统自动维护，解决了金融机构网点之间信息传递不畅、无法动态掌握服务客户情况、线上交易峰值压力大、信息安全存在隐患等痛点。

云计算可以为金融机构、互联网金融企业、交易所等市场主体提供全方位的技术服务。首先云计算降低了金融机构的信息资源获取成本；其次云计算减小了金融机构的资源配置风险，云计算提供 IT 资源池及使用资源池的工具和技术，使得金融机构能够随时随地、动态地获取所需的 IT 资源，由此金融机构可以根据实际需求的波动自动或手动调整其云上的 IT 资源，既不会造成资源闲置，也避免了使用需求达到阈值时可能出现的损失；最后云计算极大地简化了金融机构的 IT 运营管理，云服务提供商将信息资源打包，直接为金融机构提供现成的解决方案，使金融机构对信息资源进行开发管理的时间大大缩短。

未来中国金融云服务的格局是：大型金融机构自建私有云，并对中小金融机构提供金融行业云服务，进行科技输出；中型金融机构核心系统自建私有云，外围系统采用金融行业云作为补充；小型金融机构逐步完全转向金融行业云。

2.1.4 大数据

大数据应用水平正在成为金融企业竞争力的核心要素，并正逐步成为支撑型的基础设施，其发展方向也开始向提升效率转变，逐步向个性化的上层应用聚焦，大数据技术呈现六大融合趋势：异构算力平台融合、流处理与离线批量处理融合、事务与分析融合、能力模块融合、大数据基础设施向云上迁移、大数据与人工智能的有机结合。随着5G、产业互联网的深入发展，将带来更大的“数据洪流”，这将牵引大数据技术再上新台阶，向异构多模超大容量、超低时延等方向扩展。

未来大数据治理水平将会成为金融企业竞争力核心要素，由于金融机构的行业特殊性，其数据资产的丰富度与价值巨大，但是数据较为分散，无法集中分析实现巨大价值，所以数据治理将会成为金融机构接下来需要重点关注的命题，随着金融行业数据不断整合，数据共享和开放也将成为趋势。

2.1.5 5G

依托5G技术高带宽、低时延、广连接等特征，可支持基于移动互联网、物联网的多种应用场景，赋能智能制造、车联网、教育、医疗、金融等行业的创新发展，重塑各行业应用模式及行业生态。对金融行业来说，通过与其他技术的融合，如区块链、人工智能、大数据、AR/VR等技术，可为智能网点、移动支付、精准营销等场景提供网络环境保障。

5G将进一步加速金融业转型发展的步伐。5G将实现信息泛在可取，资金需求者和资金提供者之间的连接更加便捷，进一步增强金融业能力体系建设，助力构建跨界金融生态圈。一方面，5G加速金融业数字化转型进程，5G金融应用在实践拓展过程中形成的金融新产品、新业务和非金融服务能力，将进一步丰富金融能力体系建设，5G与金融业结合带来的丰富数据，也将进一步增强泛金融生态赋能能力；另一方面，5G推动社会生产生活数字化，工业互联、智慧城市、智慧医疗、网联汽车等领域中的新产品、新业态、新模式，将极大扩展金融业涉足场景，使得金融赋能边界不断延伸。

未来5G与金融应用的结合将呈现泛在化、融合化、智能化、开放化趋势，5G与AR/VR、AI、云计算、区块链等技术进一步融合，5G金融将进一步融入数字生活、生产泛在场景，并打破数据孤岛，形成智能化泛金融服务体系。

2.2 金融科技应用场景解析

2.2.1 客户服务方面

(1) 智能渠道

金融领域的对客服务渠道从线下走到线上，又从线上化走到了智能化，各行纷纷推出智能柜员、智能客服等智能渠道对金融对客服务进行全方位升级。智能柜员旨在充分利用5G、实时音视频等技术，通过视频柜员交互的方式，将个人信息修改、面签、开户等业务悉数转移到线上，并通过视频双录、双向传输加密等技术手段做到全程留证。智能客服以语音技术、自然语言处理、知识图谱等人工智能技术为基础，通过智能机器人向客户提供业务咨询、信息查询、业务办理等服务。智能柜员、智能客服等智能渠道都可以同时处理大量的对客服务需求，响应时间短，减少客户等待时机，提升了客服效率，及时的服务响应也为客户营造了良好的客户体验。

(2) 智能营销

智能营销场景旨在充分利用客户金融活动过程中沉淀的海量行为数据、借贷数据等，构建多维用户画像，并利用人工智能技术对用户数据进行深入挖掘和学习，分析用户金融需求，评估用户行为偏好，将需求与产品进行匹配，以完成对客户（存量/潜在）的精准营销。智能营销相较于传统营销模式，具有时效性强、精准性高、关联性大、性价比高、个性化强的特点。智能营销为金融企业降低了经营成本，实现风险管理前置，提升了整体效益。同时，还可以控制推送渠道范围，适度减少推送频率，进一步优化营销体验。目前，国内大部分商业银行均推出以大数据技术为支撑的精准营销方案，以提升营销成功率。招商银行打造一体化数字营销平台，以数字化、智能化为核心，具备实时感知用户行为发生、快速理解用户潜在需求、及时展开对用户营销的能力，实现全实时、全旅程、全漏斗、全场景、全数据的营销支持，为“拉新、促活、流量经营”提供全方位的平台支撑。

（3）供应链金融

供应链金融场景旨在引入区块链、物联网、云计算等金融科技技术，快、准、全地勾勒出供应链上下游企业间的相对关系，将企业真正纳入供应链的网络体系中，从而建立公平、高效的交易规则和信用体系，解决供应链信息不对称的问题。金融科技一方面可辅助银行对供应链金融业务进行快速、及时的评估，对业务风险进行有力把控；另一方面可加快中小企业融资的速度，缓解企业融资压力。目前，各行均在积极布局供应链金融场景，譬如，平安银行针对产业链核心企业及其上游客户，推出了供应链应收账款服务平台（SAS 平台），利用区块链、人工智能、大数据等核心技术，对供应链上贸易背景的真实性进行智能核验和持续监测，以保障供应链中线上应收账款的转让、融资、管理、结算等综合金融服务的有序开展。

（4）智能投顾

智能投顾场景旨在基于机器学习算法以及现代投资组合优化理论，构建标准化的数据模型，结合投资者的风险偏好、财务状况与理财目标，利用网络平台和人工智能技术，为客户提供个性化、智能化的投资管理服务。智能投顾可替代或部分替代昂贵的财务顾问人工服务，将投资顾问服务标准化、批量化，降低服务成本，降低财富管理的费率和投资门槛，从而实现更加普遍的投顾服务。目前，包括招商银行、工商银行、浦发银行等在内的银行就智能投顾场景进行了相应落地。招商银行“摩羯智投”会根据客户的流动性目标和风险承受度，通过蒙特卡洛有效前沿模型、行为动量基金分析决策树、多象限风险预警矩阵等模型体系，构建符合各类客户不同要求的公募基金组合；同时还支持对投资组合进行动态平衡调整，监测投资风险，寻求最优产品配置比例。

2.2.2 内部管理方面

（1）智能风控

智能风控场景旨在利用人工智能技术构建风控模型，并将模型应用到授信定价、贷前审批、贷后监控、反欺诈等业务流程中，通过反复训练，不断提升模型精度，进而提高银行业的风控能力。智能风控贯穿事前预警与反欺诈、事中监控和事后分析全业务流程，有利于解决银行信贷业务中的交易欺诈、网贷申请欺诈、信贷全生命周期风险管理、客户价值分析、逾期客户管理等场景的痛点及问题。目前，包括招商银行、建设银行、华夏银行、光大银行在内的多家银行，均推出智能风控方案，以加强对业务风险的全面把控。譬如，华夏银行建设“天机星”企业客户风险画像系统，着力解决集团客户风险捕捉不全面、过度授信等业务痛点；建设“天算星”风控建模系统，集成风险数据整合、数据可视化管理和机器学习建模等功能，提高风控模型精准度。

（2）智能运营

智能运营场景旨在打通系统之间的业务流与数据流，实现业务跨系统、全渠道的实时监控，并利用业务规则、运营规则对数据进行分析，为银行提供多方位、精准化和实时的运营决策支持，以提升服务效率，降低运营成本。同时，可结合不同客群的特点，在资源合理配置的情况下展开差异化运营，提升客户体验。目前，包括农业银行、厦门国际银行等在内的银行就智能运营场景进行了相应落地，实现上下层级间高效协作的运营监控、分析、资源调配等，大幅提升了运营效率。譬如，农业银行搭建运营管理信息平台，集成网点建设、经营规模、人员岗位、账户管理、服务评价、客户营销等网点基础信息，实现总行对网点运营的精细化管理。同时，该平台与各网点重要系统对接，实现网点数据信息的穿透与共享。

（3）智能财务

智能财务场景旨在利用大数据、RPA、人工智能技术，推动数据跨域整合，提升财务洞察能力，并通过前瞻性的分析模型，挖掘财务数据的内在价值，提升大数据洞察分析和决策能力，实现财务管理对业务经营决策的反哺。此外，智能财务支持对财务报表主动提出现状优化及远期预估分析，实现损益及财报的自动化、智能化管理。智能财务场景涵盖财务核算、司库、资本规划与考核、预算、价税等多方面，包括但不限于基于AI动态估值的损益分析、流动性敞口预测、动态风险价值驱动的资本规划、动态智能财务预算、业财一体化定价等。譬如，广发银行利用人工智能技术搭建新管理会计系统，构建以客户为中心的盈利分析体系，实现对客户“资产+负债+中间业务”“表内+表外”等整体投入产出情况的分析，支持用户差异化精准定价。

3. 金融科技发展面临挑战

3.1 金融科技广泛应用产生新型风险

科技在推动金融创新发展的过程中，在某种程度上会衍生新型的科技风险。金融科技以信息技术为核心，业务模式背后是庞大、复杂、相互关联的信息系统，这些系统高度虚拟化、网络化、数字化并具有高度的移动性与分布式的特点。这样的金融科技体系客观上造成了比传统银行风险更大的复杂性。同时，大量金融科技应用侧重于获取效益和提升价值，在网络安全、数据保护方面重视程度不足，存在一定的安全隐患。

现阶段，金融科技尚处于不断发展、成熟的过程中，呈现出供给主体多样性、客户群体长尾性、多重风险的交叉性、跨界融合复杂性四个特征，带来一些新的挑战，需要引起业界的高度重视、深入思考，并采取有效措施应对。

3.2 金融科技建设主体发展水平不均衡

金融机构、金融科技公司、互联网巨头等金融科技建设主体的金融科技发展水平并不均衡，甚至银行同业之间在技术水平、创新能力、场景布局、应用研发等方面仍存在较大距离。银行金融科技实力仍有待快速提升，一方面自身需要建立稳定的金融科技发展基础，加速银行数字化转型；另一方面需统筹做好金融科技领域战略规划，加大前瞻性技术跟踪和研究，在赶超同业金融科技水平的同时，结合自身发展需求布局金融科技。此外，已有 11 家银行陆续成立金融科技子公司，银行系科技子公司虽然具有重合规、品牌好、渠道广和场景需求准确等几大优势，但也面临母体所固有的治理程序复杂、场景缺乏、研发效率较慢、迭代周期较长等短板，未来需要不断探索和尝试在金融科技领域的应用，构建自身场景、流量和用户。

3.3 金融科技专业化人才仍面临较大缺口

金融科技相关应用呈现爆发式增长，相关人才需求也随之快速增长，出现了人才缺口，并进一步引发雇主在人才市场上的激烈竞争，高薪挖人已成为常态。与此同时，金融科技专业人才管理方面的问题也值得金融机构加倍关注。在传统金融机构中，金融科技人员的管理模式和激励机制方面仍较为落后，难以适应更加灵活和创新化的科技应用发展模式。

3.4 金融科技产业发展为监管带来新挑战

金融科技在带来一系列金融服务创新的同时，也给监管机构带来新的挑战。首先，鉴于金融科技具有跨市场、跨行业的特性，加上市场主体的多元化，传统的风险隔离措施面临巨大挑战。其次，由于金融科技具有去中心化发展的特征，使得金融风险呈分散化和蜂窝式分布，目前自上而下的监管路径将面临新的挑战。最后，金融科技的发展促使金融交易规模和交易频度呈几何级数增长，金融监管面临的数量规模性、业务复杂性、风险多样性都将持续上升，这为金融机构带来挑战的同时也带来了机遇。

4. 金融科技发展策略建议

通过上文分析得出的金融科技发展面临的挑战，我们相对应地给出每一项挑战的应对策略及建议。

4.1 建立完善金融科技行业治理体系

由于金融科技自身的快速发展带来的不确定性，传统金融业务与金融科技的融合过程中风险容易交叉传染，形成共振。为了避免针对不同领域的监管真空和监管套利，需要一个跨行业、多层次的监管体系，及时识别风险，有效控制虚拟平台交易风险向实体经济的蔓延。面对其所带来的一系列新机遇、新挑战，应充分运用现代治理理念，依托政府、市场和社会在内的多元治理主体，应按照国家治理体系和治理能力现代化的总体要求，努力去建立完善法律约束、行政监管、行业自律、机构内控、社会监督五位一体多层次金融科技治理体系。

一是严格法律约束。从整个金融的发展历史过程来看，按照业务实质和法律关系，将金融科技活动纳入相匹配的法律制度框架，金融机构主体应充分利用、严格执行现有的法律法规，按照实质重于形式的原则，将金融科技活动全面纳入法制化的轨道，减少合法与非法之间的灰色地带。

二是强化行政监管。金融科技的监管既要体现传统金融监管的延续性，又要体现信息化时代的适应性。应贯彻落实将所有的金融业务都纳入监管的基本要求，加强金融监管部门以及各金融机构的统筹协调，实施穿透性监管、一致性监管，推动审慎监管和行为监管协同发力，形成金融科技风险全覆盖的监管长效机制。

三是加强行业自律。行业自律具有贴近市场和会员组织的优势，能够降低政府与市场之间的沟通成本，建立具有市场约束力的自律惩戒机制，从而形成对行政监管的有机配合和有力支撑。

四是做好机构内控。金融机构应筑牢金融科技治理的第一道风险防火墙，持续提升风险防范的意识，加快培育合规文化，切实加强公司治理和内控管理。

五是深化社会监督。在现代网络社会、信息化的时代，监督更加重要。要提高投诉举报等渠道便捷性和可获得性，完善有奖举报正向激励机制，发现问题鼓励对其进行揭露，鼓励法律、会计、评级等专业机构开展监督，充分调动社会各界参加金融科技治理的积极性。

4.2 加强前瞻技术跟踪及研究

技术的变革可能会对企业及行业带来颠覆性影响，金融机构及监管部门需密切跟踪前瞻技术发展，前瞻分析技术应用价值，将人工智能、云计算、区块链、分布式计算、5G等技术栈纳入攻关重点，加强核心技术自主掌控和难点攻关。同时，金融机构应对新兴技术开展战略性布局，关注对银行业有较高影响的技术上，帮助业务和技术领导者清楚地了解在未来5~10年内对银行业产生颠覆性影响的技术，帮助业务和技术领导对新兴技术的投资和应用作出商业价值判断。

4.3 升级金融科技人才结构

金融科技行业的快速发展，加速了金融科技业人才需求的扩张。然而《2018年中国金融科技就业报告》显示，92%的金融科技企业目前正面临严重的金融科技专业人才短缺。应《金融科技（FinTech）发展规划（2019—2021年）》号召，金融业需加强人才队伍建设，注重从业人员科技创新意识与创新能力培养，培养既懂金融又懂科技的专业人才，优化金融业人员结构，为金融科技发展提供智力支持。

为适应金融科技的发展，金融机构应确立人才梯队建设及培育策略，升级金融科技人才配置，加大对金融科技领军人物、专业人士的引进力度、对金融科技人才的挖掘力度，并建立完善的人才管理、培养、创新激励体系，以培养出既懂业务又懂技术，且具备创新性思维和前瞻性眼光的复合型人才。其次应采用产学研联动模式，实现技术研究与人才引流，增强人才储备和知识储备力量。

4.4 加快构建金融科技监管体系

金融科技发展已进入规范发展期，监管也在不断鼓励和推进金融科技技术标准的制定，但随着金融科技深度应用的加强，算法模型风险、数据安全风险等新型风险逐步出现。同时，金融科技技术本身存在一定的技术风险，新技术的不断加速出现，使得金融科技应用风险指数化递增。金融机构应坚持安全与创新并重，提升金融科技风险管理水平。

金融科技监管是一项复杂的系统工程，需要治理有效、先进可靠、富有弹性的监管体系。一方面，金融机构应充分评估新技术与业务融合的潜在风险，如新型业务风险、数据安全风险等，建立健全试错容错机制，完善应急措施、风险拨备资金等风险补偿措施，明确新技术应用的运行监控和风险应急处置策略等，以防范新技术自身风险与应用风险。另一方面，金融机构应依据自身实际情况，量身打造金融科技发展、应用评价指标体系，在确保金融科技发展方向、落地成果与顶层规划保持一致的同时，加大对金融科技应用的监测力度，对潜在风险进行预警。同时，应密切关注金融科技核心技术标准的制定，及时调整相应评价模型，以降低金融科技应用中的技术风险，充分发挥数据、技术等生产要素的重要作用，建设数字监管报告平台，使用自然语言处理、知识图谱、深度学习等人工智能手段实现监管规则形式化、数字化和程序化，强化监管渗透的深度和广度，加快金融科技监管的数据加持、科技武装。

4.5 共建金融科技开放共享新生态

如今，金融科技发展已经贯穿于整个金融产业链中，必须拥抱生态，走开放共享发展之路，共建行业金融科技生态新格局。一是聚合政、产、学、研各方的智慧和力量，着眼长远，深度融合，实现不同企业之间优势互补，共同提升前沿技术的基础研究能力、金融科技的业务应用能力、跨界融合的创新突破能力，共同成长。二是融合场景共享机遇，要强化金融场景+前沿科技的深度融合，联合对外输出产品及服务，满足客户所需，提升金融服务实体经济、服务投资者和管理风险的能力，共享业务发展机遇和收益。三是产业生态体系，促进金融科技产业及行业层面形成共识、规范和有序，以保障金融科技安全应用、健康发展，共享未来行业长期发展红利。

5. 结束语

金融是现代市场经济的血液，在国民经济中发挥着举足轻重的作用。近年来，新型技术持续发展，科技对金融的影响不断加深，正改造和重塑传统金融业，成为新金融发展的助推器。随着科技与金融业务的结合越发深入和广泛，科技助力金融业高质量发展的态势显著。国家监管部门相继出台一系列鼓励金融科技发展的政策导向性文件，逐步建立健全的金融科技监管制度与市场秩序，为金融科技的发展提供更全面的保障。

金融机构应增强金融科技应用能力，实现金融与科技深度融合、协调发展。通过不断对主流前沿技术的研究，探索其在金融机构数字化转型中的应用及影响；通过主流前沿技术及其实践案例的调研，探索可以采纳的技术、嵌入的业务场景和应用方式；分析金融科技发展面临的挑战与趋势，结合政策指引与领先实践，对金融科技发展提出建议。希望本文的研究能明晰金融科技建设与发展的重点，力争多方面布局，为金融机构的金融科技研究路径提供思路。

参考文献

[1] 中国人民银行. 金融科技发展规划（2019—2021 年）.

[2] 北京大学汇丰金融研究院. 金融科技的发展态势及影响.

[3] 赛迪顾问. 2020 金融科技发展白皮书 [R].

[4] 人工智能在银行领域应用——基于 AI 技术的智能风控应用 [R]. 中国：中国银行业协会东方银行业高级管理人员研修院，中国信息通信研究院金融科技研究中心，同盾科技，2019.

[5] 中关村互联网金融研究院. 金融科技行业发展现状与趋势.

[6] 中国信通院. 中国金融科技生态白皮书（2019 年）[R].

[7] 中国信通院. 5G+云+AI：数字经济新时代的引擎. 2019.

银行信息系统技术体系发展历程及未来趋势展望

王　雍　龚光庆　等①

摘　要：银行业IT的发展是整个信息技术领域发展的一个缩影，纵观40多年发展史，我国银行信息系统发展的技术架构大致经历了从20世纪80年代的分散式架构，到20世纪90年代后期的集中式架构，再到2011年开始的分布式+集中式双核架构的三次变迁。过去十年，中国金融市场环境发生了翻天覆地的变化，银行经营面临的经济金融环境、市场竞争环境、客户需求等也在发生着深刻变化，为银行业及银行信息系统发展带来了全新的机遇和挑战。未来银行将进入4.0时代，银行服务变得无处不在。未来银行信息系统也将持续转型和升级，并逐步向“全面云化”“分布式化”“智能化”“开放化”的新技术体系演进。考虑到银行之间的个体差异，结合各自的业务场景需要，在这一过程中，还将出现一些发展特点，一是选择适合自身发展水平与核心诉求的转型解决方案；二是结合存量资产，稳妥有序推进转型发展；三是凝聚行业力量，共同推进信息系统转型提升。

关键词：银行信息系统　分布式　云计算　开放生态

1. 银行信息系统技术体系发展历程

从20世纪80年代开始至今，我国银行业信息化历程已有40多年历史。虽然相对于发达国家来讲，我国银行业务信息化起步较晚，但发展速度很快，目前我国一些大型商业银行的信息化程度已经处于全球领先水平。

“银行信息系统”是指银行为实现银行业务处理自动化、银行服务电子化、银行管理信息化和银行决策科学化，通过采用计算机技术、通信技术、网络技术等现代化技术手段，改造银行业传统的作业方式，建立起集业务处理、信息管理和经营决策为一体的银行IT系统。银行业IT的发展是整个信息技术领域发展的一个缩影，纵观40多年发展史，我国银行信息系统发展的技术架构大致经历了三次变迁（见图1）。

① 课题组：中国工商银行。课题组成员：解利忠、李东丽、王鑫、赵叶红、陈建军、刘朝伟、吴蕃、周文泽、张家宇、白佳乐、王炳辉。

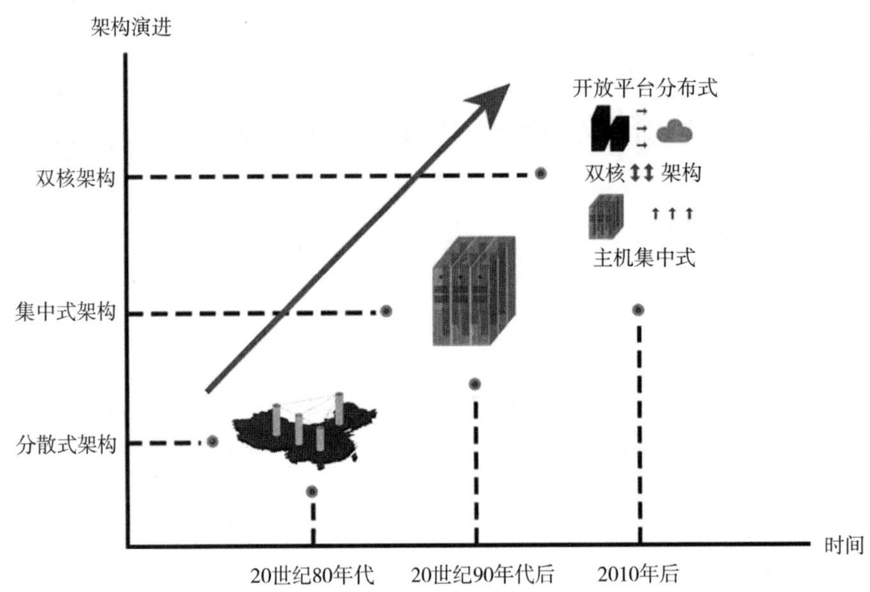

图1　我国银行信息系统架构演进

1.1　分散式架构

20世纪80年代，国有四大银行由于银行内和银行间资金流动的日益频繁，手工联行效率低和差错多的问题也日渐突出。而电子计算机设备在西方国家的出现和应用，打破了银行当时面临的效率瓶颈。为改变当时手工业务处理模式，各大银行相继引进了日本M-150型，美国IBM公司4361型、4381型主机系统，建立各类柜面业务处理系统，实现业务处理电子化，并在此基础上各行分别建立了自己的联网系统，实现同城各专业银行自身间的活期储蓄通存通兑，并基本实现各专业行、各营业网点之间业务的联网处理。

这个时期的银行信息系统按照业务功能模块划分，各系统的接入渠道、核心账务处理、数据存储等方面都相互独立，且归属于银行不同的业务主管部门管辖。在部署方式上，银行内各省行分散部署系统，并通过网络实现各系统间相互连接和数据交换。以工商银行为例，在1995年已建成了以省级分行为主的30余个计算机中心，形成了覆盖和连通全国所有一级分行、二级分行的计算机网络，电子化网点覆盖率达到75%，柜面80%的业务量通过计算机处理。

1.2　集中式架构

20世纪90年代后期，国外现代化商业银行开始走数据集中的道路，数据中心合并或再整合成为各大金融机构电子体系建设的基本模式。而我国银行业经过"七五"和"八五"时期的电子化建设，各大行的大机中心建设已经初具规模，具备了采用大型机集中管理和应用的条件。

面对国有银行改革大背景和银行内部经营压力，1999年9月，工商银行提出了以

"9991"命名的大集中工程，用了3年时间将全国各地36个计算中心合并，建立了两大数据中心，即北京上海两大互相备份的数据中心，是我国数据大集中的里程碑工程。之后，全国各大小金融机构纷纷仿效，建设银行与交通银行于2005年9月完成了数据大集中，农业银行于2006年底完成了数据集中，中国银行则于2011年11月完成了大中心的建设工程；其他全国性股份制商业银行，如光大、民生、兴业、华夏等银行也纷纷走上了"数据大集中"的道路。

通过数据大集中，我国银行信息系统完成了从"各省行分散部署"到"全国性数据中心"的演进，基本形成了大型机部署核心银行系统的"集中式"架构体系，实现了我国银行业的数据集中化、运营集约化、管理现代化和服务电子化。

1.3 分布式+集中式的双核架构

从2011年至今，新一轮信息技术革命席卷全球，尤其是移动互联网、大数据、人工智能、分布式和云计算等技术的逐步成熟，银行业务在渠道、产品、营销、运营和风控等方面都开始发生深刻的变革，产品迭代的速度越来越快。随着银行内应用规模的不断扩大，基于大机技术构建的集中式架构已无法满足弹性扩展、灵活创新的需要，最直观地体现在无法适应业务的快速调整和市场的快速变化。

从技术成熟度与发展趋势看，要解决面临的这些问题，运用分布式、微服务和云计算技术是业内主流方法，因此各银行积极开展基于开放平台的分布式转型的探索，通过搭建高效弹性、开放灵活、安全可靠的分布式基础架构以及"多中心多活"的部署架构，推进银行信息系统技术架构由单一集中模式向双核异构混合模式转型，增强业务支撑能力，满足敏捷研发和应用扩展的需要，以适应业务的快速调整和市场的快速变化。例如，工商银行2018年率先建成了基于云计算的企业级分布式技术体系，形成"主机+分布式开放平台"的双核IT架构，在原主机核心系统的基础上，初步构建起包括核心业务基础支撑、账户体系、重点产品服务在内的较为完整的开放平台核心银行系统，实现大型商业银行IT架构的历史性突破。

在上述我国银行信息系统整体发展历程下，各家银行由于系统建设起点、业务规模、技术能力等方面存在差异，导致在具体路径选择上又各有差异。早期国有商业银行和大型股份制银行基本都经历了完整的三个阶段，而一些成立时间较晚的中小银行，如上海银行，往往直接从第二阶段起步，建立起以主机为核心的集中式系统。一些具备互联网技术背景的银行，比如网商银行、微众银行、百信银行等，在建设之初就直接基于分布式架构建设相关系统。

2. 银行信息系统面临的机遇及挑战

过去十年，中国金融市场环境发生了翻天覆地的变化。国际局势风云变幻，贸易摩擦和金融危机的威胁愈演愈烈，国内经济稳中趋缓，利率市场化进程加快，互联网金融蓬勃发展，同时新一轮科技和金融加速融合，这些在全球范围内对银行业的商业模式、服务模式和运营模式带来了颠覆性变革，银行经营面临的经济金融环境、市场竞争环境、客户需求等也在发生着深刻变化，为银行业及银行信息系统发展带来了全新的机遇和挑战。

2.1 新一轮科技革命给金融业带来新机遇

2016年11月29日，国务院发布《“十三五”国家战略性新兴产业发展规划》，其中提到未来5~10年是全球新一轮科技革命和产业革命从蓄势待发到群体迸进的关键时期，物联网、人工智能等技术将广泛渗透于经济社会各个领域。

随着互联网、大数据、云计算、人工智能、物联网、区块链等一系列技术创新与传统金融服务的加速融合，金融产品创新能力正在不断提升，数字化、智能化不断催生新兴的服务模式和新产品，已成为银行业数字化转型升级的新方向。各家银行纷纷探索利用新技术加快创新，抢占新一轮科技和产业融合发展的制高点。根据人民银行发布的《银行业信息化年度成果报告（2019）》，国内银行业对新技术的应用成果逐年增长（见图2），特别是大数据、人工智能、云计算领域尤为明显。

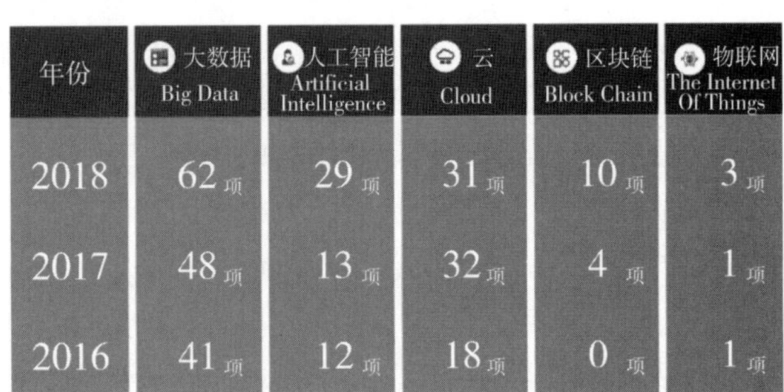

年份	大数据 Big Data	人工智能 Artificial Intelligence	云 Cloud	区块链 Block Chain	物联网 The Internet Of Things
2018	62项	29项	31项	10项	3项
2017	48项	13项	32项	4项	1项
2016	41项	12项	18项	0项	1项

图2 银行业新技术应用情况

2.2 商业银行竞争加剧及互联网企业的跨界渗透，要求银行信息系统必须满足快速创新需要

随着利率市场化进程的加快，银行同业竞争日趋激烈；同时互联网金融的崛起和蓬勃发展，金融脱媒成为近年来金融行业面临的主要挑战之一，银行过往在存贷汇方面的绝对主导地位被多元化的支付方式和融资渠道所改变，银行传统客户分流明显，银行金融中介的作用有所削弱，迫使银行对业务模式和客户结构产生新的思考。金融服务客群的主体、其行为习惯及金融需求都正悄悄发生变化，以“90后”“00后”为主体的数字原生代消费群体迅速崛起，引领了线上金融服务潮流。根据2019中国消费金融年度报告披露，“90后”和“00后”人口达3.2亿，占全国总人口数的23%（见图3），而在2019年“双11”用户量占比却高达80%（见图4），已然成为“双11”消费支柱。

在互联网底层设施不断夯实的基础上，业务模式也在不断升级，客户消费场景的边界逐步深度融合，“内容+购物”“社交+购物”已成为标品。除了线上全景生态互通，线上线下的全域融合依然在释放潜力，因此未来金融服务和产品不再是单一或隔绝的，而是逐渐向场景化、生活化靠拢。

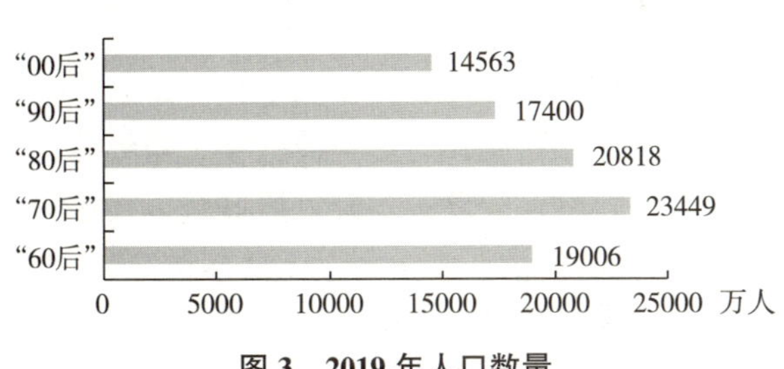

图 3　2019 年人口数量

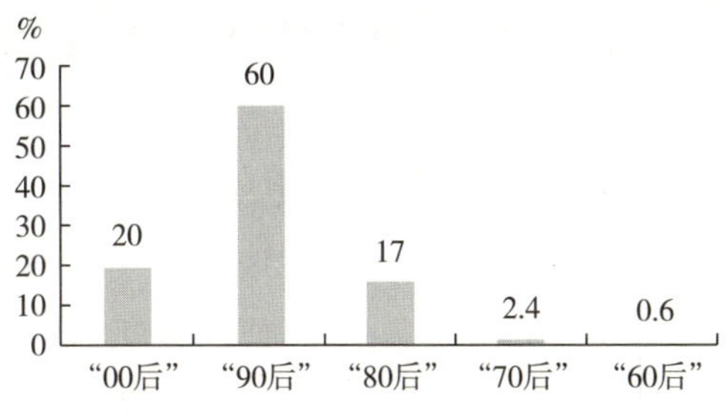

图 4　2019 年关注"双 11"人群分布

互联网跨界渗透及银行经营竞争所带来的业务模式和客户结构变化，无不要求银行在产品推出效率、客户体验、业务场景创新方面随需应变、灵活创新，快速响应市场变化，拓宽服务广度，提升用户黏性。这就对银行信息系统在支撑业务创新方面提出了新的要求，需要具备更灵活的系统架构，并在组织架构、交付形式和研发模式等方面进行深层次变革。

2.3　银行业务线上化及多样化对银行信息系统弹性可扩展提出了更高要求

自 2009 年第一届"双 11"开始，秒杀、抢购等互联网业务模式不断涌现，银行业务也呈现出了全面线上化的趋势。从中国银行业协会 2020 年统计数据来看，银行网点总量近年来趋于稳定，并呈现出微减状态（见图 5）；同时网点服务离柜业务率也逐年增长（见图 6），2019 年银行业平均离柜率高达 89.77%，并且这一趋势仍将在未来持续。与此同时，近年来银行业一直致力于拓宽金融服务的渠道，探索建立融合的开放银行，将银行与第三方合作伙伴如金融科技公司、场景应用方、客户等通过金融服务平台连接在一起，整合各行业优质渠道资源来打造全新的银行业态，打破银行服务的物理限制，使银行产品与金融服务无处不在、随手可及。

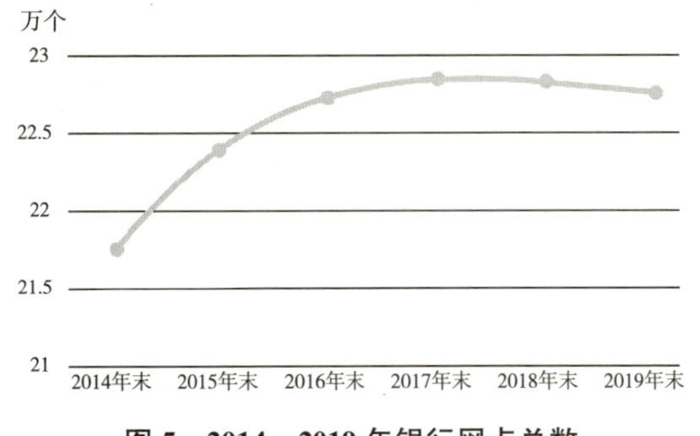

图 5　2014—2019 年银行网点总数

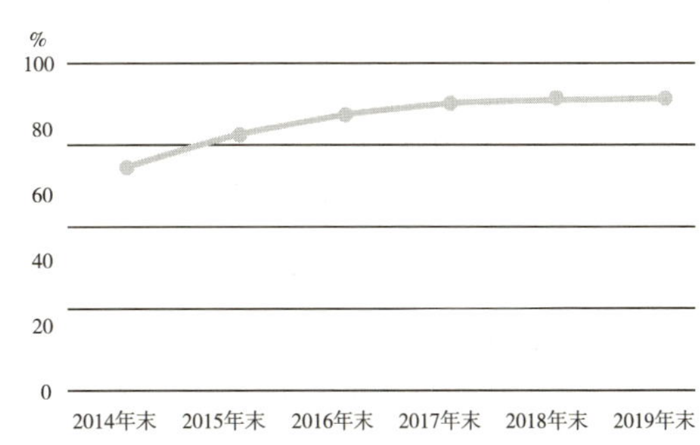

图 6　2014—2019 年银行业平均离柜率

网点轻型化、智能化的程度越来越高，业务模式的迭代也在不断升级，从原来的网点到现在的互联网，"未来的业务将无处不在"。这对银行信息系统的技术架构提出了更高的要求，需要进一步达到高容量、灵活弹性、安全可控的能力，以满足银行业务线上化和多样化的快速发展需求。

3. 银行信息系统技术体系发展趋势分析

未来银行将进入 4.0 时代，银行服务变得无处不在。2020 年 4 月 24 日，IDC 发布《未来银行白皮书》，对未来银行给出了权威定义：未来银行是银行在当前数字化趋势的背景下，重新思考客户的实际需求及自身的竞争优势，利用人工智能、大数据等新兴技术实现业务模式与服务模式的再造和升级。“未来银行将是智能的、安全的、无处不在的”，未来银行信息系统也将持续转型和升级，并逐步向“全面云化”“分布式化”“智能化”“开放化”的新技术体系演进。

（1）系统云化将是大势所趋

核心银行系统入云将是大势所趋。中国信息通信研究院调查数据显示，目前我国 41.18%的金融机构已应用云计算，46.80%的金融机构计划应用云计算，已经或计划应用云计算的金融机构共占 87.98%，云环境已成为银行信息系统的底层基础设施的供应者。从 IT 基础设施技术路线发展来看（见图 7），早期银行业采用大型机系统，并逐步演进至普通 PC X86 服务器，2008 年前后开始全面部署服务器虚拟化，并普遍采用 VMware 虚拟化技术。随着云概念的引入，以 IaaS、PaaS、SaaS、容器、微服务等为代表的云计算理念及技术成为银行云化的战略高地。

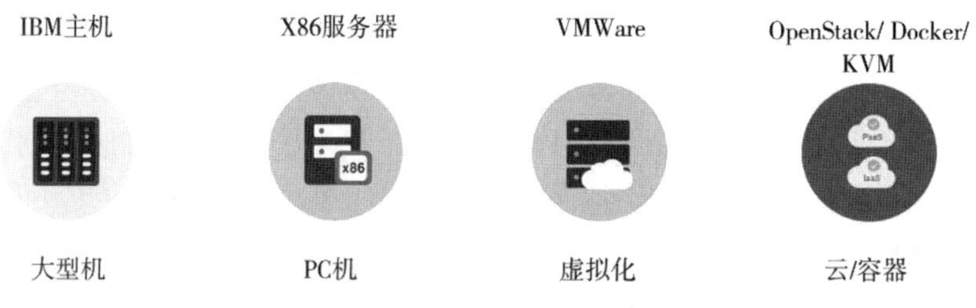

图 7　银行业虚拟化技术路线

目前各国有商业银行及股份制银行大部分已逐步从传统 VMWare 虚拟化模式逐步“入云”，支撑业务快速发展。在云资源调度方面，随着开源 OpenStack 技术发展，越来越多银行如工行、中行、民生等，开始基于 OpenStack+KVM 进行基础设施云 IaaS 建设，通过标准化的 API 接口来管理服务器系统的底层资源，实现计算、存储、网络底层基础资源的快速供应，发挥资源池化效应。在 PaaS 容器云层面，目前各国有商业银行及部分股份制银行已启动或全面建设容器云，提供软件资源快速供给及快速部署的能力，有力支撑应用业务高峰，而 Kubernetes+Docker 已经成为金融领域容器云的事实标准。

在云化路线的选择上，对于基础设施云 IaaS，目前相关技术比较成熟稳定，大中小型银行通常通过引入厂商产品方式建设；对于 PaaS 容器云，因开源产品迭代较快，部分技术积累深厚的大型商业银行通过自研方式建设，而其他中小型银行则一般通过引入厂商产品方式建设。

容器成为未来标准，以支持灵活部署和快速交付。2016 年 Kubernetes 发布容器运行时接口（CRI），容器技术成为一种标准接口实现，通过规范化 API 隔离各个容器引擎差异，就此各类符合 CRI 标准的容器引擎业态逐渐丰富，rkt、lxc、cri-o、containerd、pouch、gvisor 等各类特色容器层出不穷。不同的解决方案在减少开销、稳定性、可扩展性和容器注册兼容性各有优势（见表 1），而如 OpenShift、GKE 和 IKS 等业内容器平台支持并行使用多个容器引擎，通过异构容器集群提升技术路径的安全性。银行业近些年在 Docker 容器技术方面也广泛运用，并尝试构建异构容器集群，如工商银行除广泛运用 Docker 容器技术之外，还引入了 Kata Containers 安全容器技术实现 hypervisor 层强隔离。未来容器将成为产品交付和部署的标准，kubernetes 也将成为配套的管理体系标准，并将同时促进全面虚拟化和 DevOps 体系的交付流水线建设。这些将构成未来银行信息系统的标准部署架构。

表 1　异构容器比较

项目	Docker	rkt	lxc	CRI-O	Kata	gVisor	Pouch
作者	docker 公司	CoreOS 公司	Canonical 公司	CNCF	OpenStack 基金会	google	阿里
技术特点	1. 环境一致性；2. 可迁移性、可扩展性更好；3. 秒级启动；4. 资源消耗更少	架构比 docker 简单，无 daemon 进程	操作系统层虚拟化技术	1. cri 接口独立，轻量级；2. 支持多种 image 格式	1. 内核级隔离，安全可靠；2. 兼容 OCI 及 CRI 容器规范；3. 同一宿主机支持不同内核操作系统	1. 兼容 OCI 及 CRI 容器规范；2. 同一宿主机支持不同内核操作系统	1. 隔离性强；2. 容器与虚拟机混合部署；3. P2P 镜像分发能力
活跃度	github 关注度 57.8k	github 关注度 8.9k	github 关注度 3.1k	github 关注度 2.6k	github 关注度 2k	github 关注度 10.2k	github 关注度 4.3k
局限性	1. 与宿主机使用同一个内核，隔离性较弱；2. 对网络、存储等基础设施的管理能力较弱	Kubernetes 支持不成熟	1. 与宿主机使用同一个内核，隔离性较弱；2. 不能跨机器进行移植	未得到大规模应用	1. 相对于 docker 容器启动略慢；2. 目前处于起步阶段，未得到大规模应用	内核支持不完整，部分 SYSCALL 的实现依赖于 Host 内核	阿里内部广泛使用，业界使用案例较少

Serverless 技术将是下一代云计算创新和竞争热点。随着容器、IoT、5G、区块链等技术的快速发展，技术上对于软硬件分离、轻量虚拟化、细粒度计算等技术需求越发强烈，Serverless 技术借势迅速发展。Serverless（无服务器架构）核心思想是用户无须关注支撑应用服务运行的底层服务器的状态、资源和数量。与传统技术架构相比，Serverless 有着按需加载、事件驱动、状态非本地持久化、自动弹性伸缩、应用函数化等特点。Gartner 调研报告表明：到 2020 年，全球将有 20%的企业部署 Serverless 架构，并指出 Serverless 为最有潜力的云计算技术方向。随着国内外各大云厂商 Amazon、微软、Google、IBM、阿里云、腾讯云、华为云相继推出 Serverless 产品，并在公有云提供 Serverless 开发运行平台，

Serverless 已在移动 APP、IoT、人工智能、批处理等方面得到了广泛的应用，并将成为下一代云计算的重要发展趋势。

（2）分布式技术将在银行业广泛应用

分布式转型成为银行信息系统技术转型的必经之路。随着银行 IT 系统架构的发展演变，分布式技术体系凭借着其成本低、性能容量高、水平扩展方便等优势，迅速成为银行信息化建设的主要方向之一，一些具备互联网技术背景的银行，如网商银行、微众银行、百信银行等，在建设之初就采用了基于分布式架构的开放平台作为核心信息系统的建设方案。而早期采用主机集中式技术作为核心信息系统的国有商业银行和大型股份制银行，近年来也积极开展 IT 架构转型，通过搭建高效弹性、开放灵活、安全可靠的分布式基础架构，推进应用架构由单一的集中式向“集中式+分布式”双核异构混合模式转型。整体上，各家银行都根据其存量的技术体系，在分布式系统建设上迈出了第一步。

以微服务为核心的分布式技术在银行业运用已逐步趋于成熟。在分布式架构转型进程中，银行系统建设广泛借鉴了互联网企业实践经验，以微服务为核心，采用“开源+自研”的开放式架构，不断拓展周边生态，利用微服务实现应用的分层解耦，通过分布式数据库实现开放平台数据的弹性布局，利用缓存提升高频数据的处理能力，引入分布式事务解决跨平台、跨应用的事务最终一致性问题。随着微服务、软负载、事务、消息、批量、缓存、数据库、对象存储、文件存储等能力的建设，分布式系统的支撑场景及运行能力持续提升，发展较快的银行还同步建设了与分布式架构相匹配的研发及运维支撑能力。

根据各家国有商业银行和大型股份制银行的技术选型情况综合分析，目前银行信息系统分布式技术选型图谱见图 8。Dubbo 起步早、是最受欢迎的微服务框架，SpringCloud 也是主流选型之一；分布式事务多采用自研，但模型以 TCC、SAGA 及可靠消息为主；软负载方面，HaProxy 及 Nginx 平分秋色；Kafka 与 Redis 处于消息和缓存领域的统治地位；原生分布式数据库应用较少，基于 Mysql+分布式访问层是数据布局选型的主流技术方案；Springboot 凭借简化研发成为开发框架的标配；Apollo、ELK、Zipkin 等是配置及监控的典型选择；熔断限流方面 Hystrix 和 Sentinel 均有尝试；工行等少数银行已基于 Chaosblade 开展混沌工程实践。

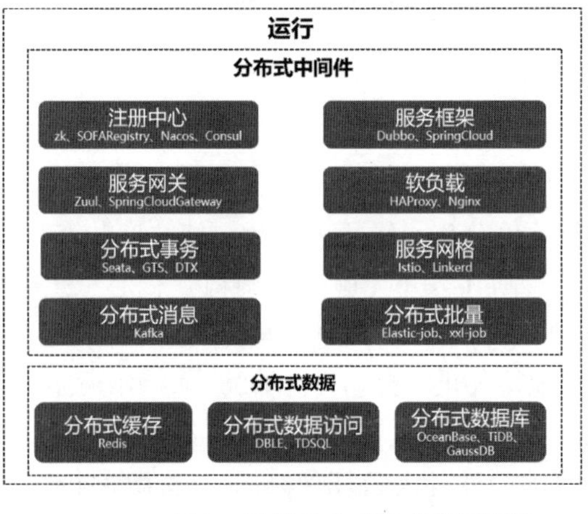

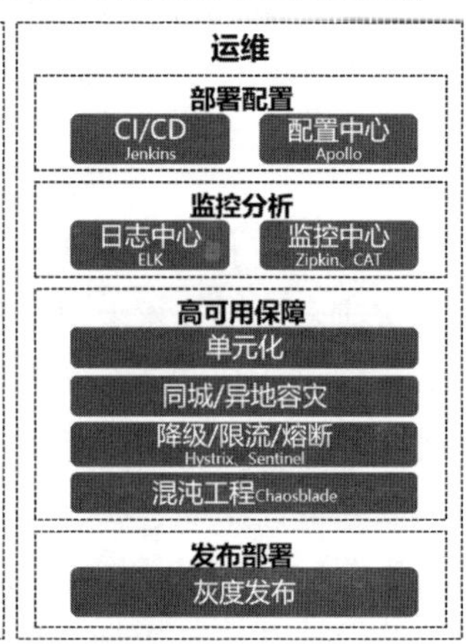

图 8 银行分布式技术选型图谱

分布式技术能力将逐步下沉至基础设施。2015 年 CNCF 云原生计算基金会成立，众多全球知名企业的加入，极大地推动了云原生生态发展壮大（见图 9），进而加速新技术体系和标准的完善。2018 年 CNCF 对云原生重新定义为包括容器、服务网格、微服务、不可改变基础设施和声明式 API 的技术架构。在原定义的基础上重点突出了服务网格，其实质是通过技术平台的基础设施化改造，将分布式能力进一步下沉，实现与应用解耦，简化应用开发过程，提供应用更大的技术选型灵活度。

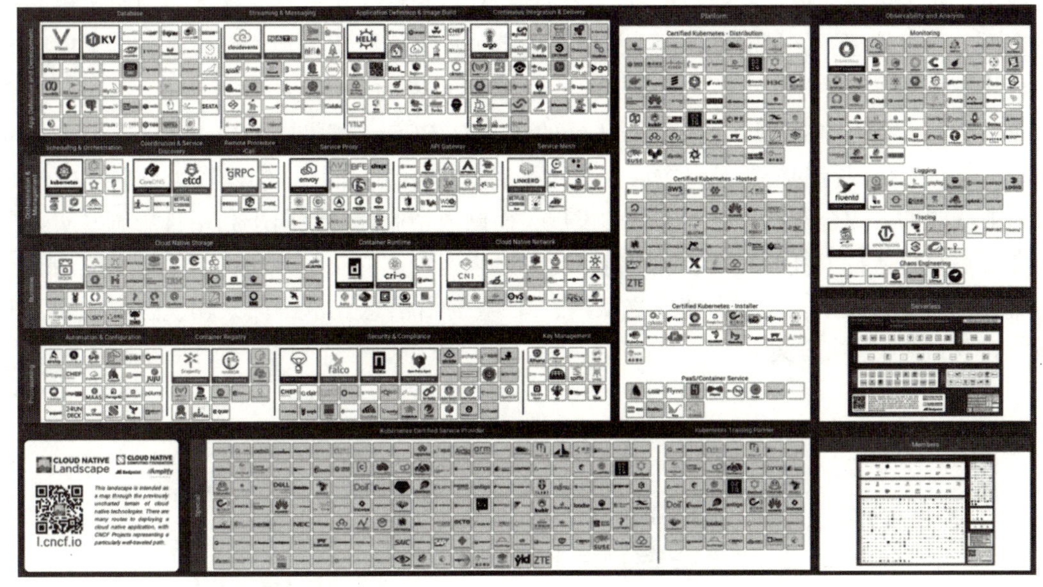

图 9　CNCF 全景图

以边缘计算、区块链为代表的弱中心化技术，进一步丰富银行基础服务能力。云计算发展至今被认为是一种降低企业成本、提高效率的重要基础技术手段，但是中心化运行的云服务也存在接入方式单一、接入终端受限和较易引发集中式故障等弊端。近年来，随着区块链、边缘计算等技术的成熟和 5G 技术发展，各类通过复制现有的平台即服务（PaaS）的模型，以弱中心化就近部署来实施的模式，成为一个新的演进方向，这种高冗余、点对点的分布式环境可以与大集中的云计算数据中心形成有机的互补。

边缘计算的大范围应用，孕育银行新机遇。5G 时代受低时延、海量数据、隐私保护等隐私影响，未来云计算与边缘计算协同将是重要趋势。边缘计算将云中心平台的新技术能力延伸到更接近客户的边缘侧，通过与边缘应用（人工智能、大数据应用、数据清洗聚合等）、边缘硬件设备（边缘网关、边缘一体机、边缘服务器）、终端设备管理整合在一起，实现边云协同服务能力，赋能银行业务应用创新。当前各行各业利用边缘计算低时延、数据安全等优势进行创新应用，车联网、远程医疗、柔性制造等创新应用不断涌现。金融业也在积极布局和探索边缘计算应用，并基于物联网技术进行了相关场景应用，其中工商银行、建设银行、平安银行等在物联网基础上拓展边缘计算能力，在智慧网点、视频监控等方面进行了试点，平安银行推出了边缘计算公有云服务。随着 5G 的发展，未来在边缘计算和云计算协同赋能下，互联网基础架构会发生巨大变化，推动传统的金融、医疗、教育、交通等各行各业智能化转型。

区块链与大数据、云计算、5G 等技术将构建新一代银行信息系统基础设施，赋能金融应用创新。区块链技术的诞生解决了中心化体系带来的信任危机和高昂运营成本，使传统银行中因信任成本问题难以融合的场景有了应用创新的可能。银行业区块链应用创新并非将传统业务直接迁移上链，而是利用区块链信任提升的特性简化业务流程、节约人力物力成本，对金融业务进行赋能与增效。目前银行业区块链应用已逐步深入供应链金融、贸易金融、资金管理、支付清算、数字资产等业务方向，银行服务模式发生新的变化。目前在区块链底层平台路线上也呈现多样化，除国外知名的 Hyperledger Fabric、Ripple、R3 Corda 之外，国内也出现了像微众银行的 FISCO BCOS、百度的 XuperChain、腾讯的 TrustSQL 及工商银行的玺链等自主底层技术平台。如图 10 所示，国外较为倾向于以社区或行业联盟的方式合作推动底层平台的发展，而国内企业则更倾向于利用自身研发实力与行业影响力打造自主可控的底层区块链平台。未来区块链的应用方向将由单技术应用转向综合云计算、大数据、人工智能、物联网、5G 等前沿信息技术协同共建、融合应用，形成“区块链+”解决方案。

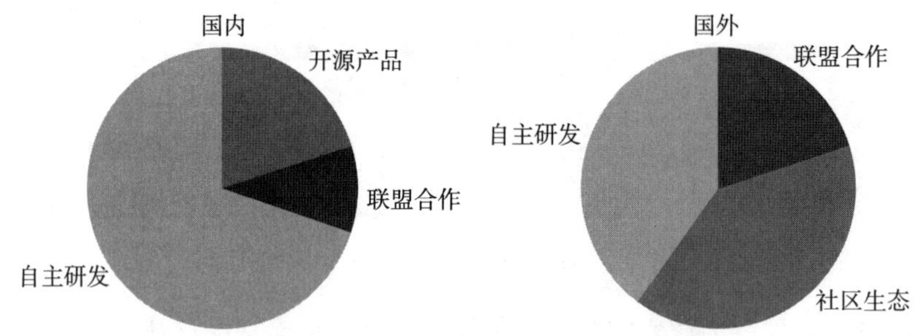

图 10　国内外底层平台产品研发运作类型统计图

（3）人工智能技术将全面规模化应用

2017 年国务院发布《新一代人工智能发展规划》，人工智能被提升到国家层面，不仅成为建设创新型国家的重要前提和支撑，也是新一轮科技竞赛的制高点，对经济增长和国家安全至关重要。2020 年两会前，发改委首次明确将人工智能纳入“新基建”范畴。人工智能推动国家战略落地，已成为科技界和产业界的共识。

人工智能全面推动金融服务赋能和业务模式变革。人工智能的大规模应用将对行业产生颠覆性的变化。商业银行通过早期的信息化积累了大量的数据，应用人工智能的基础较为成熟、潜在业务价值较高。近些年，各大商业银行紧跟人工智能技术发展趋势，充分利用内外部数据资源的优势，从点到面，全面拓展人工智能应用场景，推进智能营销、智能客服、智能风控和智能运营，增强智能化金融服务能力，主动进行业务模式变革。

通过人工智能基础平台推动 AI 规模化落地。人工智能理论和技术日益成熟，商业银行要实现场景的规模化推广，摆脱竖井式建设的束缚，需按照上层应用场景的要求，构建标准化的 AI 服务模块和通用组件，不断完善 AI 相关技术平台建设，为 AI 规模化应用提供快速复制和灵活研发能力。目前主要商业银行如工商银行、农业银行、中国银行、建设银行、光大银行等，均已在探索建设支撑全行人工智能赋能的平台，打造智慧银行“大脑”。

联邦学习突破“数据孤岛”限制。海量大数据为人工智能提供原料。然而随着应用场景的深入拓展，数据的规模和质量制约了模型的效果。另外，部分数据以孤岛形式存在，企业内数据整合阻力重重，企业间联合建模则受数据隐私安全的制约。业界以微众银行为代表提出联邦学习技术。联邦学习以保护数据隐私为前提，各方数据不离开本地进行联合建模，共同参与训练模型、提升模型效果。借助联邦学习技术，商业银行间或商业银行与行业客户间可在数据隐私保护的前提下开展联合建模，以解决数据孤岛问题。

（4）开放式生态将是银行信息系统的普遍特征

金融行业已经步入4.0时代，金融服务将无处不在，并驱动金融机构积极构建平台和生态，以创造更多的商业模式与服务模式。银行信息系统的竞争热点开始从核心银行系统转向核心银行系统和开放式生态系统协同发展。

站在新的历史时点上，各大金融机构纷纷开始打造互联网金融生态圈，布局开放银行金融场景。中国银行率先在2012年推出中银易商开放平台，通过API方式及应用商店服务，构建场景金融。随后工商银行、兴业银行、平安银行等也推出开放银行，将金融服务植入各类商业生态系统，构建开放、合作、共赢的金融服务生态圈。截至目前，工商银行以API开放平台和金融生态云为双轮驱动，对外推出了16大类1600余个API服务，对接合作方3500余家，提供教育云、物业云、财资云等十余款SaaS产品；建设银行打造“建行云”，提供住房租赁服务平台、核心银行等二十余款SaaS产品，并对外推出了百余个API服务，对接合作方数十家；中国银行基于“中银易商开放平台”，推出1600多个API服务，涉及跨国金融、代收代付、移动支付等多个领域；浦发银行推出“API Bank无界开放银行”，对外提供网贷产品、个人Ⅱ类账户管理、公共缴费等300多个API服务，对接合作方130余家；招商银行“招银云创”出手金融云，提供客户营销、金融投诉、积分商城等面向金融行业的SaaS服务，并通过“招商银行APP小程序开放平台”对外开放用户和支付体系，推出API服务50余个。

API开放平台及SaaS云平台将成为开放银行的主要载体。2020年2月，央行发布《商业银行应用程序接口安全管理规范》，作为开放银行发展过程中的首份政策指引，为银行进一步探索开放银行模式指引了方向。目前银行业各家开放银行平台主要通过API开放平台和行业云（SaaS软件）两种模式对外提供“金融+场景”服务（见图11），内建生态、外接场景，将金融服务跨界连接到各行各业，共建合作共赢的生态圈。开放银行平台在服务形式方面，为满足合作伙伴多种业务场景的需求，提供涵盖API、H5、SDK等在内的对接模式；在服务目录方面，提供涵盖计算、存储、网络、安全、中间件、运维等基础云服务，以及人工智能、大数据、区块链等应用类服务；在安全管控方面，采用身份认证、权限检查、源地址控制等措施，涉及客户敏感信息采用OAuth机制，充分保障服务和数据的安全，并针对“双11”等互联网高峰建立流量管控机制；针对行业SaaS软件，提

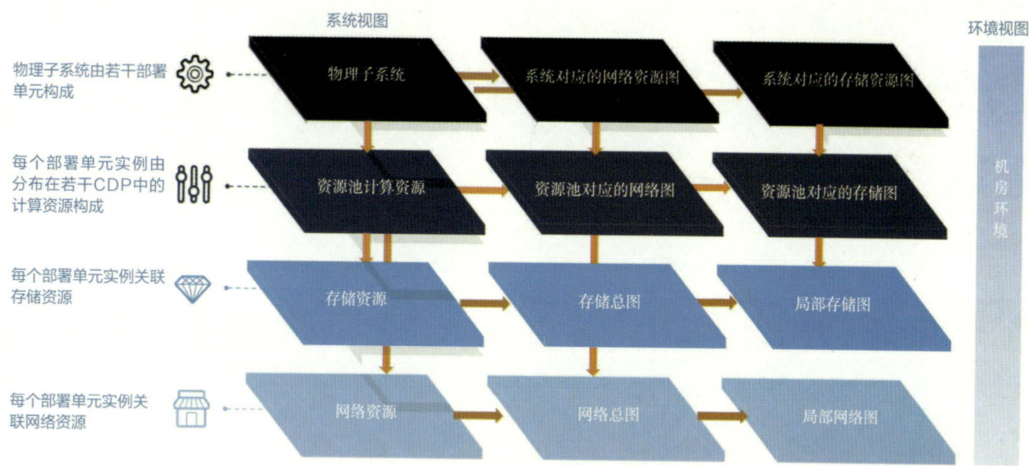

彩图 1　技术架构视图生成方法

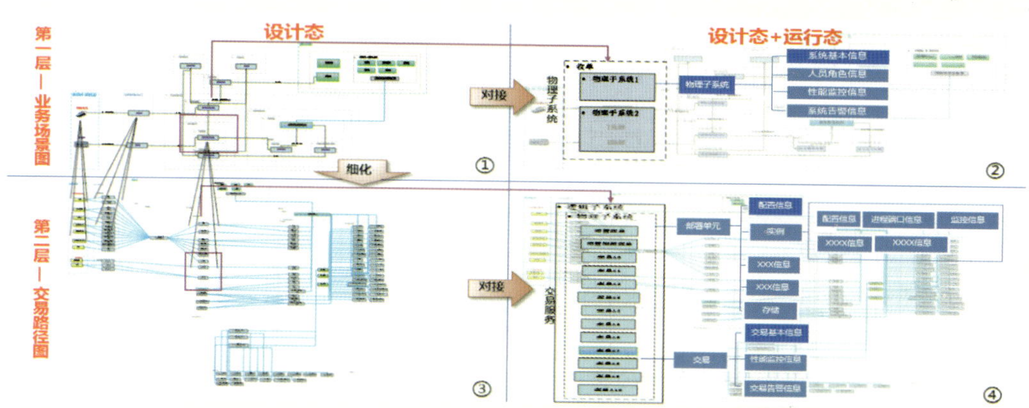

彩图 2　企业级 IT 架构视图“设计态 + 运行态”多维度展示方法

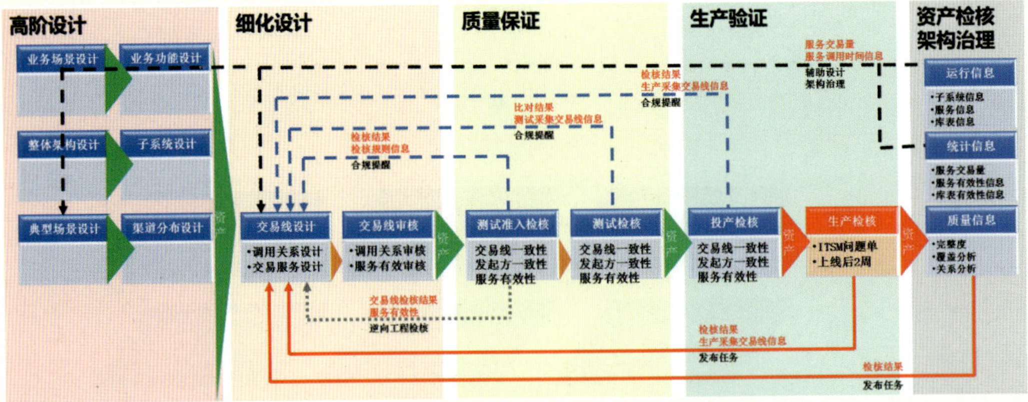

彩图 3　企业级 IT 架构视图常态化管控机制图示

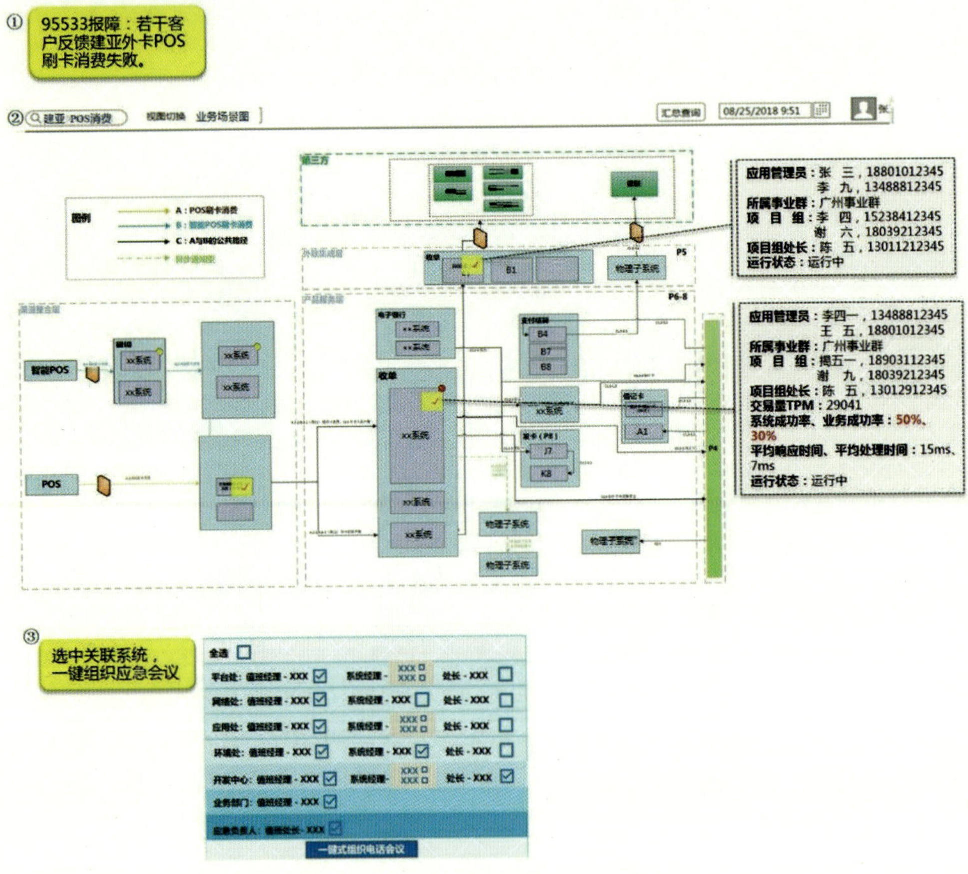

彩图 4　企业级 IT 架构视图运维应用图示

彩图 5　数字化转型的框架

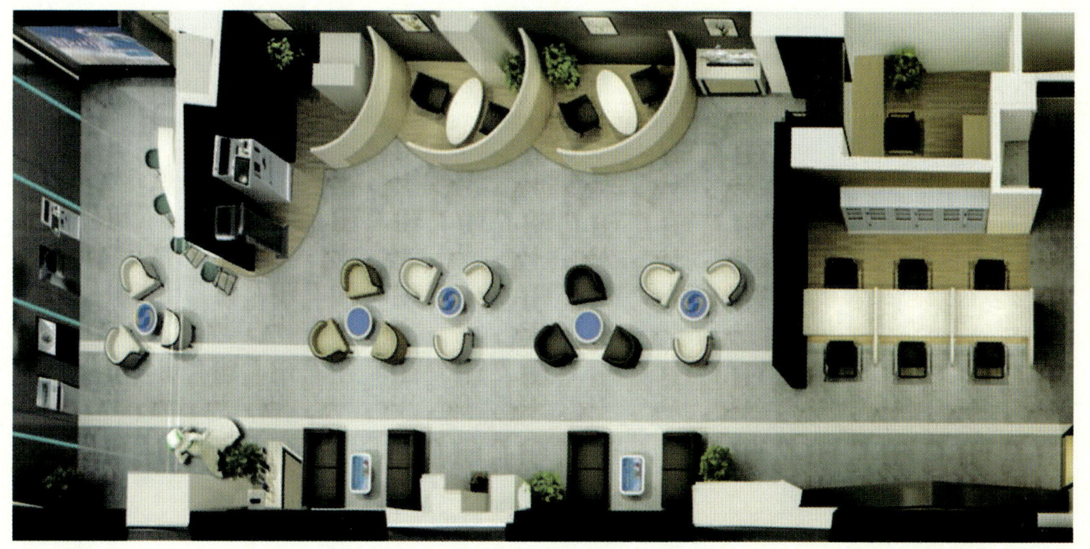

彩图 6　智慧网点

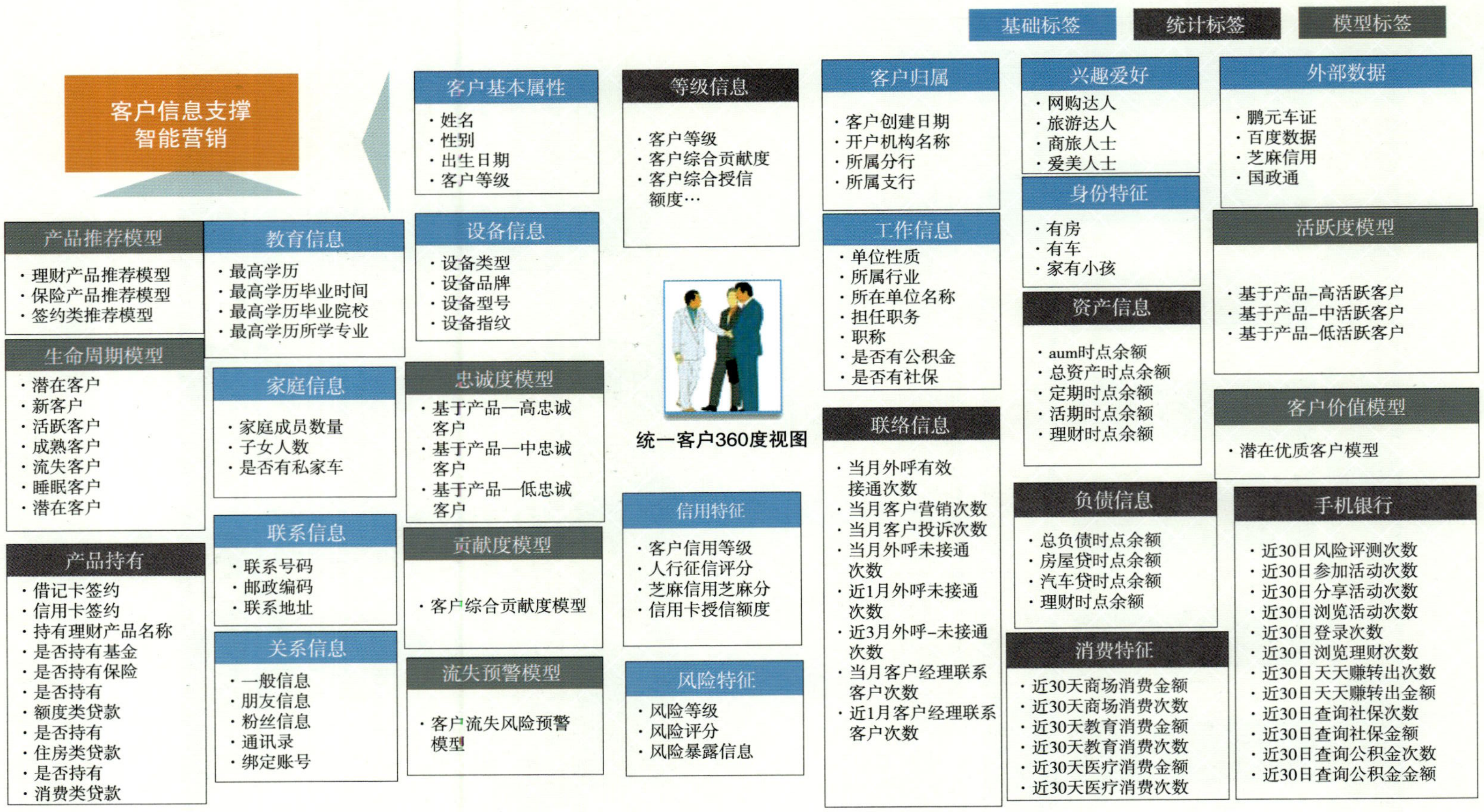

彩图 7　客户标签体系图示例

VIEWS—— 连接

将员工、业务流程、基础设施、生态伙伴、客户、消费者连接在一起

彩图 8　移动展业 APP 示例图

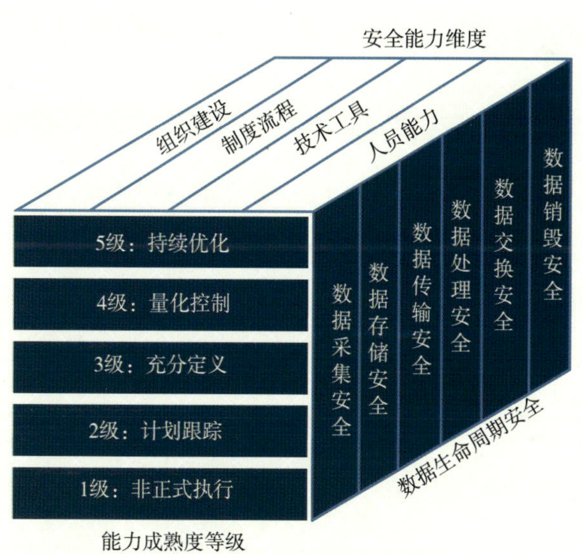

彩图 9　DSMM 数据安全能力成熟度模型

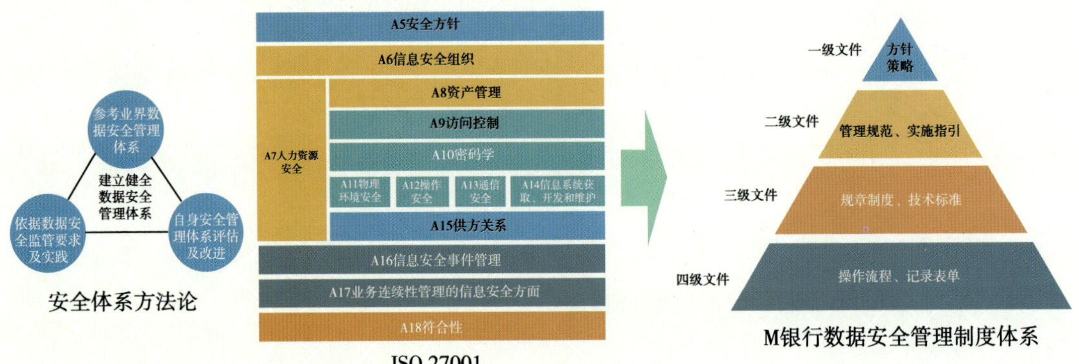

彩图 10　M 银行数据安全治理制度体系

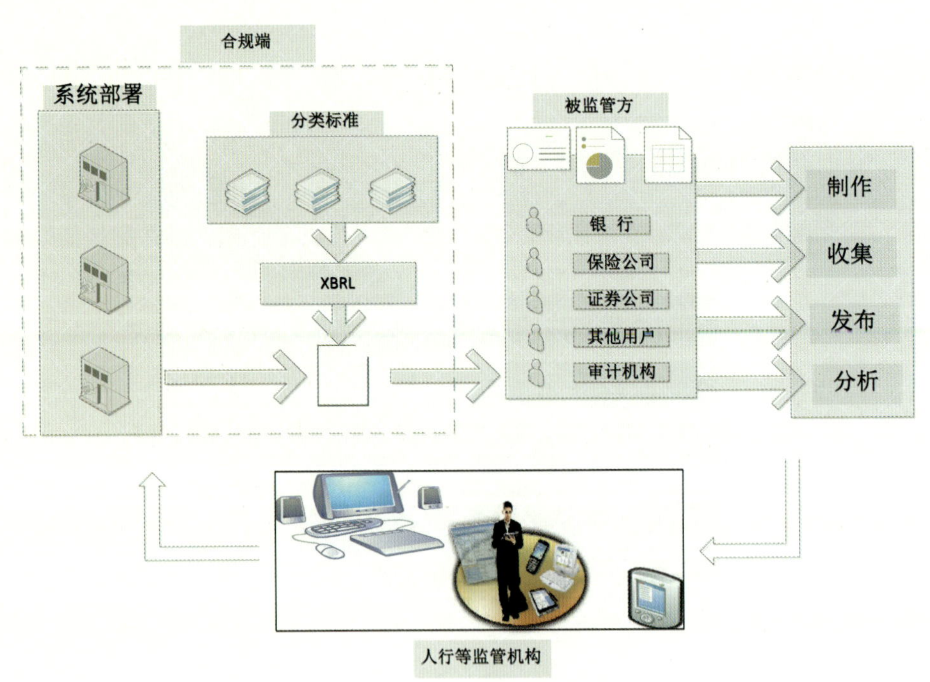

彩图 11　实施监管示意图

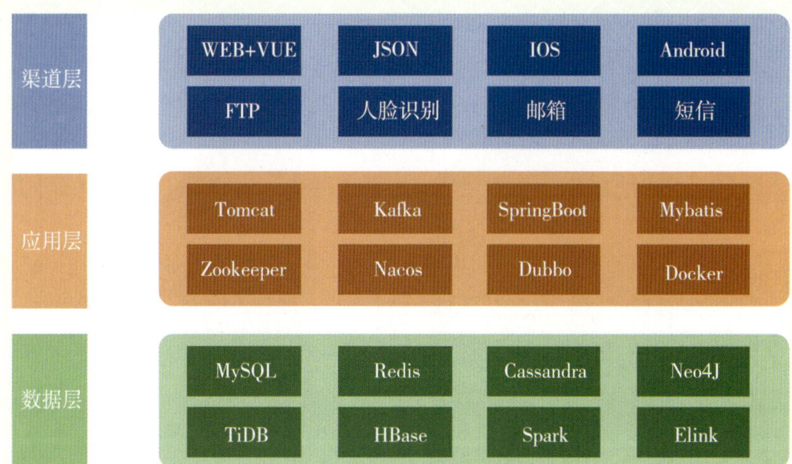

彩图 12　征信机构系统架构

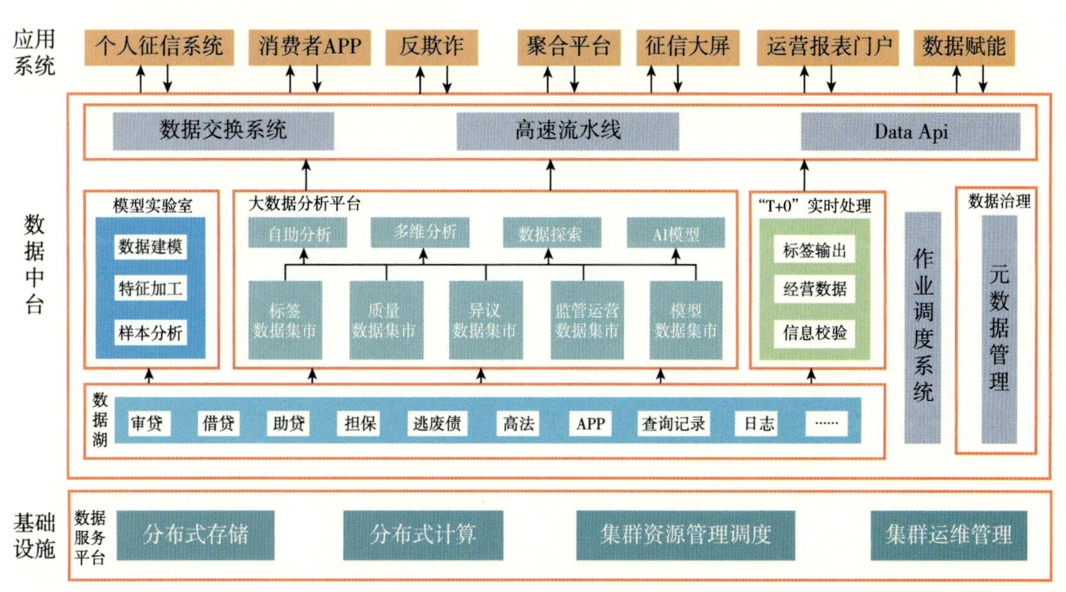

彩图 13　市场化个人征信机构数据中台

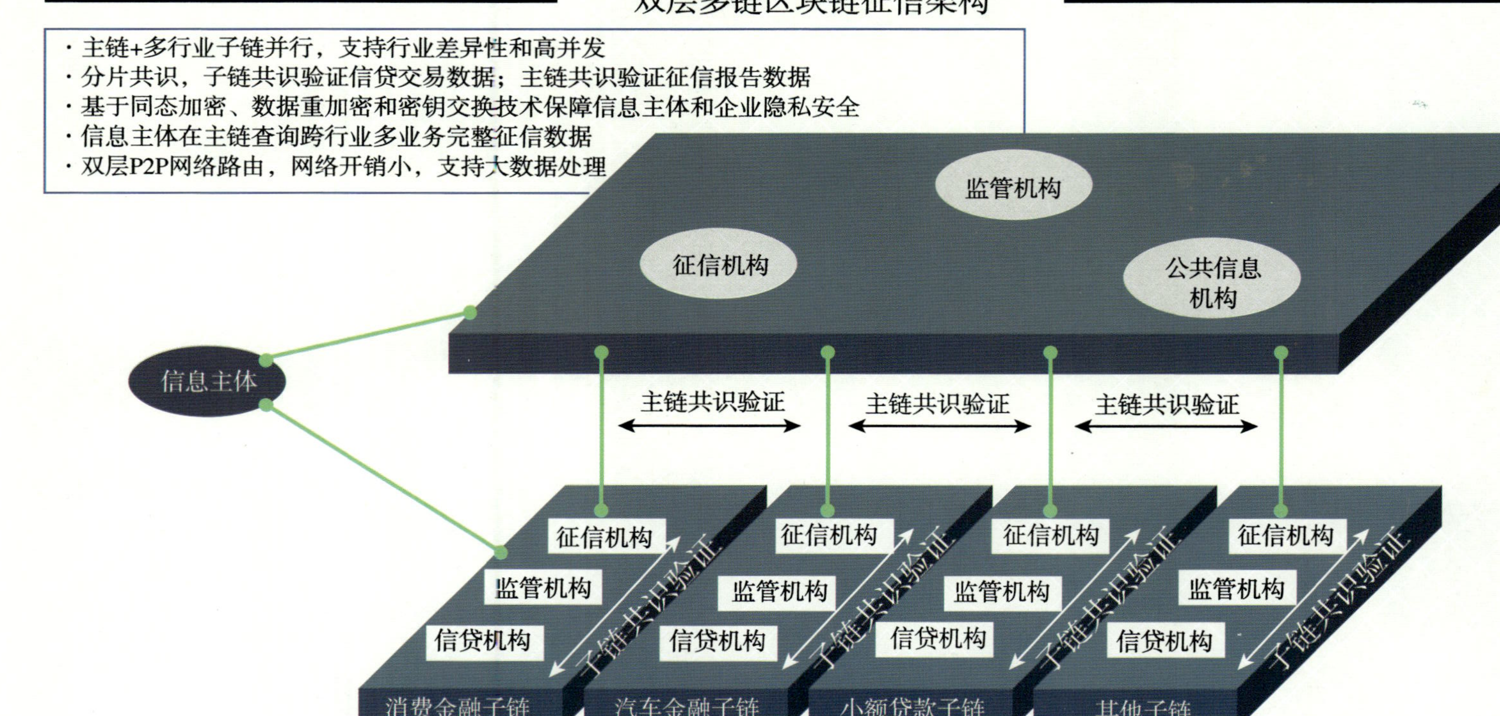

彩图 14　双层多链区块链征信架构

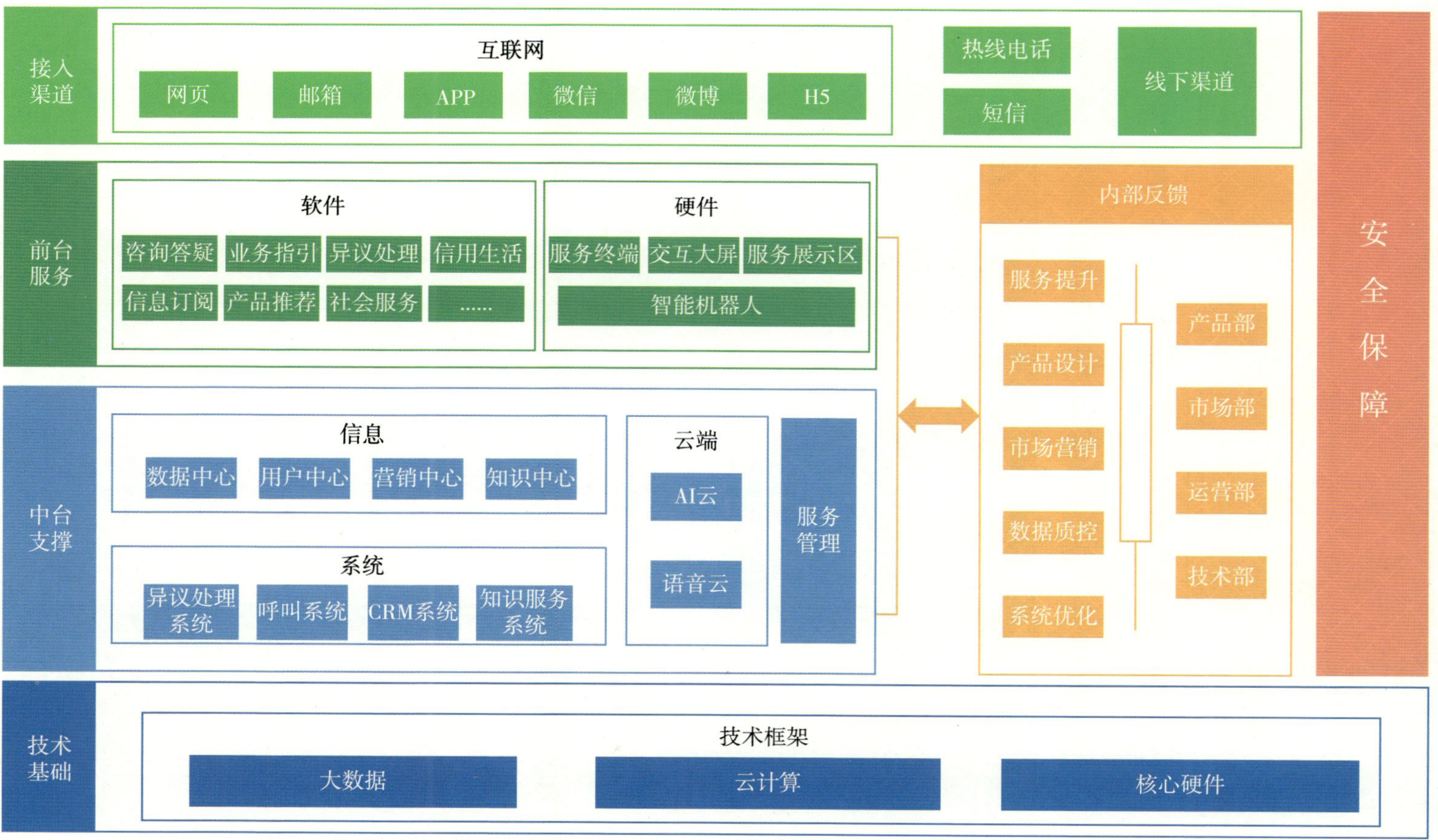

彩图 15　智能客户服务中心体系架构

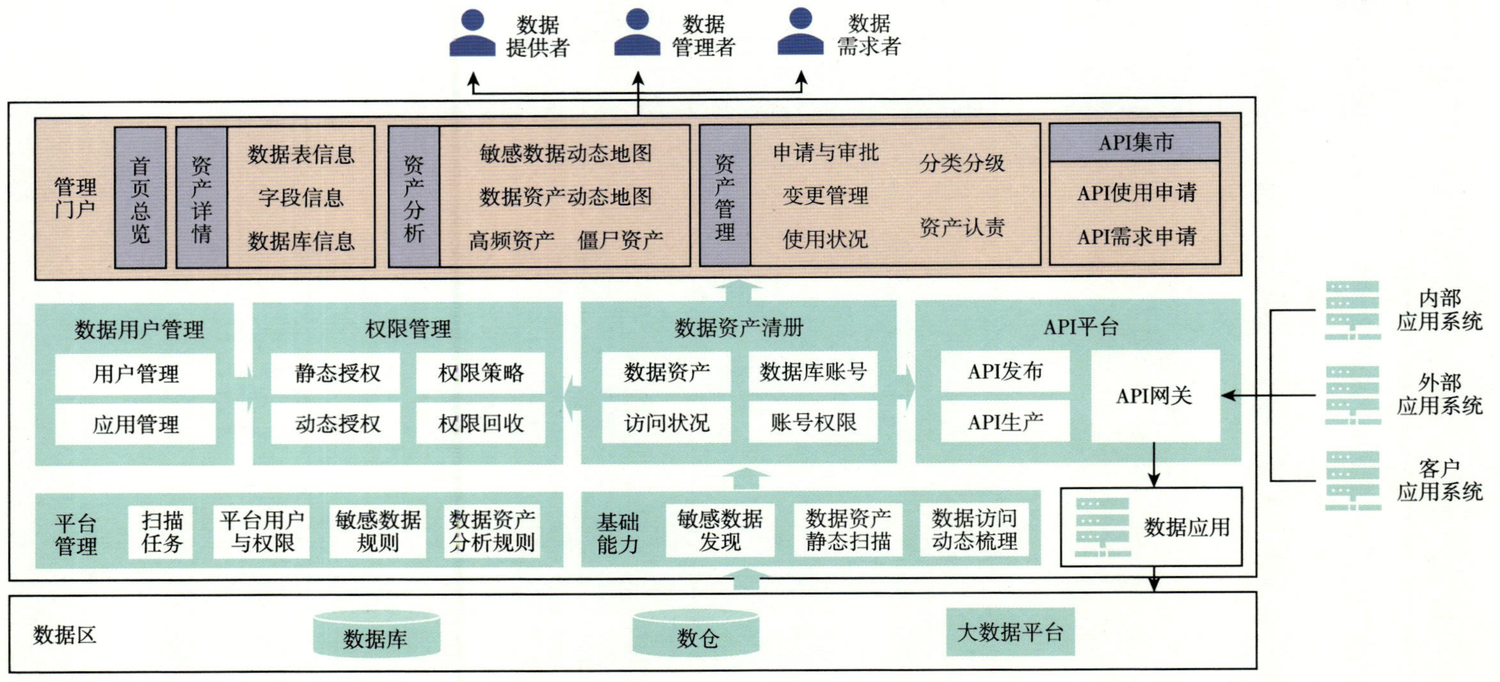

彩图 16　数据资产构建思路图

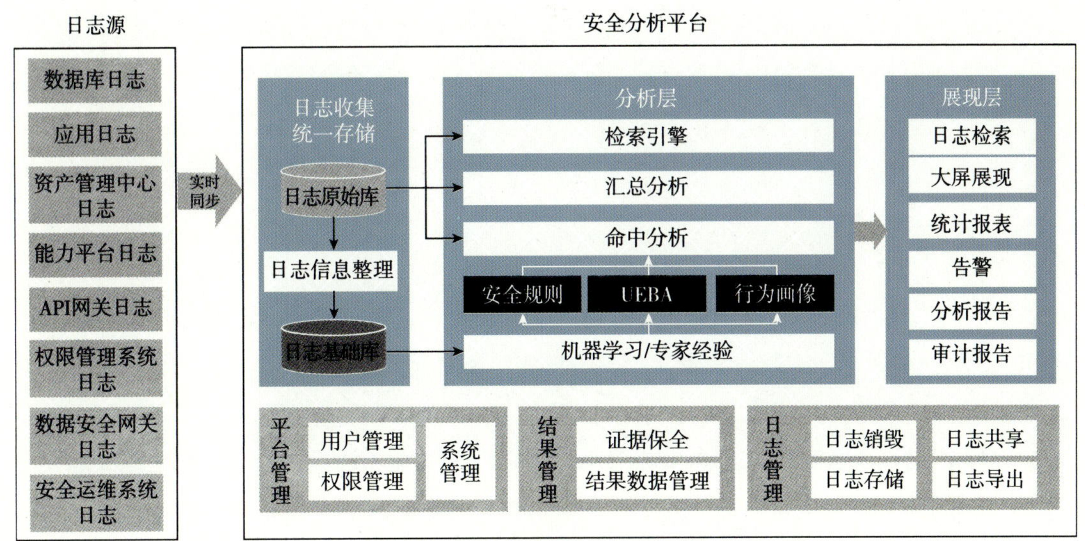

彩图 17　数据安全分析中心示意图

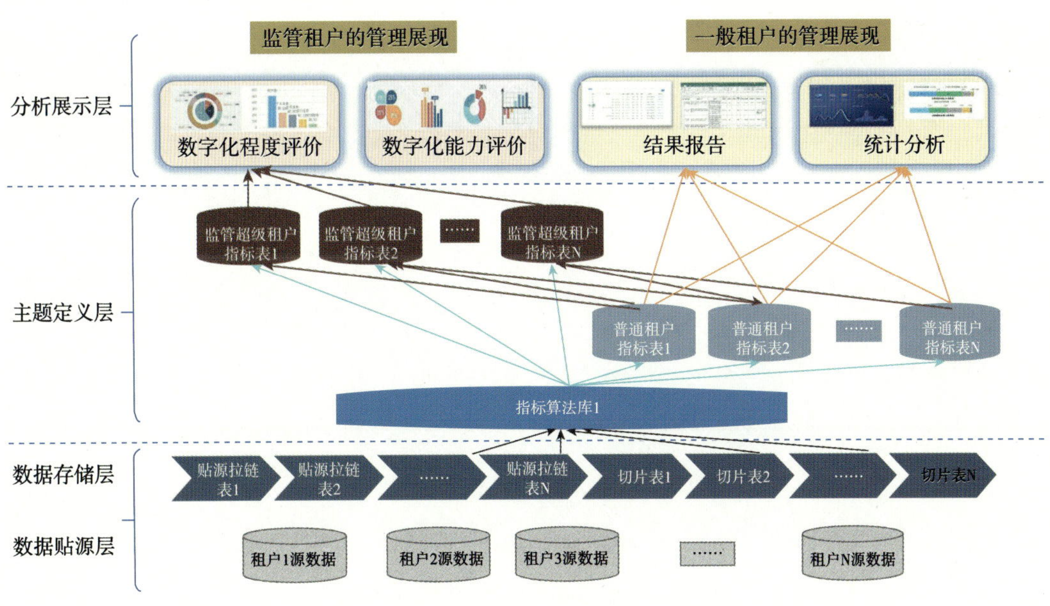

彩图 18　数字化评价系统架构图

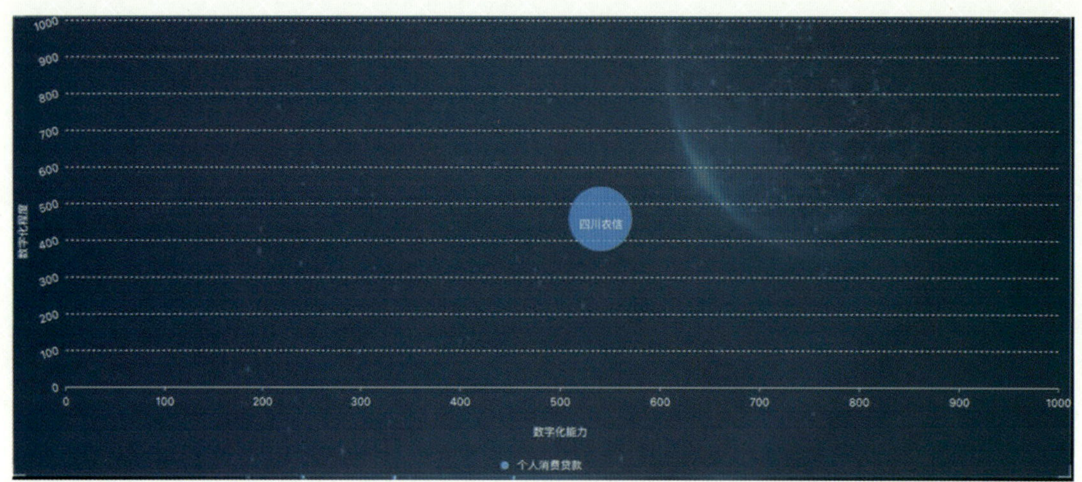

彩图 19　数字化程度与能力综合位图

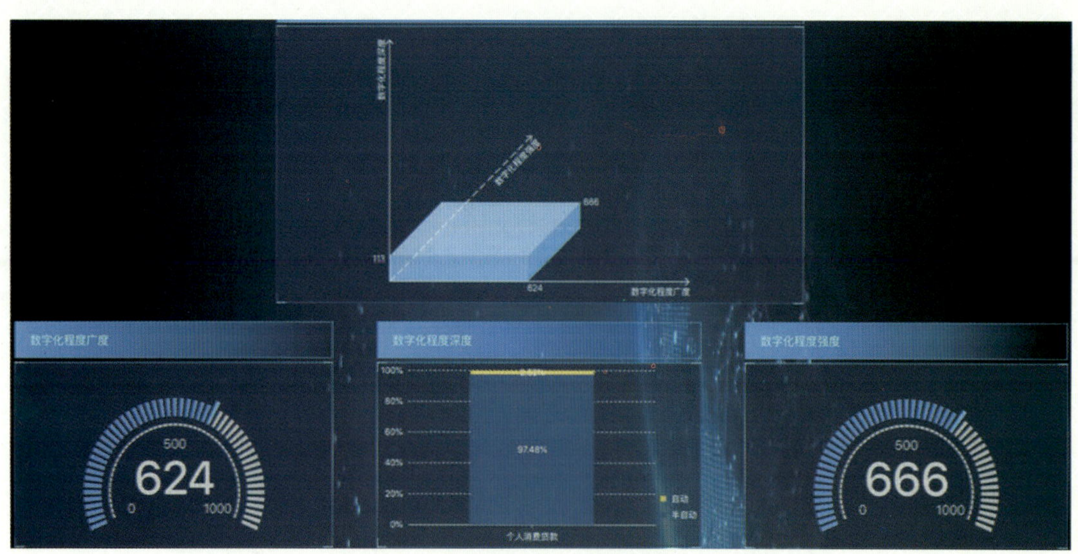

彩图 20　数字化程度综合评估示意图

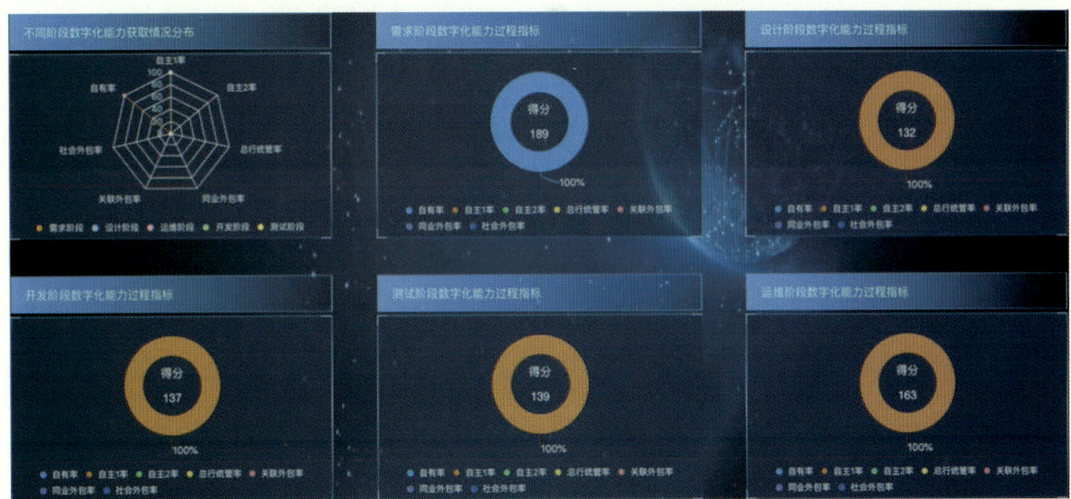

彩图 21　信息系统建设示意图

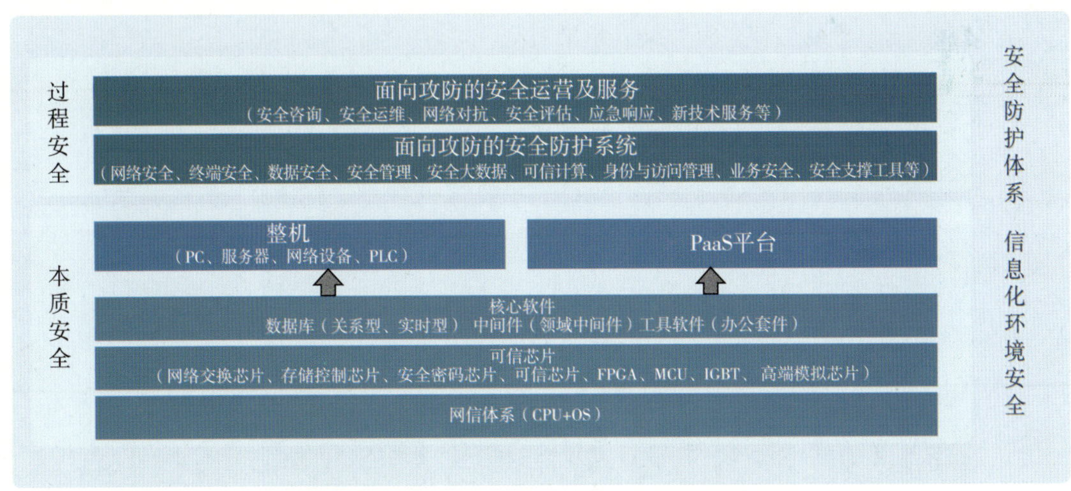

彩图 22　新一代网信体系内生安全示意图

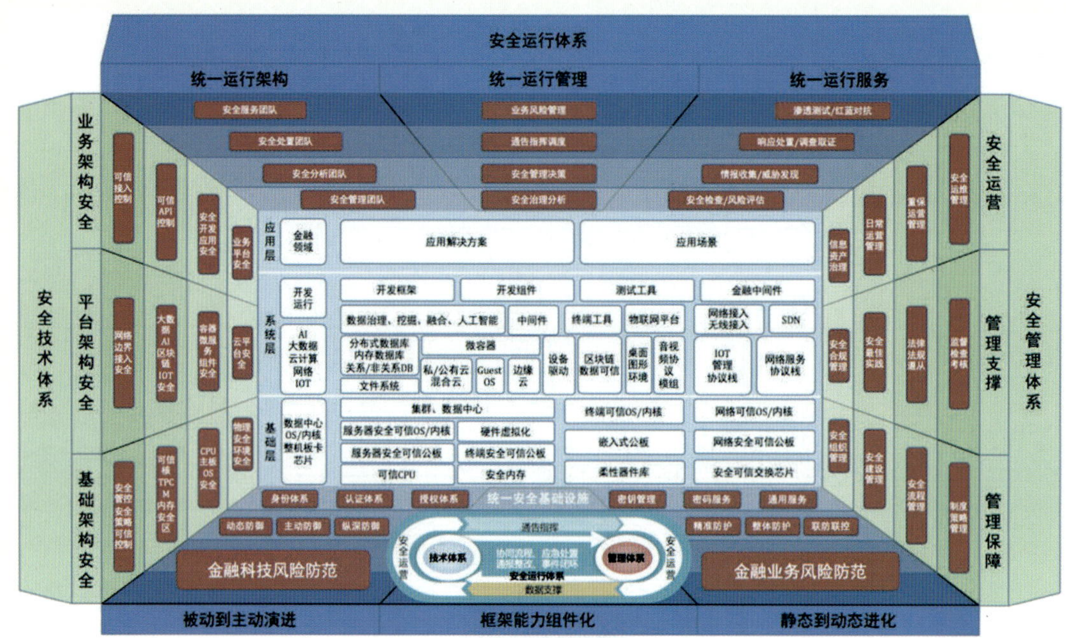

彩图 23　金融行业内生安全框架

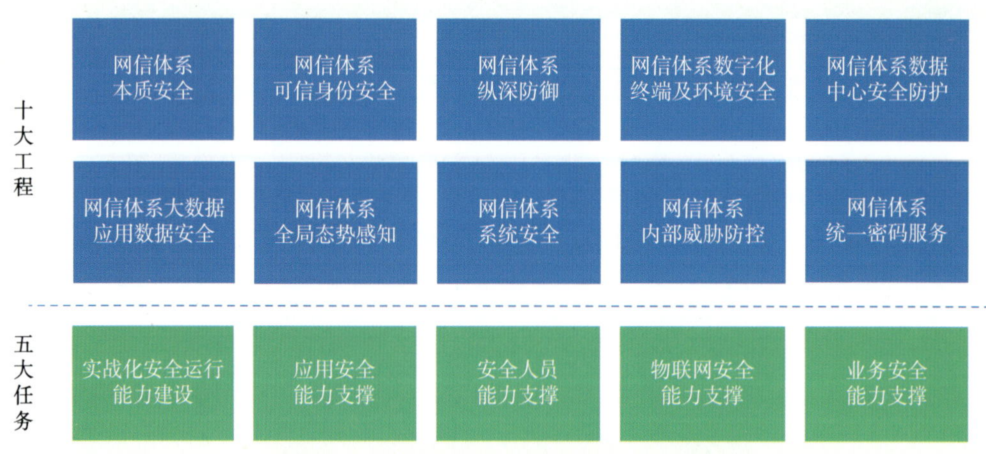

彩图 24　金融视角、信息化视角、全景视角

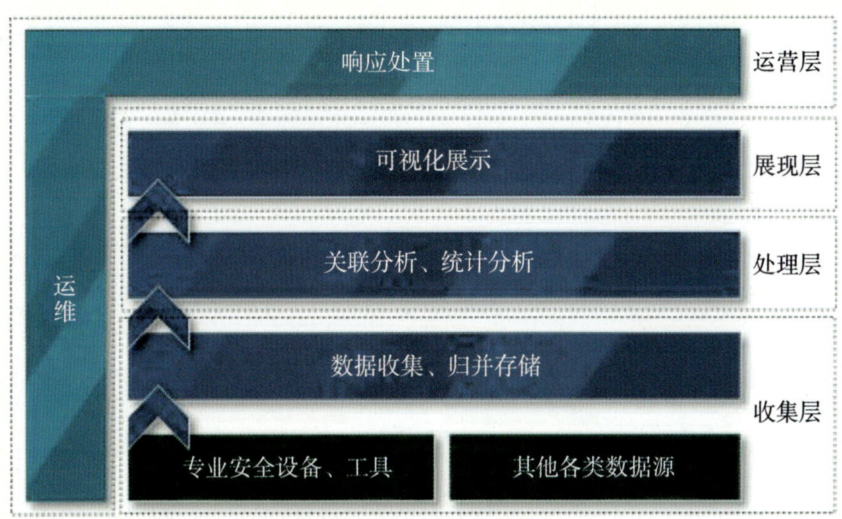

彩图 25　安全态势感知逻辑架构

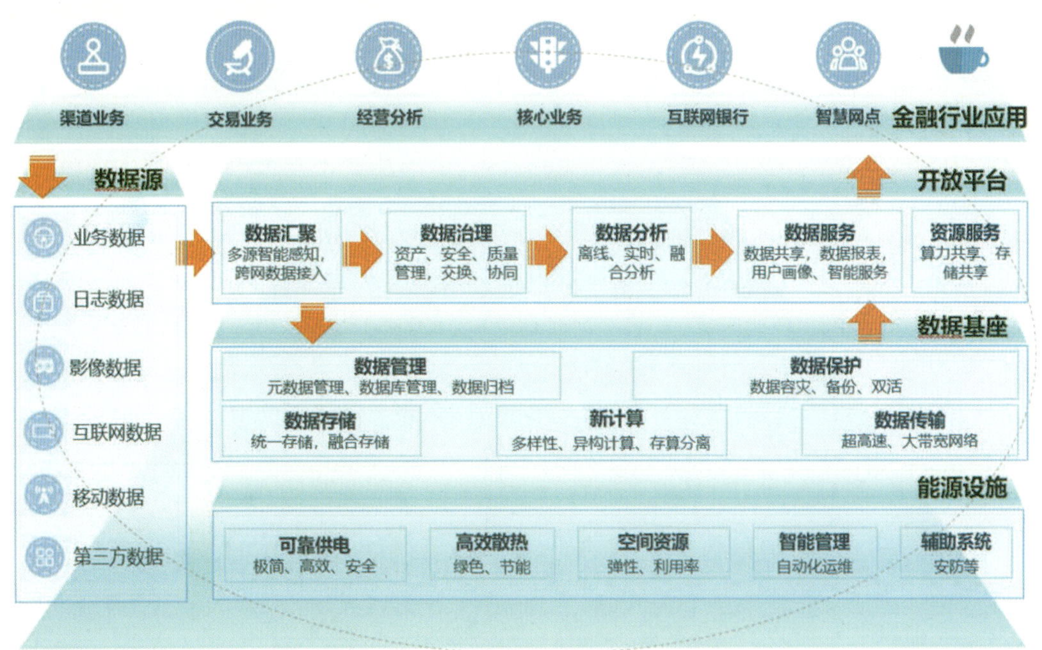

彩图 26　金融行业新型数据基础设施架构

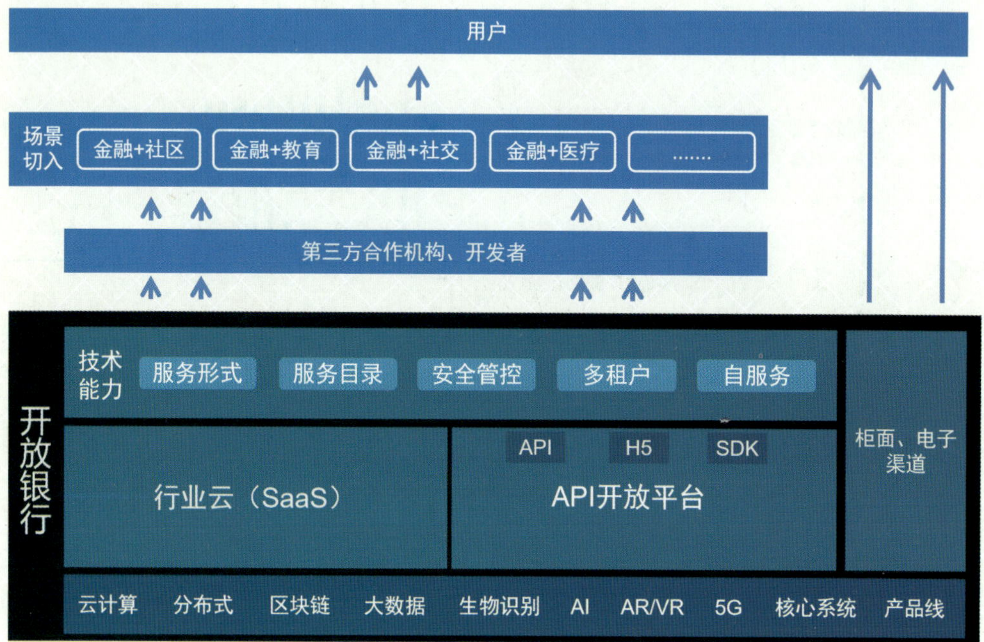

彩图 27　开放银行平台架构示意图